THE RESEARCH OF OVERGLAZE PORCELAIN

中国古陶瓷研究辑丛

釉上彩瓷器研究

中国古陶瓷学会 编

故宫出版社

20

2014

彩图一 宋定窑酱釉金彩牡丹纹碗

彩图二 明成化斗彩锦卉堆小盖罐

彩图三 清乾隆仿成化五彩锦卉堆小盖罐

彩图四 明万历漳州窑红绿彩罗经纹大盘

彩图五 明末漳州窑五彩花鸟纹盘

彩图六 明末漳州窑五彩龙鹤纹盘

彩图七 明末漳州窑五彩裂塔纹盘

彩图八 清初五彩人物纹盘

彩图一〇 清雍正仿成化五彩宝莲纹宫碗

彩图九 清康熙德化窑五彩九龙纹天球瓶（德化县陶瓷博物馆藏）

彩图一一 清乾隆五彩荷花纹碗

彩图一二 清乾隆五彩牡丹五福纹碗

彩图一三 清末枫溪窑五彩人物故事纹折沿漏钵

彩图一四 清德化窑粉彩倒流壶

彩图一五 民国粉彩开光人物纹狮钮盖罐 （新加坡土生华人博物馆藏）

彩图一七 清雍正广彩山水塔桥雁纹盘（故宫博物院藏）

彩图一六 清雍正广彩开光人物纹瓶

彩图一八 清雍正广彩山水人物纹盘（广东省博物馆藏）

彩图一九 清雍正广彩西洋人物纹盘

彩图二〇 清乾隆广彩纹章纹扁瓶

彩图二一 清乾隆广彩人物纹花瓣形扁瓶

彩图二二 清乾隆广彩开光人物故事纹茶壶

彩图二三 清广彩太平有象

彩图二四 清嘉庆广彩西洋人物纹盘

彩图二五 清同治广彩花卉开光人物纹盖瓶

彩图二六 清雍正瓷胎洋彩绿地描金花卉纹六方尊式瓶

彩图二七 清乾隆瓷胎洋彩花卉纹观音瓶

彩图二八 清乾隆瓷胎洋彩锦上添花纹挂瓶

彩图二九 清乾隆瓷胎洋彩锦上添花纹茶壶

彩图三〇 清乾隆珐琅彩花卉纹碗

彩图三一 清乾隆外蓝釉金彩如意云头纹内粉彩牙雕乾隆行围图转旋瓶

目 录

Contents

广彩瓷器中人物纹饰的演变

广东省博物馆　黄　静

内容提要：广彩瓷器是出现于清代康熙晚期至雍正早期的外销瓷品种，是在特定的历史背景下产生的，因而形成了独特的个性和魅力，它是中西文化互动和交流的载体，体现出人类文化与审美的多样化。在300余年的发展历程中，从广彩瓷器人物纹饰的演变，可以折射出当时社会政治、经济、文化艺术的面貌。

关键词：广彩　外销　纹饰

Abstract: As the export porcelain appeared from late Kangxi to early Yongzheng period of Qing dynasty, the Guang color which was made in specific historical background was the porcelain full of unique feature and charm. The Guang color was the carrier of cultural exchange and communication between the Chinese and Western countries, and embodied the diversification of human culture and appreciation. The Guang color reflected the aspect of social politics, economics and arts at that time by evolution of figures pattern in the development process over 300 years.

Keywords: Guang color, export, pattern

广彩瓷器是出现于清代康熙晚期至雍正早期的外销瓷品种，是在特定的历史背景下产生的，因而形成了独特的个性和魅力：它在绘画技法上兼容了五彩和粉彩，同时也受西方油画的影响，融入了透视技法，并且用彩厚重。广彩一方面因中国元素而吸引追逐中国趣味的西方人，另一方面又融入西洋元素以迎合西方品位。它成为中西文化互动和交流的载体，兼容了东西文化的内涵，体现出人类文化与审美的多样化。广彩瓷器无疑为中国古代陶瓷史增添了亮丽的一笔。人物纹饰是广彩瓷器中重要的元素，它有着与其他彩瓷完全不同的个性特征，同时在自身的发展过程中，在不同的历史阶段亦有着各具特色的时代特征。本文拟从器物入手，对广彩300多年的发展历程进行梳理，阐述不同历史时期人物纹饰的题材、技法、用彩及其成因等，以厘清其发展源流。

广彩人物因绘画技法的不同而分为折色人物（图一）和长行人物（图二）。折色人物的技法受景德镇粉彩的影响，与景德镇的粉彩纹饰相近。是先用墨彩描绘出人物形象的轮廓线，再行填色，从技法上来讲兼有五彩和粉彩的特征。“折色”实际上即“设

图一　清乾隆广彩人物纹花瓣形扁瓶

图二　清乾隆广彩开光人物纹茶叶罐

色”，因广州方言的发音而变成“折色”，是从中国画技法中借鉴过来的名词。蔡元培在《图画》中说：“图画之设色者，用水彩，中外所同也。”因此，国画技法中的设色，是相对于水墨而言，就是上色，或敷彩、涂色、着色。一般有青绿设色和多色设色，前者淡雅内敛，后者雍容华贵。长行人物是部分勾线描绘出人物定位后，再用色块涂画出整个人物的形体。通常是人物的头部、衣领、袖口等关键部位先用墨彩勾画好线条以定位，然后以彩料涂绘出整个人物形象，从技法上来讲兼有五彩和西方油画的特征。长行人物因落笔后无法更改，故绘画难度更大。但因人物形象更为立体生动，故成为广彩瓷器的特色技法之一而流传至今。

从出现的时间来看，自然是折色人物早于长行人物，毕竟折色人物是直接源自景德镇的技法，它出现在最早的广彩瓷器上。但它并没有因为长行人物的出现而消失，而是两种技法并用，因彩施技。而从实物上来看，长行人物出现在乾隆早期。但一经出现，就被广泛应用，并成为广彩独一无二的彩绘技法而沿用至今。这种技法在道光至清末使用最盛。

无论是折色人物，还是长行人物，也无论是中国人物，包括明装人物或“满大人”，还是西洋人物，广彩人物的面部轮廓及五官，除头发和眼睛用墨彩外，其余部分都用干大红或麻色勾勒，并且脸颊和眼睑用淡淡的干大红渲染，有点类似戏剧人物的妆容。这一点是与景德镇彩瓷区别明显之处。

一 源自瓷都景德镇——滥觞期的广彩人物

康熙中晚期至雍正时期，是广彩的初创阶段，国内流传下来的实物很少，来样订制的产品也不多。此时无论是师傅、颜料、素瓷胎都来自景德镇，大多依照景德镇彩瓷纹样绘制，仍带有较多的景德镇彩瓷痕迹，广彩自身的特色还不太明显：色彩的对比度不像后来的那么强烈；人物纹饰以“满大人”居多，题材较少；表现方式主要是折色人物，在衣纹的处理上明暗关系仍不明显（图三）。

图三　清雍正广彩开光人物纹瓶

此时广彩所用的彩料，主要有干大红，即景德镇的矾红，但稍淡而明亮些；西红，即景德镇的胭脂红；水青，又称“法蓝”，类似青花的蓝色；茄紫，比景德镇的茄紫稍清淡、明艳；水绿，又称“大绿”、“湖水绿”，也叫“鹤春”，因色似鹤蛋壳的颜色而得名；麻色，即景德镇的褐彩；金彩等。金彩的使用在此时还不是太多，过渡色也不太丰富。

二 乾隆时期的广彩式多奇巧

在18世纪至19世纪早期（乾隆、嘉庆时期），广彩瓷器进入最为鼎盛的时期。此时的产品主要销往欧洲，纹饰精美，用彩丰富，色彩明艳，“广窑仿洋瓷烧者，甚绚彩华丽”，广彩的独特风格已形成。来样订制的产品增多。

在色料方面，主要的与前期的差不多，鹤春、粉绿等过渡色使用自如，过渡色也更加丰富，使画面更加多姿多彩，色彩的对比较前期强烈。金彩的使用开始增加。开始少量使用黄彩，所使用的是进口的锑黄，与中国传统的铁黄不同。麻色是由黑彩与干大红调和而成，根据画面需要出现深浅不同的多个色阶。在清代的外销瓷中，因客商所需，景德镇的粉彩和广彩均有少量黄彩出现，相对而言，广彩比粉彩使用黄彩更多，这种情形一直持续到清末。

在绘画技法上除了延续中国传统画法外，也引入西洋绘画技法，主要是深受西方油画和版画的影响，用彩厚重。清人刘子芬在《竹园陶说》中的记载亦证明了这一点：

> 海通之初，西商之来中国者先至澳门，后则迳越广州。清中叶海舶云集，商务繁盛。欧土重华瓷，我国商人投其所好，乃于景德镇烧造白器，运至粤埠另雇工匠，仿照西洋画法加以彩绘，于珠江南岸之河南开炉烘染，制成彩瓷，然后售之西商。

而此时人物纹饰的题材较前期大为丰富。除了“满大人”以外，还有明装人物、西洋人物等。其中中式人物主要描绘悠闲自在的庭园生活；西洋人物则包括有宗教人物、神话传说人物与现实人物等。人物的表现形式除了前期的折色人物外，开始出现长行人物。彩绘用彩厚重，受到西洋油画的影响。表现的方式有通景（图四）与开光。墨彩彩绘的人物纹饰，是以交叉的线条描绘，来表现明暗关系，使用的是西洋版画技法。

中式人物仍然以“满大人”（图五）的图案更为多见。无论在清代或是现在，西方人都习惯将广彩瓷器描绘的清装人物图案称为“满大人”。实际上这是来自英文单词“mandarin”的译音，是欧洲最早进入中国的葡萄牙人对中国官员的称谓，出现在16世纪的明代晚期。此后的明清时期，所有西方人都沿用了这个称谓，它与我国的少数民族满族之间并不存在任何关系。这个英文单词的来源有两种说法：一种说法是来自葡萄牙文的动词“mandar”，意思是指挥、管理或统治；另一种说法是来自马来语“menteri”，意为朝臣、部长。留居在马六甲的葡萄牙人试图会见中国政府高官，并用

图四　清乾隆广彩人物纹大碗

图五　清乾隆广彩开光人物故事图茶壶

马来语标记“朝臣、部长”意思的“menteri”一词来代指中国的“大官”。但是由于葡萄牙人不谙马来语，在“menteri”的后音加了一个“n”，发成了“mandarin”。广彩瓷器中的“满大人”纹饰，主要流行于雍正至嘉庆时期，道光以后式微。人物纹饰的内容多为轻松欢愉、充满亲情的庭院生活，不一定有什么典故或故事。这与景德镇瓷器人物图案一般都有典故或故事明显不同。

西洋人物题材中，宗教方面的有耶稣和摩西系列等。耶稣系列包括耶稣诞生（图六）、耶稣受难（图七）、耶稣复活（图八）、耶稣受洗等；摩西系列有发现摩西（图九）、摩西过红海等。神话传说的题材有帕里斯的审判（图一〇）、苏珊与长老（图一一）、欧罗巴与公牛等。现实人物题材有西洋仕女、洋人狩猎（图一二）、洋人归航等。其中洋人狩猎图案特别稀少，尤其珍贵。

综观此时人物纹饰，其特点主要有：

第一，中式人物，以“满大人”居多；

图六　清墨彩描金耶稣诞生图碟

图七　清墨彩描金耶稣受难图盘

图八　清墨彩描金基督复活图折腰盘

图九　清乾隆墨彩发现摩西图茶壶

图一〇　清乾隆广彩希腊神话故事图盘

图一一　清乾隆墨彩描金苏珊与长老图盘

图一二　清广彩洋人狩猎图碗

第二，无论中、西人物，所表现的现实题材都是有关悠闲、愉悦的庭院生活；

第三，与西洋油画和版画绘画技法的融合已经形成模式。

形成这些特点的原因：

第一，此时欧洲正处在中国热升温的时期，对遥远而神秘的东方的好奇、向往，使得整个欧洲狂热地追求中国的艺术品和艺术装饰风格。而当时欧洲还未能够普遍生产优质的硬质瓷器，因而精美的中国瓷器大量销往欧洲，成为人们陈设观赏和日常生活使用的珍贵器物，同时也是炫耀财富的手段。因此，此时中国人的形象是美好的，广彩瓷器中大量出现“满大人”也正是当时中国热的一个侧面反映；

第二，欧洲此时洛可可风尚风靡，追求享乐、欢愉、轻松悠闲的生活成为时尚。洛可可（Rococo）源自法语洛克（Rocaille），是一种用贝壳或鹅卵石做成的装饰，常用于17世纪意大利的人造山洞或花园，后来传入法国。作为一种室内设计、装饰艺术、绘画、建筑和雕刻风格，洛可可的特征是连绵的叶形花纹，过度地使用卷曲和自然的形式，制造轻柔、精致、优美、高雅的格调。其最显著的特征就是大量使用“C”字形和“S”字形曲线，以及贝壳或其他自然物体的线条作为装饰。洛可可风格于18世纪率先在巴黎兴起，遍及于建筑、装饰、美术、音乐等各个方面，并迅速从法国宫廷蔓延到欧洲各地，成为一种生活态度。这股时尚之风之所以能迅速蔓延，与当时欧洲的政治形势不无关系。经过16～17世纪的文艺复兴和新教改革之后，在17世纪末至18世纪初，欧洲社会的神权统治大为削弱，宗教的束缚也大为松弛，各国君主逐步把昔日掌握在教会手里的政治、经济、文化、教育等现实权力转移到自己手中。商业的繁荣使富人阶层、中产阶级迅速崛起，他们热切希望着以财富融入上层社会，由此导致了享乐之风的蔓延。此时虽然仍是君主制，但民主的思想和个性的追求逐渐在社会各阶层渗透，追求轻松、享乐和个性化成为时代理想。法王路易十五曾说出“在我之后管它洪水滔天”，“现世一周的享受胜过死后八百年的荣耀”等“名言”。洛可可风尚以优雅、轻柔、华丽、欢快的特质，充满了畅快和享乐的艺术效应。因而此时的广彩，不论描绘的是中国人物还是外国人物，只要是反映现实生活题材的，都以此为流行图案。

第三，此时广彩瓷器来样订制的产品日益增多，样稿中西洋画法逐步与传统的景德镇瓷器的彩绘方法相融合。

在嘉庆至道光之间，广彩瓷器出现了少量我们俗称为“绿广彩”（green famille）的器物。这类器物的特点是：以碗、盘多见；用彩朴素，施釉较薄，以绿彩为主（使用面积较大），还有蓝彩、紫彩、墨彩等，有的少量使用金彩，红彩只用于大红，完全不用西红；画面通常非常饱满，基本不留白；题材有山水和人物；边饰以织锦纹居多，少量有缠枝花卉纹；人物只有明装，或者是中国人与西洋人在一起（图一三、图一四、图一五、图一六），不见“满大人”和纯粹的西洋人物；绘画技法与广彩特有的折色人物和长行人物均不完全相同，而是又恢复了景德镇粉彩的画法，即用极细的黑彩线条勾勒出人物的所有轮廓和衣纹褶皱，再行填彩，但填彩的手法仍是广彩特有的大笔渲染技

图一三　清嘉庆广彩婴戏图碟

图一四　清道光广彩人物图盘

图一五　清道光广彩人物图盘

图一六　清广彩开光纹章花卉纹碗

法。限于文献资料的匮乏，我们对于这类器物的出现背景、销售对象等都无从考究。

三 道光至光绪时期的广彩走向程式化

进入 19 世纪下半叶至 20 世纪初，即道光至光绪时期，广彩步入了另一个发展阶段——纹饰色彩绚丽、构图逐步程式化。

在用彩方面，这一时期主要使用西红、干大红、绿彩、金彩、蓝彩、麻色等。金彩的使用更为大量；蓝彩是粉蓝的颜色，掺入了较多的玻璃白，与前期的法蓝（水青）有所不同；茄紫色已基本不见；麻色仍然是单用和与其他颜色搭配使用的都有。总体来说以大红、大绿、大金为主色调。

在纹饰构图方面，道光时期还能见到少量的通景画（图一七），同治、光绪时期

图一七　清道光广彩开光人物故事图大碗

则基本都是开光布局（图一八）。开光的边饰，在道光至同治时期还没有完全定型，有双龙戏珠纹开光、双夔龙纹开光、连续“回”字（如意云）纹开光等。到同治至光绪时期，则形成了固定的开光边饰模式：以连续的“C”字形线条构成开光的分隔带，中间绘花草或花蝶、花鸟纹，把画面分隔成四、六、八个开光，在开光内绘人物与花鸟图案，两两相隔、相对（图一九）。至此，在经历道光时期短暂的过渡之后，同治、光绪时期广彩已完全进入程式化的阶段，并且这种风格成为了广彩的特征而流传至今。

可能是鸦片战争之后，清朝在国际上的地位下降，人物纹饰题材已不见“满大人”的纹样。而乾隆、嘉庆时期欧洲人来定制西洋人物纹样瓷器的兴盛阶段也已过去，因此西洋人物的纹饰也极为少见。这一时期基本上是绘明装人物，流行人物众多、场面喜庆的家庭生活或庭院生活图案，清晚期出现了少量历史故事题材。此时人物的画法更多地使用折色人物，长行人物相对使用较少。

图一八　清同治广彩开光花卉人物纹盖瓶

图一九　清光绪广彩开光人物纹折腰盘

从传世的器物来看，此时以看样或选样定制的瓷器为主，来样定制的只有少量的纹章瓷，其他来样定制的瓷器较之前期数量大为减少。绘画水平亦明显较前期逊色。

广彩瓷器在这个阶段所出现的变化，主要体现在题材的萎缩、画法的定格和纹饰构图的程式化。究其原因，主要还是在于市场的因素。

1710 年德国迈森瓷厂成功生产出优质瓷器以后，欧洲自产的瓷器逐步开始与中国竞争市场，导致中国瓷器对欧洲的外销自 18 世纪后期开始渐减。乾隆四十九年（1784 年）“中国皇后”号的首航成功，标志着广州至北美洲的印度洋航线成功开通——从纽约起航，绕过南非好望角，穿过印度洋，到达澳门后再沿珠江而上，最后到达广州黄埔港。乾隆五十四年（1789 年），美国商人又开通了美国至广州的太平洋航线——从波士顿港口出发，绕过南美洲最南端的合恩角，穿越太平洋直达广州。广州至北美的航线开通后，广彩的销售市场主要转向美国。与欧洲以社会上层为主要消费对象不同，广彩瓷器在美国深受社会各阶层的欢迎。美利坚民族热情奔放的性格，以及当时美国广为流行的金色调装饰风尚，导致了广彩瓷器以浓烈的大红、大绿、大金做装饰的风格转变，尤其是金彩的使用空前突出。这种装饰风格构图饱满、色彩绚丽，成为广彩的典型特色而延续至今。同时，由于产量大增，导致了纹饰构图逐步走向程式化，广彩的“式多奇巧，岁无定样”成为了过去式。

四　文人介入的清末至民国时期

民国时期的广彩瓷器，仍然延续传统的风格，即晚清形成的程式化风格，乏善可陈。

清末至民国初期，因岭南画派画家们的介入，使广彩的部分产品短暂地出现了另外一种风格——在瓷器彩绘中融入中国画的技法，使广彩画面中出现了类似浅绛彩和新彩的特点。绘画题材有的暗寓了政治，这在广彩中是从来没有过的现象。

这一时期，以二高一陈——高剑父、高奇峰、陈树人为代表的岭南画派的部分先驱，在日本接受了孙中山的民主革命思想，回到广州后，他们与一些知识分子组成“广东博物商会”，并在广州珠江南岸宝岗附近的宝贤大街的一间旧式大屋设置画室，表面上从事彩瓷绘画工作，实际上是作为支援民主革命活动的掩护。之所以取名“博物”，意指学习西方变革维新、开启民智。这些作品一改同、光以来广彩瓷器大红、大绿、大金的传统，在用彩上虽然仍以墨彩、绿彩、黄彩、红彩（主要用干大红，基本不见西红）、黄彩等为主，但用彩清新淡雅，完全改变了用彩浓烈的做法。在绘画技法上，使用中国文人画的画法，完全摈弃传统广彩的画法，因而画面呈现出浅绛彩和新彩瓷器的特点。人物的题材上有文人隐士图，如高士烹茶图（图二〇）、谢灵运游山图（图二一）等；还有带有暗讽政治现状、针砭时弊的题材，如何剑士绘的商量国贼要颅头图盘(图二二)，盘心绘一飞跃起的古装侠女，右手提剑，剑刃上还滴着血；左手提着一个人头。

图二〇　清末（20 世纪初）广彩人物纹盘

图二一　清末民初（20 世纪初）广彩山水人物图盘

图二二　民国广彩人物图盘

背景是清冷的明月和城墙。画面上方题诗："天风吹月坠危楼，万派河山接数秋。为问书尽缘底事，商量国贼要颅头。"落红彩印款"剑呼"。此画面表达了对现实的不满，暗喻了清政府的摇摇欲坠。作者何剑士（1877～1917年），原名仲华，广东南海人，对书画、诗词、音乐、曲艺无所不精，造诣亦高。因深悟漫画（当时称"谐画"、"讽画"、"滑稽画"、"喻画"）之威力，遂致力于漫画事业。其所发表的漫画以政治题材为主，大部分是抨击清朝的反动统治措施、讽刺贪官污吏的种种丑行、批判社会上形形色色的不良风气。上述这类彩瓷有的在器物外底有落底款，用干大红彩书写"广东博物商会制"或中英文的"羊城芳村化观瓷画室"等。广东博物商会存在的时间并不长，在1912年民国政府建立后，它的使命便告结束，画瓷活动也随之结束。高剑父是在日本加入同盟会后，于1908年回到广州，任同盟会广东分会会长，随后创办"广东博物商会"的。因而这类瓷器的生产时间较短，当在1908年至1911年底之间，留下来的产品数量也不多。广东博物商会除了绘制带有政治寓意的作品外，也从其他瓷庄承接外销订单。从严格意义上来说，这类彩绘瓷与广彩是没有任何直接关系的。它们只是与晚清程式化的传统广彩并存的另一种风格的产品。但其彩绘风格对传统广彩或多或少也带来一定的影响。

五 1949年以后的创新时期——关于传统与创新的思考

1949年后，广州的广彩瓷业，经历了20世纪50～60年代的复兴期、60～70年代的低迷期、80年代至今的兴盛发展期。在这三个阶段，在继承传统的同时，广彩的从业人员也不断探索，采取多元化，走变革之路，主要表现在：

第一，纹饰题材更加丰富。总体纹饰布局大部分保留了繁密而不凌乱的传统风格。人物故事、山水风景、花果鸟虫等题材都在传统的基础上有所拓展。这个时期是广彩在清末民初"广东博物商会"的作品之后，第二次出现政治性图案的时期；

第二，在装饰技法上采用多重性装饰，出现了色上色、色上描金、堆彩、堆金、多种色地描花等新技法，非常流行在色地衣服上用同色或不同色的彩料描绘碎花或图案；

第三，彩绘技法在保留传统的基础上，更加与其他艺术形式融会贯通，尤其是更多地与景德镇彩瓷和中国画技法相融合；

第四，实现了产品的转型——从实用瓷逐步向陈设瓷、艺术瓷过渡。同时市场也在不断扩大，不但外销，也有内销。因原来进口的珐琅彩料逐渐用完，因而彩料逐步以自主研发的彩料所代替，色彩较之传统的更为鲜亮，彩料的中间色、过渡色更为丰富。20世纪80年代后又根据国际市场的需要，成功研制出低铅彩料。彩绘技法为手工绘制与胶印、贴纸相结合，通常高档品为全手工绘制，一般产品为胶印和贴纸绘制。

手工绘制的人物纹饰，在这时期可分为两大类：一类是仿古作品，仍使用传统的长行人物和折色人物画法（图二三）；另一类采用景德镇新彩瓷的画法，即整个人物形象的轮廓线与衣纹褶皱均以细腻的墨彩线条描绘，再行填色渲染。人物五官清秀，

图二三　2002年余培广彩开光人物纹筒瓶

图二四　1958年赵国垣开光花鸟人物图瓶

人体比例合理，工笔多于写意（图二四）。

20世纪50～60年代，广彩技艺进入了一个新的复兴发展时期。这一时期的纹饰多为花鸟、龙凤等传统题材，以及古装及现代人物。古装人物包括历史故事、神话传说、历史人物、古典小说情景等，图必有意，改变了清代只反映轻松愉悦的享乐生活场景而没有典故或故事的做法。现代人物有反映庆祝国庆、人民公社等题材。

20世纪60～70年代，受到“文革”的冲击，传统人物题材中的才子佳人被视为“四旧”而不能生产，人物纹饰主要为反映现实生活的题材，如工农兵、社会主义新农村、少数民族等（图二五）。但这些题材的产品无法出口。

20世纪80年代至今，在改革开放政策的激励下，政府大力扶持广彩的恢复和生产，

图二五　1976年广彩毕业归来图碟

广彩进入了多元发展的时期。人物纹饰多为仿古的古装题材，以及历史故事、神话传说、历史人物、古典小说情景等，亦有少量定制的名人、伟人图案等。

六 小结

广彩瓷器在300余年的发展历程中，从人物纹饰的演变，可以折射出当时的社会政治、经济、文化艺术的面貌。广彩作为一个以外销为主的瓷器品种，无论是纹饰的绘画技法和风格，还是绘画题材，都呈现出极其明显的中西文化相融合的特征和兼容性。因此，当我们在欣赏广彩独特魅力的同时，也应该关注它背后所隐含的文化内涵。

广彩促进中西瓷画技巧的演变

上海市创协古玩艺术研究中心　程　庸

内容提要：广彩是中国陶瓷的重要品种，在陶瓷对外输出中担任重要角色，促进了中西方文化交流——中国学习了西方绘画技术，西方同时也学习了中国绘画技术。

关键词：广彩　绘画技术　外销

Abstract: The "Guang-cai" decoration is one kind of important Chinese ceramic varieties, played an important role in exportation. The Guang-cai used to promote cultural exchanges between China and Western countries, Chinese learned painting technique from the Western, at the same time, Western learned the painting technology from Chinese.

Keywords: Guang color, painting technology, export

一

广彩是广州地区釉上彩瓷艺术的简称，始于清代早期。广彩主要作为外销瓷，其向外传播方式与其他外销瓷大同小异：输出、吸收、融合……

广彩外销瓷的生产顺序也不外乎看样订货、来样订货，前者是纯粹的输出，后者关乎文化交流。有关广彩的产生、交易地点等商贸情况，外国专家研究较多，如美国学者 Ganse 认为：在 1759 ~ 1842 年期间，中国南端珠江口广州的中西贸易最为活跃，是中国与欧洲来往贸易的唯一地点，也是清政府允许唯一能够进行海外贸易的港口 [1]。自 1699 年起，当广东向国外贸易开放时，尽管有来自法国、丹麦以及瑞典等新兴国家的竞争，但英国公司仍占主导，主要贸易商品为茶叶、丝绸和辣椒。与中国通商并不容易，从 1757 年开始，国际贸易商被限制在广东的一个狭小地区。第一艘美国轮船“中国女皇”号于 1784 年从纽约出发，虽当时美国没有与东印度公司合作，但至 1790 年被誉为“新民族”的国度美国已派送了 28 艘贸易船只驶入广东 [2]。澳大利亚学者罗杰也认为，17 世纪是中国出口贸易的鼎盛时期，在巴达维亚注册的荷兰贸易中心的记录显示，每年至少有 300 万件瓷器被运往欧洲 [3]。

中西瓷器贸易因明清两朝战乱的影响，西方人“在此战乱时期曾转而求助于日本窑主的荷兰商人再次开始向中国订货瓷器。17 世纪 90 年代，巴达维亚的瓷器经销商曾作出估计：他们每年接受的中国出货为200万件瓷器。1756年（乾隆二十一年），东印度公司的六只船到达广州。每次单程航行一艘船能带回15万件瓷器。荷兰贸易公司是当时最大的，而其他国家如英国、瑞典、丹麦等也参与了瓷器贸易。之后英国所占市场份额与荷兰不分上下，又很快超过了荷兰。根据资料，大致推算中国在17～18世纪期间外销瓷的生产总量，一定会达到好几亿件的数额”[4]。

从以上材料可看出，以广州为主要贸易地的中国瓷器外输之盛况。

二

广彩，不只在本地生产，多数是从景德镇发来的素瓷，再在广州加工成新的产品。外商通常从现有的青花、釉上彩、伊万里彩绘、描金彩绘等样品中挑选相同款式的茶具等器皿，或把景德镇生产的素瓷运往广州，根据自身的来样图案加工。还有把素瓷直接运到欧洲，再绘上欧洲人喜欢的纹饰[5]。广彩贸易量很大，形式也多样，先是完全中式器形、中式图案，然后中式器形西方图案，或中式图案西方器形等。在这个过程中，双方的文化会发生融合交流，这儿仅就中西瓷画风格发生演变做些分析。中国瓷器输出欧洲时，瓷画家会关注对方的审美习惯，自觉与不自觉地吸收他国瓷画技术，以满足欧洲客户的需求。西方瓷画家在中国瓷器不断输入的冲击下，也会吸收来自中国瓷画的手法。在这个瓷画技巧融合交流的过程中，很多窑口积极参与，广彩是其中之一。

明清时期，中国瓷画学习西方技巧，最重要的方面就是焦点透视。所谓的焦点透视，是画家在作画时，把物象在平面上客观呈现而出，使之具有立体感和远近空间感。透视现象是近大远小的，故又称“远近法”，西画即采用此法。而古代中国画则常采用散点透视，画家常常根据性情情趣需要，把不同立足点上看到的东西，都纳入画面，产生特殊的审美效果。中国古画中的场景变化、人物远近关系并不做刻意的逼真追求，崇尚的是性情、情趣，不在形似，只求神似，不重叙事，唯现神韵。但从逼真写实角度而言，特别是眼下瓷器贸易接受国更需要逼真的瓷画效果时，中国画的仿真效果就不够了，产生了画面与客观场景不一致，原本忽略逼真效果，自然会忽略仿真必须具有的手段，如透视、比例的表达等。

明景泰青花下棋图罐中棋盘布局的透视焦点应在左上方，而画中棋盘透视焦点却在右下（图一），显然反了，表明古人在处理这类图案时有些随心所欲，并不注重其逼真是否。当然这一幅构图还较为单一，焦点透视错位并不影响整个画面效果。如果要处理复杂的环境图，如忽略焦点透视方面的技巧，就会有一种凌乱之感。康熙青花《西厢记》故事图盘，画面表现了张生追求崔莺莺的场景（图二），居室内有凳子、床、桌子等不少家具，其透视关系是混乱的，可引出多个透视焦点，有一种不和谐感，表明古人难以处理类似的画面。有时居室或局部透视关系处理好了，但局部与整体又出现了问题。康熙五彩柳梦梅故事盘中的画面就是如此（图三）。亭子中凳子与亭子的透视关系就算合格，杜丽娘梦中遇见柳梦梅，人物比例也算匀称，但亭子与围墙的关系就显示了混乱，像两个互不牵连的物体强扯在一起。清早期的广彩庭院人物纹盘（图四），也有类似的问题，虽然可以看出画家在努力改变透视混乱的状况，比如亭子里面的透视关系比上图处理得好，但亭子与围墙、双门的关系还是缺乏统一的焦点透视。

从以上几幅瓷画可看出：中国绘画审美效果，客观上缺乏焦点透视法，或不重视物体深、浅、远、近等立体感的效果。西方专家也看出这个问题，中国画重视的是线条，

图一　明景泰青花下棋图罐局部

图二　清康熙青花《西厢记》故事图盘局部

图三 清康熙五彩柳梦梅故事图盘

图四 清早期广彩庭院人物纹盘

体现了书法与绘画的紧密关系。早期欧洲人的订单要求图案较为简单，中国瓷画的效果尚可，但瓷画师们遇到复杂的图案时，就难以画出较好的效果[6]。

随着西方人对中国外销瓷需求的深入，就要求中国的产品能更好地体现他们的审美，这迫使中国产品改进，否则就会影响销路。中国要维护这个市场，必须研究西方人的产品需求。特别是德国人波特格尔模仿中国瓷器获得成功后，欧洲其他国家的瓷器生产也随之迅速兴起，一改中国瓷器一统欧洲市场的局面。欧洲人要从中国人的手中夺回欧洲市场，千方百计把中国瓷器挤出去，这给中国瓷器的外销带来前所未有的压力。于是中国诸多窑口，必须研究对策，尽量吸纳他国文化的需求成为当务之急，比如装饰欧洲人喜欢的图案，在绘画技法上进行改进以满足欧洲人的审美习惯。很快，中国人仿制起了欧洲图案的瓷器，而且工艺十分精湛[7]。事实上中国瓷画师很善于模仿，无论欧洲商人要求什么图案，只要给予明确说明，瓷画师们就能画好[8]。乾隆广彩人物图盘（图五），可看作中国绘画与西方绘画风格（包括焦点透视）高度融合的典范，可以看出右边画桌与左边的墙面透视关系十分和谐，焦点透视统一，连远处的两栋小屋也处在统一的透视之中。这就是借鉴西方绘画技巧后，整个画面表现出的效果。类似成熟的透视关系，还表现在 19 世纪广彩潘妃图花口盘中，画中两根柱子的远近长短关系，与墙角线的走向等，都处在自然逼真的状态（图六）。

清中期的广彩人物纹大瓶（图七），纹饰的透视关系要比以上的复杂一些，体现

图五　清乾隆广彩人物纹盘

图六　19 世纪广彩潘妃图花口盘

图七　清中期广彩人物纹大瓶

图八　清广彩碗

了两点透视的关系，瓶上分布三个纵式开光图案，每个开光左右两边各有桌子，而且纵向左边的桌子是一个方向，纵向右边的也是，可见，当时的瓷画家已经能处理较为复杂的两点焦点透视。两点透视还表现在广彩碗的图案中（图八），即两边房屋与当中城墙的关系，就是两点透视，处理得和谐逼真。同样表明了瓷画家在处理复杂图案时对焦点透视的熟练运用。

中国吸纳西方绘画中的透视技巧，邻国日本也在借鉴。日本先受中国美术的影响，常邀请中国画家前往日本指导，清代画家沈南苹就是前往日本的一个。“日本学习绘画，由中国人及荷兰人直接传授了学艺，其由荷兰人所传的西洋画，在长崎通称为荷兰画，这荷兰画的画法，在初期间，没有像中国画那么受尊重”。“清代绘画大家沈南苹去日本长崎，传授技艺，就全靠从这里传播于全日本。……沈南苹好以没骨法描绘花卉、鸟兽，笔致精巧，色彩艳丽，殊达到了写生的极致，于是长崎的画界，遂为他所惊醒，惊叹如此精彩新颖的画法，之后沈南苹与日本画家一起探讨西洋画的远近法（即透视法）”[9]。中国画代表了东亚美术的主要倾向，中国有需求向西方学习，邻国也会跟着学习。

三

以上简述的是中西瓷画艺术交流中，中国向西方学习的过程，接着看看西方又是如何学习中国画绘画技巧的。中国学习西方瓷画的长处，吸收了透视法、明暗对比等手法，还是比较容易，毕竟中国人擅长在器物上绘画。相比较，西方人要吸收中国绘画的特点，得有个过程。这关乎西方艺术的特性要发生很大的改变，西方绘画艺术将要从习惯于繁复全彩过渡到简约空灵。

中西瓷画起初的不同点，即在表现相同题材时所表现出繁复与简约的风格。美国学者 Ganse 通过两个中西盘子瓷画的比较，得出类似的论述：到中国的“来样订货”，其中有一盘子（图九），盘中的植物图案可能受瑞士植物学家梅莉安的印刷本的影响，梅莉安 17 世纪末曾对苏里南热带植物很有兴趣，此盘描绘的就是她研究的热带植物的图像，画面布局繁复丰满，凸显了西方瓷画的特点。再看另一例同类的瓷盘（图一〇），这是 1685 年中国产的花卉瓷盘，花卉图案布局简约空灵，线条色块施彩节制，以及边缘大面积留白等，皆为典型的中国瓷画特色。从这两件瓷盘，可明显看出中西瓷画

图九　青花植物纹盘

图一〇　1685 年青花花卉纹盘

艺术繁复与简约等要素的对比[10]。

在中西瓷画风格的交流中，西方人一方面需求图案繁复的瓷器，另一方面又习惯在中国出口的器皿上，增彩添色。两件同类青花瓶（图一一），皆是中国出口至欧洲的，除了口部与腹部绘上了青花图案，其余皆为留白。而右边一件则被强行增彩添色，这是 1800 ~ 1830 年在英格兰被瓷画师覆盖上了珐琅彩，即在原来空白处填满了图案与色彩，改变了原本简约节制的瓷画风格[11]。变简约为繁复，形成满工满画、色彩强烈的效果。如果添彩加色恰到好处，自然是锦上添花，但这件瓶子如此增彩添色，却有些画蛇添足。这种画蛇添足的事例很多，似乎透露出西方美术借鉴简约、留白的手段、改变美术观念还需假以时日。类似的还比如，素瓷人物像是从中国进口到欧洲的，原本体现了古代中国人的素雅缄默的性情，当然也可能是故意将素色瓷器输入欧洲加彩。加彩工作是由荷兰画家完成的，形成了这般满工满画、热情洋溢的状态（图一二）。加彩调整是为了体现别样的审美品位。18 世纪出口的大量器皿多装饰以花卉、松树、梅花、竹子或是亭台楼阁的风景，这种图案在荷兰和英国又被加上了珐琅彩，形成中西合璧风格明显的“柳树纹样”（willow pattern）[12]。阿姆斯特丹很擅长这类瓷器装饰，又是这类加彩装饰的中心。18 世纪初到 19 世纪英国人也做起了这类生意，多数作坊在伦敦，最著名的是詹姆斯·吉尔斯作坊，这个作坊活跃于 1750 ~ 1780 年间。一双被调整增色的瓷杯就是该作坊的作品（图一三、图一四），杯原本是白瓷，之后被涂上了带彩奶咖啡釉色。另一件景德镇产白瓷茶壶，被重新绘画装饰[13]。从后者可以看出，重新绘画装饰，与上面介绍的满工满绘的添色加彩不同，已经吸收了中国瓷画留白、简约表达的方法。

西方人在纯粹模仿中国瓷器到来样增彩添色的过程中，渐渐接受中国瓷画的绘画风格，也渐渐改变了自身的审美特性，这从西方瓷画简约画风的产品在增多能得到证明。从两件类似的纹章瓷装饰，可看出这类的变化。一件盆子是来样加工，图案满工

图一一　两件同类青花瓶

图一二　素彩人物像

图一三　后加彩瓷杯

图一四　后加彩茶壶

繁复（图一五），此盘“为英国绅士李克制作的，是在广州装饰的，那里比景德镇更容易满足国外的不同要求”。从这一句图片说明可看出，在西方人眼里，广州与其他城市相比，可能显得更开放，能满足西方商人任何的产品需求，也佐证广彩在中西陶瓷文化交流中扮演了重要角色。同样题材的纹章瓷盘，也同样是来样订货，却采用了十分简约、大面积留白的画风，这类风格的瓷器显然开始受到西人的青睐（图一六）。这种青睐，必然会影响他们瓷画家的绘画风格的演变。事实上，从传世的纹章瓷盘可看出，这类简约的风格随处可见，而前一种满工繁复的瓷盘却较为少见。西方瓷画虽

图一五　清广彩纹章花卉纹盘

图一六　清粉彩纹章花鸟纹盘

然未必一改原有的繁复风格，至少已变成了多元并举的状况。

西方瓷画的技巧演变，可以从最知名窑厂的瓷画师的画风变革说起，毫无疑问，知名瓷画家的绘画会起到引领作用。也就是先直接进口，后定样加工，接着欧洲本地产，瓷画风格最终在本地产的瓷器上发生变化。欧洲各国模仿中国瓷器并秘密试制 150 年，最终德国人波特格尔试制成功，进而凭借这个成果诞生了麦森瓷厂，该厂遂成欧洲的“景德镇”，随后影响全欧洲的瓷业进程。麦森最初的瓷画师，以赫罗尔特为代表，他们通过不断努力探索，生产出令人赞叹的具有精微细节的中国式样、印度花样，以及釉下蓝构成的麦森风格[14]。两件麦森茶壶与盘（图一七、图一八），造型、釉彩、图案都是西式元素，但绘画方式却简约留白。麦森瓷器的瓷画风格显然有革命性的特点，不同于原先的欧洲瓷画风格，又因为赫罗尔特作为欧洲瓷画的奠基人，他所引领的麦森瓷器生产会对其他国家的瓷画风格产生影响[15]。

除了麦森瓷厂，荷兰代尔夫特瓷厂也是模仿中国瓷器的急先锋，留下了大量作品，特别是那些在 17 世纪晚期与 18 世纪初期制造的产品，按照中国明朝晚期流行的简约样式装饰，用锡釉制成，制作精良，一直难以与中国陶瓷区分[16]。一件 18 世纪的荷兰代尔夫特瓶子，颈部纹饰是西方的，腹部纹饰是中国的，加上主体留白的中国青花装饰特征，一起构成了代尔夫特风格（图一九）。代尔夫特风格在欧洲影响很大，以致英伦半岛也模仿，史学家通常把这类器物称之为英国式代尔夫特风格。一件 18 世

图一七　19 世纪麦森窑花鸟纹壶

图一八　粉彩纹章花鸟纹盘

图一九　18世纪代尔夫特人物纹瓶

纪晚期英国式代尔夫特瓷板画，图案是欧洲风景，画风却是中国山水画的翻版，简约留白的风格明显（图二〇）。

18世纪晚期法国维森纳瓷厂生产的瓷器茶杯与茶托，装饰风格艳丽花哨，典型的法国式，但绘画手法节制，不作繁饰，注重留白、简约的装饰风格，这样的风格以往少见（图二一）。18世纪晚期法国塞弗勒的瓷器，也是艳丽的装饰形式，但构图布局极其注重留白，体现出浓郁的中国瓷画装饰风格（图二二）。

欧洲知名瓷厂学习中国式瓷画的，举不胜举。葡萄牙里斯本生产的陶瓷，在图案描绘上要与出口到欧洲的东方加工品相类似[17]。英国的波尔瓷厂特意设计出“新广州瓷”的风格，以使其适应中国的设计样式，这样做的目的，是为了加强同中国出口瓷器的竞争[18]。英国斯塔福德郡的陶器，为了显示浓郁的中国风情，大量使用在瓷器上最流行的柳树图案[19]，以达到快速识别的效果。

从以上罗列的现象可看出，从知名的麦森瓷厂产品更新后，欧洲诸国的瓷器产品皆发生变革。欧洲瓷画发展出新面貌，更可以从当时著名画家崇尚东方化得到佐证。侨居欧洲的美国画家惠斯勒，曾有代表作《瓷器公主》，画中一位少女，手拿团扇，

图二〇　18 世纪晚期英国代尔夫特风景图瓷板

图二一　18 世纪晚期法国维森纳窑花鸟纹茶杯及杯托

图二二　18 世纪晚期法国塞弗勒花鸟纹器

背后一只中国青花瓷瓶。青花瓷瓶在画中不仅作为人物的背景，还具有显示人物身份与情趣的功能。惠斯勒的绘画从东方艺术中汲取养料，他在观摩中国水墨画后，认为美术不应该是西方那样只“重叙事”，而应像中国画那样“叩出音韵”。他的这个观点与西方瓷画开始注重简约留白、追求空灵神韵是一脉相承的。惠斯勒从中国画中摄取韵味，来丰富自己的画作。《瓷器公主》就具有东方美术所专长的意境，他的这类作品受到西方美术界的称许[20]。除了惠斯勒，还有很多画家，如莫奈，他的绘画中，经常出现东亚的绘画风格，如中国花鸟画、日本浮世绘，还有扇子、服饰等[21]。莫奈让夫人穿上东亚的服装出现在他的作品中。他的《圣·达多雷斯的平台》，受日本版画的影响，他把这幅画称为"有旗帜的中国画"，这些印象派画家常把日本的东西称作"中国的"，这可看出中国与日本的渊源关系[22]。以及其他不少印象派画家如梵高等也关注东亚的绘画。因为印象派绘画的主要特点是简约化和平面化以及留白手法、小笔触技法等，这些特点是欧洲绘画中所没有的，是来自东亚水墨画、版画的启发。起初不少西方人在争论这种启发来自中国还是日本，后来权威的艺术理论家贡布里希在论及时，发现"日本主义"艺术源于中国[23]。可见东亚绘画风格的相似性。

另一位艺术理论家哈·奥斯本在论述中西方美术上的差别，与贡布里希发出类似的观点，他在《美学与艺术理论》中说，西方人喜欢通景画，还希望把物体画得逼真，西方古代的美学思想，基本上是自然主义的，追求真实。而古代中国人却不同，并不认为一定要把一个物体画到逼真，而是追求内在的境界，比如画竹子，仅仅画得像，那么无法再深入下去，而是在笔墨的运用当中表现出作者的精神与人格，对于中国画来说，笔墨是气韵的表现，是画家精神的灌注。同理，瓷器上那些简练、抽象的纹饰，审美上的关注不在于像什么，而在于画背后有什么，这一点，要西方人来理解，显然困难[24]。

西方瓷画家大量吸收中国瓷画的表现手法，因为他们懂得，在美术上吸收东方的精华实在非常重要，美国同欧洲一样，也习惯以同样的方式从东方获得灵感，这灵感不仅来自中国，还来自埃及等国，从这些国家流行的被简约浓缩的艺术装饰风格，进而获得干净利索、简约快捷的样式[25]。

本文结束，须再次强调，促进中西瓷画技巧演变的过程中，不只是广彩，中国很多窑特别是景德镇窑的产品都起到了很大作用。

注释

[1][5][6][8][10][11][12] *Chinese Porcelain: An Export to the World,* no.4, by Shirley Ganse，by Praeger Plublishers in the United States of America in 1971.

[2] *The Encyclopedia of Antiques,* P26, Abbeydale Press, 1996.

[3][12] ［澳］罗杰·迈克尔罗伊：《我看中国古代外销瓷》，《清代外销瓷》，广西美术出版社，2006 年。

[4] ［德］雷德侯 ：《万物》页 127，三联书店，2005 年。

[7] ［德］雷德侯 ：《万物》页 128，三联书店，2005 年。

[9] ［日］关卫 ：《西方美术东渐史》页 296、页 304，上海书店出版社，2002 年。

[13] *European Ceramics,* P49, by Robin Hildyard.

[14] *The book of Porcelain,* p36, PRAEGER PUBLISHERS, New York · Washington ；*The book*

of Porcelain, p121, PRAEGER PUBLISHERS, New York · Washington.

[15] *The Encyclopedia of Antiques*, P39, Abbeydale Press, 1996.

[16] *The Encyclopedia of Antiques*, P30, Abbeydale Press, 1996.

[17] *Antique Collector's Directory of Period Detail*, P72, by Paul Davidson.

[18] *The Encyclopedia of Antiques*, P41, Abbeydale Press, 1996.

[19][21] 沈福伟：《西方文化与中国》，上海教育出版社，2003 年。

[20] ［美］杰弗里·迈耶斯：《印象派四重奏》页 129，广西师范大学出版社。

[22] ［英］保罗·史密斯：《印象主义》页 28 ～ 31，中国建筑工业出版社，2004 年。

[23] E.H.Gombrich, *Die Geschichte der Kunst*, Frankfurt/Main1996, p535，转引自王才勇：《印象派与东亚美术》页 15。

[24]《中西比较美学文学论文集》页 3，四川文艺出版社，1985 年。

[25] *The Encyclopedia of Antiques,* P75，Abbeydale Press，1996.

绚彩华丽金碧辉煌的广彩瓷器

广东省博物馆　冯素阁

内容提要：“广彩”以其“绚彩华丽，金碧辉煌”而闻名于世，深受欧美等国的欣赏和喜爱，300 多年来一直是我国外销彩瓷的主要商品之一。广彩在三彩、五彩、斗彩、粉彩、珐琅彩等各种彩瓷艺术的影响下，将景德镇白瓷在广州加彩烘烧而成，脱颖而出。康熙中晚期至雍正早期，是广彩的初创阶段，盛于乾隆、嘉庆，终清一代不绝，复流传至今。

关键词：广彩　瓷器　外销

Abstract: As the main commodities of Chinese export porcelain, the Guang color was known for its gorgeous and magnificent color and well appreciated by European and American countries more than 300 years. Influenced by tri-color, polychrome, Doucai, famille rose and enamel, and based on the white porcelain made by Jingdezhen kiln, the Guang color added the colors in Guangzhou and finally became the famous one. The Guang color began its production from late Kangxi to Yongzheng period, flourished in Qianlong and Jiaqing period, and without cease until now.

Keywords: Guang color, porcelain, export

广彩是广州织金彩瓷的简称，是以产地命名的，并非对彩料的特指。以其“绚彩华丽，金碧辉煌”而闻名于世，300 多年来一直是我国外销彩瓷的主要商品之一。广彩始于清代康熙晚期，在景德镇的三彩、五彩、斗彩、粉彩、珐琅彩等各种彩瓷艺术的影响下脱颖而出，盛于乾隆、嘉庆，终清一代不绝，复流传至今。广彩瓷艺是按照西方人的审美习惯，将景德镇白瓷在广州加彩烘烧而成，主要销往国外。它的发展主要得益于广东作为对外贸易通商口岸这一得天独厚的外销条件。它既有中国传统彩绘艺术风格，又吸收欧美艺术精华，得到西欧各国皇家、贵族等上层人士的赏识，是装饰与日常用瓷的重要产品。常见于西欧皇家宫殿与博物馆。广彩瓷器的造型、纹饰多以西方生活方式所需的定式制作，最典型的纹章纹具有浓厚的西方文化艺术色彩，但装饰内容极富中华民族的风格，喜饰花卉、山水、写实庭院景色乃至清装人物等。除了迎合西方人的习惯及好尚来绘制瓷器上的纹饰外，还有一些器物的造型也是按欧洲商人的要求定做，即他们首先拿着模子到景德镇烧景胎，然后在广州加彩。曾有“式多奇巧，岁无定样”的记载[1]，说明当时定做产品种类的繁多及造型的多样。据资料显示：在 1635 年，荷兰商人第一次把欧洲市民日常生活中所使用的餐具如碟、水罐、芥末罐、洗脸盆等做成木制模型，带到广州，交给瓷器师傅模仿生产运往荷兰后大获成功，产品供不应求，从此开辟了欧洲器皿来华定做的先河。这种器皿包括日用瓷及特制瓷，如喝啤酒的马克杯、剃胡子的剃须盘、咖啡用具、奶壶等。下面按照广彩发展脉络简略叙述。

一 康熙中晚期至雍正时期为广彩的创烧阶段

康熙二十三年（1684 年）清政府解除海禁，外国商船随之增多（图一），外国商人重华瓷，在广州订货或来样加工，因而促进了广彩瓷器的生产和发展。

从 17 世纪下半叶开始至 18 世纪的清代前期，中国瓷器在世界各地，特别是在欧洲，不仅作为日用品受到广大客商的喜爱，而且在贵族上层，优质的中国瓷器已经作为夸耀财富的手段。1713 ～ 1740 年间，普鲁士皇帝选皇后，曾以 600 名撒克逊龙骑兵和临近的君主换取一批中国瓷器，以为他的婚礼增色[2]。

康熙中晚期至雍正早期是广彩的初创阶段，无论是师傅、颜料、素瓷都来自景德镇，依景德镇彩瓷纹样或来样加工，广彩的特色不太明显，国内流传下来实物很少。

图一　广州十三行

雍正时期广彩瓷基本有了雏形，感觉出比较明显的是喜用开光绘画。随着中国瓷器贸易的发展，除原来为国内市场需要所生产的一般瓷器外，有相当部分是按照订货合同根据外商需要特地生产的。广彩瓷器初期的绘画风格，与江西景德镇彩瓷区别不大，如广东省博物馆收藏的雍正广彩开光人物纹盘口瓶（图二），颈部和腹部均有两菱形开光，颈部开光内绘山水，腹部开光内绘清装人物小景，只是以锦纹相隔，露出大片白地，而不是广彩惯用的满地，金彩只是用于口沿处锦带纹的五瓣花，这是早期广彩瓷画风格。雍正广彩山水人物纹盘（图三），最主要特征是口沿饰麻色卷草纹，主题纹饰绘船只、人物、山水、楼阁，好像广州清代珠江的风景一角，有早期广彩的风格。雍正广彩折枝花蝶纹盘（图四），主要是从彩料方面区别景德镇彩瓷，金彩饰花蝶、织锦如意纹，红彩应用比较多，这同样是早期广彩特点。雍正广彩风景人物纹盘（图五），彩料已经有麻色绘锦地钱纹，突出开光内的风景人物，这种绘画和使用彩料的特点，就是广彩早期的特征。

图二　清雍正广彩开光人物纹盘口瓶

图三　清雍正广彩山水人物纹盘

图四　清雍正广彩花蝶纹盘

图五　清雍正广彩风景人物纹盘

追溯广彩最早的彩绘艺人，应该是雍正年间从江西派往广州的候补官员杨快和曹钧。相传“他们到广东后却长期没有官缺可补,坐吃山空,生活发生了困难。为了生计，他们便利用自己懂得的瓷器绘画技术，绘画一些瓶、盒、杯、壶等瓷器出卖，外国客户非常喜欢，纷纷订货，经常供不应求，于是，便扩大规模，从景德镇买入白胎瓷器，在广州开设作坊授徒传授加彩技艺，随着生产的不断发展，便逐渐形成广彩雏形”[3]。后来老一辈广彩艺人为纪念这两位广彩创始人，就将杨快供奉为广彩的祖师爷，把农历八月初四定为师傅诞，广彩艺人入行拜师都选这一天，慢慢已成为惯例，直到建国后才取消了这一行规。随着改革开放的继续深入，这种行规又得以恢复。

二　乾隆、嘉庆时期为广彩初具特色的成熟阶段

约在乾隆、嘉庆时广彩瓷已形成自己的风格，并得到社会上的承认，“广窑仿洋瓷烧者，甚绚彩华丽”[4]，其采用的西洋红、鹤春色、茄色、粉绿等使广彩瓷像换新装一样多姿多彩。朱琰说：“今瓷画样十分之，泽洋彩得四，写生得三，仿古二，锦缎一也。”在画面上除参考传统的绘画瓷外，还仿造西洋画法或来样加工，如乾隆广彩天使纹盘（图六），逐渐形成广彩特有的风格。另一种广彩外国风景图盘（图七），画面很简练，只是盘心用红、赭、金三色绘制欧洲风景画面，笔法如钢笔素描，明暗

图六　清乾隆广彩天使纹盘

图七　清乾隆广彩外国风景图盘

清晰，是仿照西洋画的画法而加彩的，此种色彩是在广州配制，广彩行话叫“麻色”，其实是用红与黑两种色配成的深赭褐色，多用于外销瓷器上，如广彩麻色花鸟纹果形盘（图八），在江西景德镇很少用此色，此盘应是外商来样加工的品种。在乾隆戊戌年（1778 年），广州彩瓷艺人还成立了“灵思堂”[5]，即广彩行业组织的行会，设在广州文昌路毓桂坊三巷，直至抗战期间才拆掉。至今附近广彩老户还有不少仍操祖业，这亦可作为广彩瓷在乾隆年间亦有相当发展的一个佐证（图九）。能组织起行会，说明广彩已有不小的规模，在市场上已经有了相当的地位，并且说明其在雍正、乾隆年间已经形成行业生产。美国旅行者 William Hickey 于 1796 年参观广州珠江南岸的广彩加工工场，描述说 :“在一间长厅里，约 200 人正忙着描绘瓷器上的图案，并润饰各

图八　清乾隆广彩麻色花鸟纹盘

图九　清乾隆年间的广州十三行

种装饰，有老年工人，也有六七岁的童工。”[6] 这种工场当时竟有100多个，说明广彩外销数量之大。“17世纪后期，法王路易十四命令他的宰相马扎兰创立中国公司，派人到中国广东定做带有法国甲胄纹章的瓷器”。乾隆以后，各期产品的风格才易于分辨。

广彩成为18世纪欧洲的宠儿，装饰纹样十分丰富，有纹章纹、船舶纹、人物纹、花卉纹、动物纹等几大类。

1. 纹章纹

所有商贸来往的欧洲国家都定制过纹章纹广彩瓷，“皇室、贵胄、神职人员、商界人物、家族、社团、城市、省郡”[7] 都把象征他们身份、权力、地位、政治主张等的纹章，描绘到瓷器上。当时定烧纹章纹瓷器成为欧洲的一种风尚，瑞典就有300多家贵族把纹章纹样送到中国来定制瓷器。广东省博物馆收藏有乾隆广彩浆胎纹章奖杯纹扁瓶（图一〇）等，其中乾隆广彩纹章纹椭圆盘（图一一）中间所画的纹章是英国东印度公司主席托马斯桑德斯纹章，其1750 ~ 1755年曾任印度马德拉斯圣乔治城堡英国东印度公司主席；乾隆广彩纹章纹镂空椭圆盘（图一二），是英国东印度公司的纹章，是托马斯桑德斯主席在任职时定做的纹章盘。

2. 船舶纹（图一三）

广彩广州十三行及珠江商贸繁华风景图大碗（图一四），真切地反映出当时广彩的盛况。最早的“十三行”碗是在1765年左右为丹麦市场定做的，碗的一面是十三行场景图，另一面是哥本哈根的风景。用十三行场景作为最高档广彩瓷器的一种装饰自此开始流行，这种情况一直持续发展到该世纪末，要征用最高绘画水平的匠师，用最好的颜料，其中有相当部分的颜料需从欧洲进口，包括珐琅料，彩绘这么一个十三行的场景大碗，“真实地展示了乾隆盛世广州十三行洋行贸易盛况，珠江岸上各式建筑，在建筑与珠江之间的码头上、建筑内、船上忙活的人群及珠江上穿梭不息的船只。一字排开在珠江边的建筑群非常庞大。从风格上来看，有中式建筑、西式建筑及中西风格合璧建筑。中国官员办公地如粤海关及中国商行则基本上是中式建筑，洋商行的建筑基本上是西欧风格建筑，上下两层，从正门进去后里面还有大量的建筑。有的在门的上方建有露天飘台，作休息赏景之用，有个别则建有上下两层的走廊，不但气派且能避免风吹雨淋。建筑前面飘扬着丹麦、法兰西、大清帝国、瑞典、英格兰、荷兰、巴西等国家的旗帜，旗帜的后面，便是所属国家的商行，垄断着在各自国家的对华贸易。十三行场景中对人物的描绘则使商行贸易区显得生机勃勃。在建筑群里、洋行前、船只上共彩绘了93个人物，其中洋人31个。洋人中，有的在悠闲地散步，有的在与中国商人谈生意，有的在欣赏珠江的风景，有的在与清政府官员商谈公务，有的在洋行门前指挥洋行雇佣的中国工人搬运货物，有的在珠江划船。更有意思的是在一洋行前描绘了一对洋人醉酒的场面：一洋人满脸通红，跌坐在酒桌旁，另一洋人则摇摇晃晃

图一〇　乾隆广彩纹章纹扁瓶

图一一　乾隆广彩纹章纹椭圆盘

图一二　乾隆广彩纹章纹镂空椭圆盘

图一三　清乾隆广彩船舶纹执壶

图一四　清乾隆广彩十三行
外景图潘趣酒碗（大英博物馆藏）

抱着旗杆。在所绘洋人中，以男性为主，能明确辨别为女性的仅有三人，表明女性并不适合做艰苦的海上旅途。代表清政府履行公务的政府官员共有 12 人，他们都戴着官帽，极易与其他人分辨开来。除三个在船上，其他的都在岸上执行公务，有的在海关里等候别人来办理业务，有的似正向洋人传达清政府的法令，有的正在监督洋行的各项业务活动。余下的则是商人、搬运工、船夫等。挤满十三行前的各式船只共有 33 艘，以适用内河运输的为主，其用途应是载客及短距离运送货物，同时亦有游船。主要以带雨篷的中国传统小船为主，而洋人驾驶的船只有三艘，从外形到装饰都有明显的西洋风格，悬挂的是风帆。每个洋行或许都有自己专门的船只，如在海珠中国亭前停泊的两艘最大的船，其船头就用欧洲贵族徽纹章装饰，表明其身份”[8]。

3. 人物纹（图一五）

广彩瓷器的人物纹绘画最为丰富，戏剧故事、神话传说有《封神榜》、《三国演义》、《隋唐演义》、《水浒传》、《西厢记》、《红楼梦》等场景，以及仕女图、婴戏图、农家乐、渔家乐、山水人物图等，这些彩瓷大量销往西方。特别是闺阁仕女图。大概西方人很喜欢东方美人，他们称这些仕女为“修长的伊丽莎白”。西洋人物有宗教、古希腊和罗马神话、世俗生活、风景人物等几类（图一六）。根据外商的需要绘制图案，或者是采用来样加工的方式，多取自油画、铜版画、素描和其他多种绘画，如漫画、讽刺画等。宗教题材方面有耶稣降生、耶稣受难、耶稣复活、耶稣升天、耶稣受洗等。常常是几件盘子为一套，也称为“耶稣会瓷”，多销往信奉基督教的国家，一般用于宗教活动和陈设。这种纹饰流行了相当长一段时间。古罗马、古希腊神话传说故事方面的内容往往会制在茶具、碟、盘上，描绘的有神、半人半神、人和怪物，如帕里斯的审判、欧罗巴与公牛等，绘画风格接近西方油画（图一七）。广彩人物画长期模仿西方绘画，至道光（1821 ~ 1850 年）后形成了广彩行业后来称之为的“长行人物”，到同治时称为“同治人物”。其特点是有别于国内其他陶瓷人物绘画的风格，与外销水彩画、通草花十分相似，鲜艳的色彩，明暗粗细搭配得体的衣纹等。

4. 花卉、花鸟纹

广彩瓷器表现的花卉纹是最具有代表性的，各类花卉展示得淋漓尽致。广彩所有的主题纹饰都喜用开光作为边饰，而边饰的主要精髓就是花卉纹、花蝶纹、花鸟纹（图一八）、草虫纹等，而且窗内的主题纹饰仍然突出的是花卉纹、花鸟纹、草虫纹。同时还不感觉重复，这在其他瓷器装饰里并不多见。

图一五　清广彩人物纹器局部

图一六　清广彩希腊神话故事图盘

图一七　清嘉庆广彩西洋人物纹大盘

图一八　清广彩花鸟纹盖瓶

三 道光至光绪时期为广彩绚彩华丽的配套生产阶段

清道光至光绪时，广彩达到了完全成熟阶段。它既吸收了传统工艺，亦吸收欧美的艺术精华，完全形成了自己的独特风格。其特点是绚彩华丽、金碧辉煌、热烈清新、构图丰满、繁而不乱，犹如万缕金丝织白玉的“织金彩瓷”。颜料从初期的几种增加到十几种；花式设计使零碎、分散、单独的纹样组合起来，形成完整的构图，并固定下来，成为一种程式，可以运用到所有的产品构图上，如整套的餐具——盘子、碗、汤匙、小碟都合适，使整套餐具的纹样既完整又统一，布局整齐。广东省博物馆收藏的同治广彩人物纹餐具，一套约 40 多件（图一九），广彩人物纹双鹤耳大瓶（图二〇），开光内画人物小景，人物形态各异，画工精绝，广彩界称为“同治彩”的便是此类。此瓶不但颜色丰富，金彩亦多，真可谓“金碧辉煌”，是这一时期广彩瓷的代表之作。可以说，广彩的装饰艺术也是从洋化到民族化、地域化的转变过程。初期还有少量的纹章纹、船舶纹、西洋风物或者姓名缩写字母，后来主要以人物、动物、花卉、花鸟、草虫为主题，如广彩花卉纹太平有象（图二一），寓意吉祥平安，再如广彩人物纹带盖小筒（图二二），主题相近，形式重复，这种特点一直延续到现代，使今人一看便知是广彩。另有一种称为“行碗”的深壁大口碗（图二三），口径有 30 ～ 40 厘米乃至 60 厘米，碗壁上绘画的纹饰有中国仕女，如广彩人物故事图大碗（图二四），这种大碗从乾隆时期起流行了很长一段时间，大多销往英国，多半被当地人用来调制鸡尾酒，也称“潘趣酒大碗”。

广彩瓷器在构图方面，十分注重厅堂花园的设计，树木山石作为背景的衬托，如厅堂正面有屏风、栏杆、粉墙，厅内有家具。在大件瓷器上注重人物场景的完整性，题材有“金殿比武、举狮观图、鸿门宴”等；小件器物的家庭乐无题人物场景，便于配套生产。

图一九　清广彩人物纹餐具

图二〇　清同治广彩开光人物纹双耳瓶

图二一　清广彩太平有象

图二二　清广彩人物纹带盖小筒局部

图二三　清广彩开光人物故事图行碗

图二四　清同治广彩人物故事图大碗

注解：

[1]（清）蓝浦：《景德镇陶录》卷二。

[2] 中国硅酸盐学会编：《中国陶瓷史》页 450，文物出版社，1982 年。

[3] 赵国垣：《广彩论稿》页 14。

[4] 吴敬业、辛安潮：《中国陶瓷史》说："广东广窑，模仿洋瓷，甚绚彩华丽，乾隆唐窑曾仿之，又尝于景德镇贩瓷至粤重加彩画，工细殊绝，以售外洋。"1936 年。

[5] 景德镇陶瓷研究所编著：《中国的瓷器》页 88，中国财政经济出版社，1963 年。

[6] John Go1asmieh phi11ips, *Chind Trade Porce1ains*。

[7] 陈玲玲主编：《广彩——远去的美丽》页 38，九州出版社出版，2007 年。

[8]《收藏·拍卖》2007 年第 10 期，页 42。

试论广彩产生的历史背景及原因

宁波博物馆　李　军

内容提要：广彩瓷器作为中国古代外销陶瓷的一种独特类型，它打破了自唐代以来中国古陶瓷以亚洲与非洲地区为传统销售市场的营销格局，前所未有地风靡欧美大陆，开辟了中国瓷器外销的新领域，掀起了中国瓷器继青花瓷大规模外销后的又一次外销高潮。本文作者从东西方海上新航线的开辟和世界地理大发现对中国瓷器外销网络架构变化的影响，明清时期广州得天独厚的外贸地理区位优势，特殊的外贸优待政策对广彩瓷器产生的有利条件，欧美国家文化传统、审美价值和风尚习俗对于订烧瓷（尤其是纹章瓷）需求的影响，以及清康熙中后期五彩、珐琅彩与粉彩等精熟制瓷技艺为广彩瓷器创制所提供的工艺借鉴与技术支撑等，均进行了分析与阐述，尝试揭示出广彩瓷器产生的特定历史背景及外销繁荣的内在原因，力求对广彩瓷器的时代性、开放性、融合性作出诠释。

关键词：广彩　外销　瓷器

Abstract：As a unique type of Chinese export porcelain, Guang color broke the export focus on Asian and African markets since the Tang dynasty and gained a unprecedented popularity with the Western world, setting off another overseas trade boom of Chinese export porcelain since the success of blue-and-white porcelain. By delving into the influence of the establishment of new East-West sea routes and the great geographical discoveries on the export pattern of Chinese porcelains, the favorable conditions for the development of Guang color such as the foreign trade advantages enjoyed by Guangzhou during the Ming and Qing dynasties as well as the preferential trade policies, the role European cultural traditions, aesthetic value and customs played in the increasing demand for custom-made porcelains—especially armorial porcelains, and the artisanry reference and technical support provided by the mastery of the famille rose and enamel decoration in the late Emperor Kangxi period, the paper reveals the specific historical background to the emergence of Guang color and the underlying reasons for its commercial appeal, thus striving for an interpretation highlighting the opportuneness, openness and adaptableness of Guang color.

Keywords: Guang color, porcelain, export

广彩是指清代广州地区依照欧美国家外商对瓷器造型、纹饰的特殊需求，以景德镇烧制的素白瓷为坯件，借鉴五彩、珐琅彩和粉彩等釉上彩的装饰手法，融合中西传统绘画章法和技巧，以当地自制彩料为主要原料在瓷器上绘制特定图案，最后经700℃～750℃低温焙烧成，并专门销往欧美市场的一种外销瓷器（图一）。它产生于清代康熙晚期至雍正年间，成熟于乾隆至嘉庆时期（图二），繁盛于道光、咸丰、光绪期间。作为一种纯粹

图一　清雍正广彩山水人物纹盘

图二　清乾隆广彩人物纹大碗

的外销瓷器，广彩掀起了中国古代瓷器外销的最后一次高潮，它不但打破了自唐以来中国瓷器传统以亚非地区为主要销售市场的营销格局，前所未有地风靡欧美大陆，开辟了中国瓷器外销的新领域，而且还在釉上彩的色料运用、绘画技法等方面创出了新意（图三、图四、图五）。广彩瓷器的产生，是一种装饰手法、艺术形式技巧乃至生产流程与经营模式的创新，有着其特殊的历史背景与原因。本文试从三方面加以论述。

图三　清乾隆广彩洋人归航图大碗

图四　清乾隆广彩人物故事图海棠形盘

图五　清乾隆广彩雕瓷花卉纹盖瓶

一 广彩瓷器产生的基础条件

明清时期，广州作为中国历时最久的唯一合法外贸港口，成为中国瓷器外销欧美国家的主要口岸，这就为广彩瓷器的产生创造了条件。欧洲人初识中国瓷器是从 13 世纪末开始的，15 世纪末，中国瓷器开始进入欧洲市场，并于 16 世纪至 19 世纪上半叶达到鼎盛。15 世纪末至 16 世纪，正值欧洲进入资本主义原始积累时期，西欧一些海洋强国迫切需要扩大商业市场，发展海外贸易，地处欧洲西南端伊比利亚半岛的葡萄牙人和西班牙人，率先探索东方新航线，成为中国瓷器外销的直接贸易者。

1497 年，葡萄牙航海家开辟了从大西洋到印度洋的欧亚海上交通新航线。1511 年开始他们向东南亚挺进，并于 1514 年抵达广州沿海及邻近大陆的广东东莞市屯门岛，1517 年到达广州，在澳门建立商栈，成功开辟了一条从南中国海经印度洋到大西洋的欧亚海上交通航线。从 1524 年开始，他们在中国东南沿海进行走私贸易，1557 年强占澳门，并以澳门为海上贸易据点，建立东亚与欧洲的贸易网络。

1492 年，由哥伦布率领的西班牙船队发现美洲新大陆，开辟了横渡大西洋到美洲的航路，之后，又向西横渡太平洋，于 1571 年占据吕宋（菲律宾），并以马尼拉为贸易基地，继尔从马尼拉北上，驶向中国的台湾与闽粤沿海一带。从 1579 年起，西班牙国王允许其在墨西哥、秘鲁、危地马拉等地的商人从事横渡太平洋的贸易。这样，西班牙—墨西哥—吕宋—中国，就形成一条新的贸易航线，即所谓的“大帆船贸易”。

16 世纪的葡萄牙和西班牙人，完成了历史上第一次全球性的世界大划分，他们以菲律宾为分界线，其中葡萄牙以澳门为转运中心港，形成了广州—澳门—果阿—欧洲的欧亚海上航线和广州—澳门—日本长崎的航线；西班牙则以马尼拉为转运港口，形成了广州—澳门—马尼拉—美洲、拉丁美洲—欧洲的航线，这些贸易航线架构起全球化的海洋贸易网络体系，而在这个海洋贸易网络体系中，澳门成为了重要的转运枢纽，它既是欧洲各国进入中国的跳板，同时，又是中国通往世界各国的媒介。但事实上，当时澳门与中国大陆之间的贸易交往，最主要的还得依靠与之毗邻、并有着密切亲缘地缘关系的广州来完成的，因此，广州就成为了中国大陆名副其实的对外开放的主要门户和对外贸易重要口岸。

明代广州，早在海禁政策实行初期即被朝廷指定为专通占城、暹罗、西洋诸国的朝贡港[1]。正德四年(1509 年)时，朝廷规定非朝贡国家也可进入广州贸易。嘉靖二年(1523 年)，因宁波发生争贡之役，朝廷废除闽、浙二市舶司，独存广东市舶司一口对外贸易[2]，广州因此成为当时中国唯一的合法通商口岸。到嘉靖八年（1529 年），朝廷为鼓励广东市舶的发展，又“令广东番舶例许通市者，毋得禁绝”[3]。隆庆（1567 ~ 1572 年）以后，随着海禁的松弛，广东对外贸易迅速繁荣，“几垄断西南海之航线，西洋海舶常泊广州”[4]。明后期万历二十七年（1599 年）以后，朝廷正式开放海禁，允许私人商船出洋。可见，在海禁严厉的明朝，广州港仍独享朝廷特殊的开放海外贸易优待政策。因此，16 世纪的广州，真正成为了明朝中国大陆与世界经济贸易直接接轨的前沿基地和主要门户。

16世纪末，世界海洋经济贸易的主体与格局发生了重大改变。荷兰迅速崛起，并致力与西方列强争夺远东的海上贸易霸权。1602年，荷兰联合14家公司成立了“荷兰东印度公司”，随后，英（1600年）、法（1604年）、丹麦（1614年）、葡萄牙（1628年）和瑞典（1631年）等七个欧洲国家也相继成立东印度公司。显然，荷兰在这场贸易争夺战中处于绝对优势，至17世纪初期，他们已夺取了葡萄牙在东方的绝大部分殖民地。1625年，荷兰占领台湾，取代葡萄牙人争得了远东贸易垄断权和在西太平洋的霸主地位。虽然从16世纪末到17世纪40年代，东方的商业大权几乎为荷兰人所独占，台湾成为荷兰进口中国商品的固定贸易基地，但是，此时的广州也仍然在发挥着中国大陆重要贸易港口的作用。

尽管清初朝廷海禁严厉，然而广州的对外贸易却没有完全停顿，这段时间广州每年出洋的商船仍在1000艘以上。《荷兰东印度公司与瓷器》记载，当时和巴达维亚、马六甲、柔佛等地的走私贸易船只很多，所载瓷器的数量也很大。从1669年开始，广州停泊的荷兰商船经常在190艘以上，上岸荷兰商人超过1万人[5]。至康熙十七年（1678年）时，清朝廷开放了澳门至广州的陆路贸易。

康熙二十三年朝廷下令“开海贸易”，指定广州等四地为通商口岸，并设立粤海关等机构以负责对外贸易和征收关税等事务。粤海关成立以后，清朝廷采取了一系列有力措施。首先，停止原广州与澳门间的陆路贸易，规定“到粤洋船及内地商民货物，俱由海运直抵澳门，不复仍由旱路贸易”[6]。其次，废除原由市舶提举司征税的定制，规定以后所有商人必须向粤海关纳税，由粤海关监督“征收海上出入洋船之货税”[7]。再次是加强从事中外贸易的中国商人的管理，于康熙二十五年发布《分别住行货税》文告，将外贸从整个贸易行业中分离出来，“设立金丝行、洋货行两项货店”，实行不同的管理制度，这就是著名的“广东十三行”，又称“洋货行”，简称“洋行”。四是加强外国商人及商船的管理，清廷批准将各国来广贸易商船从澳门“移泊黄埔”，并进行交易[8]，同时，准许外商在广州租赁民房居住或作为其交易场所及储货仓库。康熙二十八年，清朝廷向西方商人开放广州口岸。1715年，英国东印度公司最早在广州开设了国外贸易机构，接着法国在1728年，荷兰在1729年，西班牙在1730年，丹麦在1731年，瑞典在1732年，以及澳大利亚人、俄国人、美国人（1784年）也相继设立了贸易站（商馆），广州由之前对欧美国家的间接贸易港而转型升级为直接贸易港，从而迎来了历史上欧洲商人经营中国外销瓷器的最高峰期，尤其是在清乾隆二十二年（1757年），广州被清朝廷列为外国船只泊岸贸易的唯一口岸至鸦片战争《南京条约》签订前这一段“一口通商”时期，广州几乎成为了中国瓷器外销欧美国家的唯一通道。广州独享的直接外贸港口地位，为“广彩”的最终形成创造了天时地利的条件。

二 欧美国家的文化传统、审美价值和风尚习俗使广彩瓷器应时而生

16世纪葡萄牙和西班牙人揭开了中欧陶瓷直接贸易的序幕。从1498年达·伽马从印度带回欧洲的第一批明代瓷器起，1522年，葡萄牙国王下令所有从东方返程的商船所载货物必须有1/3是瓷器[9]。与此同时，西班牙人也以菲律宾为据点于1573年拉开了“马尼拉大帆船”瓷器贸易的序幕。粗略估计，16世纪两国运往欧洲的瓷器超过200万件[10]。

17世纪初，荷兰人成为欧洲最大的中国瓷器贸易商。1625年（天启五年）荷兰人占据台湾后，荷兰东印度公司运往欧洲的瓷器数量急剧增长。沃尔克《荷兰东印度公司与瓷器》一书中的统计甚为详细，显示出17世纪前期中国瓷器贸易到荷兰数量呈逐年上升的趋势，从荷兰东印度公司建立到康熙三十四年间（1602 ~ 1695年），贩运到欧洲的中国瓷器达到2000万件。

进入18世纪，以英国东印度公司为代表的荷、法、丹麦、瑞典等各国东印度公司，将中欧瓷器贸易推向前所未有的高峰。他们在广州开设贸易机构，直接从中国贩运瓷器[11]。据有关资料统计，18世纪的100年中（清康熙、雍正、乾隆年间）从中国输入西方的瓷器数量，最保守估计也有6000万件以上[12]。中美瓷器贸易虽然较英法各国迟，但其瓷器的进口量迅速超越其他欧洲国家。可以说，从16世纪至19世纪上半叶，中国瓷器销往欧美国家的数量与规模都是空前和巨大的，欧美中国瓷器最大销售市场的开拓为“广彩”的产生奠定了重要的外需基础。

销往欧洲的中国瓷器，从16世纪至19世纪上半叶经历了从皇家宫廷高档奢侈品到皇宫贵族时尚陈设瓷，最终成为平民阶层日常生活必备品的历程。自15世纪末起，欧洲宫廷便掀起了收藏中国瓷器的热潮。1509年，葡印总督开始为国王从中国订购瓷器。随后，由葡萄牙、西班牙、荷兰、法国、英国等各国君王们率先引领的珍藏中国瓷器的热潮波及整个欧洲宫廷，其中最具代表性的是法国的路易十四、路易十五和波兰国王、德国萨克森选帝侯弗里德里奇·奥古斯特二世。路易十四曾收藏中国细瓷1000多件，1670年，他在凡尔赛宫修建了一座富有中国情调的托里阿诺宫，以专门陈列他所收藏的中国青花瓷。路易十五曾下令用中国瓷器取代银器作为皇宫日用品。

现今欧洲最大的瓷器专题博物馆德国德累斯顿茨温格尔宫仍收藏着奥古斯特二世及其子奥古斯特三世于1670 ~ 1733年期间收集的24100多件中国明清外销瓷器。此外，在欧洲其他国家，如波兰、瑞典、意大利、奥地利、俄国等国的王室也都向中国订制瓷器。

欧洲各国宫廷君主和皇室们对中国瓷器如痴如醉的收集与珍藏，在欧洲上流社会的贵族阶层也引起了巨大反响。随着中国瓷器向欧洲输出的增加，欧洲各国的富人也开始热衷收藏购买中国瓷器。17 ~ 18世纪，欧洲刮起了一股猛烈的“中国风物热”，几乎所有王公贵族都以收藏中国瓷器作为自我身份地位的象征、炫耀财富的资本和衡量时尚生活的标尺。18世纪中叶英国瓷器研究学者简·迪维斯曾在《欧洲瓷器史》中对此类现象评述道：

皇家或贵族是否占有东方瓷器或者后来的欧洲瓷器，关系到他们的声望。瓷器增加宫廷的光彩。

当时的哲学家格芮姆也指出：

有一个时期……家中收藏有中国瓷器是一件值得自豪的事，普通有钱人最不济也要在客厅里放上几只中国的青花与五彩陶瓷，以显示身份与地位。[13]

随着中国瓷器的不断输入，瓷器在欧洲激起了广泛的需求，逐渐从上层社会扩展到社会各个阶层，从王公贵族家进入到寻常百姓家庭的日常生活。至 18 世纪，中国瓷器逐渐替代欧洲人原来昂贵的金银餐具、木质食具和粗笨的陶器，成为欧洲人餐具、茶具、酒具和咖啡具等日常生活重要的用品。欧洲对于中国瓷器的大量需求，一直延续到 18 世纪晚期欧洲开始大量生产瓷器为止。

但由于东西方历史背景、文化传统、生活习惯和审美取向的差异，最初输入欧洲的中国瓷器大多不符合欧洲人的生活要求，因此，欧洲人往往依照他们的生活习惯和需要，对输入的瓷器进行随意改装，不久，他们便采用专门到中国订制的方式，根据自己的审美习惯和需求，在瓷器造型、釉彩和图案上向商家和生产者提出具体的要求，这种瓷器又称“定烧瓷”（“Requirements” for Porcelain）。据记载，最早采用订货方式向中国商人提出款式、花色要求的是葡萄牙人。在 17 世纪，荷兰商人开始采用更直观的方式，即将中国瓷器的外形直接改造成适合欧洲人使用需要、装饰契合欧洲人审美需求的式样，并将这些式样制成木模或特地做成陶器的样品，同时附上画样稿，主动提供给中国商人做样品，另外还在订货单中写明瓷器的品种和数量，送至广州，由行商转交景德镇的工匠依样制作（图六、图七）。这类“定烧瓷”往往“式多奇巧，岁无定样”[14]，而装饰题材更是丰富多样，要求甚高，其中最突出的是“纹章瓷”（图八、图九、图一〇、图一一）。

某种意义上，定烧瓷尤其纹章瓷是促成广彩产生的重要原因之一。纹章瓷是指欧美诸国王室、神职人员、贵族、公司、团体等在中国定制的绘有象征或代表自己权力、地位、身份等特有标志图案“纹章”的瓷器。它始于 16 世纪，兴盛于 17 ～ 18 世纪。历史上，葡萄牙国王曼努尔一世、佩德罗三世，西班牙国王菲力普五世，普鲁士皇帝菲特烈二世，俄国彼得大帝，澳大利亚查尔斯六世及女王多纳·玛利亚等都定制过纹章瓷。此外，清嘉庆皇帝还为庆祝葡萄牙国王约翰六世加冕典礼曾特别定制绘有该国王纹章的五彩盘赠送予他。可见纹章瓷在当时等级之高[15]。另从现存实物与史料来看，几乎所有和中国有商贸往来的欧洲国家都在中国定制过纹章瓷。据统计，18 世纪中国销往欧洲市场的各类纹章瓷大约就有 60 万件，仅欧洲人通过瑞典东印度公司定制的约占 300 种。可见，纹章瓷在当时需求数量之大、流行使用之广。纹章瓷在欧美国家

图六　清乾隆广彩人物故事图带盖奖杯

图七　清乾隆广彩花蝶纹小碟（一对）

图八　清乾隆广彩描金花卉“Rogers”家族纹章纹茶壶连托碟

图九　清乾隆广彩纹章花卉纹盘

图一〇　清乾隆广彩纹章纹盘

图一一　清广彩纹章纹盘

具有特别重要的意义。一般皇室成员、名门显赫望族、知名人士、贵族等，如遇授勋、结婚等喜庆典礼时，都会定制纹章瓷绘上家族徽号和甲胄以作纪念，因此，定制者往往对纹章瓷要求特别高，尤其对于纹章图案，不容一点差错。通常，纹章由盾徽图案或姓名字母缩写组成，往往图案复杂、色彩丰富兼有外国文字。

另一方面，纹章瓷等定烧瓷的商业周期也比一般贸易瓷要长得多。它通常是需求者预先设计好彩色画稿或制成模型，一般从定购货物到收到货物至少需要两年半的时间。定烧纹章瓷手续复杂，占用资金时间长，商业风险大，尤其是景德镇至广州的运输艰难，瓷器易碎，合乎要求的成品成本极高。

正由于纹章瓷在景德镇制作瓷器耗时长，价格高，路途远，易损坏，加上纹章瓷版量及款式时有变化，所以为了能够准确地满足外商要求及减少成本和损失，避免差错，大约在清康熙晚期，一些精明的广州商人意识到也许只有在欧洲商人的直接监督和指导下才能将纹章瓷模仿制作得更精确到位，因此尝试着将纹章瓷的装饰工序从景德镇转移到广州来进行，直接由景德镇将白坯瓷器运至广州，在珠江十三行商馆附近河南一带设立瓷厂，广州工匠师们按照欧洲商人所提供的纹饰、图案，甚至在他们的现场指导下进行彩绘，烧制成外销瓷品。清代刘子芬《竹园陶说》中记载：

> 海通之初，西商之来中国，先至澳门，后则径赴广州。清代中叶，海舶云集，商务繁盛。欧士重华瓷，我国商人投其所好。广东商人于景德镇烧造白瓷，运至粤垣，另雇工匠，依照西洋画画法，加以彩绘，于珠江南岸之河南开炉烘染，制成彩瓷，然后售之西商。盖其器购自景德镇，彩绘则粤之河南彩所加者也。故有河南彩及广州彩等名称。

这便是广彩瓷的由来。广彩瓷兴起以后，逐渐代替景德镇绘制的瓷器而成为中国外销瓷的主流，并一直延续至清代后期。

三 清康熙中后期景德镇瓷业的发展与创新为广彩的最终形成提供了工艺借鉴与技术支撑

广彩与五彩、珐琅彩、粉彩，在瓷器烧制中均属釉上彩工艺，都是在釉瓷上进行多种彩绘，经二次低温烧制的品种，颜色多为红、绿、蓝、黄、紫等色，因此，在很长一段时间里，它们又被统称为“五彩”。可见，它们之间存在着必然的联系。

1．广彩的产生是建立在五彩的广泛流行和国外市场对它的供不应求乃至特殊需求基础之上的

所谓“五彩”即是用红、黄、绿、蓝、紫等各种彩料，按照图案纹饰的需要施于烧

好的瓷器上，再于炉中进行二次焙烧的釉上彩工艺装饰，它创始于明代宣德年间。明代的五彩以红、绿和黄色为主，尤以釉下青花与釉上五彩相结合的青花五彩为主要形式。在明代景德镇生产的瓷器中，五彩并非主流，但是五彩在欧洲却有着广泛的市场需求，它几乎是与青花瓷同步到达欧洲。五彩瓷器浓艳明丽的色彩，艺术精美的图案，尤其是构图、画法以及线条勾勒，均是以装饰性的彩绘语言展现，这种追求形式美所形成的独特的五彩艺术风格，受到了欧洲人的青睐，同时在很大程度上也满足了欧洲流行的装饰风格要求，因此，17 世纪末期至 18 世纪初，五彩陶瓷艺术风格不断影响着欧洲的瓷器装饰和建筑艺术，对欧洲新型绘画艺术风格的确立与发展也产生了积极的影响。

欧洲对五彩瓷器的特别需求还体现在纹章瓷中对纹章的刻意写实这一要求之上，某种程度上，纹章瓷的盛行大大促进了五彩瓷器的流行与发展。因为作为国家、皇室贵族、家族或团体识别物或标志物的纹章，多是按照特定规则构成的彩色标志，然而，青花瓷并不能准确地表达纹章的色彩规则，因此，五彩在纹章瓷的制作中就显得尤为重要。比如 1710 年荷兰向中国定制的绘有英国皇室纹章的瓷盘就是用五彩装饰的。

特殊的市场需求使五彩瓷发展到清康熙时期有了重大的突破与创新，康熙五彩注重红、绿、黄、蓝、赭、黑等各种色彩的交错运用，尤其是釉上蓝彩的发明和纯黑彩线条勾勒的运用，加之金彩工艺的成熟与大量使用，都使得康熙五彩比之明代五彩更显五色兼备，缤纷绚丽，艳丽清逸（图一二）。康熙五彩的显著成就反之又大大吸引

图一二　清康熙青花五彩缠枝牡丹双狮纹罐

了市场对它的广泛需求。研究资料表明，至17世纪末，欧洲市场上的五彩瓷价格比同类青花器要高，五彩瓷开始逐渐取代青花瓷的地位，占据国外消费市场主流[16]。欧洲市场对中国五彩瓷器的特殊且大量需求，使得景德镇五彩瓷器生产供不应求（图一三、图一四、图一五、图一六），这就为广彩的出现提供了重要的市场契机。

图一三　清康熙五彩锦地开光狮蝶花卉纹瓶

图一四　清康熙五彩花蝶纹盘

图一五　清康熙五彩花鸟纹双耳椭圆盆

图一六　清康熙五彩花卉纹椭圆盆

2．康熙晚期珐琅彩与粉彩的创制成功，同时为广彩的产生提供了艺术借鉴与技术支撑

康熙十七年（1678年），官窑恢复生产，官窑一方面模仿古代名品；另一方面着手研制新的造型和釉色。康熙皇帝十分重视学习欧洲文化艺术，邀请西洋匠师、画家、建筑艺术家在宫内造办处任职，从而也影响着绘瓷技艺的发展，珐琅彩与粉彩便是在这样的背景下诞生的。珐琅彩原是一种大约发明于15世纪中叶、流行于欧洲的铜胎装饰工艺。明代晚期，随着中西方贸易的发展，欧洲的珐琅彩铜胎器皿（又称“西洋珐琅”）开始经国外传教士由广州等口岸传入中国，从一开始它便受到了王公贵族的青睐。康熙中期，随着海禁的松弛，更多的西洋珐琅器流入中国，尤其是一批欧洲传教士将珐琅器携入宫廷，于是在宫廷中掀起了仿制珐琅器的热潮。对画珐琅器物情有独钟的康熙皇帝于三十二年在宫廷造办处特别设立了珐琅作，任用了一批精通珐琅工艺的西方传教士画家，并要求其中熟悉珐琅器制作者专门向宫廷内匠师们传授铜胎画珐琅技艺。康熙皇帝不仅仿制欧洲铜胎画珐琅以及玻璃胎画珐琅，甚至别出心裁地引导画师将画珐琅技艺移植到瓷器制作中，最迟至康熙五十九年，瓷胎画珐琅的研制获得了成功。因此，珐琅彩瓷是在康熙时期以景德镇御窑烧制的白瓷为胎，引进西洋珐琅彩料，由御用画师，或聘请欧洲画师，用油画等欧洲装饰技法作画，然后再次入窑焙烧而成的瓷器，它是景德镇白瓷与西洋珐琅彩料、绘画艺术的成功结合。这种在不同材质上以相同工艺装饰的技术移植，也为广彩提供了生产流程与工艺技术上的借鉴。

康熙晚期珐琅彩瓷器的烧制成功，使得它的制作工艺及颜料迅速通过官窑的运作渠道传到景德镇，从而促进了粉彩瓷的发明与诞生，于是比五彩更加艳丽的彩瓷产生了。可以说，粉彩瓷是在康熙五彩的基础上，受珐琅工艺影响而创制的另一种釉上新彩品种（图一七、图一八）。康熙晚期五彩技艺的精熟，珐琅彩与粉彩的创制成功，标志着此时釉上彩瓷工艺发展已进入一个空前兴盛、繁荣成熟的发展高峰。于是，在这样瓷业空前大发展和制瓷技艺不断精进的新时代和大背景下，聪慧的粤商模仿珐琅彩瓷与粉彩瓷的生产流程和技法，顺应市场的需求，审时度势，为了满足外商的特殊需求，并缩短工期，降低成本，从而将景德镇的素白釉瓷运至广州，在广州聘请粉彩

图一七　清雍正至乾隆粉彩开光仕女抚琴纹盘

图一八　清乾隆粉彩〞富贵功名〞图盘

画师或者珐琅画师，用景德镇、珐琅彩抑或当地制的彩料，在外商的具体指导下完成瓷器定烧图案的绘制，最后进行二次焙烧成品。可以说，广彩瓷器是在五彩、粉彩和珐琅彩的基础上发展衍化而来的一种独具特色且专供外销的釉上彩瓷器。但是，无论是从广彩瓷器的历史背景、贸易方式与文化艺术内涵来看，还是从其题材、纹饰和工艺技法上来看，它所呈现的时代性、开放性、融合性都是非常独特的。

注释：

[1]《明史· 食货志》："洪武初，设于太仓黄渡，寻罢。复设于宁波、泉州、广东。宁波通日本，泉州通琉球，广州通占城、暹罗、西洋诸国。""（永乐）三年，以诸番贡使益多，乃置驿于福建、浙江、广东三市舶司以馆之。福建曰来远，浙江曰安远，广东曰怀远。"

[2]《明史》卷八一《食货·市舶》。

[3]《明世宗嘉靖实录》卷一〇六。

[4] 谢清高著，冯承钧注：《海录》卷上，中华书局，1995 年。

[5] 李知宴主编：《中国陶瓷艺术》页 559，外文出版社，2010 年。

[6][7] 李士桢:《抚粤政略》,《近代中国史料丛刊三编》第三十九辑，文海出版社，1989 年。

[8]《兼管广东海关税务毛克明奏折：洋船湾泊黄埔已四十余年不应更改成法》，中国第一历史档案馆、广州市黄埔区人民政府合编：《明清皇宫黄埔秘档图鉴》第 56 页；又见王之春著、赵春晨点校：《清朝柔远记》，中华书局，1989 年。

[9] 孙锦泉：《华瓷运销欧洲的途径、方式及其特征》,《四川大学学报》1997 年第 2 期。

[10] 何芳川：《澳门与葡萄牙大商帆》，北京大学出版社，1966 年。

[11] 万钧：《东印度公司与明清瓷器外销》,《故宫博物院院刊》2009 年第 4 期。

[12] 戈登主编：《中国外销瓷的收集》页 22，1978 年。

[13] 袁宣萍：《东方贸易与中国外销丝绸》,《丝绸》2002 年第 6 期。

[14]（清）蓝浦：《景德镇陶录》卷二。

[15] 冯小琦：《欧洲收藏的中国瓷器》,《中国古陶瓷研究》，紫禁城出版社，2008 年。

[16] 转引自金国平、吴志良：《流散于葡萄牙的中国明清瓷器》,《故宫博物院院刊》2006 年第 3 期。

初识广彩瓷

天津博物馆　高英爽

内容提要：广彩是广州地区釉上织金彩瓷的简称，是广州特有的瓷器品种，它既吸收了中国的传统工艺，又吸收了西方的艺术精华，形成了自己独有的特色，以构图繁密、色彩浓艳、金碧辉煌著称，犹如万缕金丝织白玉的织金彩瓷是中国陶瓷艺术的一朵奇葩。由于广彩多为外销产品，加之它独特的地域性，北方地区见到和收藏较少。本文通过大量实例，总结出广彩瓷器的纹饰特点，用彩特点和装饰风格，以达到初步认识广彩瓷的目的。

关键词：广彩瓷器　织金彩瓷　纹饰特点　用彩特点　装饰方法

Abstract: The Guang color-glazed porcelain, exactly the porcelain with overglazed woven gold color, is endemic and popular in Guangzhou area. This kind of porcelain combines both the Chinese traditional technology and western art essence, and forms unique features of densely rich composition, bright-gaudy colors and the splendid gold decorations, thus is known as an exotic flower in the Chinese ceramic art. As a kind of export porcelain and for its localization, the Guang color-glazed porcelain is rarely seen and collected in Northern China. The paper aims to give a primary introduction of this kind of porcelain through illustrating its characters of patterns, decorations and colors that summarized from massive examples.

Keywords: Guang color-glazed porcelain, overglazed woven gold color, character of pattern, character of color, technology of decoration

广彩是广州地区釉上织金彩瓷的简称，广彩瓷生产始于清代康熙时期，雍正时已初具风貌，成熟于乾嘉时期，至清代后期的道光至光绪时，达到了最为繁盛的阶段。它既吸收了中国传统的工艺，又吸收了西方的艺术精华，形成了自己独有的特色，以构图繁密、色彩浓艳、金碧辉煌而著称，犹如万缕金丝织白玉的织金彩瓷。

一 广彩瓷器的纹饰特点

1. 纹章纹

纹章纹瓷是由欧美国家的皇室、贵族、社团、城市、军队首领等把象征或代表自己权力、地位、身份的纹章图案，绘制于定做的瓷器上面，作为自己独有的标志。这种纹饰在广彩瓷器上反映得十分突出。如清雍正广彩纹章纹八角盘（图一），高 2.2 厘米，口径 22 厘米，底径 13.3 厘米。八角形，折沿。沿边及折沿处绘金彩连续花边各一周，板沿上绘折枝花卉四束，间以折枝小花，盘底绘有海尔（Hare）家族纹章。又如清乾隆广彩纹章纹花口盘（图二），高 2.3 厘米，口径 24 厘米，足径 14.5 厘米。盘板沿，浅腹，圈足。口沿饰一周金边，板沿绘玫瑰、郁金香等花卉组成的八角形花边纹饰，花卉具有浓厚的欧洲风格。盘内心主题纹饰为摩根家族的纹章，盾内饰釉上珐琅彩图案，由狮子和白鸽烘托，并附上家族箴言的彩带。这种饰有花卉纹带的纹章纹瓷器在 18 世纪的欧洲受到广泛的欢迎和使用，形成一种习惯与炫耀之风。再如清嘉庆广彩纹章花卉纹盘（图三），高 2.5 厘米，口径 24.4 厘米，底径 13 厘米。此盘板沿，折腰，金边。沿内饰锦带纹和连续花环纹各一周，底外沿绘小红花朵一圈，内心绘有葡萄牙曼努帕斯·德·山德阿·卡斯特（Manoei Paes de Sande e Castor）的纹章。此人是皇室贵族，曾被委任为圣保禄总督及总将。

2. 西洋人物纹

一般来说在瓷器上绘西洋人物，乾隆时期较多，在珐琅彩和粉彩器上都有，这种风格也在早期的广彩上有所反映。如清乾隆广彩人物纹八角盘（图四），高 2.4 厘米，

图一　清雍正广彩纹章纹八角盘（广东省博物馆藏）

图二　清乾隆广彩纹章纹花口盘（广东省博物馆藏）

图三　清嘉庆广彩纹章花卉纹盘(广东省博物馆藏)

图四　清乾隆广彩人物纹八角盘(广东省博物馆藏)

图五　清嘉庆广彩人物风景纹盘（广东省博物馆藏）

口径21.3厘米,足径12.6厘米。此盘呈八角形,折沿口,浅腹,圈足。口沿用红、绿、黄、蓝、金彩绘花卉纹一周，中间主体纹饰为洋人戏羊图，人物表情和羊的神态十分生动，是一件广彩和粉彩相结合的产品。从式样和纹饰看，是专供外销或来样加工的产品。再如清嘉庆广彩人物风景纹盘(图五),高9.2厘米,口径52.3厘米,足径30.5厘米。敞口,弧形腹，圈足。口沿绘金彩璎珞纹一周，内壁设蓝地开光，开光内绘西洋女子和孩童在庭院前浇花的场景，背后衬以居家风景。绘画精细，似为来样加工之器。

3. 西洋风景纹

瓷器上绘有西洋人物，再绘有西洋风景就不足为奇了。无论是西洋人物还是风景都在广彩瓷上可以看得到。如清乾隆广彩西洋风景纹碟（图六），高 3.4 厘米，口径 14 厘米，底径 7.9 厘米。敞口，弧形腹，内边沿用褐色加金彩绘连弧纹一周，底心用红、赭、金三色绘西洋乡村风景图，画面构图阴阳向背，有西方美术的透视感，色彩温和宁静，当为外商定制的产品。

4. 西洋花鸟纹

广州自古以来就是对外贸易的重要通道，被认为是海上丝绸之路的重要起点之一。清代前期，在广州对外贸易的出口商品中，陶瓷是最受外国人士喜爱的商品之一，需求量很大，为了适应外销的需要，中国工匠也常常参照外国人的要求进行来样加工。如清乾隆广彩纹章花卉纹碟（图七）高 2.8 厘米，口径 12.7 厘米，足径 7.4 厘米。敞口，圈足。金边，内沿绘连续花卉纹一周，盘中心绘天使纹章图，纹饰疏朗有致，显然是来样加工的产品。再如清晚期广彩花蝶纹盘（图八），高 3.9 厘米，口径 23.4 厘米，足径 13.5 厘米。敞口，折腰，圈足。盘内绘蝴蝶、八宝，盘心绘一雄狮立于橄榄枝上，下书阿拉伯文，当是阿拉伯国家来样加工或定制的产品。

5. 合家欢图（亦称“满大人”纹样）

和其他品种的瓷器相比较，广彩瓷中还有一种很特别的纹饰，称为“满大人”纹饰。“满大人”一词出现于 17 世纪晚期，原是西方人对中国清代各级地方长官的称呼。“满大人”纹饰往往画有官员模样的清装人物和家眷等在庭院阖家欢乐的场面。如清嘉庆广彩人物纹花口碟（图九），高 3.3 厘米，口径 16.2 厘米，足径 8.5 厘米。花瓣口，折沿，浅腹，圈足。内沿绘青花宝珠纹一周，内壁饰青花锦带纹和赭色锦地开光带，开光内绘花卉小景，内底绘“合家欢乐”图。纹饰密而有序，色彩艳丽，画工精致。这种纹饰在同时期内销瓷中不多见，应为西方人专门订购生产的。

图六　清乾隆广彩西洋风景纹碟（广东省博物馆藏）

图七　清乾隆广彩纹章花卉纹碟（广东省博物馆藏）

图八　清晚期广彩花鸟纹盘(广东省博物馆藏)

图九　清嘉庆广彩人物纹花口碟(广东省博物馆藏)

图一〇　清雍正广彩开光人物纹瓶（广东省博物馆藏）

二　广彩瓷器的用彩特点

1. 金彩

用金彩在瓷器上彩绘自宋有之，而广彩瓷对金彩格外偏爱，特别喜欢用金彩，金彩用得量也多，造成金碧辉煌的华丽装饰效果，这与景德镇绘瓷时金彩用于点缀有所不同。早期的广彩瓷器如清雍正广彩开光人物纹瓶（图一〇），高 36.6 厘米，口径 17 厘米，足径 14 厘米。盘口，束颈，弧形腹，圈足微外撇，颈部两个菱形开光，内绘山水图，口沿肩部及足下部各绘锦带纹一周，腹部菱形开光内画清装人物小景，纹饰疏朗有致。金彩甚少，只在口沿锦带中绘五瓣金花，具有初期广彩瓷器的特征。而乾隆时期的广彩器物上所见的金彩就多了一些，如清乾隆广彩蓝彩描金折枝花卉纹碗（图一一），高 9.1 厘米，口径 20.1 厘米，足径 10.3 厘米。敞口，鼓腹，圈足。外口沿饰金地城垛纹一周，外壁绘四束折枝花。内口沿绘一周连珠纹，碗心绘折枝花一束。所有纹饰均以蓝彩描金方法绘成，疏朗、雅致，具有乾隆时期广彩的特色。到了清代中晚期广彩瓷中的金彩更是充分体现“广彩织金，金碧辉煌”的特点。如清同治广彩开光人物纹双鹤耳花口瓶（图一二），高 60.1 厘米，口径 14 厘米，足径 17 厘米。花瓣口，折沿，长颈，双鹤耳，溜肩下渐收，足稍外撇。瓶口绘金地花卉，双鹤耳描金彩，肩部堆贴描金蟠螭四条，颈、腹、足均设开光，内绘人物故事，其余空间绘花卉、杂宝。

图一一　清乾隆广彩蓝彩描金折枝花卉纹碗（广东省博物馆藏）

图一二　清同治广彩开光人物纹双鹤耳花口瓶（广东省博物馆藏）

此瓶画工极精，是广彩成熟期的代表作。

2. 麻色

麻色，似黄麻皮色，稍浓而亮，用红色与黑色调配而成，是绘西方题材纹饰常用的一种色彩，江西景德镇很少用，广彩多用于单一的加金或织金。如清广彩麻色花鸟纹果形盘，高 4.6 厘米，口径 28.5 厘米，足径 18.9 厘米。盘为果形，折沿，圈足。内壁用麻色料加金绘牡丹花，盘心绘花卉双鸟图。造型典雅，纹饰生动活泼，为典型外销瓷。再如清广彩花鸟纹果盘（图一三），高 4.67 厘米，口径 25 厘米，足径 13.7 厘米。敞口，圈足。内壁饰麻色描金牡丹花，板沿处饰花果、蝴蝶，盘心为麻色描金花鸟纹。此盘形制独特，纹饰精细，国内少见，当为欧洲国家定做的产品。

3. 干大红

广彩中的干大红即景德镇的矾红，以氧化铁为呈色剂，但较矾红色浅而鲜亮，制作色料时先把青矾煅烧，脱水后用水漂洗，取其浮在水面的“红种”，调入铅粉研磨，再加入牛皮胶制成干料块，彩绘时直接用毛笔沾水在干料上挑调而成。因此干大红的色彩特点不仅独特也是广彩所特有的。如清广彩描金开光人物图瓶（图一四），高 62.7 厘米，口径 19.7 厘米，足径 16.5 厘米。盘口，长颈，溜肩下渐收，圈足。口沿内绘蝙蝠纹，瓶身通体以干大红加金彩描绘花卉、人物故事。整个器形硕大，色彩震撼醒目，具有独特的装饰效果。这件器物应是广彩瓷的代表作。

4. 西红

西红与景德镇的胭脂红相似，广彩用水开，景德镇则用油开，故广彩西红较薄而匀，景德镇胭脂红厚些。如清道光广彩人物图碟（图一五），高 1.7 厘米，口径 15.7 厘米，足径 10 厘米。敞口，束腰，浅腹，圈足。碟内壁用金、红、绿、黄、墨彩绘花鸟和

图一三　清广彩花鸟纹盘（广东省博物馆藏）

图一四　清广彩描金开光人物图瓶（广东省博物馆藏）

图一五　清道光广彩人物图碟（广东省博物馆藏）

蝴蝶纹一周，中间绘文人雅士图。构图疏密有致，主次分明。特别是二文人身着胭脂红色长袍，色彩鲜艳而彩质略薄，但用彩均匀，可见与景德镇的区别。

三 广彩瓷器的装饰风格

就广彩瓷的装饰风格而言，我个人认为其和清代其他彩瓷品种例如粉彩的装饰风格大同小异。广彩初期无论构图还是画风都比较简约，和同时期的粉彩相似，这也可从早期的广彩瓷中看出来。如清雍正广彩山水人物纹盘（图一六），高 4.4 厘米，口径 38.8 厘米，足径 22.5 厘米。盘板沿口，小鼓腹，圈足。口沿饰麻色卷草纹，板沿为粉彩花卉，内壁以青料绘花卉带，盘心主题纹饰绘船只、人物、山水、阁楼。此盘既有粉彩的特点又有广彩的风貌，是早期广彩。乾隆广彩仍可用清新淡雅而略具洋味来概括。如前文提到的清乾隆广彩蓝彩描金折枝花卉纹碗（见图一一），所有纹饰均以蓝彩描金方法绘成，疏朗、雅致，具有乾隆时期广彩的特色。随着广彩的成熟，瓷器画面构图越来越丰满，色彩越发金碧辉煌，广彩的特点卓然而出。如清道光广彩花鸟纹盘（图一七），高 3.2 厘米，口径 26.4 厘米，足径 16 厘米。敞口，浅腹，圈足。盘内满施豆青釉，口沿一周金边，盘内满绘彩色花鸟蝴蝶。画面繁密，色彩艳丽，为典型的满地式广彩作品，底有青花篆书“大清道光年制”六字款。这种满地广彩，广东制瓷工匠们称之为“散花雀”。清道光广彩花蝶龙纹双象耳瓶（图一八），则突出表现了广彩金碧辉煌的特点。瓶高 41.5 厘米，口径 12.3 厘米，足径 14 厘米。撇口，细颈，胆式腹，圈足稍外撇，肩部凸起似花瓣，两侧装描金双象衔环耳。瓶口绘折枝花，外沿绘佛手、杨桃、花卉，颈部饰花蝶纹，肩腹部绘云龙、金凤衔灵芝等纹饰。整个器物纹饰繁密，

图一六 清雍正广彩山水人物纹盘（广东省博物馆藏）

图一七　清道光广彩花鸟纹盘（广东省博物馆藏）

图一八　清道光广彩花蝶龙纹双象耳瓶（广东省博物馆藏）

画工精细，大量使用金彩，为广彩瓷精品。广彩瓷还有一种业内人士称为“织金人物羽毛”的装饰方法，即在盘、碗等器内底中央用一夹金圆圈，采用十字开幅，开四个斗方，加上花果、蝴蝶织金作地，就可以千变万化，中心夹金圈内可以绘花、鸟、石，也可以绘上外国商标或者纹章，因为纳入一个固定的程式，易批量或整套生产，适应性较强，商品性较高。如清光绪广彩人物纹盘（图一九），高3厘米，口径24.3厘米，足径15厘米。折腰，圈足。盘内中央设一夹金圈，内绘花鸟纹，周围设四个开光，分别绘人物、花鸟、蝴蝶等，纹饰繁密，色彩艳丽。此种装饰法，对后来的广彩影响很大。除此之外，广彩瓷还常见一种器形很高的大瓶，上面满绘人物纹饰，业内称之“同治彩人物”，也是广彩喜用的一种装饰方法。如清同治广彩人物花卉纹双狮耳花口瓶（图二〇），高60.5厘米，口径20厘米，足径18厘米。花口，颈部稍长，丰肩至足渐收，圈足。颈部双狮为耳，颈下部花瓣形凸起，肩饰四蟠螭。颈部为长方形两开光，腹部设大小开光，开光内满绘人物故事，画工精细，生动自然。瓷瓶颜色丰富，金彩亦多，可谓金碧辉煌。

总之，广彩是运用我国织锦图案的手法，以色彩艳丽、构图严谨、绘工精细著称；同时利用各种颜色和金银水进行勾、描、织、填，宛如无数金银彩丝织于白玉之上，光彩夺目、富丽堂皇。正如诗中描述：“彩笔为针，丹青作线，纵横交织针针见，何须锦缎绣春图，春花飞上银瓷面。”

图一九　清光绪广彩开光人物纹盘（广东省博物馆藏）

图二〇　清同治广彩人物花卉纹双狮耳花口瓶（广东省博物馆藏）

广彩刍议

中国社会科学院考古研究所　王　睿

内容提要：广彩是雍正、乾隆时期根据外贸市场的需要在广州发展起来的一种外销彩瓷，是中西文化交流的重要物质载体之一。广彩并不是指“广窑”生产的彩瓷，而是指从景德镇运来的瓷坯在广州加彩的瓷器品种。

本文首先解读文献中有关广彩的记载，其次探讨广州成为广彩生产地的原因，再次分析珐琅彩、粉彩与广彩的区别与联系，最后对广彩不同时期的艺术特色有所归纳。

关键词：广彩　珐琅彩　粉彩　艺术特色

Abstract：Guang colors is a kind of export porcelains, and it was developed in Guangzhou in Yongzheng and Qianlong periods of the Qing dynasty for the need of foreign trade market. It was one of the important carriers of Chinese and Western cultural exchange. Guang colors does not mean “Guang kiln” production of Glazed ceramic. It means that the porcelain body was transported from Jingdezhen and applied color glaze in the Guangzhou.

The article first analyzes the records about Guang colors in the literature and discusses why Guangzhou becomes the production of painted porcelains，then construes the relations and differences of enamel painted, famile-rose and Guang colors. In the end, the article induces the artistic characteristics about Guang colors in different periods.

Keywords: Guang colors, enamel painted, famile-rose, artistic characteristic

明清以来，中国制瓷业空前发展，青花与釉里红，低温色釉与彩瓷极大繁荣，彩瓷中有五彩、斗彩、粉彩、珐琅彩等种类。在诸多种类的瓷器品种中，广彩成为清代外销瓷中一类重要的产品，是中西文化交流的重要物质载体之一。

明清时期各类瓷器工艺技法互相影响，外销瓷繁盛，使得明清瓷器部分产品的概念往往显得不够明确，分类标准多有交叉，比如青花与克拉克瓷，青花与纹章瓷。广彩也是这类概念中的一个，广彩（瓷）本质是釉上彩瓷的一种，以其在广州加彩并用于外销为特征，将其在釉上彩瓷基础上再具体化后提出的概念。

广彩瓷是使用别处窑场生产的白瓷胎在广州加釉上彩绘的外销陶瓷，是与珐琅彩瓷、粉彩瓷有着密切关系的瓷器品种。广州被选择为加彩地点并外销，有着历史的偶然性和必然性。广彩在18世纪是欧洲“式多奇巧、岁无定样”下私人定制的产物，18世纪末开始销往北美市场，19世纪中期因为美国在装饰艺术上流行“镀金”的时尚，形成了织金彩瓷的艺术特色。

一 文献中所见“广彩”

《竹园陶说》[1]记：

> 审其所言，实即粤人所称之河南彩或曰广彩者。海通之初，西商之来中国者先至澳门，后则径趋广州……于珠江南岸之河南开炉烘染，制成彩瓷，然后售之西商。盖其器风自景德镇，彩绘则粤之河南厂所加者也。故有河南彩及广彩等名称。此种瓷品始于乾隆，盛于嘉道……阳江窑早已消灭，亦未闻能制彩瓷也。

此书在对前朝古籍所记广彩有综述和评价基础上，指出广彩绘于“粤之河南厂”，产品“始于乾隆，盛于嘉道”，与景德镇五彩有差异，与雍正乾隆年间粉彩类似。同时指出阳江窑宋代已经衰落且并无此种彩瓷。而习惯上称“广彩”或“河南彩”。“河南彩”之名是因为广彩行业曾在珠江河南岸，主要集中在现今广州同福路二龙街一带进行生产而得。

《景德镇陶录》[2]中“盖仿洋磁烧者”、“绚彩华丽”的记载有的研究者认为描述的是“广彩”一类彩瓷。又如《陶雅》[3]“嘉道间鸦片烟馆始设于广东馆中。所用茗具皆画以洋彩，工细殊绝……或曰广窑也，非景德镇所制”。其中“皆画以洋彩，工细殊绝”等实际上为广彩，这里所谓的“或曰广窑也”实际上是在广东加彩的省略说法。

另有韩槐准先生《南洋遗留的中国古外销陶瓷》[4]一书也有相关记载：

> 当时广州商行亦为欧洲贾舶定造釉外彩之五彩或三彩瓷器，其素瓷多由景德镇烧成运到广州后，广州商行乃依欧人之习惯及好尚，有时专用欧人之稿本或军团之军徽，其花纹全属欧化，有时其花纹半中半西，有时习以中国画谱，由广州之瓷画手以珐琅彩及泥金，绘画于素瓷上，炉烧而成釉外五彩或三彩，而供给与欧洲的。

可见，“广彩”和外销是密切相关的，之所以会出现广彩这一品种，可以说就是出于外销的需要。广彩并不是指“广窑”生产的彩瓷，而是对广州地区釉上彩瓷艺术的简称，是从景德镇运来的瓷坯在广州加彩的瓷器品种。

广窑和广彩中“广”字有着不同的含义，广窑之“广”代表的是广东省，广彩之“广”代表的是广州，广彩则是指在广州加彩的瓷器产品。而广窑在文献中指代过不同的窑口，主要有广东肇庆阳江窑和广东佛山石湾窑。

二 广彩与广州

蓝浦《景德镇陶录》谓：

> 镇有彩器，昔不大尚。自乾隆初，官民竞市，由是日渐著盛。俗呼红店，其自称日炉户。皆不用古法明暗炉之制，但以砖就地围砌，如井样高三尺余，径围三两尺，下留穴中，置彩器上，封火而已，谓之烧炉，亦有期候。[5]

可见，彩绘一项可在器物烧成后作为附加工艺，选择器形和烧成较好的白胎瓷器彩绘、就地围炉烧成即可。制瓷工艺中彩绘（釉上彩）之前的各种工序和烧成火候的掌握则不必考虑，所以，不一定在景德镇来完成彩绘，各地均可。

广彩早期生产地在珠江河北时，作坊分布在城西（俗呼“西关”），现今带河路、文昌路一带。这一带也是多种手工业如家具木器、玉器、铜锡器、绣衣、丝织等作坊集中地。后来广彩作坊渐移集于珠江河南现今同福中路一带[6]（图一）。

广州是中国最早接触国际贸易的城市之一，得洋风之先。随着西方早期殖民势力东来，耶稣会士也纷纷跟随贸易舰船来到中国沿海口岸，并慢慢进入内地。万历七年（1579年）耶稣会士罗明坚到了广州，万历十年利玛窦进入广东肇庆传教。从

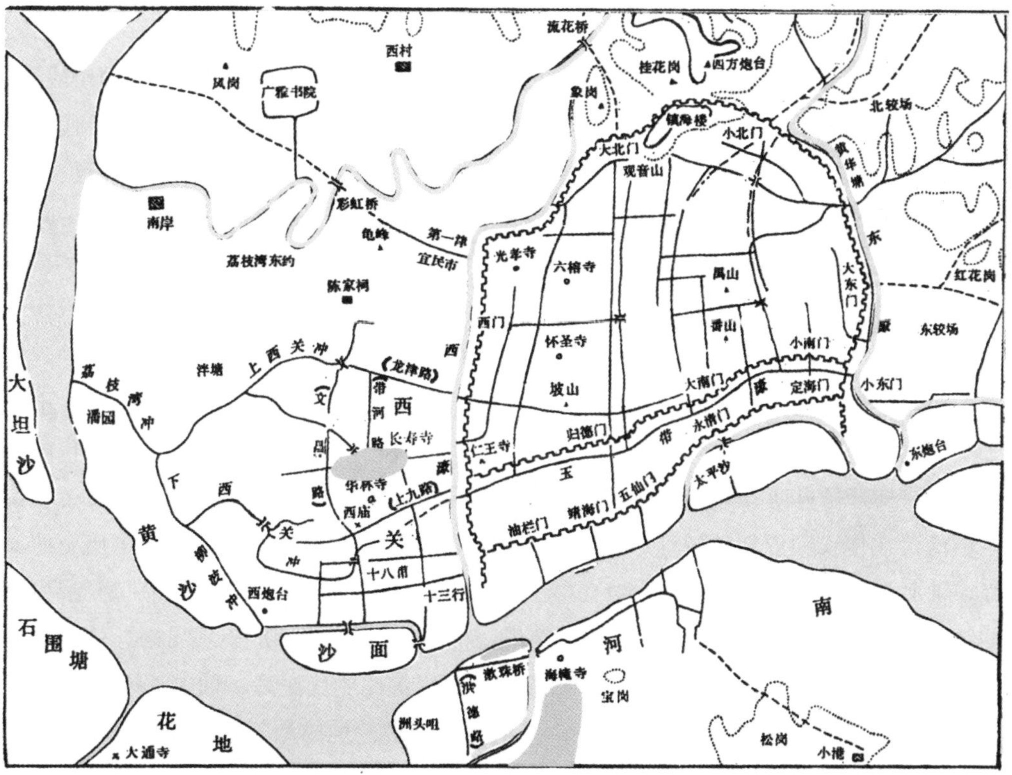

图一 广彩生产作坊地理位置图

此以后，国人开始见到越来越多前所未见的新奇事物，而这些新奇事物大多是从广州传入的。

1685年，清政府宣布“开海贸易”，正式设立粤、闽、浙、江四海关。但初期课税较重，来舶无多；后广东海关课税渐减，广东海洋贸易才日渐繁盛。各国商人认为广东是最适合贸易的口岸，1699年和1719年英、法两国先后在广州设立商馆，随后欧洲各国也相继设立商馆和贸易代理[7]。洋货北输，土产外流，海内外市场越来越大，刺激了广州手工业多方仿制西洋工艺品。在移植、模仿过程中，新型的手工艺行业就有彩绘瓷[8]。

景德镇彩瓷产量虽大，但无法成为欧洲市场的唯一供应地。主要原因是其不是一个直接的通商口岸。从景德镇运输瓷器出口有两条路线，一条是到漳州港，一条是到广州。千里运输，瓷器破损率很高；中国陶工不熟悉洋文、洋样，常会出错；外商在中国境内活动又受到种种限制；瓷器获利颇丰，又是航海压舱、垫舱物。上述种种使得景德镇白瓷异地加彩势在必行，而历史选择了的开洋风之先，此时手工业发达，又是通商口岸的广州。

也就是说，18世纪之前的广州，在海禁开放、通商口岸设立以及海外贸易大繁荣的背景下，自身商品经济发展迅速，瓷器贸易流通也迅速加快。广彩在此时应运而生，独树一帜[9]。

三 广彩与彩瓷

彩瓷，包括点彩、釉下彩、釉上彩和斗彩等。釉上彩瓷的出现和繁盛，是我国陶工数千年生产实践的结果。新石器时代的彩陶，使用某些天然矿物在陶器表面绘成红、黑、白等彩色图案。汉代的铅釉，是以铜和铁为着色元素制成的低温釉。到唐代，又进一步利用某些含钴、铁、锰的矿物在铅釉中的着色作用，制成了具有蓝、黄、绿、白等多种色调的唐三彩。宋金时期，红绿彩瓷出现。在明、清两代，景德镇的工匠们吸收了这些技术，加以改进和提高，对釉上彩的配方作了重要改革。

清代的彩瓷，一类是继承传统并有所发展，如以铁、铜、钴、锰等金属氧化物为呈色剂的红、绿、黄、紫、蓝诸色；另一类是利用或仿制西洋色料如金红、锑黄等色。由于西洋绘画和其他工艺品的流入，使中国美术风格深受影响，在绘瓷工艺上，出现了“洋彩”这一新品种。洋彩瓷的造型和装饰纹样不一定是洋式的，但使用的色料和彩绘技法却是仿自西方或中西结合的。

清代在传承和创新的过程中，康熙、雍正、乾隆三朝的制瓷工艺达到了历史的高峰，釉上彩瓷的创新颇多，略分为五彩、珐琅彩、粉彩、斗彩、素三彩和广彩等品种。明清白瓷胎质细密，白釉细腻、洁白，绚丽多彩的画面能更好地表现出来。清代选择的原料及其加工均比之前更加讲究，如高岭土的用量比明代更高、釉中CaO的含量减少。另外，在明代瓷器烧制的基础上，对窑具和窑炉、烧成和气氛的控制技术等方面进行改革致使烧成温度已达到现代硬质瓷的要求，把制瓷技术推向历史最高峰。

五彩、珐琅彩、粉彩、广彩均属于低温釉上彩，其中与广彩关系最密切的是珐琅彩和粉彩两个品种。五彩，俗称“古彩”。主要着色剂是铜、铁、锰等金属盐类。基本色调为红、黄、绿、蓝、紫等。利用这几种主要颜色可以调配出各种不同浓淡和不同色调的彩色来，能够大体上满足彩绘各种人物、花卉、鸟兽和自然风景的需要。按纹饰需要施于釉上，再在770℃～800℃的彩炉中烧成。烧烤后的色彩呈玻璃状，有坚硬的质感，所以又称“硬彩”。五彩是景德镇窑在宋、元时期釉上加彩的基础上发展起来的。明清时期，五彩结合青花出现斗彩，减少颜色形成素三彩，又有增加颜色等手法，逐渐形成不同的时代风格。

珐琅彩瓷器在清宫内的原标为“瓷胎画珐琅”，它是清代宫廷御用器，专作宫廷玩赏器和宗教、祭祀的供器，制作考究。珐琅彩瓷器工艺来自于“景泰蓝”。康熙晚期创烧，雍正六年（1728年）以前均为进口的西洋珐琅彩料，以后自炼珐琅彩料。其先由景德镇官窑选用最好的原料制成素胎，烧好后送到清宫内务府造办处珐琅作彩绘烧成。珐琅彩料含有中国传统彩料中所没有的硼，黄彩采用氧化锑为着色剂，有别于康熙以前五彩或低温色釉中的黄色所采用的氧化铁为着色。康熙珐琅彩胭脂红是用胶体金着色的金红，有别于康熙之前，它是我国最早使用的金红，也是一种最早的进口红色料。雍正朝珐琅彩除各种色地彩瓷，多在白地上作画，改变了康熙时只绘花枝，有花无鸟的单独图案，而增加了花鸟、竹石、山水等各种图案，并配以书法极精的题诗，成为制瓷工艺与诗、书、画相结合的艺术珍品。这时期又出现蓝色和水墨珐琅彩。

粉彩，在清康熙末年出现，是五彩进一步发展的结果。其工序是先在高温烧成的白瓷上用墨线起稿，然后在图案内填上一层可作熔剂又可作白彩的玻璃白。彩料施于玻璃白之上，再经过画、填、洗、扒、吹、点等技法将颜色依深浅不同需要晕开，使纹饰有浓淡明暗层次，经720℃～750℃的低温烧成。粉彩所用的颜色达数十种，在创烧过程中，受到珐琅彩技术与彩料的影响。康熙粉彩初创，彩料粗糙，施彩浓重，仅红花中运用珐琅彩中的胭脂红，其他色彩多沿用五彩画法。雍正时期粉彩在烧制、胎釉、彩绘方面得以空前发展，成为釉上彩主流。雍正薄胎粉彩，胎的含铁量仅为0.8%。由于粉彩所用彩料多为进口料，用油调彩也属“洋”法，从乾隆起又有“洋彩”之称。

从康熙晚期开始，随着粉彩的出现和普及，五彩数量锐减，逐渐成为彩瓷中的稀有品种。雍、乾以后历代官窑仅见五彩龙凤纹碗、十二月令花卉纹杯等少数几个品种仍按传统式样继续烧造，民窑五彩则十分少见。此后直到清代后期，随着仿古之风的盛行，五彩瓷才又逐渐增多，其中多为仿明、仿康熙的作品。

珐琅彩、粉彩、广彩均创烧于康熙年间，珐琅彩为宫廷御用，粉彩官窑和民窑都有生产，广彩则供应外销。珐琅彩主要流行于康熙、雍正、乾隆时期。粉彩萌芽于康熙时期，从雍正起成为釉上彩的主流产品。嘉庆时期，民窑粉彩基本保持着前期风貌，嘉庆后期，粉彩艺术水平大大下降。道光时期总体水平大不如前，但也不乏精品。同治、光绪时期，景德镇民窑粉彩的数量有所增加。

广彩瓷在白瓷胎上使用炭炉一次烘彩约 6 ～ 8 小时，炉温在 700℃～ 800℃之间烧彩而得。其起源于清代康熙年间，雍正时期开始慢慢形成自己的艺术风格，发展到了乾隆时期已经是成熟、繁盛阶段，至今已有 300 多年的历史 [10]。广彩技法的运用，随题材而变化。重彩浓妆是广彩与众不同的地方。其用色大胆、浓烈夸张，大红、大绿、明黄、金色堆集在一起，乍看似乎并无章法，但却协调有致。广彩与传统的五彩和粉彩不同，常用堆彩法画出纹样，使作品显得典雅而厚重。线是广彩的重要造型手段，多采用曲线、弧线表现人物造型和大多数图案。广彩的颜料色调光亮润泽，历久常新。

珐琅彩、粉彩、广彩在用彩上都或多或少使用西方彩料，并运用西方技法，在这种意义上均可称作“洋彩”。可以说垄断性和专有性是珐琅彩瓷区别于其他任何彩绘瓷的特征之一，比起这，同时期兴起的广彩瓷只能算是“民间雅作”，主要是供应外销的 [11]。

珐琅彩瓷尽管在后来吸收了西洋技法，注重透视、明暗、光影，但由于中国画擅长平面渲染，更适合装饰艺术，故配以诗书画的珐琅仍然是十足中国味的瓷器。与具有浓烈西洋风格的广彩瓷大有不同，尽管广彩瓷是中西合璧的艺术品，但是始终与中国传统彩绘瓷有着某种层面上的差别，后来因外需猛增，越发远离了传统彩绘瓷的踪影 [12]。

四 广彩的艺术特色

广彩瓷在国内收藏寥若晨星，国家机构入藏最多者也不能以百计数，而且还主要集中于广州地区，在国外却有着丰富的遗存，公私收藏都是质好量大，一般称为“广东粉彩瓷”。在欧美国家许多著名的历史、美术博物馆都收藏有大量的广彩瓷。如英国的大英博物馆、维多利亚·阿尔伯特国立博物馆，美国皮博迪艾赛克斯、中国贸易博物馆等。遗留在南洋群岛一带的广彩瓷也为数不少 [13]。

对于广彩的认识和研究，在 20 世纪 80 年代之前，国内较少，国外则已成规模。在 20 世纪 80 年代开始被诸多学者所重视，并做了大量的研究。宋良壁在其所著的《古陶瓷研究论集》[14] 中提及“广彩与外销”与海康窑彩绘瓷的发展、衰落与外销等，对广彩的主要特征、发展源流进行了较为细致地论述，强调广彩就是为了外销而生产的独特艺术彩瓷。陈玲玲《广彩——远去的美丽》[15] 是关于广彩研究较为全面的一部著作。

从 17 世纪晚期起，开始出现绘有各种纹章纹的彩瓷，但传世品甚少，到了雍乾时期数量大增，而且非常精美华丽（图二），绝大多数是广彩，这可从欧美国家博物馆现存收藏情况中知证 [16]。但写有省郡、城市名号的纹章纹瓷制作年份都较早，画风多表现出景德镇彩瓷样式，可能是景德镇产品，也可能是广彩早期产品，目前仍难确分 [17]。

18 世纪的广彩瓷最为明显的特征是“式多奇巧、岁无定样”，欧洲的来样，有纯粹是其本土风格的（图三），也有典型“中国风”纹样（图四）。此时，广彩在用彩上较多地使用复色，由于与纯色相距远而显出层次感和丰富的统一感，形成了色彩学上

图二　清广彩纹章纹瓷盘（布鲁斯尔皇家艺术历史博物馆藏）

图三　清广彩荷加斯《加莱之门》图行碗

图四　清广彩贺努特设计的中国风人物纹盘（布鲁斯尔皇家艺术历史博物馆藏）

图五　清广彩纪年瑞典商船停泊中国海域图马克杯（大英博物馆藏）

所说的雅色（珍贵色），表现着一种含蓄美。色料既有进口料也有本地烧制的。早期广彩还广泛运用“麻色”（图五），即由红、黑二色调出，视绘画效果需要有深浅不同。麻色是西方人钟爱的色域，因明度不同有酱、褐、棕、橙黄（红）等类似色系，属暖色性。麻色绘在瓷器上既温暖又明亮，其符合当时人们在烛光照明、炉火取暖的环境中形成的审美倾向。

到 18 世纪末期，一方面随着欧洲资产阶级革命的爆发，新古典主义的审美倾向排斥纤巧优雅的洛可可风格；另一方面，以德国的迈森瓷厂为标志的一大批欧洲本土瓷厂，掌握了可与中国瓷媲美的硬质瓷器烧制的技术，欧洲广彩市场萎缩。此时，北美大陆成为广彩瓷的又一个大市场。1784 年 8 月，“中国皇后号”商船抵达广州，正式开启了中美两国之间的贸易航线。这之后，订制瓷逐渐被大批量生产的瓷器所取代，广彩也进入了一个新的发展时期。从 19 世纪中期开始在广彩上大面积施金，因为此时的美国在装饰艺术上流行“镀金”，所以人们把这个时期称为“镀金时代”，大量销往美洲国家的广彩瓷，投其所好，久而久之也就成为广彩的一种特有装饰风格 [18]。

广彩，是在中国传统彩瓷基础上，受西方绘画技法、审美倾向影响出现并空前发展的一种瓷器品种，在外销的道路上肩负着中西文化交流的重要使命，其对欧洲艺术、文化等方面都产生过重要的影响。

注释：

[1]（民国）刘子芬：《竹园陶说》，桑行之等编：《说陶》，上海科技教育出版社，1993 年。

[2][5]（清）蓝浦：《景德镇陶录》，六卷，后经弟子郑廷桂增补为八卷，另加入卷首《图说》和卷尾《陶录余论》共十卷，在嘉庆二十年（1815 年）由异经堂刻印刷出版（四册一函）。选取于桑行之等编：《说陶》，上海科技教育出版社，1993 年。

[3]（清）陈浏：《陶雅》，刊于清末宣统二年（1910 年），选取于桑行之等编：《说陶》，上海科技教育出版社，1993 年。

[4] 韩槐准：《南洋遗留的中国古外销陶瓷》，新加坡青年书局，1960 年。

[6] 陈玲玲：《广彩——远去的美丽》页 34，九州出版社，2007 年。

[7] 陈玲玲：《广彩——远去的美丽》页 29，九州出版社，2007 年

[8] 陈玲玲：《广彩——远去的美丽》页 32，九州出版社，2007 年。

[9] 徐中锋：《论广彩繁荣的内涵与意——兼论清中期海外贸易的主要特征》，《中国航海》第一辑。

[10] 叶小艳：《广彩瓷与中西文化交流研究》页 9，景德镇陶瓷学院硕士学位论文，2012 年。

[11] 周思中：《清宫瓷胎画珐琅研究 1716 ~ 1789》页 19、页 29，文物出版社，2008 年。

[12] 叶小艳：《广彩瓷与中西文化交流研究》页 18，景德镇陶瓷学院硕士学位论文，2012 年。

[13][15] 陈玲玲：《广彩——远去的美丽》页 7，九州出版社，2007 年。

[14] 宋良壁：《古陶瓷研究论集》，岭南美术出版社，2010 年。

[16] 陈玲玲：《广彩——远去的美丽》页 38、页 39，九州出版社，2007 年。

[17] 陈玲玲：《广彩——远去的美丽》页 39，九州出版社，2007 年。

[18] [日]卜松竹：《被埋没的早期广彩瓷器：素颜征服欧洲》，《中国文化报》2010年9月30日第009版。

扒龙舟盛景

——佛山市博物馆藏广彩瓷盘释读

佛山市博物馆　程　宜

内容提要：本文以佛山市博物馆藏清同治扒龙舟图广彩大盘为线索，探讨了广彩瓷器的产生、发展、工艺技法及特点，并通过对纹饰的分析，表达了融合部分西方审美情趣的中国风纹饰也成为广彩瓷的重要特征之一。广彩瓷上丰富的反映本土生活的纹饰，也是我们研究广东珠江三角洲一带历史文化的珍贵图像资料。

关键词：扒龙舟　广彩　瓷器

Abstract: Based on the Guang color porcelain plate with design of dragon-boat race in the collection of Foshan Museum, the thesis discussed the production, development, craft and feature of Guang color porcelain. By the analysis of its pattern, the author gave the viewpoint that the the Chinese style mix with some Western aesthetic taste was the one of important characters of Guang color porcelain. The abundant pattern of Guang color showed the local life, and provided us with valuable materials on study of historic culture of Zhujiang Delta in Guangdong.

Keywords: dragon-boat race, Guang color, porcelain

扒龙舟是珠江三角洲一带对划龙舟、赛龙船的本土称谓。此地自古水网密布，泛舟猎鱼是当地人基本的生活技能，水上竞技和祈福活动由来已久。明末清初著名学者番禺（今广州）人屈大均在《广东新语》一书中，对每年端午节期间的赛龙船有“岁五六月斗龙船”，主办者给全胜者赠“与状头标，张伎乐，簪花挂红”[1]的记载。可见扒龙舟是珠江三角洲一带端午期间的盛事。

佛山市博物馆藏一件清同治年间扒龙舟图广彩大盘（图一），高 6.9 厘米，口径 41.2 厘米，底径 21.5 厘米。盘中主纹饰为游弋在珠江中的两艇装饰华丽的广东装龙舟，周围观者众多，生动再现了珠江三角洲一带扒龙舟习俗的盛况。此盘器形完好，描绘得当，是一件广彩艺术珍品。

图一　清同治广彩扒龙舟图盘（佛山市博物馆藏）

一 顺势而生的广彩瓷

广彩是使用别处窑场生产的白瓷胎加以釉上彩绘的外销陶瓷[2]。据说在清雍正年间，杨快和曹钧两位江西人，从景德镇买入白胎瓷器，在广州开设作坊授徒加彩烘烧后转售外国，逐渐形成广彩瓷的雏形[3]，至今，已有300余年历史。

广州在历史上一直是我国重要的进出口港口，并长期是景德镇陶瓷出口第一大港，由于原材料等因素的制约，广州在陶瓷生产上一直不占优势。然而，广彩瓷的生产加工却改变了这种局面。广彩作为釉上彩瓷，其工艺不同于青花等瓷器，一定要在（景德镇）当地生产完成才能保证质量。加工釉上彩瓷可以从江西景德镇购买白瓷，到广州加彩烘烧，质量一样有保证。同时，广州与外商沟通直接、货物供需信息准确，口岸加工可避免长途运输损坏，成本也得到有效控制。因此，广州作为广彩的加彩地也就顺理成章了。

目前已知时代最早的广彩，是收藏于广东省博物馆的雍正广彩开光人物纹瓶，说明至迟在雍正年间已经生产制作广彩了。早期广彩作坊在珠江北岸的西关一带，后移至珠江南岸（俗称“河南”）的龙导尾村和龙田村地区，河南在当时是大面积的农田，似乎不如城区商业氛围浓，但有充裕的发展空间、安全的烧造环境和良好的码头。更重要的是南岸的广彩作坊都集中在著名的对外贸易专业商行十三行对面的海幢寺附近。十三行的外商每月都会在清政府规定可以外出的日子，乘渡江船去河南海幢寺和中国大行商宅院游玩，19世纪美国人亨特在《旧中国杂记》中就记录了外商们去海幢寺、行商浩官、潘庭官宅院游玩的见闻。地处海幢寺附近的广彩作坊非常便于外商造访。可见，广彩瓷作坊移位于河南是非常有利于生产、运输和进行商业往来的。

二 兼收并蓄自成一格

广彩瓷在形成发展过程中，大量吸收景德镇五彩、粉彩和海外传入的珐琅彩技艺，同时，受海外客户需求影响，广彩艺人学习西洋油画、水彩画等技法，进而发展出一套独具特色的广彩用料和技艺，这使得广彩瓷在中国陶瓷中具有明显的辨识度。

扒龙舟图瓷盘纹饰装饰主要沿用景德镇传统彩绘——五彩技法，五彩是对传统多彩瓷的总称，彩料直接施于高温成型的瓷器表面，也称“硬彩”、“古彩”或“大明彩”。扒龙舟图瓷盘主纹饰在勾线之后平涂填色，画法与五彩一致。此瓷盘边饰用彩受西洋传入的珐琅彩影响，色彩艳丽，以至于红绿、黄紫对比色及金色大胆并置。用料方面，扒龙舟图瓷盘使用干大红，大绿、水绿、石头绿、鹤春等多层次绿，水青、绿青等蓝彩料，以及乳金、西红、茄色、双黄等彩料，这些色料，既有景德镇的延续、西洋珐琅彩的借鉴，还有本土民间彩料的运用，体现了广彩兼收并蓄的特点。

广彩瓷有折色和长行技法之分。折色与景德镇五彩技法一脉相承，用红色和黑色先勾绘出轮廓线条，再填色。这种红色为干大红，可以描绘极精细的线条。黑色在广州称“瓷黑”，景德镇称“朱明料”，是一种明代就开始使用的陶瓷颜料，也是青花的主要着色原料。扒龙舟图瓷盘上的纹饰，显然是采用折色技法绘制的。以干大红勾画人物面部及裸露的手、颈部位，以瓷黑勾画人物身体的轮廓、衣纹线条以及山石树木、龙舟、花艇、亭台等物象轮廓，再在线内填彩。长行技法是中西技法融合的产物，“即山石树木、亭台楼阁等风景用线条表现，人物的头部用红黑线表现，服装衣纹用颜色写”[4]。用颜色写的部位不先勾轮廓线，而是要胸有成竹定好位置，彩料直接一次性画出，就如写意人物画的落笔，形貌结构直接由包含丰富墨色的笔墨落笔定局地表现出来，长行人物就是以此原理分出深浅色调后，再用线条强调衣褶、结构和明暗关系（图二）。长行将“折色”的平面表现转化为立体表现，是广彩艺人在长期实践中融汇中西彩绘技法自成一格的产物。这一技法的广泛使用，使广彩瓷个性特征明显。

长行彩瓷画法和当时广州外销画中的通草水彩画的画法和效果相似（图三），只是使用的材料和工艺有别。前者用陶瓷彩绘颜料绘制后经烘烧而成，后者则是用水彩

图二　清嘉庆至道光人物纹盘

图三　19 世纪通草水彩画《渔夫》（采自《西方人眼里的中国情调》）

颜料绘制在通草纸上直接完成。从大量留存下来的图像资料观察，相信当时的外销画和外销广彩瓷技法是在相互学习和借鉴中协同发展的。

扒龙舟图瓷盘边饰为锦地八宝纹海棠斗方开光山水、花鸟图案，用金彩绘制的锦地是广彩瓷在各类边地经常使用的装饰手法。然而在“18 世纪的广彩上用金彩并不多，大面积地使用应该是到了 19 世纪中期以后的事情，因为那时候的欧美社会广泛流行金色调的装饰风，美术史上称之为‘镀金的时代’”[5]。扒龙舟图盘圆圈锦地可能是迫裂纹锦的变异，迫裂纹锦是广彩的传统锦地纹样，以石的自然风化现象经过艺术加工而成。盘中描绘罗伞、旌旗、船桨和亭台的干大红底色大都加上了金彩图案装饰。广彩艺人经过长期实践，认为彩填得厚一些，烘烤出来更有立体感和上乘的色泽，由于工艺的原因，干大红是少有的不能填得太厚的色彩之一，也比较容易发干显得缺少光泽。因此，除去欧美客人对金色的喜好，艺人们可能也希望通过叠加金彩来增加干大红的层次感，使其显得厚重润泽以便和其他彩绘相协调。

三 中国风纹饰

19 世纪，受到西方人热切想了解中国文化的风潮影响，描绘中国习俗风情的广彩瓷成为热销货。广彩人物纹样大量取材小说、戏剧故事，这种中国风图像深受外国人喜爱，成为当时的出口大宗。这其中就有许多是描绘广东人风俗生活的，包括珠江三角洲一带习常所见的江河船舶、水上生活题材。从目前知见的广彩实物看，描绘龙舟的作品非常稀少。我们在与广彩有千丝万缕关系的珐琅彩瓷作品中发现一件龙舟竞渡胆瓶（图四），纹饰为两艘旌旗招展的龙舟在江河中竞渡。此胆瓶上的龙舟和广州龙舟在形制上区别明显，更似江南龙舟，楼阁也似滕王阁，可能是在描绘滕王阁观西江龙舟竞渡。

扒龙舟图瓷盘描绘了珠江三角洲一带端午扒龙舟民俗活动热闹场景。龙舟大多数是一条木雕成，舟身雕绘鳞甲，青金相间，雍容华贵。龙头是决定龙舟气势的关键，一般认为越凶悍越能起到镇宅、祛邪的作用。扒龙舟有趁景、斗标两种形式。趁景是各方龙船接到招景邀请后汇集某处应景。人们将已经安装上龙头、龙尾的龙舟披红挂绿，隆重装饰——插上标明队伍身份的彩色旌旗，装上绣工精致华丽的罗伞，安放神斗和北帝、龙母等水神行宫，摆好锣鼓。包括旗手、舵手、鼓手、锣手、陪神、艄公、扒仔（桡船桨的人）等数十人或站或坐于窄长的龙舟中，在鼓点的指挥下，或徐或急，配合默契，向观众表演技巧和展示阵容，不比速度也不排名次。据光绪三十三年《时事画报》（图五）描写："龙

图四　清乾隆珐琅彩龙舟竞渡胆瓶

舟之戏，吾粤最盛……龙舟有二种，有竞快者，有不竞快者，乡镇之龙船多竞快，省城之龙船则惟鼓锣旗伞，上下梳巡，谓之游河焉已。盖省河船舶太多，不能飞渡故也。”[6]可见，由于珠江船舶太多，不宜竞快，广州端午龙舟是以趁景为主。在 19 世纪广州出口的外销画中，所见龙舟也是描绘趁景场面（图六）。扒龙舟图广彩瓷盘同样描

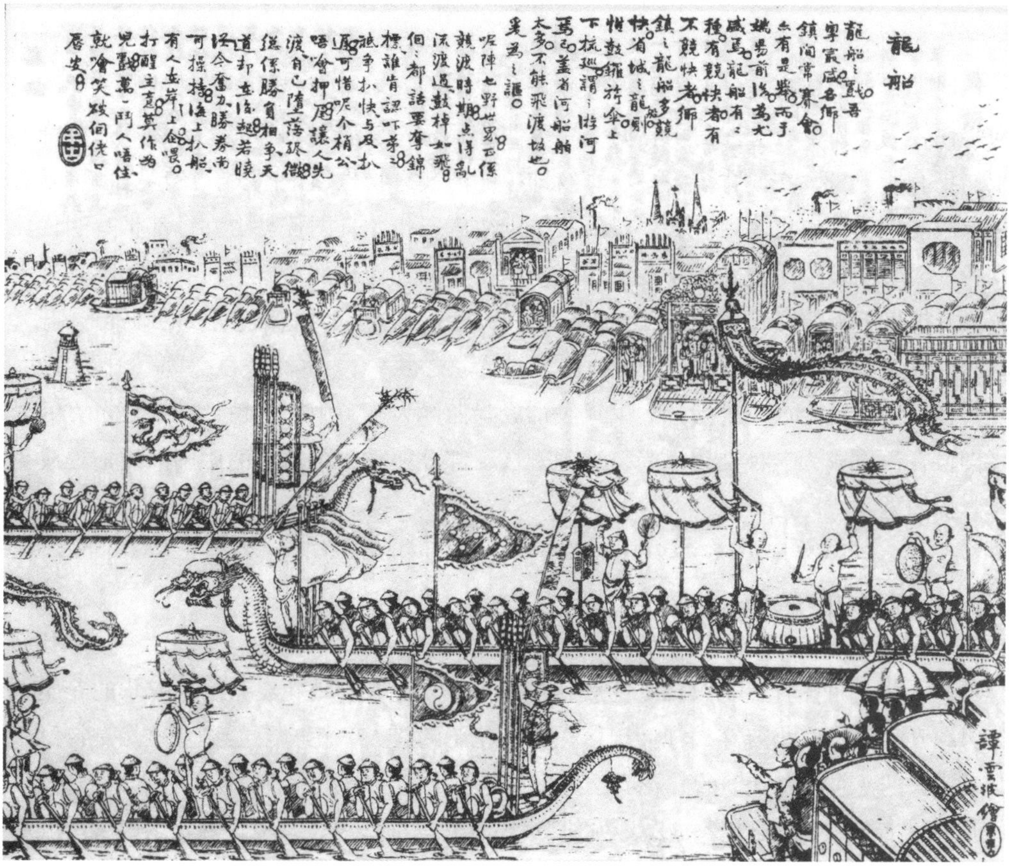

图五　珠江龙舟趁景图（清末《时事画报》）

图六　1800 ~ 1805 年纸本水粉画《斗龙舟》（采自王次澄等编著《中国外销画精华——大英图书馆特藏》）

绘了典型的端午期间龙舟趁景景象。由于圆盘画面的局限，不适宜描绘太长型的龙舟，故进行了一些艺术处理，精简了龙舟上人物的数量。趁景具有强烈的民间信仰色彩，包括起龙、进水拜神、采青、划船、吃龙船饭、入窦等过程。斗标即斗龙舟，也就是龙舟竞渡。广州传统扒龙舟基本是以宗族为单位来开展，以趁景或斗标来展示宗族实力、巩固宗族地位，加强与其他族群的联系。这个时节，成为广州全民参与的欢乐节日。

从扒龙舟图瓷盘人物的服饰看，具有19世纪清代的着装特征。满人入关后曾有一段时期，清政府实施“薙发易服”政策，人们的衣冠服饰，需要遵守清制，此政策对男性较为严格，对女性则稍有宽松。19世纪后，清政府对艺术品上人物衣冠服饰的限制更有所放松，在此背景下，广彩纹饰中的清装人物也逐渐减少，不单女性可以着汉族服装，男性也更多地着各朝汉族服装。故广彩扒龙舟图瓷盘上女像都带有明代仕女特征，着明装梳明代发式，花艇和江岸亭台中的男像也都穿着明代衣冠。唯有盘中龙舟及护舟艇上的男人们着平民清装，他们戴着清代典型的用藤条编成的圆锥形帽子，帽子上有红丝穗子，顶上还有黄铜顶珠。

描绘中国人生产、生活的中国风纹饰成为西洋人了解中国的窗口，来自东方的异域图像在西方成为一种文化风尚。这种融合了部分西方审美情趣的中国风纹饰也成为广彩瓷的重要特征之一。

四 瓷盘上的珠江风情

广彩扒龙舟图瓷盘主纹饰除两艘趁景龙舟外，还有一组花艇人物。豪华的花艇上红男绿女，有疍家小艇穿梭江面，接送往来花艇的客人，花艇上的男女显然是特意来观看盛大的龙舟趁景活动的。花艇这种清代珠江上的色情业营业场所，大者曰“横楼”（图七），小者曰“紫洞艇”或“沙姑艇”（图八）。“横楼船，是清代珠江上各种游船中的高等豪华大船，是文人雅士、富商豪绅宴聚饮酒、召妓献艺的乐园。”[7]横楼船顶有楼，叫做“寮”。寮里有长榻、几案、罗床、镜奁等，十分华美。“沙姑头尾翘，较封闭的船舱，具有隐蔽性。知见的沙姑船图，船舱的门户皆以绿色为主，不禁引发了与传统‘青楼’的联想。”[8]其实横楼、紫洞艇的船舱门户也都以绿色为主，这也许还是为着方便辨认而约定成俗的用色。从广彩扒龙舟图瓷盘上花艇的形制款式看，应该是一艘横楼船。

珠江上生活着一群以船为家的水上居民——疍民，年轻的疍家女除从事日常的捕鱼返货、渡船采珠工作外，不少还兼做妓女。清代广州江面上本地以脂粉为生计的多为疍民。赵翼《檐曝杂记》云：“广州珠江疍船不下七八千，皆以脂粉为生计……珠江甚阔，疍船所聚长七八里……客上疍船者，皆由小船渡。”这和扒龙舟图盘描绘的场景是一致的。疍家女一般赤着大脚，着深色短衫宽腿裤，由于常年在水上劳作，她们普遍身材健美，麦芽肤色（疍家妓女喜欢擦很厚的白粉在脸上），性情自由大胆，有一种别样的美感。广东民间工艺博物馆藏广彩游河图盘（图九），就描绘了疍家小

图七　横楼图（采自王次澄等编著《中国外销画精华——大英图书馆特藏》）

图八　沙姑图（采自王次澄等编著《中国外销画精华——大英图书馆特藏》）

艇中的脂粉韵事。然而，珠江上的高级妓女并不是会摇橹的疍家女，她们不少来自外地，当时就有扬帮、潮帮等不同派别的妓女，这些人往往都驻扎在大型豪华的花艇中。从清代文学家沈复《浮生六记》可知“杨帮”主要来自扬州，当中也有部分湖广和江西女子。从“杨帮在河南，多外省人”[9]，可知杨帮主要在广州河南营业，且横楼和沙姑船一般都是杨帮妓女使用的花艇。又知清代广州端午龙舟表演常常会经过海幢寺，至今海幢寺附近还有名为龙船岗的地方。

综合上述资料，我们可以进一步推测，佛山市博物馆藏扒龙舟图瓷盘描绘的是广州河南海幢寺附近珠江上的端午扒龙舟盛景，横楼上观龙舟趁景者，为杨帮女子和他们的客人。扒龙舟图盘纹饰应是海幢寺附近广彩瓷制作工人将端午所见如实描绘的广州珠江风情图。

图九　广彩游河图盘（广东民间工艺博物馆藏）

五 结语

广彩作为外销瓷，它的审美趣味紧随海外客户的需求。欧美国家对中国的好奇心，上层社会刮起的以拥有中国瓷器、丝绸及中国元素奢侈品为傲的“中国风”，刺激广彩瓷创作了大量的中国元素纹饰。广彩制作艺人不可避免地将自己熟悉的广州一带人们的生活作为创作的重要题材。于是，我们今天得以凭借这些瓷器上的图像回望300年的中西历史与风俗。广彩瓷上丰富的反映本土生活的纹饰，也是我们研究广东珠江三角洲一带历史文化的珍贵图像资料。凭借对佛山市博物馆广彩扒龙舟图瓷盘上可见的图像，结合历史资料细节，我们得以将有杨帮妓女观看的端午龙舟趁景定格在广州海幢寺附近的珠江上，这是令人愉快的尝试。相信广彩瓷丰富的图像资源，将为我们的研究打开新的窗口。

注释：

[1]（清）屈大均：《广东新语》页488，中华书局，2006年。

[2] 陈玲玲：《广彩——远去的美丽》页6，九州出版社，2007年。广彩主要用景德镇的瓷胎加彩，民国后，陆续还使用过日本素白瓷、湖南醴陵和广东枫溪素瓷。

[3] 广东民间工艺博物馆编：《赵国垣广彩论稿·广彩史话》页14，岭南美术出版社，2008年。

[4] 广东民间工艺博物馆编：《赵国垣广彩论稿·广彩史话》页23，岭南美术出版社，2008年。

[5] 陈玲玲：《广彩——远去的美丽》页86，九州出版社，2007年。

[6] 清末《时事画报》描绘的珠江龙舟趁景，《旧报新闻——清末民初画报中的广东》（上）页494，岭南美术出版社，2012年。

[7] 王次澄等编著 :《中国外销画精华——大英图书馆特藏》第六卷，页261，广东人民出版社，2011年。

[8] 王次澄等编著 :《中国外销画精华——大英图书馆特藏》第六卷，页185，广东人民出版社，2011年。

[9] 黄佛颐 :《广州城坊志》页636，广东人民出版社，1994年。

乾隆时期广彩纹章瓷器边饰的流行年代及断代意义

广东省博物馆　刘冬媚

内容提要：本文以大卫霍华德的纹章瓷边饰流行年代分类体系为依据，对广东省博物馆藏乾隆时期广彩纹章瓷实物的边饰进行考察，按边饰对它们作了10种主要分类。通过对这批器物边饰的展现，我们可以使之形成蓝本，用以对其他类似风格的广彩瓷器进行断代推定。期望本文的内容可为同类瓷器的断代问题提供参考意见。

关键词：广彩纹章瓷　边饰　瓷器断代

Abstract: In the present paper, we use Howard's classification about the age of the armorial porcelain as a reference to investigate the styles of the Chinese armorial porcelain in Qianlong period collected by Guangdong Museum. We classified our collections into 11 types according to their styles. The collections could be considered as criteria to judge the producing years of the other porcelains. We hope that the present work could provide suggestions for year judging of the porcelains.

Keywords: Chinese armorial porcelain, styles, porcelain dating

纹章出现于11世纪的欧洲[1]，最早使用在盔甲、盾牌等兵器上，随着社会变革，其使用对象发展到服装、艺术品、建筑物等上，从而成为身份或地位的象征。将纹章标志烧制在瓷器上，这种瓷器称为纹章瓷。明清时期，随着海外贸易的繁盛，纹章瓷成为外销瓷的一个重要品种。18世纪是纹章瓷生产的兴盛期，既有景德镇制品，也有广彩制品。到了19世纪后期，随着中国风物热的衰退和欧美本土瓷业的发展，中国纹章瓷式微。清朝200多年，大约有6000个纹章瓷的订单，其中英美最多，有四五千个[2]，这给西方的纹章学留下了丰富而宝贵的资料。

西方纹章瓷研究的集大成者是大卫霍华德的《中国纹章瓷》（两册）[3]。此书共搜集约4000套纹章瓷，对不同时期的各个国家、各个家族的纹章瓷特点都有说明，清晰展示了纹章瓷风格的演变。还对瓷器边饰进行了研究，讨论了各类边饰的特点，并断定了其出现的年代。

广彩纹章瓷是纹章瓷家族的重要构成。本文将以霍华德统计出的边饰流行年代体系为依据，对广东省博物馆收藏的乾隆时期的广彩纹章瓷边饰做一概括性的介绍与分类。根据边饰的断代特点，可以更精确断定瓷器烧制年代，并可以之为蓝本，对其他非纹章瓷进行年代推定。期望本文的内容可为同类瓷器的断代问题提供参考意见。

一 广东省博物馆藏广彩纹章瓷的边饰及其流行年代

根据霍华德的研究结论，各种边饰有其流行时间，这相当于为类似风格瓷器的出现确定了一张时间表。下文将给出这份时间表的简要叙述，并按其分类本馆收藏的广彩纹章瓷。

1. 链条纹边饰

链条纹边饰与纹章相结合的装饰。器物口沿处绘链条纹饰一周，简洁大方，突出了纹章的主体地位。这种风格流行于乾隆时期的1740至1780年。自1750年固定下来后，形式变化不大，1765年之后式微。这种边饰是广彩瓷器的边饰，景德镇的瓷器上较少见。

广彩描金花卉纹章纹马克杯（图一）。高14厘米，口径10.5厘米，足径10厘米。杯口沿处绘链条纹饰一周。根据对纹章的辨识，该酒杯为Arthur定制，他是第五代伯爵，1757年继承爵位，1760年成年。此杯约在1760年定制，符合链条边饰的流行年代。

2. 矛头纹边饰（璎珞纹）

矛头纹边饰（璎珞纹）不单独与纹章配合绘画，但应用很广，时间上也贯穿了乾隆时期广彩纹章瓷器的始终。在乾隆朝约60年中，矛头边饰风格经历了细微的变化，

图一　清乾隆广彩描金花卉纹章纹马克杯（广东省博物馆藏）

这种风格的变化是横向（不同工厂）还是纵向（不同时期）造成的，还有待研究。

广彩花卉纹章纹盘（图二）。高 5.5 厘米，口径 37×29 厘米，底径 24×16 厘米。盘沿及折沿处各绘矛头边饰一周。根据对纹章的辨识，此套餐具所绘为苏格兰 Mackenzie 家族和 Chisholm 家族的组合纹章，定制时间大约是 1755 年（乾隆二十年）。

3. 西洋花卉飘带纹边饰

西洋花卉飘带纹边饰与纹章结合，较链条和矛头边饰产生时期晚，主要流行于乾隆时期及嘉庆早期，大概是 1745 至 1795 年，以及 1800 至 1805 年。越到后来，花边越窄，花的变化也不多，画工没前期好。

广彩花卉纹章纹镂空盘（图三）。高 4.7 厘米，口径 25.8 厘米，底径 13.8 厘米。盘内边沿绘西洋花卉飘带边饰一周。根据对纹章的辨识，盘上绘有葡萄牙 Jose Mascarenhas Pacheco Perieira Coelho de Melo 纹章。他是法律博士、Brasiliera de Renascidos 学院创始人和院长，后不慎犯错被捕。此盘定制时间大约是 1755 年。

广彩花卉纹章纹狮钮八角形带盖汤盅（图四）。高 21 厘米，口径 29×21 厘米，底径 24×15.5 厘米。长方八角形，盖上以干大红狮子为钮。盅盖边沿绘西洋花卉飘带边饰一周。根据对纹章的辨识，为苏格兰 Wilson 家族纹章。定制时间为 1765 年。

4. 卷草纹边饰

卷草纹边饰与纹章相结合装饰。器物口沿处绘卷草纹饰一周，简洁大方，突出了纹章的主体地位。这种风格流行于乾隆时期的 1785 年至 1795 年，流行时间较短。

广彩爱尔兰“J.E.M”纹章纹花口盘（图五）。高 3 厘米，口径 16.5 厘米，底径 8.7 厘米。盘边沿绘卷草纹边饰一周。根据对纹章的辨识，此盘上饰有爱尔兰 Maunsell 家族的纹章头冠和首字母缩写“J.E.M”。定制时间约为 1785 年。

图二　清乾隆广彩纹章花卉纹盘（广东省博物馆藏）

图三　清乾隆广彩纹章花卉纹镂空盘（广东省博物馆藏）

图四　清乾隆广彩纹章花卉纹狮钮八角形带盖汤盅（广东省博物馆藏）

图五　清乾隆广彩爱尔兰“J.E.M”纹章纹花口盘（广东省博物馆藏）

5. 竹子花纹边饰

竹子花纹边饰是一种来自荷兰的代尔夫特样式。18 世纪下半叶，竹子花边纹样被应用到英国的家具、瓷器、银饰、墙纸、相框等上。瓷器的竹子花纹边饰流行于 1755 至 1780 年，越到后期，画得越简单。这种边饰的瓷器，最早是通过瑞典东印度公司购买的。竹子花纹边饰在斯堪的纳维亚地区（注：scandinavia，北欧地区，包括挪威、瑞典、丹麦等地）非常流行。此地区很大部分的纹章瓷器都绘画这种边饰。

广彩花卉纹章纹八角形盘（图六）。高 2 厘米，口径 21.5 厘米，底径 12.7 厘米。盘边沿绘竹子花纹边饰一周。此件瓷器上绘菱形纹章，专为女性而设。根据对纹章的辨识，纹章的主人是英格兰南部格洛斯特郡多德斯韦尔（Dowdeswell）教区 Rogers 家族成员 Mary Lynch。Mary Lynch 于 1731 年和 Richard Rogers 结婚，1770 年寡居。此盘大约是 1770 年定制。

6. Duquier 巴吉额样式边饰

此种边饰是流行于 1740 年左右的荷兰代尔夫特纹饰的一种，画面以雕刻效果画出蔓藤纹饰，是从银器上移植过来的一种图案。1740 年左右，墨彩被大量用在瓷器中，这种边饰也有紫红色。

墨彩描金荷兰政界人物肖像纹章纹咖啡杯（图七）。高 6.3 厘米，口径 6 厘米，足径 3.5 厘米。杯沿绘 Duquier 巴吉额样式边饰一周。此杯子上绘的是荷兰人 Willem Van Haven 本人的纹章和肖像，他在政治和外交领域功勋卓著，后来因个人行为不检点和风流韵事下台。此杯约定制于 1742 年。

7. 卷叶纹边饰

这种边饰是典型的欧洲风格，流行于 1740 至 1755 年。有多种变体形式，下面列

图六　清乾隆广彩纹章花卉纹八角形盘（广东省博物馆藏）

图七　清乾隆墨彩描金纹章荷兰政界人物肖像纹咖啡杯（广东省博物馆藏）

举两类最常见的形式。

广彩描金卷叶纹章纹盘（图八）。高 2 厘米，口径 23.1 厘米，足径 13.1 厘米。盘沿绘卷叶纹一周。经对纹章的辨识，此盘绘爱尔兰南部科克郡弗莫伊 Roche 子爵家族纹章。David Roche 是撒丁国王麾下猛将，在 Maria Theresa 女王和路易十五的战争中表现卓著，尤其是 1746 年围攻赫罗纳市。这套餐具是为他定制的。

广彩描金卷叶纹章纹盘（图九）。高 2 厘米，口径 23 厘米，足径 12 厘米。盘沿绘卷叶纹一周。此盘绘有 Dugdale 家族纹章，完全按照 John Dugdale 的藏书标签绘制。John Dugdale 是莫布雷特派传令官。1745 年他定制过一套餐具，但工匠用错颜色。John Dugdale 于 1749 年辞世，此盘制于 1750 年，这套餐具可能是他生前定制，也可能是他的外甥或其他后代定制。

此盘的卷叶纹更为流行，时间大概在 1745 至 1755 年，而且与纹章配合的数量更多。

8. 金彩星星蓝彩宽花边

这种边饰流行于乾隆和嘉庆交替的时期，1790 至 1800 年，最开始是美国市场定制的。

广彩纹章纹椭圆大盘（图一〇）。高 6 厘米，口径 43.5 厘米，足径 31 厘米。盘椭

图八　清乾隆广彩描金纹章卷叶纹盘（广东省博物馆藏）

图九　清乾隆广彩描金纹章卷叶纹盘（广东省博物馆藏）

图一〇　清乾隆广彩纹章纹椭圆大盘（广东省博物馆藏）

图一一　清乾隆广彩描金纹章纹盘（广东省博物馆藏）

圆形，浅腹，浅圈足。盘内沿绘蓝彩锦带纹，盘心绘纹章纹。盘沿绘金彩星星蓝彩宽花边。根据对纹章的辨识，属于 Pratt 家族，Pratt 家族是居住于英格兰 Camden Town 的贵族。纹章飘带上的拉丁文意为“依照同等社会地位的人或依照法律审判”。

9．杜·帕克尔（Du Paquier）边饰

这种边饰来源于维也纳的杜·帕克尔（Du Paquier）。1718 年奥地利的帝国矿山监督署杜·帕克尔（Du Paquier）在维也纳建立欧洲第二家硬质瓷器厂。乾隆时期的广彩纹章瓷采用了这种边饰，流行时间是 1740 ～ 1760 年。这种样式单单是为墨彩而设计，很多时候都不配合纹章使用。

广彩描金纹章纹盘（图一一）。高 1.8 厘米，口径 22.9 厘米，足径 12 厘米。盘边

图一二　清乾隆广彩纹章花卉纹花口盘（广东省博物馆藏）

绘杜·帕克尔（Du Paquier）边饰。经辨认，此盘饰有爱尔兰蒂珀雷里（Tipperary）郡 Minchin 家族纹章。George Minchin 是蒂珀雷里郡名誉郡长 Humphrey Minchin 之子，东印度公司船长。此盘可能是 George Minchin 为他与妻子 Jane 结婚所定制。他们于 1740 年结婚。

10．各种边饰相结合

以上的各种边饰会组合使用在同一件器物上，如广彩花卉纹章纹花口盘（图一二）。高 1.9 厘米，口径 23 厘米，足径 12.3 厘米。使用了矛头边饰和链条边饰，绘有 Boume 家族的纹章。纹章的盾牌形状，显示出与东印度公司订单相关。英国著名陶瓷生产商伍斯特工厂（Worcester）也制造了相关的替代品。

二　边饰研究的断代意义

一个纹章只能属于一个特定的个人，家族的纹章只能由长子继承，而每经过一次婚姻，则要结合男女双方家庭的纹章组合成一个新的纹章[4]。从这个角度而言，一个纹章印记的存在时间应在几十年的范围内，这对精确断定年代提供了重要线索。因此我们可以根据纹章对一件瓷器进行断代，并通过该瓷器的款式来对相同款式的瓷器进行断代。从上述举例可看出，纹章瓷器的边饰流行时代不长，有个别边饰，流行的时间就 10 年左右，这就在纹章以外又提供了又一精确的年代印记。以纹章瓷风格特征为参考，就可以对非纹章瓷进行断代。所以，通过以上的归纳分析，我们可以把广彩纹章瓷加以分类总结，为我们对相似风格的其他广彩瓷器的具体断代提供参考依据。

现根据前述的 10 个边饰大类，对以下器物进行断年。

广彩花卉纹章纹盐碟(图一三)。高 3.8 厘米，口径 7.7 × 6.2 厘米，足径 8.5 × 6.3 厘米。

图一三　清乾隆广彩纹章花卉纹盐碟（广东省博物馆藏）

图一四　清乾隆广彩洋人归航图大碗（广东省博物馆藏）

碟沿绘链条边饰一周，可归为第一类，故此碟的年代应该是乾隆时期的 1740 ～ 1780 年。

广彩洋人归航图大碗（图一四）。高 13 厘米，口径 30 厘米，足径 15 厘米。该碗以青花缠枝花卉绘四个开光，正反两面主题纹饰各异，一面绘远洋航船从中国归来，在码头上卸下大堆货物；另一面绘海边的一家三口，男主人牵着牛回家，妻儿跟在后面。这是把典型的中国式田园生活场景套在了西洋人身上。两个侧面开光内绘山水纹。碗的内边沿绘卷叶纹与第七类边饰一致，因此推定此碗的年代在 1745 ～ 1755 年。

本文对广东省博物馆馆藏广彩纹章瓷按边饰进行了划分，并通过边饰特征确定出器物的年代。通过这批实物的参照，相信可以为其他未精确定年的广彩瓷器提供断代的参考性意见。

注释：

[1] Michel Pastoureau 著，谢军瑞译：《纹章学——一种象征标志的文化》，上海书店出版社，2002 年。

[2] 余春明：《中国瓷器欧洲范儿——南昌大学博物馆馆藏中国清代外销瓷》，三联书店，2014 年。

[3][4] David Sanctuary Howard, *Chinese Armorial Porcelain* Volume I, London: Faber.1974；Volume II, Heirloom & Howard Ltd.2003.

浅议广彩瓷的“红”与釉上彩瓷的“红”之异同

天津博物馆　刘　渤

内容提要：广彩是广州彩绘或广州织金彩瓷的简称，以“构图繁密、绚彩华丽、金碧辉煌”闻名于世。始于康熙晚期，终清一代不绝，一直流传至今。本文拟选择若干件清广彩瓷与景德镇的釉上彩瓷比较，探讨其红彩差异，以及其造型、构图和纹饰的不同。广彩的西红与景德镇的胭脂红相似，但西红薄而匀，胭脂红较厚，广彩的干大红似景德镇的矾红，但较矾红浅而鲜。两者的对比使我们看到中西文化的差异，两者的结合使中国釉上彩瓷的品种更为丰富、多样。

关键词：西红　胭脂红　干大红　矾红

Abstract: The Guang colors was the name for short of Guangzhou painted porcelain or Guangzhou polychrome porcelain with gold paint, and famous for its dense design, gorgeous color and splendid pattern. The Guang colors never stop its firing through out Qing dynasty, which began at the late Kangxi period. Based on some samples of Guang colors and overglaze porcelain of Qing dynasty, the thesis tried to discuss the differences of color, type, design and pattern. The color of Xihong was similar with ruby-back of Jingdezhen kiln, but the latter is thin in glaze. The color of dry red was similar with iron red of Jingdezhen kiln, but the latter is light in color. The comparison would help us to discover the differences of Chinese and Western cultures.

Keywords: Xihong, ruby-back, dry red, iron red

广彩是广州彩绘或广州织金彩瓷的简称，以“构图繁密、绚彩华丽、金碧辉煌”闻名于世[1]。始于康熙晚期，终清一代不绝，一直流传至今[2]。本文拟选择若干件清广彩瓷与景德镇的釉上彩瓷比较，探讨其红彩的差异，以及其造型、构图和纹饰的不同。广彩的西红与景德镇的胭脂红相似，但西红薄而匀，胭脂红较厚，广彩的干大红似景德镇的矾红，但较矾红浅而鲜[3]；广彩的金彩突出边饰、开光花边，堆塑在耳、肩部的动物，景德镇金彩注重口沿和盖钮，也有在白釉、黑釉、绿釉、蓝釉或洒蓝釉上做描金装饰的。

一 广彩的西红与胭脂红彩之比较

广彩的西红似景德镇的胭脂红，以黄金为呈色剂，亦名“金红”。起初是进口彩料，雍正六年后逐步国产化，主要装饰花卉、人物的衣袍和开光内的山水等。清代景德镇的胭脂红，彩料凸起，大件器物纹饰繁密，多动物穿花图案，小件器物是疏朗的团花纹。

2010 年 2 月首都博物馆展出清雍正广彩花卉纹盘（图一），口径 23 厘米，足径 13 厘米。折沿，浅腹，平底，圈足。口沿有一周锦地花丛纹边饰，盘内底主题纹饰是大小不同的折枝花卉纹。通盘西红料装饰，近似清代的釉上彩胭脂红色，花朵分布错落有致，充满西洋特色。此盘 2010 年 9 月又到江西省博物馆展出，并收入《华风欧韵——景德镇清代外销瓷精品展》一书[4]。

广东省博物馆藏清雍正广彩山水人物纹盘（图二），高 5.2 厘米，口径 58.5 厘米，足径 25 厘米。敞口，浅腹，圈足。盘口饰金彩，内壁绘二龙戏珠纹三组，龙身是红、黄、褐、绿、蓝各色均有。部分龙身和三个宝珠为金彩。内壁和盘底交接处用金彩绘钱纹装饰带一周，盘内底金彩圈内主题纹饰是山水人物图，男女主人公均身着西红色的衣袍，坐在庭院中的木制方桌旁聊天，一位侍女穿茄色衣裙，双手捧物站立在女主人身后，随时听从召唤。院内人物与远处水山遥相呼应。此盘体形硕大，构图优美，色彩绚丽。男女主人公的西红色衣袍给人留下深刻印象。

广州市博物馆藏清广彩教子图八方盘（图三），八边形，折沿，浅腹，平底，圈足。口沿涂金彩，盘沿上西红料锦地开光花卉纹，共有八个大开光，八个小开光。盘内底中心是主题纹饰教子图。一位母亲坐在房前院子里的绣墩上，教育儿子读书，背景是远处的山水。儿子手捧书在仔细聆听，一位侍女手持小扇立在母亲身后。母子俩均穿红色上衣，特别醒目。其彩料也是广彩的西红，类似胭脂红色。这样的盘子在广州市

图一　清雍正广彩花卉纹盘

图二　清雍正广彩山水人物纹盘（广东省博物馆藏）

图三　清广彩教子图八方盘（广州市博物馆藏）

越秀山博物馆镇海楼展厅里展出达数十件之多（图四），有圆形、八方形、长八方形，有大的、还有小的。主题图案均是教子图，只是童子所持书籍及远山背景略有不同，应是一大套餐具。

首都博物馆展出清雍正广彩人物纹盘（图五），口径22.5厘米，足径13.2厘米。板沿，浅腹，平底，圈足。口沿内是一周金彩卷草纹边饰，板沿上有一周锦地四开光山水纹装饰，开光之间锦地上用金彩绘圆形花球装饰，折沿处用一周金彩卷枝纹装饰，盘内底主题纹饰是一对西洋情侣依偎在大树下，相亲相爱。盘沿上四开光内的山水纹和盘

图四　清广彩教子图盘（广州市越秀山博物馆藏）

图五　清雍正广彩人物纹盘

中女子的裙袍均用西红装饰，近似胭脂红色。大树像是松树和梅树，却没有竹子。显然是洋人想仿中国的岁寒三友图，又不知何意，就选了两种树作陪衬，让广州画师画好烧成，作为欧洲人的居家用具。

天津博物馆藏清嘉庆胭脂红彩龙凤穿牡丹纹罐（图六），高 50 厘米，口径 20.5 厘米，足径 22.5 厘米。侈口，束颈，溜肩，圆腹，圈足。器里白釉，外壁以白釉作地，以胭脂红釉满绘全器，口沿处饰如意云头纹边饰一周，腹部主题纹饰绘一龙一凤穿梭于缠枝牡丹花之间，龙飞凤舞，姿态生动，充满着喜庆、祥和的气氛，近足部饰一周变形莲瓣纹。造型端庄，纹饰吉祥，彩料匀净，鲜艳华贵。所用胭脂红釉，亦叫“胭脂水”，又名“金红釉”，是清康熙年间创新的名贵色釉，雍正、乾隆两朝极为盛行，嘉庆时绘画在如此大的器物上也很少见。胭脂红料彩在白釉上有明显的凹凸感，说明彩料较厚。器底中心矾红彩楷书“登瀛阁制”四字二行款[5]。2009 年 4 月洛阳牡丹花节期间，中国国家邮政局发行了《中国 2009 世界集邮展览》纪念邮票一套两枚，其中一枚就是这件清胭脂红彩龙凤穿牡丹纹罐。上海博物馆藏一件清乾隆景德镇窑胭脂红釉螭龙穿花纹瓶与此有异曲同工之妙。

图六　清嘉庆胭脂红彩龙凤穿牡丹纹罐（天津博物馆藏）

图七　清宣统款胭脂红料彩团凤纹碗（天津博物馆藏）

天津博物馆藏清宣统款胭脂红料彩团凤纹碗（图七），高 6.8 厘米，口径 14.5 厘米，足径 6.3 厘米。侈口，圆腹下收，圈足。白釉细腻，图案简洁，碗心正中胭脂红料彩绘一团凤纹，碗外壁等距离绘五个团凤纹，构图舒朗，胭脂红料彩明显凸起于白釉上。料彩是清代景德镇用珐琅料所绘彩瓷品种。色料一般为红、蓝二种，均淡雅柔润。红料彩为胭脂红色。料彩始于雍正朝，盛行于乾隆时，嘉庆、道光、宣统年间仍有少量生产。凤鸟是中国传统吉祥纹饰，为鸟中之王，代表皇后、妃子。清代宫廷艺术品、服饰、建筑等均有凤鸟的装饰图案。其特点是“眼长、腿长、尾长”。碗外底心有青花楷书“大清宣统年制”六字款。说明这对瓷碗是清末后妃的实用器，因宣统皇帝在位时间很短，传世稀少，弥足珍贵。

二　广彩的干大红与矾红之比较

广彩的干大红施彩均匀、浅薄、鲜亮，多与金彩相结合装饰器物。它以氧化铁为呈色剂，在 700℃ ~ 750℃的低温中烘烤而成。矾红早在宋、金时期就出现在磁州窑瓷器上，发色均匀、稳定，采用平涂法涂抹在白釉瓷器上，也称为“抹红”。又因为主要着色剂是氧化铁，亦名“铁红”。其烤彩温度是 900℃。景德镇窑的矾红彩，除了单独装饰在白釉瓷器上，也用于题写诗文和款识，或作为粉彩之一种色料装饰器物。

广东省博物馆藏清广彩干大红描金开光人物图瓶（图八），高 62.7 厘米，口径 19.7 厘米，足径 16.5 厘米。盘口，长颈，溜肩，圆筒形腹下收，圈足。口沿内红彩绘蝙蝠，通体用干大红加金彩描绘花卉、花蝶、花果，分上、中、下三层用红彩加金或金彩开光来装饰人物故事图，腹部的大开光内绘画的人物多达 20 人，正在表演戏曲故事。颈部和下部的小开光内，人物也有六至八名，组成小型的人物故事图。都是宴乐和聚会的场面。干大红是广彩常用的彩绘颜料，具有独特的装饰效果[6]。

广东省博物馆藏清雍正矾红彩莲托八吉祥团寿字纹盘（图九），撇口，浅壁，圈足。口沿内有双圈矾红彩弦纹，盘内底篆书团寿字，外是莲花托轮、螺、伞、盖、花、罐、鱼、肠八吉祥纹。色彩鲜艳，构图疏朗，突出主题。

天津博物馆藏清乾隆矾红彩折枝莲纹藏草瓶（图一〇），高 22 厘米，口径 3.4 厘米，

图八　清广彩干大红描金开光人物图瓶（广东省博物馆藏）

图九　清雍正矾红彩莲托八吉祥团寿字纹盘（广东省博物馆藏）

图一一　清宣统矾红彩二龙戏珠纹盘（天津博物馆藏）

图一〇　清雍正矾红彩折枝莲纹藏草瓶（广东省博物馆藏）

足径 12 厘米。圆唇，直颈，颈下部有轮状突起，溜肩，圆鼓腹，瘦胫，覆盘形圈足。内壁、内底施白釉，外壁以矾红彩绘饰，由上至下依次为回纹、朵梅纹、覆莲纹、仰莲纹、如意纹、变形覆莲纹、折枝番莲纹、蕉叶纹、双重复莲纹等。从上至下的颜色从酱色、红褐过渡到鲜红色，比较少见。可能是烤彩温度不同，或是窑炉位置所致。而天津博物馆的其他件同类品种，则是纯正、均匀的矾红色。此瓶腹部主题纹饰为折枝番莲纹，取“西土庄严”之意。藏草瓶，亦称“甘露瓶”，为藏传佛教陈设专用法器，用于盛水或插草，是极具藏族特色的器物，主要用于清朝宫廷赏赐西藏僧侣。

天津博物馆藏清宣统矾红彩二龙戏珠纹盘（图一一），高 5 厘米，口径 18.5 厘米，足径 11.8 厘米。口微侈，浅弧形腹，圈足。盘内是两条龙在火云和祥云中飞舞，盘中心一宝珠，呈二龙戏珠之势。外壁用矾红彩装饰三朵等距离排列的折枝番莲纹，外底有青花楷书“大清宣统年制”六字双行款。

以上三件器物所用彩料，是清代景德镇窑釉上彩，这种红彩，用青矾为原料，经过煅烧、漂洗制得生矾，故称“矾红”，又因为主要着色剂是氧化铁，又称“铁红”[7]。

天津博物馆藏清雍正粉彩福禄寿三星人物图梅瓶（图一二），高 53.5 厘米，口径

图一二　清雍正粉彩福禄寿三星人物图梅瓶（天津博物馆藏）

13 厘米，底径 23 厘米。唇口微外卷，直颈，丰肩，长圆腹下收。通体以粉彩在白釉上绘画纹饰，颈部彩绘博古图和红色的灵芝纹，花瓶、方壶、书籍、果盘巧妙地组合在一起，红、黄、蓝、绿搭配得体。肩部是矾红彩绘画的祥云，腹部通景构图，瓶正面以福、禄、寿三星人物为主题纹饰，人头之上还飞舞着红色的蝙蝠，瓶后面为高大的松树，所绘三星人物慈眉善目、仙风道骨，八九个童子穿插其间，有的执戟，有的提磬，有的持荷，有的牵蝠，增加了喜庆、祥和的气氛。特别是中间的禄星，头戴黑色官帽，身穿大红色官袍，手拿白色笏版，色彩醒目。右侧的老寿星，右肩扛着长长的龙头拐杖，拐杖上还系着宝葫芦和红色的灵芝，左手托举着红白相间的仙桃。身后跟着一只仙鹿，按其谐音，纹饰寓意“洪福齐天”、“松鹿延年”、“福寿双全”、“吉庆如意”等。所施彩料色阶丰富、粉嫩柔和，绘画风格与清代中期人物画风格一脉相承。瓶上装饰的红灵芝、红祥云、红蝙蝠、红官袍充满了“中国红”的元素，突出了矾红彩表现的艺术效果。是清雍正粉彩瓷中运用矾红彩最好的精品佳作。

另外，天津博物馆藏清嘉庆矾红彩御题诗文水丞，其底款是矾红彩书写的“大清嘉庆年制”六字三行篆书款。上海博物馆藏清道光斗彩缠枝莲纹碗，其底款是矾红彩书写的“睿邸退思堂制”六字三行楷书款。清道光皇帝矾红彩题楷书款的瓷器，还有“慎德堂制”、“文甫雅玩”、“十砚斋制”等。说明景德镇窑的矾红彩既题写诗文，又题写款识，这种题法一直延续到民国时期。

三 广彩的金彩与景德镇金彩之比较

广彩的金彩主要用于装饰器物边沿、开光边框、内底分隔线、盖钮及贴塑的动物等。嘉庆以后大量使用。景德镇金彩除了口沿、盖钮外，也有整个器里涂金彩的，或在各种色釉地上描金装饰纹饰、诗文等。从康熙到清末一直不断。下面举例说明。

新加坡亚洲文明博物馆藏清乾隆广彩纹章花口盘（图一三），折沿，花口，浅腹，平底，圈足。口沿内有随形的金彩粗细线两道和一周金彩花卉纹，折腹处是一周金彩项链纹。内底中心云彩上，飘着一个带有王冠的风帽，其纹章是城堡上飞着一只鸟，鸟头上一顶金色王冠。据该瓷盘的展牌说明，大约是1755年中国产欧洲定制的外销瓷，相当于清乾隆早期。构图简练，纹章突出。

新加坡亚洲文明博物馆藏清乾隆广彩十三行外景图潘趣酒碗（图一四），侈口，深

图一三 清乾隆广彩纹章花口盘（新加坡亚洲文明博物馆藏）

图一四 清乾隆广彩十三行外景图潘趣酒碗（新加坡亚洲艺术博物馆藏）

弧腹下收，平底，圈足。口沿内是一周金地广彩绘花果与花蝶纹，口沿涂金彩，口沿内红绿线条下是一周广彩垂花纹装饰带，内底心是瓶花图。外壁是通景十三行外景图，有古建筑、河流、帆船、货栈、远山，洋楼前旗杆上还飘扬着丹麦、瑞典、英国、荷兰等国国旗。此盘生产的年代是清乾隆晚期的 1785 年。无独有偶，2012 年 6 月中国国家博物馆举办“瓷之韵——大英博物馆、英国国立维多利亚与艾伯特博物馆藏瓷器精品展”，也展出一件清乾隆广彩十三行外景图潘趣酒碗（图一五）。并说明 1757 年，乾隆皇帝降旨，将广州作为清政府与欧洲经商的唯一口岸。此碗外壁描绘图可以看到货栈沿珠江而建，每栋建筑进深达 300 米。由于清廷不允许欧洲商人进入广州城，他们只能在贸易季（每年 6 ～ 12 月）居住在货栈里。这一场景源自绘画、印刷品和扇子等多种媒介。

广东省博物馆藏清嘉庆广彩西洋风景纹碗（图一六），口微侈，弧形腹下收，圈足。口沿涂金彩，口沿内是一周金彩卷草纹装饰带，内壁为白釉，内壁与内底结合处是广彩绘画的四组折枝花卉纹，内底花枝环绕的八角形金彩开光内，是广彩欧式风景人物图。碗外壁金彩开光内也装饰有欧式风景人物图。

图一五　清乾隆广彩十三行外景图潘趣酒碗（大英博物馆藏）

图一六　清嘉庆广彩西洋风景纹碗（广东省博物馆藏）

广东省博物馆藏清同治广彩人物故事图大碗（图一七），侈口，深弧腹下收，平底，圈足。口沿内是一周金地广彩绘花果与花蝶纹，内壁是通景的人物故事图。人物衣袍、门扇、桌帷和花朵多用西红色，建筑的柱子都用干大红，内壁与内底间是一周金彩回纹装饰带，内底绘庭院人物故事图。口沿外也是一周金地广彩绘花果与花蝶纹，外壁也是通景的人物故事图。真可谓“色彩绚丽，金碧辉煌，构图丰满”。是广彩繁盛阶段的代表作。突出了满地加彩，不漏白胎的特点。

天津博物馆藏清光绪粉彩莲花纹盖碗，通高10厘米，盖径11.7厘米，口径10.8厘米，足径5厘米。整个碗是一朵盛开的莲花，盖大于碗口，盖钮，口沿，足边均涂有金彩。盖面是覆开的莲花与荷叶，碗外壁是仰开的三层红色莲瓣纹，其红色条纹近似胭脂红，足外圈装饰成绿色的莲梗纹。底有“大清光绪年制”六字青花楷书款。上海博物馆藏有同类造型和纹饰的清道光款粉彩莲花纹盖碗（图一八），通高9.6厘米，口径11.5厘米，

图一七　清同治广彩人物故事图大碗（广东省博物馆藏）

图一八　清道光粉彩莲花纹盖碗（上海博物馆藏）

图一九　清道光白釉金彩璎珞纹杯（天津博物馆藏）

足径 4.6 厘米。底有“大清道光年制”六字青花篆书款。其金彩也是涂于盖钮、盖口、碗口、足边等处，而红彩从浅红向深红过渡。

天津博物馆藏清道光白釉金彩璎珞纹杯（图一九），撇口，深腹下收，圈足。通体施白釉，口沿内是一周金彩连“卍”字边饰，杯外壁是金彩如意璎珞纹，圈足内红彩楷书“经笥堂制”四字双行款。这是清道光帝的堂名款，杯体小巧、端庄，金彩高贵、典雅。

此外，还见有清康熙洒蓝釉开光人物故事图棒槌瓶、清乾隆里金彩外木纹釉碗、清乾隆蓝釉描金开光人物题诗文双耳六方瓶、清乾隆绿地金彩云龙纹瓶、清光绪蓝釉描金皮球花纹赏瓶等。说明景德镇窑色釉描金的器物有很多种。

四　景德镇雍正粉彩瓷纹饰的构图及红彩的特点

天津博物馆藏清雍正粉彩荷花纹盘（图二〇），高 6.1 厘米，口径 33.8 厘米，足径 25 厘米。敞口，浅弧形壁下收，圈足。盘里白釉上以粉彩绘荷塘景色，碧绿的荷叶阴阳翻转、随风摇曳，粉嫩的荷花亭亭玉立、含娇吐艳，三两棵红蓼、慈姑点缀其间。口沿外是一周细小的松石绿如意云纹边饰，外壁是繁密的鱼子纹锦地开光，呈大如意云头形，内绘折枝花纹，纹饰绘画精致。整个瓷盘，盘内构图疏朗，盘外构图繁密，布局疏密有致，色彩雍容华贵，浓重艳丽而又不失清雅之趣。外底双圈内暗刻楷书“二年试乙号样”六字二行楷书款。由此可知此盘是雍正二年（1724 年）呈给皇帝御览挑选的一件试烧样品，极为罕见。

天津博物馆藏清雍正粉彩花卉纹瓷墩（图二一），高 22 厘米，口径 19.3 厘米，腹径 26 厘米，底径 19 厘米。呈鼓形，面齐平，鼓腹，平底。墩面镂空一圆钱形，钱面用粉彩绘折枝花朵纹，周围连着八个如意式披肩，披肩是绿彩和粉彩相间，均以方格锦纹作地，上绘粉彩折枝花卉纹。鼓腹上是四组粉彩折枝花卉纹，有菊花、牡丹花、玉兰花和杏花等。墩下部是与上部披肩相对称的如意形花卉纹。平底无釉，瓷墩内施

图二〇　清雍正粉彩荷花纹盘（天津博物馆藏）

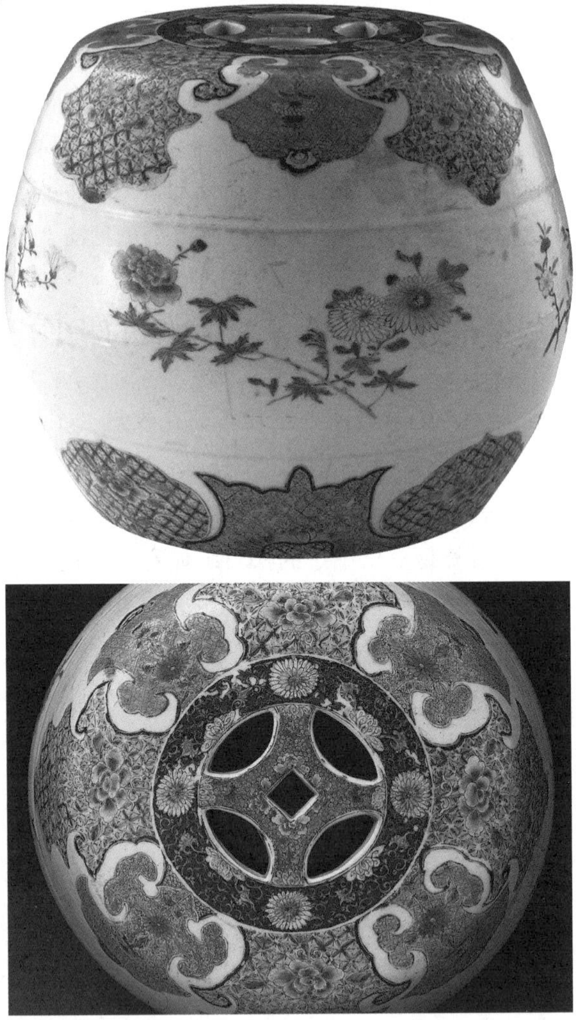

图二一　清雍正粉彩花卉纹瓷墩（天津博物馆藏）

白釉。此瓷墩造型小巧，纹饰细腻，色彩艳丽，上下纹饰繁杂，腹部纹饰简洁，整体构图疏密有致。

以上两件粉彩器物，均是玻璃白打底，然后上彩，所以红彩、绿彩都是浓淡过渡自然，层次丰富，表现出荷叶、花叶的阴阳向背，特别是红色的荷花、牡丹花的花瓣尖，花瓣、花苞颜色深浅变化自如，富有立体感。构图是主题纹饰布局疏朗，辅助纹饰较为繁密。

五 小结

1. 广彩的装饰特点

第一，最喜欢用红彩、绿彩，特别是红彩的西红和干大红特色鲜明；

第二，构图早期疏朗、繁密并存，晚期丰满，大多满地加彩，不漏白胎；

第三，喜用金彩作边饰或开光用的边框；

第四，除传统的中国纹饰外，还有大量的西洋风景、人物和花卉；

第五，按欧洲人要求定烧的纹章瓷和欧式器形多，餐盘多是浅腹折沿，碗多是深腹大碗。

2. 景德镇彩瓷装饰特点

第一，釉上彩品种丰富，有五彩、三彩、珐琅彩、粉彩等，单独的红彩还有胭脂红、矾红；

第二，有的构图疏朗，有的构图繁密。很少满地加彩，多数瓷器露白胎；

第三，金彩只涂口沿和盖钮，另有在单色釉上描金装饰花纹的瓷器；

第四，中国传统纹饰"图必有意，意必吉祥"；

第五，不论是日用瓷还是陈设瓷均是中国传统式样，仅有少量融入西方元素。盘多深腹，碗大小均有，还有盖碗。

总之，广彩瓷大量地吸收了欧洲人喜欢的玫瑰红、胭脂红作为主色调，并融入中国红，制成干大红，再加上金彩，形成了中国独有的外销瓷品种——广州织金彩。而景德镇的釉上彩品种在清代也发展到历史的最高峰，既有与广彩对应的胭脂红、矾红彩，也有珐琅彩、粉彩、五彩、三彩等品种。两者的对比使我们看到中西文化的差异，两者的结合使中国釉上彩瓷的品种更为丰富、多样。

注释：

[1] 广东省博物馆编：《广彩瓷器》页 7，文物出版社，2001 年。

[2] 广东省博物馆编：《广彩瓷器》页 3，文物出版社，2001 年。

[3] 冯素阁：《古陶瓷鉴真与研究》页 174，中国档案出版社，2003 年。

[4] 江西省博物馆编：《华风欧韵——景德镇清代外销瓷精品展》页 57，上海锦绣文章出版社，2010 年。

[5] 天津博物馆编：《天津博物馆藏瓷》页 218、页 219，文物出版社，2012 年。

[6] 广东省博物馆编：《广彩瓷器》页 63，文物出版社，2001 年。

[7] 汪庆正编：《简明陶瓷词典》页 99，上海辞书出版社，1989 年。

广彩彩绘显微分析研究

佛山市文物流通中心　李旭滨

中山大学　朱铁权

内容提要：广彩是中国陶瓷史上一个独特的地方彩瓷品种，其釉上彩绘在清前期因满足欧洲订单需要、借助外地瓷胎在广州上彩烧制而诞生，具有明显的区域性生产特点和不断丰富发展的独特装饰技艺。本文利用便携式显微镜对广彩的釉上彩绘进行系统的显微分析研究，探讨其各种彩绘颜色的显微特征与阶段变化，并结合广彩的发展历史，讨论其彩绘制作的工艺转变。

关键词：广彩　显微分析　工艺转变

Absract: Kwon-glazed porcelain is an unique local variety of decoration porcelain in the history of chinese ceramics. It emerged for meeting orders from the European customized in the early Qing dynasty, by glazing and baking the porcelain from Jingdezhen in Guangzhou, and possessed obvious regional production characteristics, and special decorative arts developing. By studying systematically on the overglaze decoration from Kwon-glazed porcelain in microscopy technique, this article aims to discuss the microscopic characteristics and periodic changes of the overglazed colors. It also discusses the craft change of the overglaze decoration by integrating the Kwon-glazed porcelain history.

Key words: Kwon-glazed porcelain, microscopic analysis, the craft change

广彩是中国陶瓷史上一个独特的地方彩瓷品种，它在“清前期因满足欧洲订单需要、借助外地瓷胎在广州上彩烧制而诞生，具有明显的区域性生产特点和不断丰富发展的独特装饰技艺”[1]，自始至终地与中国瓷器外销业紧密联系。在清代彩瓷发展史上，广彩与清宫珐琅彩、景德镇粉彩之间渊源深远，却又自成一格，凭着富有特色的彩绘技艺，在瓷面上融汇异彩纷呈的中西文化元素，在中外交流史上扮演了不可忽略的文化角色。故长期以来，广彩的相关研究颇受学术界关注，取得了不少重要成果。然而，目前有关广彩工艺的研究，普遍采取历史学的文献研究方法和文物研究的类型学分析法，少有采用科技手段进行分析研究。

显微结构分析技术是利用光学系统或电子光学系统设备，观察肉眼所不能分辨的微小物体形态结构及其特性的技术。和元素组成分析技术一样，古陶瓷的显微结构分析也是古陶瓷科技研究中主要的技术分析手段之一[2]。特定的化学组成和烧成工艺条件下所形成的瓷釉内在结构和物象组成，是决定瓷釉艺术外观的主要因素。因此，检查瓷釉中肉眼不能清晰确认或观察的特征，最终可为研究瓷器所用原料及其烧制工艺提供一定的依据[3]。本文的研究工作利用显微结构分析的技术优势，以科技手段对广彩的传统釉上彩绘进行系统的分析研究，以探讨其各种彩绘颜色的显微特征与阶段变化，并结合广彩的发展历史，讨论其彩绘制作的工艺转变。

一 实验部分

1. 实验标本

本次实验主要采用了由广州市文物商店提供的26件旧广彩瓷。这批广彩标本涉及的年代跨越乾隆后期至民国（表一），皆是相应年代的标准器物、器件，彩绘用色上充分反映了各时期广彩瓷器的基本工艺特点。

表一 实验标本的所属时代、造型与尺寸

编号	时代	器形	尺寸（厘米）
KG14	乾隆后期	茶叶罐	罐口直径 2.9, 罐身宽 3.5, 罐身长 8.0, 高 12.3
KG7	乾隆晚期	碟	口径 13.5, 底径 8.6
KG1	乾隆晚期	潘趣大碗	口径 23.1, 底径 11.7, 高 10.5
KG6	乾隆晚期	把手茶杯	口径 6.0, 底径 3.0, 高 6.2
KG11	乾隆晚期	马克杯	口径 9.5, 底径 9.5, 高 11.7
KG21	乾隆晚期	马克杯	口径 10.0, 底径 10.0, 高 11.8
KG25	乾隆至嘉庆	椭圆形暖窝盖	长 24.8, 宽 19.3, 高2.4
KG26	乾隆至嘉庆	椭圆形格盘	长 44.6, 宽 34.7, 高6.0
KG22	嘉庆	盘	口径 24.5, 底径 14.2
KG8	道光	碟	口径 20.1, 底径 11.3
KG9	道光	碟	口径 19.5, 底径 11.4
KG23	道光	暖窝盖	直径 20.5, 高 8.5
KG20	道光	方瓶	瓶口宽 7.9, 底宽 7.9, 高 30.0
KG12	道光至咸丰	盘	口径 23.5, 底径 12.2
KG13	道光至咸丰	花插盖	盖口宽 17.5, 开口对角宽 20.0, 盖口拱高 2.7
KG19	道光至咸丰	花插盖	盖口宽 15.2, 开口对角宽 21.4, 盖口拱高 2.8
KG3	同治	茶壶盖	口径 9.6, 内口径 6.7
KG17	光绪	包袱瓶	口径 3.4, 底径 4.4, 高 14.5
KG24	光绪	铺首瓶	口径 6.6, 底径 5.6, 高 8.5

续表

编号	时代	器形	尺寸（厘米）
KG2	光绪	碟	口径 14.2，底径 8.3
KG4	光绪	茶壶盖	口径 7.2，内口径 5.5，高 4.9
KG16	光绪	印泥盒	盒口径 7.3，底径 4.2
KG27	光绪	球瓶	口径 2.2，底径 4.1，高 16.3
KG5	民初	茶壶盖	口径 7.6，内口径 5.7，高 4.5
KG15	民初	镂空碟	口径 18.1，底径 11.0
KG10	民国	盘	口径 21.0，底径 10.2

2．实验仪器、分析对象与方法

实验采用的显微分析仪器为中国所产 Dino Capture 2.0 便携式视频显微观察探头，该视频显微镜探头的便携性和无损性，极大方便了对不同造型广彩标本进行显微观察。

显微观察的分析对象是各时期广彩标本的釉上彩绘面。作为广彩工艺的重要内容，施彩技艺影响着整个广彩制作过程，是无可替代的核心工艺，它涵盖了写画手对颜料的选择与调配和彩绘技法两大方面；而广彩瓷器上，尚能妥善保存昔日广彩彩绘工艺信息的部分，唯其釉上彩绘面了。

实验通过对各时期标本彩绘面上反映的色彩进行显微观察，综合系列结果，以分析其显微特征，对其彩层厚度、遮盖力和微观状况[4]进行讨论。颜色种类方面，共涵盖了广彩的 15 种主要彩绘颜色，包括：西红、干大红、麻色、棕色、金彩、黑彩、紫彩、白彩、黄彩、大绿、浅绿、淡绿、复色[5]、蓝彩、浅蓝（表二）。

表二　各标本彩绘所包含的颜色种类与数量

编号	包括颜色种类与数量
KG14-乾隆后期	大绿、西红、红彩、蓝彩、金彩、黑彩、紫彩（7色）
KG7-乾隆晚期	大绿、浅绿、西红、红彩、麻色、蓝彩、浅蓝、金彩、白彩、黑彩、紫彩（11色）
KG1-乾隆晚期	大绿、浅绿、西红、红彩、棕色、蓝彩、金彩、白彩、黑彩、紫彩（10色）
KG6-乾隆晚期	大绿、浅绿、西红、红彩、麻色、棕色、蓝彩、金彩、黑彩（9色）
KG11-乾隆晚期	大绿、淡绿、西红、红彩、麻色、棕色、蓝彩、金彩、白彩、黑彩、紫彩（11色）
KG21-乾隆晚期	大绿、浅绿、西红、红彩、麻色、棕色、蓝彩、金彩、白彩、黑彩、紫彩（11色）
KG25-乾隆至嘉庆	大绿、淡绿、西红、红彩、麻色、棕色、蓝彩、金彩、白彩、黑彩、紫彩（11色）
KG26-乾隆至嘉庆	大绿、浅绿、淡绿、西红、红彩、麻色、棕色、蓝彩、金彩、白彩、黑彩、紫彩（12色）
KG22-嘉庆	大绿、浅绿、西红、红彩、麻色、蓝彩、复色、金彩、白彩、黑彩、紫彩（11色）
KG8-道光	大绿、浅绿、淡绿、西红、红彩、蓝彩、浅蓝、复色、金彩、黄彩、白彩、黑彩（12色）

续表

编号	包括颜色种类与数量
KG9-道光	大绿、浅绿、淡绿、西红、红彩、蓝彩、浅蓝、复色、金彩、黄彩、白彩、黑彩（12色）
KG23-道光	大绿、浅绿、淡绿、西红、红彩、麻色、棕色、蓝彩、浅蓝、复色、黄彩、白彩、黑彩（13色）
KG20-道光	大绿、浅绿、淡绿、西红、红彩、麻色、蓝彩、复色、金彩、黄彩、白彩、黑彩、紫彩（13色）
KG12-道光至咸丰	大绿、浅绿、淡绿、西红、红彩、麻色、蓝彩、浅蓝、复色、金彩、黄彩、白彩、黑彩（13色）
KG13-道光至咸丰	大绿、淡绿、西红、红彩、麻色、蓝彩、浅蓝、金彩、黄彩、白彩、黑彩（11色）
KG19-道光至咸丰	大绿、浅绿、淡绿、西红、红彩、蓝彩、浅蓝、金彩、黄彩、白彩、黑彩（11色）
KG3-同治	大绿、浅绿、西红、红彩、棕色、蓝彩、浅蓝、金彩、黄彩、白彩、黑彩（11色）
KG17-光绪	大绿、浅绿、淡绿、红彩、蓝彩、浅蓝、金彩、黄彩、白彩、黑彩（10色）
KG24-光绪	大绿、浅绿、淡绿、西红、红彩、蓝彩、浅蓝、复色、金彩、黄彩、白彩、黑彩（12色）
KG2-光绪	大绿、浅绿、西红、红彩、麻色、棕色、蓝彩、金彩、黄彩、白彩、黑彩（11色）
KG4-光绪	大绿、浅绿、西红、红彩、蓝彩、浅蓝、金彩、黄彩、黑彩（9色）
KG16-光绪	大绿、浅绿、西红、红彩、棕色、蓝彩、浅蓝、复色、金彩、黄彩、黑彩（11色）
KG27-光绪	大绿、浅绿、西红、红彩、蓝彩、浅蓝、金彩、黄彩、黑彩（9色）
KG5-民国初期	大绿、浅绿、西红、红彩、蓝彩、浅蓝、金彩、黄彩、黑彩（9色）
KG15-民国初期	大绿、浅绿、西红、红彩、蓝彩、浅蓝、金彩、黄彩、白彩、黑彩（10色）
KG10-民国	大绿、浅绿、西红、红彩、蓝彩、浅蓝、金彩、黄彩、白彩、黑彩（10色）

二 分析结果

1. 彩绘颜色的显微特征

（1）黑彩

黑色，分为乌金和亮黑（艳黑）两大类，前者多见于乾隆至嘉道年间，后者多见于光绪年间，另有勾勒线条的瓷黑。黑彩彩绘面的厚度普遍透薄，中期阶段（嘉道至咸同）稍微增厚，遮盖力普遍较强，仅乾嘉时期标本的黑彩较弱。微观状况反映，从乾隆后期至嘉道时期黑彩的颗粒化程度普遍不明显，呈色效果较淡，表面多出现一些细微裂纹，这与嘉道以后的黑彩形成明显区别。

彩层内有灰褐色和白色块状大颗粒零散分布（图一）。从历史时期来看，黑彩质感效果从早期到后期存在明显转变，颗粒化程度从道光以后普遍提高，外观上表现为质感增厚（图二）。

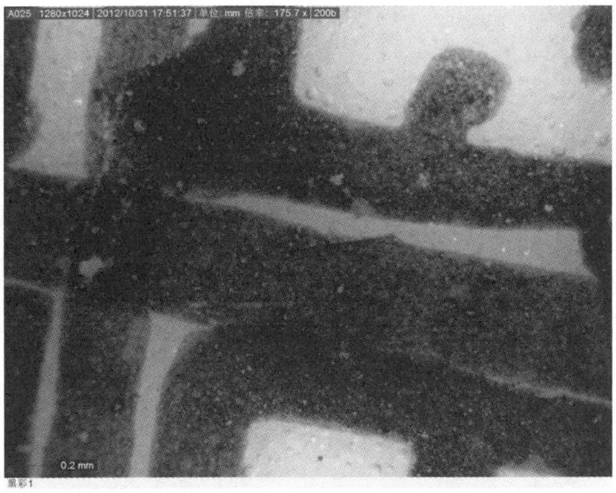

图一　KG7 黑彩的灰白色块状颗粒

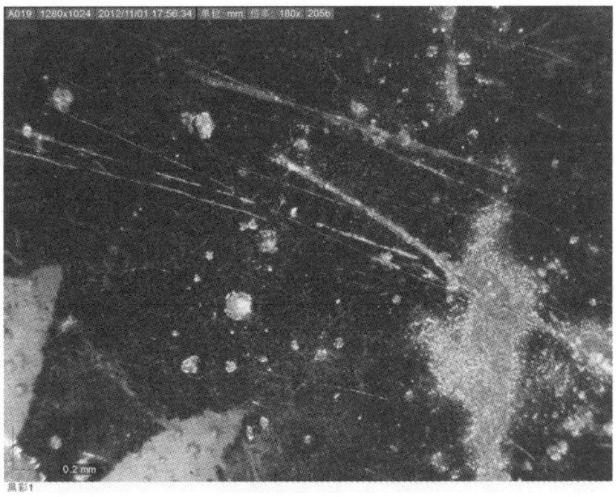

图二　KG10 亮黑彩面

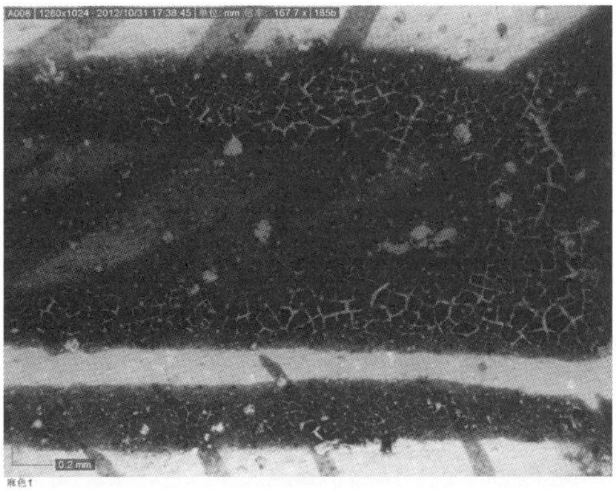

图三　KG7 麻色的开裂现象

图四　KG26 的乾隆后期封边金彩

（2）麻色

深棕色，主要流行于乾隆至嘉道时期广彩上的特别颜色。麻色彩绘面的厚度一般，至嘉道时期已经偏薄，遮盖力普遍一般。微观状况反映，麻色的颗粒化程度普遍较为明显，呈色效果整体偏暗沉，彩面颜料厚积的位置大多出现开裂现象（图三），但道光至咸丰时期标本上已没有这种现象。彩层内有不少灰褐色和白色的块状颗粒零散分布，与黑彩情况相似。可见麻色开裂的情况应与颜料浓稠程度有关。

（3）金彩

金色，嘉道以后开始大面积使用，金彩装饰被视为广彩的传统特色。根据广彩历史上对金彩使用的习惯和特点，本文依据颜色使用位置的不同，将标本上不同位置的金彩区分为装饰金彩、织填金彩和封边金彩三类[6]进行观察。

经观察发现，装饰金彩、织填金彩和封边金彩的彩绘面厚度普遍较薄，不过封边金彩则存在前期彩层相对道光后期至咸丰的标本的彩层要较厚的变化；平行光下，三种金彩的遮盖力都比较强，这是由于金色对光的反射较为强烈（图四），以致金彩遮盖力相对提升，实际上在偏光情况下，可以发现大多数透薄的金彩并未能完全遮盖瓷胎釉面。另外，金彩在使用中容易发生脱落，三种金彩的彩面脱落情况都普遍严重，但

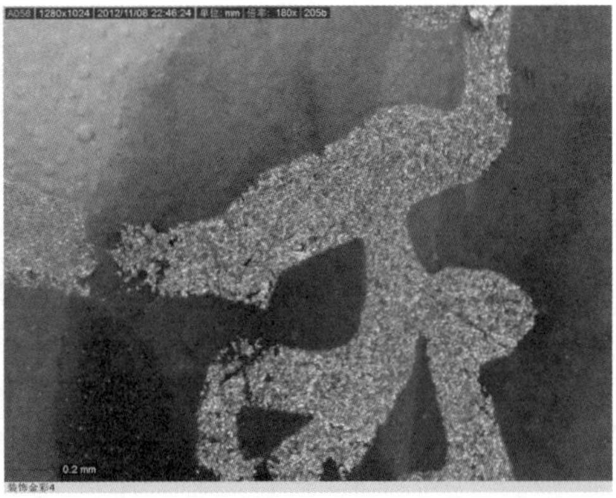

图五　KG11 颗粒密集的装饰金彩

图六　KG7 泛微红色的封边金彩

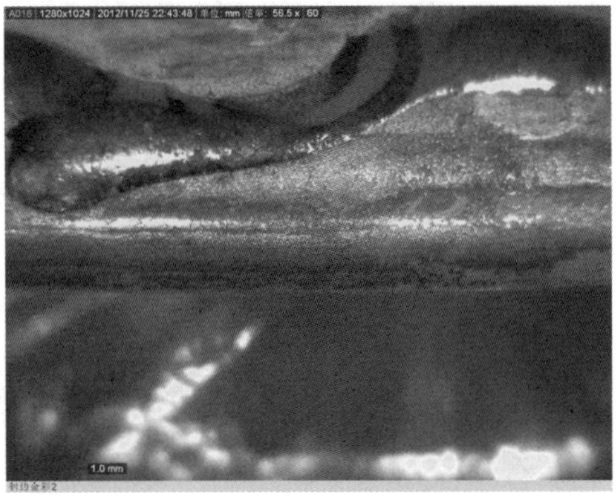

图七　KG15 的民国封边金彩

视乎不同的上彩位置的实际使用频率、磨损程度会有不同变化（图五）。事实上，后期广彩所用的金彩颜料与早期广彩在质量上确实存在较大差距，从标本情况看来，显然也更容易脱落。

微观状况则反映，三种金彩的颗粒化程度都很高，而且颗粒密度较大，杂质少，呈色效果十分艳丽耀目，但以乾隆后期至嘉道时期标本的织填金彩比较此后标本，金彩彩面的颜色效果显得相对浑厚，部分标本甚至泛微红色（图六），而后者彩面则比较单薄轻浮（图七），清末民初时期个别标本的彩面甚至泛灰色感。

（4）西红

深红色，“西洋红”的简称，一直以来是广彩最重要的彩绘颜色，主要用于绘画花卉、人物服饰和窗帷等。西红彩绘面的厚度普遍偏厚一些，且据所绘对象不同，厚度会有相对变化，花卉纹样普遍要比人物服饰、窗帷等纹样要薄，遮盖力一般，莹润的西红对其彩下的瓷黑线条或其他颜色的遮盖十分有限。微观状况反映，西红的颗粒化程度并不明显，呈色效果方面存在两类情况：一类整体莹润娇艳，彩面内气泡比较丰富，直径在 0.04 ~ 0.15 毫米之间，表面偶见开裂现象，多数集中在颜料厚积的位置；另一类呈色偏粉红，彩面效果较为柔和，似混有铅白粉等物质，微观下彩层较为浑浊偏薄，气泡隐没其间，难以发现，多见于道光时期标本上。

彩层内有不少橘红色和灰褐色的杂质颗粒零散分布，一些颜料厚积的彩面因长期使用而破损，常见彩层内的气泡孔裸露。从历史时期看，早期标本较光绪后期和民国样品的西红更为鲜艳，后者颜色变淡泛黄，厚度略薄（图八和图九）。

（5）干大红

朱红色，实即矾红，使用最为普遍、长久的彩绘颜色。干大红彩绘面的厚度普遍较薄，遮盖力一般。微观状况反映，干大红的颗粒化程度一般，彩层内颜料厚积处多见白色和灰褐色的块状颗粒。从历史时期看，乾隆后期标本的干大红较之于清后期标本，其呈色更为深沉浓郁（图一〇）。

（6）棕色

浅红棕色，应为干大红进一步水调淡化所得的彩绘颜色，本文为与干大红区别开来而设定观察测量的参考颜色。棕色彩绘面的厚度普遍较薄，但乾嘉时期标本较光绪时期标本则相对要厚（图一一），遮盖力一般。微观状况反映，棕色的颗粒化程度偏低，彩层内颜料厚积处多见白色块状颗粒和灰褐色杂质。光绪时期标本的杂质颗粒较为增多。

（7）蓝彩

深蓝色，俗称“法蓝”、“水青”，质地晶莹，广彩彩绘的基本颜色。蓝彩彩绘面

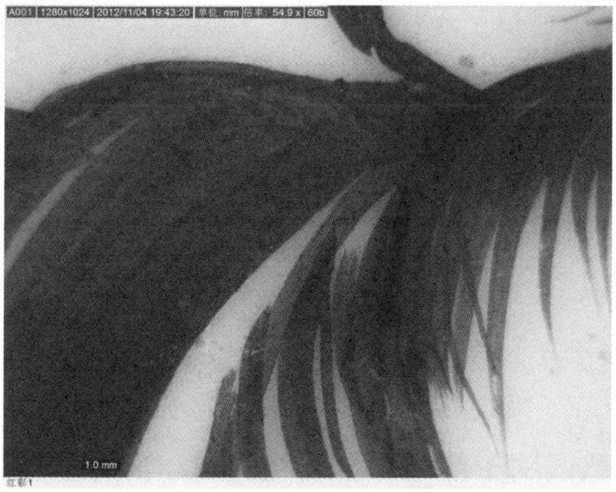

图八　KG13 莹润娇艳的西红

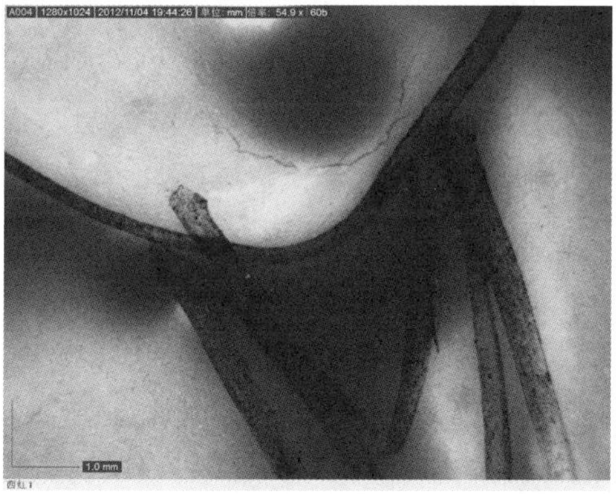

图九　KG10 清末民初的西红

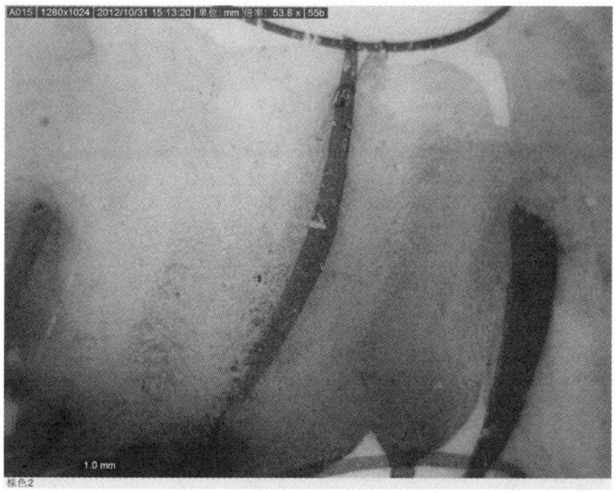

图一〇　KG1 乾隆后期的干大红

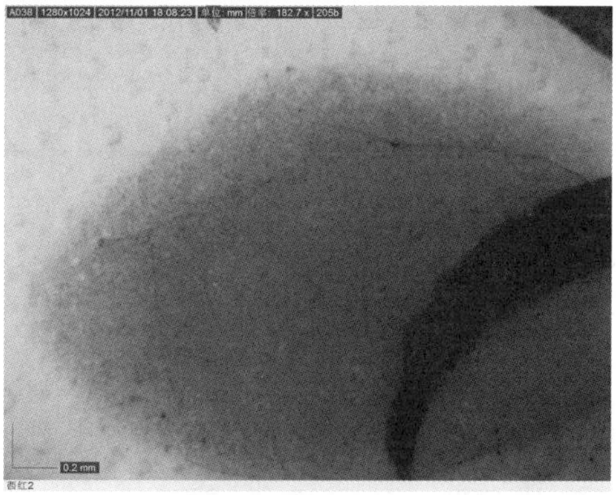

图一一　KG6 乾隆后期的棕色

的厚度普遍较厚，除嘉道时期遮盖的蓝彩外，总体上遮盖力偏弱。微观状况反映，蓝彩可以分为两种情况：一类颗粒化程度不明显，整体效果清晰透亮，气泡密集丰富，直径在 0.01 ~ 0.04 毫米之间，表面有普遍的开裂现象，多出现在乾隆后期和光绪以后的标本上；另一类颗粒化程度也不明显，但呈色偏粉蓝，彩面效果柔和，似混有铅白粉等物质，微观下彩层较为浑浊、偏薄，气泡隐没其间，难以发现，集中出现于嘉道时期标本上（图一二）。

彩层内多有灰褐色的杂质颗粒零散分布，微黄色、黄褐色杂质只在部分标本上出现，一些颜料厚积的彩面因长期使用而破损，常见彩层内的气泡孔裸露。

（8）浅蓝

浅蓝色，俗称“鹤春”，与浅绿相似，具有明显粉质感，自嘉道时期开始出现，被视为广彩彩绘的特色。浅蓝彩绘面的厚度普遍较厚，遮盖力较强。微观状况反映，浅蓝的颗粒化程度较低，嘉道时期标本普遍粉质感较强，多伴有细微的开裂现象，气泡难以显现；但道光起，光绪以后的标本与嘉道时期相似，整体效果浑浊，但气泡仍可显现出来，直径在 0.01 ~ 0.04 毫米之间，同样亦多伴有开裂现象（图一三）。

彩层内多有灰褐色的杂质颗粒零散分布，橘黄色杂质多见于光绪以后标本上，颜料厚积的彩面因长期使用而破损，裸露出彩层内的气泡孔的现象较为普遍。

（9）大绿

深绿色，与传统“水绿”同属系列，长期以来是彩绘卷草、叶纹的重要颜色。大绿彩绘面的厚度普遍较厚，遮盖力较弱。微观状况反映，大绿的颗粒化程度不明显，整体效果普遍清莹透亮，气泡丰富密集，直径在 0.03 ~ 0.25 毫米之间；乾隆后期至嘉庆时期的早期标本时有出现细微的开裂现象（图一四），嘉道时期标本较少出现，直至光绪以后标本上开裂现象又再度多见。彩层内普遍出现黄褐色、微黄色和灰褐色杂质的广泛分布。

（10）浅绿

浅绿色，俗称“鹤春绿”，以明显粉质感区别于淡绿，自乾隆时期起沿用至今。

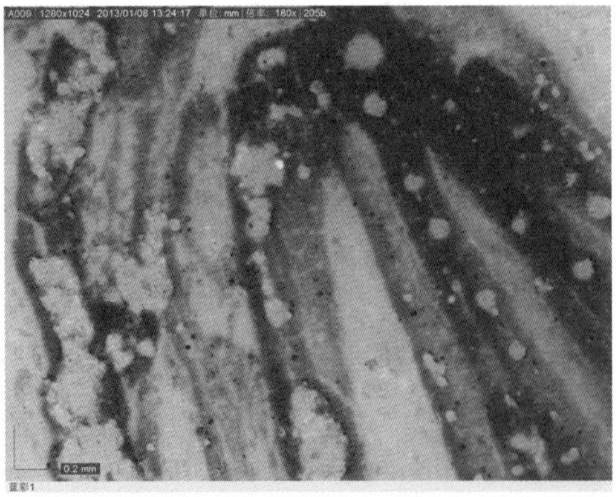

图一二　KG22 蓝彩的浑浊情况

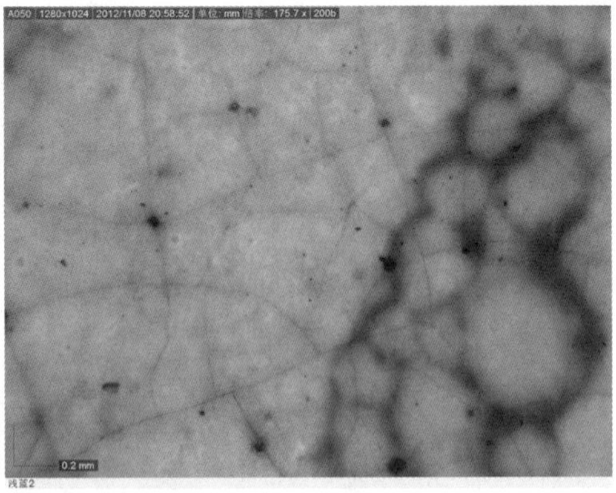

图一三　KG13 浅蓝的开裂现象

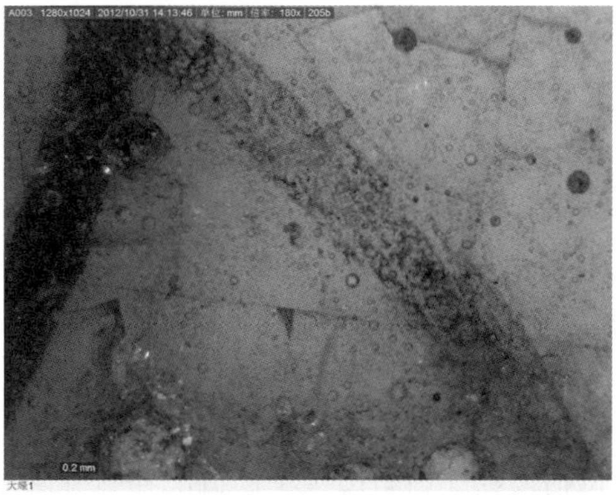

图一四　KG6 乾隆后期的大绿

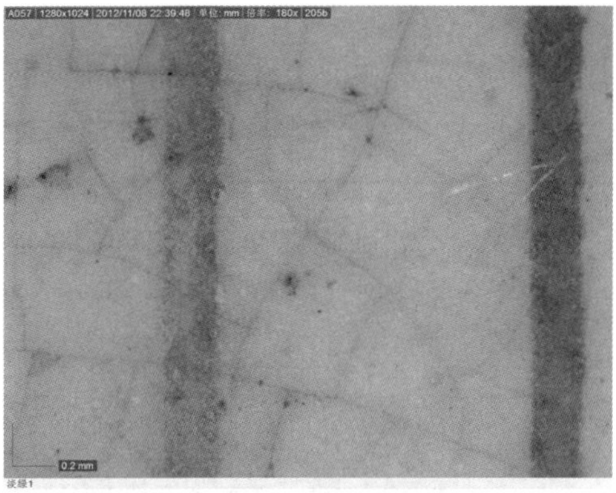

图一五　KG11 乾隆后期的浅绿

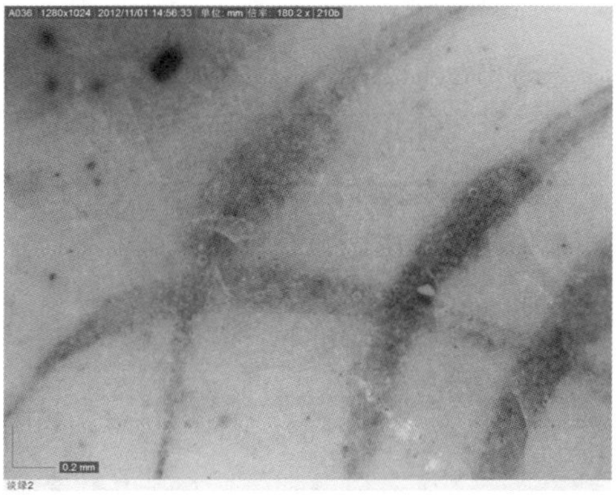

图一六　KG9 淡绿的杂质情况

浅绿彩绘面的厚度普遍较厚，遮盖力较强。微观状况反映，浅绿的颗粒化程度较低，乾隆晚期至乾嘉阶段的标本上，整体效果虽浑浊，但仍可清晰看见细小的气泡密集分布，直径在 0.01 ~ 0.05 毫米之间；嘉道时期标本普遍粉质感较强，气泡丰富却难以显现；但光绪以后的标本与乾隆晚期情形相似，整体效果较浑浊，气泡可以显现，直径在 0.02 ~ 0.06 毫米之间，但浑浊的情况与嘉道时期更为接近。

彩层内普遍出现广泛的细微开裂现象，裂缝多呈微黄色（图一五），另有微黄色和灰褐色的杂质颗粒普遍分布，颜料厚积的彩面因长期使用而破损，彩层内的气泡孔裸露现象较为普遍。

（11）淡绿

浅绿色，偏黄，俗称“水绿”，质感晶莹，无粉质感，仅多见于乾隆晚期至嘉道年间。淡绿彩绘面的厚度略厚，遮盖力较弱。微观状况反映，淡绿的颗粒化程度不明显，整体效果清莹透亮，气泡丰富密集，直径在 0.02 ~ 0.07 毫米之间；乾隆晚期至嘉庆时期的早期标本多有出现普遍的开裂现象。彩层内普遍出现黄褐色、微黄色和灰褐色杂质的广泛分布（图一六）。

（12）复色

混合绿色、蓝色和轻微紫色，集中多见于嘉道至咸同时期，主要用于绘画庭院假山石。复色彩绘面的厚度较厚，遮盖力弱。微观状况反映，复色的颗粒化程度较低，整体效果清莹透亮，气泡丰富密集，直径在 0.02 ～ 0.11 毫米之间。彩层内普遍出现黄褐色、橘黄色和灰褐色杂质的广泛分布（图一七）。

（13）紫彩

紫色，俗称“茄色”，乾隆时期用色较为丰富。紫彩彩绘面的厚度偏薄，遮盖力较好。微观状况反映，紫彩的颗粒化程度低，呈色鲜艳，微观下彩层较为浑浊，气泡较难显现，疑似气泡的白斑应为未熔融的颜料（图一八）。彩层内颜料厚积处多见橘红色和灰褐色杂质颗粒零散分布。

（14）黄彩

黄色，俗称“双黄”，嘉道时期用色较为丰富。黄彩彩绘面的厚度较厚，遮盖力强。微观状况反映，黄彩的颗粒化程度较低，呈色柔和明亮，微观下彩层较为浑浊，气泡丰富密集，直径在 0.03 ～ 0.07 毫米之间；道光至咸丰、同治时期标本多出现细微的开裂现象。彩层内多有橘黄色和灰褐色的杂质颗粒零散分布，颜料厚积的彩面因长期使用而破损，彩层内的气泡孔裸露现象较为普遍（图一九）。

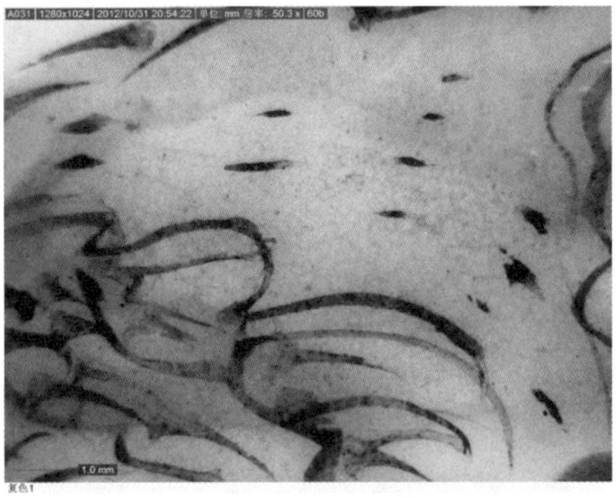

图一七　KG8 复色

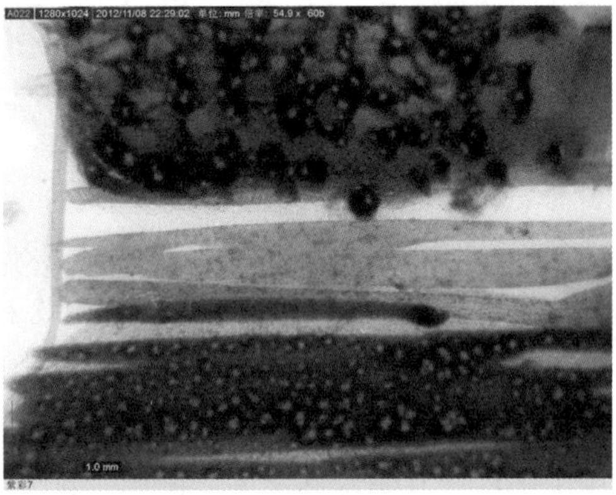

图一八　KG11 紫彩

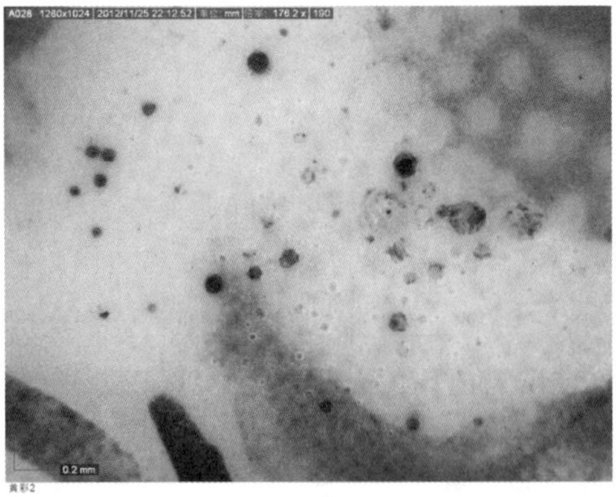

图一九　KG16 黄彩的杂质与破损气孔

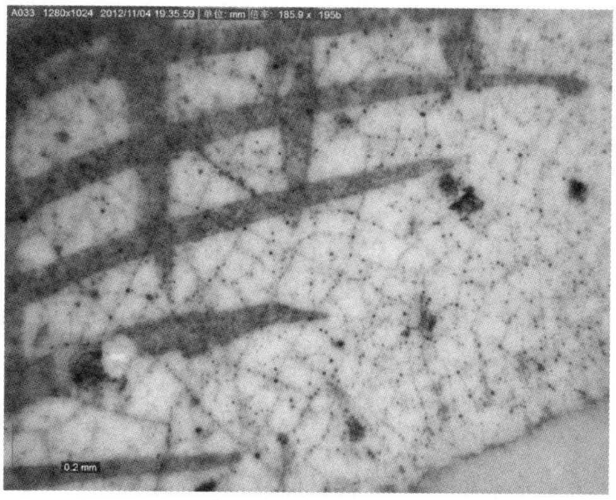

图二〇 KG3 白彩的开裂现象与气孔

（15）白彩

白色，俗称“牙白”，广彩彩绘的基本颜色。白彩彩绘面厚度普遍偏厚，遮盖力强。微观状况反映，白彩的颗粒化程度较低，微观下彩层较为浑浊，气泡不明显；道光以后标本多出现普遍的细微开裂现象，往往沿着裂缝出现很多气孔（图二〇）。彩层内多有橘黄色和灰褐色的杂质颗粒零散分布，颜料厚积的彩面因长期使用而破损，彩层内的气泡孔裸露现象较为普遍。

三 讨论

基于以上的实验结果，我们发现不同广彩的彩绘颜料变化有六条规律，结合广彩工艺的发展历史，本文延伸两点思考。

1. 规律

第一，西红、蓝彩、浅蓝、浅绿和淡绿各彩绘颜色，其显微特征普遍在乾嘉年间至嘉道时期发生较为明显的变化，主要表现为浑浊感与粉质感增强。但这些变化到道光后期至咸丰年间又会渐次消失，如西红和蓝彩。

本质上偏重以粉质感表现颜色效果的浅蓝和浅绿，其粉质感也在上述历史时期发生了相应减弱的情况。

第二，黄彩和白彩自道光以后出现明显的质量下降现象，具体表现为彩面开裂、破损严重。

第三，干大红、棕色、麻色和黑彩等彩绘颜色在整体上无特别明显的外观变化，但色彩效果上均表现出逐渐减淡的情况（黑彩是例外，渐变浮艳）。

第四，复色集中出现在嘉道时期标本上，紫彩集中出现在乾隆后期至乾嘉年间的标本上。结合研究前期对广彩资料的整理分析，发现上述情况确实普遍存在于清中期至晚期间[7]广彩瓷器的传统款式[8]上，这两种彩绘颜色在使用上显然存在特定的阶段性。

第五，在金彩装饰上，清中后期以后的广彩较之清中期广彩一是质量下降，彩层单薄，金彩也更容易脱落；二是随着织填金彩的使用量越来越大，装饰金彩的使用量越来越少。

第六，长期沿用下来的大绿，色彩效果整体上无太大变化。

2. 思考

第一，为何清中期（特别是嘉道时期）广彩的釉上彩绘会出现较强的粉质感？本文以为，景德镇粉彩工艺对这一工艺转变现象的发生有着重要影响。

因为从传世实物、历史研究和实验结果来看，由于乾嘉年间的海外市场发生新变化，历来依赖进口外国珐琅质颜料的广彩彩绘制作不得不作出改变[9]。比起乾隆时期，清中期广彩的彩绘制作在利用铅白粉作助熔剂调制颜色的情况尤为突出。

嘉道年间广彩艺人们除了继续利用“土片”[10]助熔外，开始更多地利用铅白粉作为助熔剂和调色彩料，自行调制出多种混合色使用，如浅蓝，浅绿，粉质感较强的双黄以及玻璃质感强，混合蓝、绿、紫三色的复色；传统黑彩也出现转变，从前期透薄柔和、彩面质感致密的乌金黑彩，到道光以后变得日益有光泽和厚度。实验确也发现，浅蓝、浅绿、黄彩和白彩等粉质感较强的彩绘颜色普遍施彩较厚，而西红、蓝彩等玻璃质感较强的彩绘颜色显然受此影响，所以在道光至咸同时期出现彩面呈现粉红、粉蓝的情况。所以，景德镇日趋成熟的粉彩工艺显然对这一时期的广彩颜料配制技术产生了较大影响，并促进了广彩在混制颜色发展上的工艺转变。

第二，比较不同时期广彩的彩绘效果差异，清中期以后的广彩彩绘是否出现了质量下降现象？本文以为，某种程度上广彩彩绘质量确实存在下降现象，它恰恰反映了当时彩绘工艺如何适应发展的原材料状况、生产要求与市场需求而作出积极转变。

自乾隆晚期起，不仅进自景德镇的瓷胎质量有所下降[11]，而且广彩所采用的颜料也存在进料不足和国外颜料质量变化的情况。面对这般状况，生产压力迫使广彩制作开始进一步吸收粉彩工艺、增加使用混制颜色，还促进了广州本土颜料作坊的珐琅质颜料生产[12]。虽然实验结果同样反映，清中期以后，以往依赖外国进料的西红、黄彩等彩绘颜色的质量与色彩效果确较此前逊色。工匠如何选择颜料及其调制方法，虽很大程度上决定了颜色的质量效果，但颜料等原材料状况只是造成影响的物质因素之一，工匠选择行为背后的动机才是根本原因。实际上，导致清中期以后广彩彩绘制作出现一定程度的质量下降的根本原因，与市场需求的发展有密切关系。

1814年以后广彩外销的海外市场渐趋稳定增长、本土市场亦逐渐拓展，这对广彩生产带来了极大的刺激作用，促进了广彩制作对生产量的需求、降低成本的要求迫切增长[13]。以德国化学金水的引进使用为例，由于化学金水使用便利，含金量低，有助于提升生产效率，降低生产成本，因此很快被广彩工匠们所接受。以至道光后期，大面积使用化学金水的“填金地”装饰风格逐渐流行开来，使用高含金量乳金、绘制繁复的“织金地”装饰日渐式微。其色彩质量与保存效果的差别在显微镜下表露无遗。

迫切增长的生产量需求、低成本要求才是清中期以后广彩彩绘工艺出现质量下降现象的根本原因。

四 结语

通过上述科技分析与研究工作，本文系统分析了不同时期广彩的釉上彩绘的显微特征和阶段变化，并结合广彩发展的历史线索，探讨了有关清中期以来广彩彩绘工艺所发生的变化，提出了景德镇粉彩工艺对当时工艺转变现象有重要影响，原材料缺乏的状况、迫切增长的生产量需求和低成本要求是清中期以后广彩彩绘工艺出现质量下降现象的相关原因。

本研究是对未来广彩研究中加强科技手段应用的一次积极、有益的尝试，经科技分析研究所得的上述结论，可为当前广彩研究积累宝贵的彩绘工艺的科技信息，也为研究提供一些具有建设性的视角与观念。虽然工作仍存在一定不足，但考虑到广彩在历史文献记载方面存在着先天不足的劣势，在瓷胎来源、颜料成分、彩绘技法等重要研究问题上，广彩研究仍亟待引入更多科技分析方法的参与，从而推动相关研究的不断深入。

注释：

[1] 李旭滨：《清代广彩工艺相关研究》，中山大学，2013 年。

[2] 吴隽：《古陶瓷科技研究与鉴定》，科学出版社，2009 年。

[3] 朱铁权：《我国北方白瓷创烧时期的工艺相关研究》，中国科学技术大学，2007 年。

[4] 万如辉、郭云清：《乾隆后期瓷业衰退原因探析》，《陶瓷研究》2012 年第 3 期。

[5] 曾波强：《广彩研究与鉴赏》，岭南美术出版社，2012 年。

[6] 广东民间工艺博物馆编：《世纪嬗变——十九世纪以来的省港澳广彩》，岭南美术出版社，2008 年。

[7] 广东民间工艺博物馆编：《赵国垣广彩论稿》，岭南美术出版社，2008 年。

[8] 陈玲玲：《广彩——远去的美丽》，九州出版社，2007 年。

[9] 吕章申主编：《瓷之韵——大英博物馆、英国国立维多利亚与艾伯特博物馆藏瓷器精品》，中华书局，2012 年。

[10] 曾波强：《嘉庆、道光时期广彩特点及演变成因》，广东省文物鉴定站编：《文物鉴定与研究》（三），文物出版社，2007 年。

[11] 宋良璧：《“广彩”与外销》，《古陶瓷研究》第一辑；宋良璧：《古陶瓷研究论集》，岭南美术出版社，2010 年。

[12] 梁正君：《近五十年以来广彩人物纹饰绘画风格的演变》，《陶瓷科学与技术》2009 年第 5 期。

漳州窑五彩瓷的生产与外销

厦门市博物馆　彭维斌

内容提要：漳州窑五彩瓷是明晚期受景德镇五彩瓷生产的影响，在闽南漳州地区兴烧的釉上彩瓷。器类以盘、碗等日用品为主，色彩浓艳，绘画质朴粗率，装饰花纹多样，除模仿景德镇五彩瓷的图案纹样之外，还独创了与航海贸易有关的海洋文化元素。明清时，漳州窑五彩瓷大量外销至东南亚、日本，甚至欧美非等地，是闽南外销瓷的重要品种。本文的目的在于对漳州窑五彩瓷的生产工艺、工艺来源、外销等问题进行全面系统的分析。

关键词：漳州窑　五彩瓷　生产　外销

Abstract: Influenced by Jingdezhen kiln, Zhangzhou kiln began to produce five-colored porcelain at the end of Ming dynasty. Plates and bowls were the main commodities, which decorated with colorful, simple and unadorned patterns. Zhangzhou kiln didn’t just simply imitated Jingdezhen’s decoration style, but also created their own pattern associated with maritime culture such as sailing ship, seaport, compass and big fish as so on. As one of the most common traded porcelain, a large number of Zhangzhou five-colored porcelain were exported to Southeast Asia, Japan, and even to Europe, America and Africa in Ming and Qing dynasties. The aim of this paper is to give Zhangzhou five-colored porcelain a whole and systematic analysis

Keywords: Zhangzhou kiln, five-colored porcelain, production, export

漳州是中国外销瓷的重要产地之一，其窑业始于宋代，并在短时期内建起多处窑场，形成较大的生产规模，所烧的各类瓷器大部分用于出口外销。南宋以来，政治、经济、文化中心的南移，加快了东南沿海地区的开发，航海技术的不断提高和造船业的发达促进了海外交通和贸易的快速发展，同时也极大地刺激了沿海地区制瓷业的兴盛，许多沿海窑场，如漳州地区的制瓷业迅速崛起并进入了大规模生产的历史阶段。漳州位于福建南部，濒临台湾海峡，境内有九龙江及各支流和漳江等，皆入海，并在入海口形成良港如月港（位于龙海）、旧镇港（位于漳浦）、宫口港（位于诏安）等，舟楫水运和海外交通十分便利。漳州地区的古窑址也大部分分布于这些河流水系两岸的近旁，所生产的大批瓷器通过水运下海入洋，销往国外，解决了瓷器运输问题，为漳州地区制瓷业的发展带来了极大的便利。

漳州地区已发现的宋元时期的古窑址有20余处，遍布各县市。这个时期，漳州地区各窑口生产的主要产品为青瓷、青白瓷以及黑釉瓷器。这与福建地区大部分窑址的情况一样，是分别受到浙江龙泉窑，江西景德镇窑、吉州窑，以及闽北建窑等窑业技术的影响所致。明清时期，漳州窑生产的青花瓷、五彩瓷、素三彩瓷以及各种单色釉瓷制品成为重要的输出产品，其独特的文化韵味和艺术魅力蜚声海内外，“SWATOW（汕头器）”、“交趾瓷”、“华南三彩”等名称即是对明清时期漳州窑瓷器不同品种的特定称谓。目前，学术界已将漳州窑界定为明清时期漳州地区窑业的总称，其窑址分布于平和、漳浦、南靖、云霄、诏安、华安等县，以平和的南胜、五寨地区窑址最为集中和具代表性。

五彩瓷是在宋、元釉上加彩的施彩技术上发展而来的彩瓷产品，明代，五彩瓷发展为成熟的瓷器品种。明嘉靖、万历时期，景德镇民窑大量生产五彩瓷，受此影响，闽南于明末清初开始烧造五彩瓷，并达到高潮，生产场地以平和县为中心，主要有平和南胜花仔楼、碗窑山窑以及欧寮蕉山、五寨田中央、云霄火田、华安东溪、南靖龙山寨仔山窑等。从窑址调查来看，漳州各窑址烧制时间有先后之分，平和县窑址的烧造时间较早，约在明万历年间，东溪窑、寨仔山窑上采集到的标本为清代中期以后的产品，可能表明其烧制时间较晚。

一 生产工艺

1. 窑业技术

明清时期漳州窑五彩瓷的生产大多与青花瓷及其他色釉瓷（酱釉、蓝釉、黄釉等）、彩绘瓷（素三彩）在相同的窑场一起烧制。平和县南胜、五寨窑址是五彩瓷的主要生产窑址，其窑炉是18世纪华南地区，尤其福建地区最为流行的横室阶级窑。窑炉宽度为3.5～4.4米，窑室间数多则三间，少则一间，窑底均铺砂底，并呈斜坡状。华安东溪窑的窑炉宽度为6.2～8.35米，多为两重隔墙。南靖龙山寨仔山窑址上暴露出的两座窑炉均为阶级窑，宽约2.2米。装烧主要采用M形匣钵，多数一件一匣钵，但碗、盘、碟等器物采用叠烧法。

从采集的标本来看，五彩瓷的器类形有盘（图一）、碗、盆、罐、瓶等，以盘、碗为多见，造型与同期漳州地区青花瓷相似。五彩盘的口径一般为20厘米，最大口径可达40厘米。盘的造型多圆唇，敞口，斜弧腹，矮圈足，砂足底。外底偶见白釉，为随意涂施，多数露胎，可见修坯痕。碗的造型与盘类似，盆多为圆唇，撇口，折沿，斜收腹或斜弧腹。

2. 胎釉艺术

五彩瓷是经过二次烧制而成的釉上彩瓷。第一次先高温烧成单色釉后，再施上彩釉

图一　明末漳州窑五彩花鸟纹盘

图二　明末漳州窑五彩双凤纹盘

入窑低温烧制而成。从采集到的标本来看，明清漳州窑五彩瓷的底釉有青釉、青白釉、白釉三种，同时在窑址还采集到青瓷、青白瓷和白瓷标本，说明这些单色釉瓷有部分是用来烧制五彩瓷的。因此，五彩瓷的胎釉与同时期的青花瓷与单色瓷具有相同的特征。一般胎体厚重，胎质紧密，烧结度好。胎骨多数呈灰白色，且有少量可见气孔，底釉滋润莹亮，透明度好，质感强。但也有部分五彩瓷碗的胎体呈灰黄色，胎质较粗松，底釉泛灰黄，莹亮度差，透明度弱。五彩瓷的彩釉有红、黄、绿、黑、蓝或褐色等，少见其他彩釉。器物多数以绘红彩为主，部分则以绿彩为主。不同彩色釉的施绘方法不同，红色彩釉多直接在器物上描绘，绿彩则要先用黑色或褐色釉勾勒出轮廓，再填涂上绿彩釉。南靖东溪窑址上采集到的五彩器盖上的凤凰则用红彩勾勒线条，然后用黄、绿彩填色。

3. 装饰艺术

漳州窑五彩瓷装饰艺术的显著特征是重视色彩的多层次运用，典型的漳州窑五彩瓷往往是红、绿、酱等几种色调无一遗漏地聚集在一件器物上，色彩浓艳。绘画技巧别具一格，除了一部分带有写实特点的纹饰外，落笔草草，不需要任何细部的描绘，整个画面流动、朴拙。漳州窑五彩瓷纹饰构图的特点是多在盘、盆等器物的口、腹部绘开光，底部绘制主题纹样。画面繁缛而不失严谨，主要有人物纹，龙凤（图二）、麒麟、狮子、飞鸟、公鸡、鱼等吉祥动物，折枝牡丹、梅花、菊花等花卉，“魁”、“玉”、印章、楼阁、洞石、山水等。

花鸟龙凤组合是漳州窑五彩大盘传世品中比较常见的纹饰图案，厦门市博物馆所藏一件明末漳州窑五彩花鸟纹盘较具代表性（图三）。盘内以红、绿、蓝三彩绘纹，内底饰双凤穿花纹，盘壁描绘两组龙戏珠纹，其间装饰仙山、瑞草、祥云等，口沿处装饰红彩波浪纹带；旅顺博物馆藏一件五彩龙鹤纹大盘（图四），内底描绘一只仙鹤在花丛中踱步，盘壁描绘两组龙戏珠纹，其间装饰火珠、仙山、瑞草、卷云纹等，口沿装饰勾云纹带，以细密竖条纹间隔；另一件双龙戏珠纹盘内底图案由内外两个圈组成，内圈绘制盛开的莲花，外圈描绘双龙戏珠，并有花草相绕，盘壁装饰四组仙山宝塔桅杆纹，并以折枝牡丹、菊花纹交错间隔，口沿处装饰勾云纹。

图三　明末漳州窑五彩花鸟纹盘

图四　明末漳州窑五彩龙鹤纹盘

除了上述纹样，漳州窑五彩瓷还有一些独创的纹样。这些纹饰多处于盘心，由各种有关航海、贸易的主题元素构成，包括航海刻度表（罗经）、欧洲船只、贸易港口、海岸线、巨大的鱼。这些主题元素可能来自15世纪和16世纪大航海时代绘制的欧洲航海地图，和早期制图中用来显示海岸线的标志性建筑、小岛、船只和罗盘。如旅顺博物馆藏一件明末漳州窑五彩裂塔纹盘（图五），盘心绘山水裂塔纹，下部近半圆形开光内绘三个楼阙纹，开光上方双线向上伸出，并穿过盘中心的宝塔，塔似从中间裂开。裂塔位于江岸上，江中帆船顺水而行，河对岸重峦叠嶂，连绵起伏，山上巨木耸立，枝繁叶茂。盘壁上有四组如意云头形开光，开光内分别绘制山水楼阁、人物纹等，开光之间为四组红彩双方框篆书“玉堂佳器”印章款形文字。天津艺术博物馆藏明万历漳州窑五彩罗经纹大盘装饰独特（图六），盘内纹样以红彩描绘的圆形装饰带分为三层，内底以罗经纹为饰，罗经上以红彩书写24个字，盘心中央写“天下一”行书三字，

图五　明末漳州窑五彩裂塔纹盘

图六　明万历红绿彩罗经纹大盘

盘壁装饰五组鱼纹，间以卷云纹和花草纹，口沿绘竖条纹与中空“十”字纹组成的装饰纹带。罗经是航海时使用的仪器，中心书写的24个字代表24个方位。罗经纹饰盘可能具有一定的实用价值，航海时，可将盘中盛水，水中放入磁针，磁针根据当时的位置指向24个字所代表的方位，据此可判定船只在海上的具体位置。

二 工艺渊源

漳州五彩瓷是受明末嘉靖、万历时期景德镇民窑大量生产五彩瓷的影响，以自身的陶瓷技术和工艺传统为基础的，在明末清初开始烧造，并达到高潮的釉上彩绘瓷。虽是仿景德镇五彩瓷，但由于胎土、釉质、工艺传统、产品用途等都不同，因此，可以说，漳州五彩瓷是在本土陶瓷制作工艺基础上，仿制景德镇五彩瓷品种，与景德镇五彩瓷在釉色、彩绘、造型、装饰题材、装饰风格、用途等方面都有所不同，为适应外销需求而烧造的具有本地色彩的五彩瓷。

1. 底釉

景德镇五彩瓷器的底釉呈白中泛青的卵白釉，而漳州窑五彩瓷器的釉呈灰白色、青白色、黄白色等，云霄火田窑五彩瓷的釉面还多见开片。

2. 彩绘

景德镇明代五彩瓷是在青花器上进行彩绘，即在釉下青花轮廓线内填加釉上彩，因为没有蓝色和黑色，青花在画面的装饰中被用来充当蓝色，还往往代替黑色来勾勒线条，然后再以红、淡绿、深绿、黄、褐、紫色彩料在青花线条内绘图，突出红色，颜色浓艳，刻意追求华丽效果。康熙大部分五彩瓷不再用青花代替蓝色，采用釉上蓝彩和黑彩，五彩瓷由在青花器上彩绘，改为直接在白釉瓷上彩绘，其蓝彩烧成的色调浓艳程度超过了青花。而此时的黑彩有黑漆的光泽，衬托在五彩的画面中，更加强了绘画的效果。漳州五彩瓷不是在青花釉所勾勒的线条内添加色彩，而是直接在白釉、青白釉、青灰釉上进行彩绘，彩釉有红、黄、绿、黑、蓝或褐色等，少见其他彩釉。器物多数以绘红彩为主，部分则以绿彩为主。不同彩色釉的施绘方法不同，红色彩釉多直接在器物上描绘，绿彩则要先用黑色或褐色釉勾勒出轮廓后，再填涂上绿彩釉。也有用红彩勾勒线条，然后用黄、绿彩填色的情况。

3. 器类

明代景德镇五彩常见的器类有瓶、尊、碗、盏、盘、碟、壶、罐、缸、敦、篦盒、鼎炉等，以及围棋、屏风、帽筒、笔架、笔筒、砚滴、砚台、笔管、笔洗等各种玩物和文房用具；漳州窑五彩瓷的器类有盘、碗、盆、罐、瓶等，以盘、碗为多见，都属于日常生活用瓷。

4. 装饰题材

景德镇五彩瓷器的装饰内容丰富，有以龙凤为主体并配以水波、祥云纹的图案，也有以花卉、禽鸟为主题的图案，还有以婴戏或人物故事为题材的图案，以及反映文人雅士心情、风尚的岁寒三友、秋声赋、羲之爱鹅、米芾拜石图等。民间喜闻乐见的小说、戏曲故事情节，都成为五彩瓷的装饰题材，《三国演义》、《水浒传》、《岳飞传》、《昭君出塞》等战争故事场面，即民间所说的“刀马人”，常以大幅图画出现在五彩瓷的装饰上。象征多子的“榴开百子”，象征多子、多福、多寿的由石榴、佛手、桃子组成的图案，还有望子成龙、麒麟送子、子孙满堂等祈福的吉祥图案等也都成为景德镇五彩瓷主要的装饰图案。漳州窑五彩瓷的装饰题材主要有人物纹，龙、凤、麒麟、狮、飞鸟、公鸡、鱼等吉祥动物，折枝牡丹、梅花、菊花等花卉，“魁”、“玉”、印章、楼阁、洞石、山水，以及贸易船只、岛屿、海岸线、港口、罗经、大鱼等海洋文化题材，较少见景德镇五彩瓷上的小说、戏曲、战争、历史故事等题材。

5. 装饰风格

明代景德镇五彩瓷装饰风格除深受同时期青花瓷的影响外，还受到当时其他艺术的影响，如锦缎中常见的团花装饰、重叠式的锦上添花装饰、锦上开光装饰等。此外，技艺高超的陶瓷艺人们把版画严谨的造型、讲究的排线、用点和线的疏密组合来表现对象的阴、阳效果等手法运用在五彩瓷中，故而当时五彩瓷具有线条刚劲有力、色彩强烈明快的特点。其画面内容无论是一种或数种植物，还是具有传统宗教以及神话色彩的图案，纹样造型都采取“观物取象”的方式，把所要表现的对象形式化、规律化，强调其象征意义。在构图和纹样的组织中呈现出一种秩序形式，这种形式无论变化与统一、对比与调和、节奏与韵律，都给人以秩序和美感。漳州窑五彩瓷纹饰构图深受景德镇的影响，但也有自身的特点，如多在盘、盆等器物的口、腹部绘开光，底部绘制主题纹样。画面繁缛而不失严谨，但没有景德镇那种形式化、规律化、程序化特征，其画风较粗率，缺乏精致感，具有浓郁的民间气息。

三 外销

漳州窑瓷器纹饰装饰题材与装饰风格的自由和丰富多彩，以及创新的设计和配色，使这种粗制品独具特色和魅力，受到日本和东南亚消费者的青睐。从国外的考古资料和沉船资料来看，明清时期漳州五彩瓷主要通过漳州月港销往东南亚各国、日本等地，此外，也通过葡萄牙、西班牙的贸易船只运销欧洲、美洲、非洲等地。

印尼是漳州五彩瓷外销的一个大市场，传世品有五彩凤纹盘、五彩菊纹盘、五彩麒麟纹盘、五彩花卉纹盘（图七）、五彩八卦罗经文盘、五彩“忠孝廉勤”人物纹盘、五彩裂塔印章纹盘、五彩水禽纹碗、五彩花卉纹碗、五彩阿拉伯文碗（图八）、五彩花鸟纹四耳罐、五彩花卉纹罐、五彩花鸟纹军持、五彩花卉纹盒等。在印尼苏马拉·爱迪文所著《在印尼发现的十六至十七世纪的漳州窑瓷器》一书中所记载的五彩鱼乐纹盘、五彩花卉纹盘及五彩裂塔纹盘，以及新加坡林亦秋《五彩裂塔纹大盘》一文中所介绍的五彩盘，与平和五寨乡考塘窑址所发现的五彩盘类似或相同，这些外销品应该出自考塘窑。新加坡亚洲文明博物馆收藏有平和窑五彩鱼纹大盘、五彩海景印章纹大盘、五彩麒麟纹大盘、五彩花鸟纹大盘、五彩龙纹大盘、五彩阿拉伯纹大盘及五彩水禽纹大盘等。在菲律宾海域打捞出水的西班牙“圣迭戈”号沉船（1600 年 12 月 14 日沉没）中也发现了一件漳州五彩花纹碗。

图七　五彩开光牡丹纹大盘

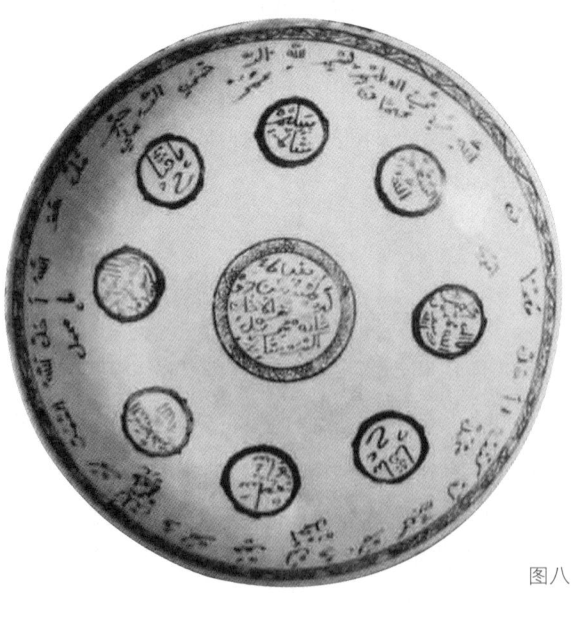

图八　五彩九环阿拉伯纹大盘

日本传世的漳州五彩瓷数量很多，而且质量上乘，被称为“吴须赤绘”或“南京赤绘”。日本陶瓷专家森村建一在对日本各地遗址和沉船的出土器物进行编年分期后认为：16世纪后半期至17世纪初是漳州窑陶瓷（包括数量很多的五彩瓷、素三彩瓷）大量外销的主要时期。16世纪末期，少量的五彩瓷开始运至日本，至17世纪初，平口折沿大盘和做茶道用具的五彩碗在输往日本的贸易瓷中比例增多，并日渐成为主流。在日本筑町遗址和滨町遗址出土的遗物中都曾发现漳州窑的五彩瓷。目前，东京国立博物馆、出光美术馆、松冈美术馆、五岛美术馆等都收藏有许多漳州窑五彩瓷器。如五彩帆船纹大盘（图九）、五彩牡丹凤纹大盘、五彩仙人鹿纹盘、五彩鹭莲纹大盘、五彩阿拉伯文大盘、五彩花鸟纹碗、五彩花鸟纹瓶、五彩龙纹双耳瓶、五彩牡丹莲纹罐等。静嘉堂文库美术馆收藏了一件五彩罗经帆船纹大盘，盘心绘制罗经，盘壁绘制帆船、波浪、游鱼，折沿处绘制楼阁、树木、小舟组成纹饰带。

漳州窑五彩瓷传入日本后，成为日本彩绘的重点模仿对象。日本最有名的有田烧率先仿制漳州五彩瓷，其彩绘也用红、绿、褐等彩为主，色彩浓艳。此外，日本一些著名的陶艺家也仿烧漳州五彩瓷，尤以京都的陶艺家奥田颖川最为著名，其作品主要采用红、绿、蓝三彩，彩绘运笔自如、线条洒脱。东京国立博物馆藏吴须赤绘四方委角盘即是其代表作(图一〇)。其造型是日本传统风格的四方委角盘,即四角斜切、浅腹、

图九　明末五彩罗经帆船纹大盘

图一〇　吴须赤绘四方委角盘（东京国立博物馆藏）

云形扁宽底足，在泛青色的白釉地上以红绿二彩绘凤鸟、鱼，间饰荷花、火焰等纹饰。同漳州五彩的彩绘方式相同，红彩纹样均直接绘制，绿彩纹样均以黑彩描绘轮廓线，然后以绿彩平涂。

此外，在墨西哥佐卡罗区（即墨西哥城的历史中心）Justo Sierra 街的一处遗址出土了一件漳州窑五彩瓷盘的碎片，碗窑山窑址和花仔楼窑址出土了类似的五彩瓷盘残片。在埃及的福斯塔特遗址中也出土过漳州的五彩瓷。由于五彩瓷主要用于外销，国外公布的有关漳州明清时期生产的具有砂足或砂底制作工艺特征的五彩瓷器图录中，相当大部分器物在上述各窑址中没有找到类似的标本，有待于今后考古调查的新发现。

漳州窑五彩罗经图盘考释

上海博物馆　叶　倩

内容提要：罗经图是漳州窑五彩盘上的特有纹饰，以中国古代定向堪舆之罗盘为主题纹饰。传世品上的罗经图在层次、布局、文字、图案组成等方面有着详、略两种风格。本文从馆藏的漳州窑五彩罗经图盘出发，区分出不同的罗经图式，并对其上的文字和纹饰进行些许探讨。

关键词：罗经图式　九星　八卦　二十四山

Abstract: Compass is a typical pattern on overglaze enamels of Swatow wares. Variations of designs, layers, layouts and characters are shown on different pieces. This article distinguishes different styles of compasses and discusses about the characters and patterns based on main collections.

Keywords: compass style, Eight Diagrams, night constellations, twenty-four directions

罗经图是漳州窑五彩盘上的特有纹饰之一。其基本构图是以盘内心为中点、盘沿为边界向外绘同心圆圈，形成多个层次。内心书写文字；各层之间写有天干、地支、八卦等内容；内壁描绘帆船、巨鱼等图案。曾有外国学者指出这类主题很可能来自15～16世纪大航海时代绘制的欧洲航海地图[1]，而大多人则直接称其为“罗经图”。从传世品看，罗经图在层次、布局、文字和纹饰上不尽相同，下文将结合各馆藏品详细阐述。需要指出的是，作为装饰图案的罗经比起实用器来相对简化，细节描绘并不那么讲究，追求形意而不苛求精准。一些盘中的罗经图案占盘面的比例很小，仅作简单勾勒，这类图案或称为帆船图或航海图更为合适，文中不作赘述。

> 盖罗经之制，原本太极，为天地之精凝，万物之根本。何为罗？乃包罗万象。何为经？乃经纶天地[2]。

相传罗经针法是黄帝大战蚩尤时得自九天玄女，周公曾依此法造指南车并将其固定下来[3]。此说固然无从稽考，却反映出罗经悠久的历史。《协纪辨方书·罗经图》有言：

罗经，体制不一，多者至三十余层，然其用总不离乎三针者近是[4]。

它的基本构造为：内层天池，以置磁针；第一层八卦，以定方位；第二层二十四山，每三山对应八卦中的一卦。具备这些也就有了最基本的定向、占卜功能。罗盘层数越多，原理也越复杂，应用就越困难。

一 关于天池内文字的探讨

漳州窑五彩罗经图的天池内书有“太极”、“中极”、“天下一”等词汇（图一），有学者认为可能均与航船的方位有关[5]。另有两种字符未能识别，从字体来看似为道教法印（其一当为“天□”）。

太极乃天地未分之混沌状态，即老子所云之“道生一”。“混元既分，即有天地，故曰‘太极生两仪’”[6]。简而言之，太极就是天地万物之元，代表起点、原点。中极或为“建中立极”之缩写，有中正、中心、不偏倚之意，也用于形容帝王一统天下、万民归心。放置磁针的天池位于罗盘正中心，是罗盘定位和各层运作的基点，起开辟、统筹的作用，太极、中极恰好点明了天池的尊位。

对于“天下一”学界有不同的理解，有认为是陶工称赞我国发明之罗经为天下第一的自豪语[7]，也有说是赞颂瓷器品质、航海技术的词句[8]。两种观点固然能自圆其说，但此类标榜、夸耀的词汇出现在全盘最重要的位置似有不妥。如果参照太极和中极的释义，“天下一”或许可以解释为天下归一、一统天下，代表无上的权威。日本江户时代屏风中有一戏剧场景（图二），舞台的布栏上书写类似的“天下一”字样，对应的是一位高高在上、穿着天皇或幕府将军服饰的男子，含蓄地点明了其主位的身份。前方框形帷幔上也书有“天下一”等字，或点明剧目、情节。在罗经的天池内标注文字，一方面标志尊位，另一方面也凸显了制作者、使用者以我为尊的霸气和驰骋天下的豪情。

图一　漳州窑五彩罗经图盘天池内文字

图二　江户时代屏风上的戏剧场景

二 罗经图式分解

漳州窑五彩器上的罗经图根据层次、图案、文字、位置和排列，可分为不同的样式。按《书隐丛说 · 针盘所本》所述“以十二支八干四维卦分配二十四气，今堪舆家针盘所用本此”[9]，二十四山应该是罗盘中最简单也最基本的样式。

1. 二十四山式

此样式为天池外只有一层由八天干、十二地支和四维卦组成的二十四山（图三），参见天津艺术博物馆（图四）、荷兰普林希霍夫陶瓷馆藏品。

八天干为甲、乙、丙、丁、庚、辛、壬、癸[10]；十二地支为子、丑、寅、卯、辰、巳、

图三　二十四山式罗盘示图

图四　漳州窑五彩二十四山式罗经图盘（天津艺术博物馆藏）

图五　八卦二十四山式罗盘示图

图六　漳州窑五彩八卦二十四山式罗经图盘（大维德艺术基金会藏）

午、未、申、酉、戌、亥；四维卦即乾、坤、巽、艮。每山对应 15 度，以子为正北，其余按顺时针排列为癸、丑、艮、寅、甲、卯、乙、辰、巽、丁、未、坤、申、庚（贞）、酉、辛、戌、乾、亥、壬，围成圆圈，周而复始。

2．八卦二十四山式

此样式在二十四山式的基础上又加了八卦层（图五）。八卦与二十四山有着固定的对应关系，即乾卦对应戌、乾、亥；坎卦对应壬、子、癸；艮卦对应丑、艮、寅；震卦对应甲、卯、乙；巽卦对应辰、巽、巳；离卦对应丙、午、丁；坤卦对应未、坤、申；兑卦对应庚、酉、辛。漳州窑五彩罗经图盘严格遵循这一规则，在东京国立博物馆和大维德艺术基金会的藏品中都能体现出来（图六）。

3．九星二十四山式（图七）

日本静嘉堂文库美术馆藏有一件漳州窑五彩罗经图盘（图八），在天池外、二十四山内多了一圈文字，按正北方顺时针方向排列为破、破、武、贪、文、禄、廉（贞）、辅、破、巨、武、贪、文、武、廉（贞）、辅、破、廉（贞）、武、巨、文、禄、廉（贞）、文。类似文字还见于英国大维德艺术基金会和德国茨温格尔宫之收藏（图九）。曾有学者错误地将其识读为“文武廉辅破廉武巨文禄廉文，破破武贪文禄廉辅破巨武贪”，认为应该按照句首四字理解为文武官职俱要政治清廉、相辅相成、不要贪财[11]，殊不知这正是风水罗盘中的坐山九星（表一）。

“九星”在《撼龙经》、《协纪辨方书》等书中均有记载，指的是宇宙中以北斗星及其两侧小星组成的主宰风云变幻的九颗星（图一〇）。北斗星中，构成“魁”四颗星分别为天枢、天璇、天玑、天权；构成“杓”的三颗星分别为玉衡、开阳和遥光[12]。

图七　漳州窑五彩九星二十四山式罗经图盘（静嘉堂文库美术馆藏）

图八　漳州窑五彩九星二十四山式罗经图盘（德国德累斯顿茨温格尔宫藏）

图九　九星二十四山式罗盘示图（地母翻卦九星）

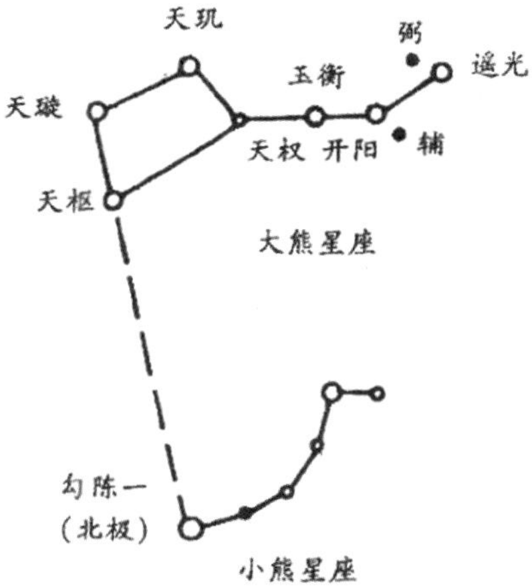

图一〇　九星（九宫）

开阳和遥光两侧各有一颗小星，左边称为“洞明”，右边称为“隐光”。堪舆家由之演变出贪狼、巨门、禄存、文曲、廉贞、武曲、破军、左辅、右弼之九星，赋予特定含义并配以五行、八卦，用于堪舆理气。在罗盘上，由于面积有限，九星被缩写成“贪”、“巨”、“禄”、“文”、“廉”“武”、“破”、“辅”、“弼”。由于“辅”、“弼”二星常合为一星，实为八星，又分为四吉星和四凶星。四吉星为主智孝的“贪”、主财寿的“巨”、主福寿的“武”和主慈孝的“辅”；四凶星为主蠢钝的“禄”、主伪善的“文”、主忤逆的“廉”和主歧邪的“破”。九星多用于朝向，吉星向见明山秀石则吉，凶星向见危峰怪岭则凶。

表一　九星与二十四山对应关系

二十四山	艮	寅	甲	卯	乙	辰	巽	巳	丙	午	丁	未
九星	贪	文	禄	廉	辅	破	巨	武	贪	文	武	廉
二十四山	坤	申	庚	酉	辛	戌	乾	亥	壬	子	癸	丑
九星	辅	破	廉	武	巨	文	禄	廉	文	破	破	武

三 内壁纹饰详解

罗经图盘之罗经皆绘于盘心，周壁环绕点缀着不同的纹饰，大致有帆船、星图、海岛、礁岩、巨鱼、海蛇、飞马、龙、凤等数种。按《职外方纪》“至小西洋……海中大舶及蛟龙鱼鳖之属常乘潮势涌入山中不可出”[13]以及《梦粱录》“自入海门便是海洋茫无畔岸，其势诚险，盖神龙怪蜃之所宅”[14]等内容来看，这些图案都是根据航海旅途见闻提炼的。《数马集·柬夏给谏讳子阳》中所谓“夜望星斗，昼看云山，神龙巨鱼，鼓舞出没”，描述的正是这般图景[15]。

1. 帆船

帆船是航海必备的交通工具，是船夫赖以谋生、商贩换取财富、旅人游历四海的载体。我国早在汉代就有关于帆船的记载，宋元时期随着海外贸易的发展，航海造船技术十分发达。明代在宋元海船的基础上加以改良，形成了军、商用一体，适合远洋航行的帆船。

漳州窑五彩器上的帆船按船型和帆数可以分为中式船和西式船两大类。中式船以双桅双帆为特征（图一一），“底尖上阔，首昂尾高”[16]，船首立旗，外形酷似明代福建、广东地区的木船。船帆为竖方形，帆面布满细密的横线，应该是用竹篾或蒲草编制的硬帆。《天工开物》有载：“凡船篷其质，乃析篾成片织就，夹维竹条，逐块折叠，以俟悬挂。”[17]可见编席帆在明代十分普遍。西式船则以16 ~ 17世纪穿梭于三大洋的葡萄牙、荷兰帆船为蓝本（图一二），船身较平，3桅5帆，桅杆较高，挂软布横帆，船桅另挂三角帆，帆绳悬荡，支杆斜杵，造型张扬。

2. 星宿

星宿，又称二十八星宿。古人为观测天象和天体运行，将全天划分为二十八个星区作为定位的标准。儒、道和阴阳谶纬盛行以来，人们相信天象和人事之间有着某种对应。风水堪舆家们将此理论加以衍生和完善，形成了特有的观星术。

图一一　漳州窑五彩盘上的中式帆船

图一二　漳州窑五彩盘上的西式帆船

静嘉堂文库美术馆和旅顺博物馆藏品中，星宿位于东北、西北、东南、西南四角，也就是与“艮”、“亥”、“巽”、“坤”相对位置。从方位及干支对应关系来看可能与四垣星（也有作“三垣”者）有关。四垣指的是西北的紫微垣，大致为今天的小熊、大熊、仙王、仙后、天龙等座；东北的天市垣，包括武仙、巨蛇、蛇夫、天鹰、北冕等座；东南的太微垣，有室女、狮子、猎犬、后发等座；西南的少微垣本为太微垣西侧的少微星，属太微垣。以《青囊经》为代表的风水书中将其与太微相对，目的是用其星名而取其理化相应。《罗经透解》里提到第五层是“九星以应四垣局”，就是用天上的九星对应四垣来预测地上宅地和墓地的吉凶。盘上的星宿并非准确依照星图描绘：东南角的三颗星呈三角排列，可能是太微垣的后发座；东北六颗星呈斗状排列的可能是天市垣的北冕座；西南的七颗星的形状似乎是紫微垣的北斗七星，而西北角横三竖二排列的五星则指向不明。不同器物上的星宿略有差别，但星斗是必不可少的，某种程度上代表了星图之整体概念。英国大维德艺术基金会、东京国立博物馆和漳州市博物馆五彩盘上的星宿描绘得更为简单随意，星数、排列和形状并无规律，似乎只是为了传达意念，并不具有实用的功能。

3．神物

罗经图盘上描绘的生物并不存在于真实世界中，或是以真实生物为原型加以附会、改造，是我国古代黄老、阴阳五行、堪舆理论中具有神力、威慑力的灵物、龙、凤源自春秋战国时期五行学说中的“四象”，后来演化为道教中的“四灵”。《周易》称“两仪生四象”，指的是由阴、阳衍生出四种物象[18]；《礼记》有云：“麟、凤、龟、龙，谓之四灵”[19]；《三辅黄图》有言：“青龙、白虎、朱雀、玄武，天之四灵，以正四方。”[20]这四种生物被用来掌管星区、方位和四季，广泛应用于堪舆乃至军事战术中。漳州窑五彩盘上的龙凤纹有两种风格（图一三、图一四）：一种飞舞于花丛中，柔美、妩媚、华贵；另一种遨游于星空、海浪、祥云、火焰间，龙身两侧或有双翼，凤纹则接近于

图一三　漳州窑五彩罗经图盘上的凤纹

图一四　漳州窑五彩凤凰花卉纹盘中的凤纹

图一五　16 世纪欧洲铜版画航海图局部

金翅鸟，显得神秘、威严。后一种常出现于罗经图中，更符合其四灵的身份，也更好地传达了图案所表现的意境。

罗经图上的巨鱼与另一些五彩盘上的鲤鱼截然不同：首先是体积庞大，甚至超过了其他纹样，显得十分突兀。其次，头部巨大，鱼鳍如箭四张，透露着凶狠。中国古代文献中有不少关于巨鱼的记载：《庄子·逍遥游》中提到："北冥有鱼，其名为鲲。鲲之大，不知其几千里也"[21]；晋人郭璞在《玄中记》中描述了"一日逢鱼头，七日逢鱼尾，其产则三百里为血"的东海大鱼[22]；《汉书五行志》记载："成帝永始元年春，北海出大鱼，长六丈，高一丈四枚"[23]；《古今谭概·海大鱼》写道："《崇明志》海上有大鱼……近时刘参戎炳文过海洋，于乱礁上见一巨鱼横沙际。"[24] 有意思的是，同一时期的欧洲航海图中也有巨鱼的形象（图一五）。这种生物种必定是浩渺海洋中拥有巨大力量而时人无法驾驭的。宋代以后随着海上活动的频繁，人们对海洋的认识更为深入，这类巨鱼或者就是鲸鱼之类的演化。

罗经盘上的马是腾云驾雾的天马。《山海经·北山经》有云："又东北二百里，曰马成之山，其上多文石，其阴多金玉，有兽焉，其状如白犬而黑头，见人则飞，其名曰天马。"[25] 中国古文化中，马与龙有一定关联，如《山海经·图赞》曰："马实龙精，爰出水类。"[26]《毛诗注疏》言："孙炎曰'龙为天马'，故房四星谓之天驷。"[27]《尚书·顾命》中有龙马负图的记录。龙的形象中也糅合了马的元素。天马和神龙一样，成为古人眼中尊贵而神秘的祥瑞之物，闽越地区还尊其为海神。

4．海岛

海岛指的是成组的山峰和岩石，它们与帆船一样，是航海生活在脑中的直接反映，然其内涵却远非地理景观这么简单。山在古代中国是神仙修炼和居住的地方，海中之山则称岛。《山海经》、《史记》等典籍记载渤海中有蓬莱、方丈、瀛洲三仙山，有仙人和不死神药。《十洲记》中则记录了东南西北海中的十个仙岛。"罗经图"中的山峰多在云雾缥缈间，或上有亭阁、旗幡，正合其神仙居所之意。

以上叙述是从各装饰元素图像出发来追溯装饰题材的来源。如果从整体装饰所映射之本体的功能出发，这些图像是否可以对应风水堪舆理论中的物象呢？例如，以龙纹指代东方青龙星宿；凤纹指代南方朱雀星宿；天马代表天马星；帆船象征胃宿中的天船星；类似水蛇的动物则暗指轸宿中的水蚯星。诚然这仅是笔者一种想法，成立与否有待日后探究。

四 五彩罗经图盘与岛国文化

明末清初的外销瓷中，漳州窑五彩瓷器所占的比重极小，大大少于同期的漳州窑青花瓷器。相对于景德镇窑来说，漳州窑产品是欧洲人眼中的“粗瓷”，不受当时社会上层的青睐。目前学界也认同这种福建地区生产的釉上彩瓷主要销往日本和东南亚。T·沃克在《瓷器与荷兰东印度公司》中提到抵达巴达维亚的帆船带来的大量粗瓷是当时亚洲岛间贸易的主要商品（图一六）。16 ~ 18 世纪，各国东印度公司热衷于这种高利润的商业活动，纷纷在东南亚、日本、台湾等地建立贸易站，开展亚洲间及殖民地贸易。日本是漳州窑五彩的最大买家。1635 年的一张订单显示，在日本向中国订购的“粗瓷”中有“450 红绿彩瓷”，很可能就是漳州窑五彩瓷器[28]。考古材料也表明日本是漳州窑五彩器遗留最丰富的国家，东京、大阪、名古屋、长崎等地都出土有漳州窑五彩盘、碗残片（图一七），纹饰有花卉、裂塔印章、龙、凤、文字等[29]。除日本以外，印尼南苏拉威西的布端岛，台湾热兰遮城遗址、淇武兰遗址及云林麦寮乡等地曾出土漳州窑五彩盘碗标本；菲律宾、印尼各地及海域沉船中也有此类发现[30]。尽管在拉美的墨西城胡思托·谢拉街遗址、城主教堂阿尼马斯礼拜堂遗址和非洲埃及福斯塔特遗址也出土数片漳州窑五彩盘标本[31]（图一八、图一九），可能只是东印度公司贸易船在停留时偶然遗留的，可以忽略不计。另一方面，各国藏漳州窑五彩瓷器的数量也支持其作为亚洲岛国贸易品的性质，西方国家的收藏大多收购于这一特定的消费区。

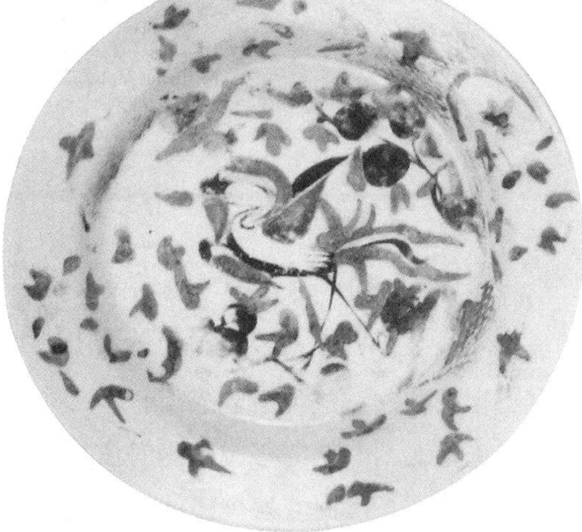

图一六　红绿彩寿桃纹盘（越南平顺沉船出水）

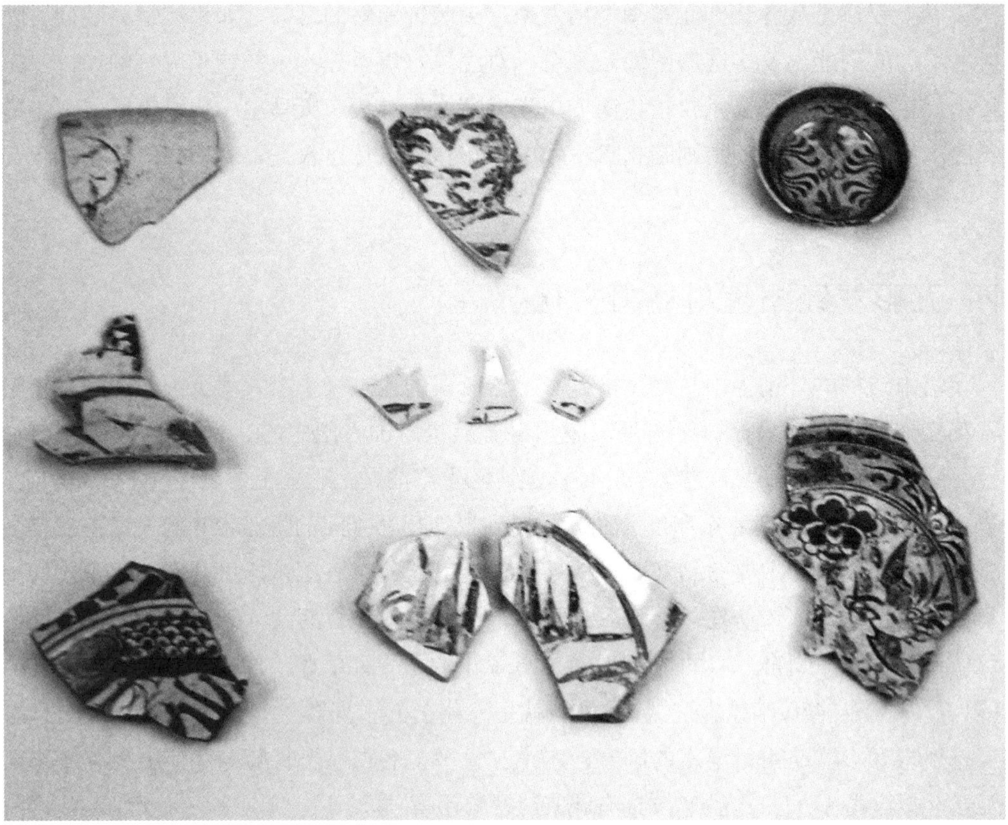

图一七 漳州窑五彩瓷标本（日本名古屋地区出土）

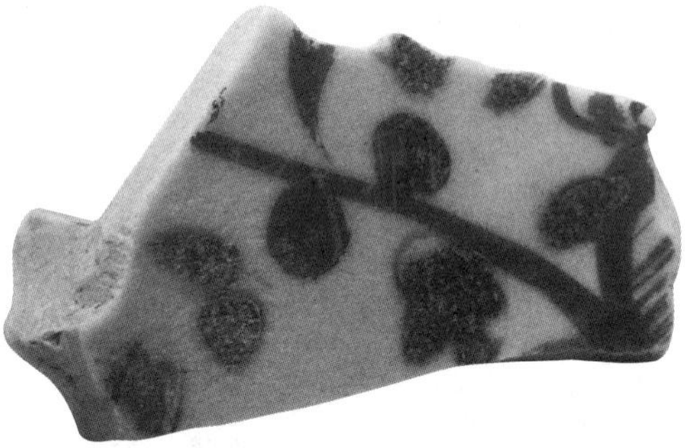

图一八 漳州窑五彩瓷标本（墨西哥城出土）

图一九 漳州窑五彩瓷盘标本（埃及福斯塔特遗址出土）

五彩罗经图盘的纹饰浸透着中国古代原始宗教信仰、天文、地理、八卦、五行、阴阳、谶纬等的色彩，只有具备类同的思维方式和理论体系，理解物象背后的文化内涵，才能真正喜爱和欣赏这种工艺品。日本、东南亚从秦汉开始就与我国保持着物质文化交流；魏晋南北朝时期的移民将当时流行的神怪、佛、道、玄思想带入居住地；宋代以后直至明清，福建商人大规模的走私贸易和移民活动加速了中国沿海地区与东南亚岛

图二〇　江户时期日本绘画中的罗经

国民俗间的融合。沿海居民们以捕鱼为生，海上凶险使得他们对自身无法驾驭的神秘力量有着无比的敬畏。我国古代传说中记载海中有蛟龙，越人为免受其害而断发文身，"以象龙子者，将避水神"[32]。《淮南子·原道》也提到"九疑之南，陆事寡而水事众，于是民人被发文身，以象鳞虫"[33]。这一习俗也存在于日本先民中，如《魏志·倭人传》亦言"男子无大小皆黥面文身……今倭水人好沉没捕鱼蛤，文身亦以厌大鱼水禽，后稍以为饰"[34]。日本有着悠久的占卜习俗，"其俗，举事行来有所云为辄，灼骨而卜以占吉凶"[35]。隋唐时期，中国的风水思想随着遣唐使、学问僧的活动传入日本。根据《青囊序》记载，盛唐时期有日本遣唐使关注到风水理论，并要求学习[36]。中国的风水术与日本原有的巫术结合，同时糅合佛教、道教的部分内容，形成了独特的日本风水文化。中国传统的风水堪舆用具罗盘也被日本人用于计时、测向和占卜，江户时期的绘画中就有使用罗盘的场景（图二〇）。东南亚国家对汉文化的吸纳归功于宋代以来的移民和明清时期的私商。菲律宾、印尼等地是中国华侨的聚居地，集中分布于古代南海航线的重要城市，如占城、旧港、爪哇、真腊等地。华人在东南亚的活动很自然地带入了中国传统的宗教信仰和风水理气方术，用于指导日常生活，维系古老的习俗。

五　结语

综上所述，漳州窑五彩瓷器的生产和外销是明末清初景德镇窑业的萧条和漳州月港私人贸易繁盛共同作用的结果。它的目标市场主要是日本及东南亚华侨聚居地。这种在西方殖民势力催化下的亚洲岛国间贸易与岛国文化的趋同性密不可分，其内在根源是岛国间相近的自然地理环境和文化传统。罗经图盘的装饰既有浓郁的汉文化色彩，也渗透着岛国居民的意识形态和风俗习惯，值得深入的研究和品味。

注释：

[1][3] 甘淑美：《葡萄牙的漳州窑贸易》，《福建文博》2010 年第 3 期。

[2]（清）王道亨：《罗经透解》卷上，中州古籍出版社，1995 年。

[4]（清）允禄等：《钦定协纪辨方书》，世界知识出版社，2011 年。

[5] 叶佩兰：《五彩名瓷》，山东美术出版社，2005 年。

[6]《周易要义》卷七（下），齐鲁书社，1988 年。，

[7] 林亦秋：《漳州窑五彩大盘裂塔纹饰的研究》，《福建文博》2000 年第 2 期。

[8] 陈其富：《东西方海洋文化的碰撞与交流——以明代漳州窑彩绘帆船图大瓷盘为例》，《闽江学院学报》2011 年 5 月。

[9] 谢国桢：《明清笔记谈丛 · 书隐丛说》，上海书店出版社，2004 年。

[10] 戊、己为中央相位，故此不用。

[12]《春秋运斗枢》，宛委山堂《说郛》刊本。

[13] 艾儒略：《职外方纪》，文渊阁《四库全书》影印本。

[14]（南宋）吴自牧：《梦梁录 · 江海船舰》，三秦出版社，2004 年。

[15]《福建丛书 · 数马集》，广陵书社，1997 年。

[16]《明史 · 兵志》四（下），中华书局，2006 年。

[17]《天工开物 · 舟船 · 漕舫》，岳麓书社，2002 年。

[18][19]《十三经注疏 · 周易正义》，上海古籍出版社，1997 年。

[20] 何清谷：《三辅黄图校释》，中华书局，2005 年。

[21]《庄子注疏》，中华书局，2011 年。

[22]《玄中记》，上海古籍出版社，1995 年。

[23]《汉书 · 五行志》第七，中华书局，1962 年。

[24] 冯梦龙：《古今谭概 · 非族部》，中华书局，2007 年。

[25]《山海经》卷三，中华书局，2009 年。

[26][35]《丛书集成初编 · 山海经图赞》，中华书局，1991 年。

[27]《十三经注疏 · 毛诗注疏》，上海古籍出版社，2008 年。

[28] T.Volker, *Porcelain and the Dutch East India Company*（*1602-1682*），E.J.Brill，Leiden，the Netherlands，1954。

[29] 爱知县陶磁资料馆：《吴州赤绘 · 吴州染付 · 饼花手——スワトウ · ウェエァの世界》，印象设，平成八年（1996 年）。

[30] 叶文程：《在马来西亚见到的一些漳州窑瓷器》，《福建文博》2000 年第 2 期；栗建安：《福建陶瓷的东亚海上贸易及其影响》，《2012 海上丝绸之路论文集》；陈信雄：《从遗留在台澎的漳

州窑瓷器探索两岸交通伊始》，《闽台文化交流》2011 年第 4 期；栗建安：《漳州窑与东南亚》，《海交史研究》1997 年第 2 期；莫尼克·科里克著，王芳等译：《界定“汕头器”的年代——1600 年 11 月 4 日“圣迭戈”号大帆船》，《福建文博》2001 年第 1 期；广西壮族自治区博物馆等：《海上丝绸之路遗珍——越南出水陶瓷》，科学出版社，2009 年。

[31] Los Angeles County Museum of Art, *Chinese Ceramics in Colonial Mexico*, University of Hawaii Press, 1997.

[32]（汉）刘向：《说苑·奉使》，中华书局，1987 年。

[33]《中华经典藏书——淮南子》卷一，中华书局，2009 年。

[34]《三国志·魏志·倭人传》，中华书局，1999 年。

[36]《青囊序》，文渊阁《四库全书》影印版。

福建釉上彩瓷考察

福建省泉州府文庙文物保护管理处　何振良

内容提要：福建釉上彩瓷烧造历史悠久，窑业兴盛，产品内涵丰富，釉色品种多样，工艺技术高超。宋代遇林亭窑的黑釉金彩，明清时期德化窑的五彩、粉彩和漳州窑的五彩，是福建釉上彩瓷的主要瓷种，其中，黑釉金彩较为罕见，五彩、粉彩则深受同时期景德镇窑影响，但其民窑风格明显，产品独具特色。历史上福建釉上彩瓷大量外销，与福建海外交通的发展和海外市场的需求密切相关，明清时期的德化窑、漳州窑成为福建外销瓷生产中心，福建釉上彩瓷是中外文化交流的重要物质文化证据。本文重点考察了宋代遇林亭窑的黑釉金彩，明清时期德化窑的五彩、粉彩和漳州窑的五彩，分析了其烧造历史、制作工艺和外销情况，是对福建釉上彩瓷研究的一次粗浅探讨。

关键词：釉上彩瓷　生产和外销　福建

Abstract: The over-glaze porcelain made in Fujian has the following features: long history of production, prosperous condition of kilns, abundant kinds of products and excellent process of technology. The black glaze ware with gold color of Yulinting kiln in Song dynasty which was rare and the polychrome and famille rose ware of Dehua kiln in Ming and Qing dynasties which influenced by Jingdezhen were the main kinds of over-glaze porcelain in Fujian. As the export porcelain, the over-glaze ware of Fujian has close relationship with development of overseas communication and remands of overseas market. The Dehua kiln and Zhangzhou kiln became the export center for porcelain in Ming and Qing dynasties. Based on the investigation of the black glaze ware with gold color of Yulinting kiln in Song dynasty, the polychrome and famille rose ware of Dehua kiln in Ming and Qing dynasties and polychrome ware of Zhangzhou kiln, the thesis analyzed its history, craftsmanship and export and gave the brief study on it.

Keywords: over-glaze porcelain, production and export, Fujian

福建陶瓷文化历史悠久。商周的原始青瓷，三国两晋南朝隋唐五代青瓷，宋代青白瓷、黑釉瓷，明清白瓷、青花瓷、彩瓷等生产都曾经创造过辉煌，为我国制瓷工艺技术的发展与传播、中外瓷文化的交流作出了重要的贡献。根据考古资料，福建釉上彩瓷（本文所指釉上彩瓷泛指将红、绿、黄彩和金彩绘于釉上的瓷器）的生产兴起于宋元时期，明清时期达到高峰，民国时期渐趋式微，主要品种有黑釉金彩、五彩、粉彩等，窑址主要分布于闽北、闽南地区。本文拟在有关考古发现和历史文献记载等资料的基础上，对福建釉上彩瓷的生产、制作工艺和外销情况等作一初步的考察。

一 主要窑址与品种

（一）武夷山遇林亭窑的黑釉金彩

遇林亭窑位于南平武夷山市星村镇，1958 年发现。近年的考古调查和发掘证实它是福建省一处较大规模的宋代窑址。窑址面积约为 6 万平方米。1998 ~ 2000 年，经过福建省考古队的多次发掘，发现斜坡式龙窑窑址两座、作坊一处及房屋、水井、水沟等遗迹和大量的瓷器标本。出土物情况表明其产品以烧造黑釉瓷为主，兼烧青瓷、白瓷、青白瓷。其中黑釉瓷约占瓷器总数的百分六十以上[1]。黑釉瓷器类较多，但以碗类为主。碗中有一种特殊装饰，即在釉上描金彩绘，这种碗简称“黑釉金彩碗”（图一、图二）。此类标本共计发现 36 片(其中 6 片可复原),大部分出土于作坊区内。此外，在日本的一些美术馆、博物馆，香港和国内的一些私人收藏家手中也有少量的收藏，但总数不过十余片。

据福建博物院研究员陈兆善先生研究，遇林亭窑的年代早不过北宋晚期，晚不过南宋中期[2]。就出土标本所在地层堆积情况和相关文献记载资料分析，该批金彩碗的年代可定在南宋中期，这应该是迄今为止福建省内发现较早的釉上彩绘瓷器。目前所见的黑釉金彩碗标本中，金彩纹样均描绘于黑釉碗的内壁表面，金彩已脱落，残存纹样痕迹。从痕迹观察，陈兆善先生认为应是采用一种叫调金描绘法的技艺，推测是以某种胶粘剂调彩描绘，再经过入窑低温烘烤而成。经过比对，陈兆善先生认为宋元时

图一　宋遇林亭窑黑釉金彩碗标本（福建博物院藏）

图二　宋遇林亭窑黑釉金彩碗（福建博物院藏）

期福建境内生产黑釉金彩碗的窑址可能还有建窑、漳浦赤土窑等个别窑口，建窑、赤土窑的金彩应该是受到遇林亭窑的影响。但就数量和产品质量而言，遇林亭窑应该是宋代生产金彩碗的最重要的一个窑场。

（二）德化窑的五彩瓷、粉彩瓷

德化为福建瓷都，素以白瓷著称，明清时期亦曾烧造过五彩和粉彩瓷器，部分产品质量精美，是德化窑的重要组成部分。

1．德化窑五彩瓷

五彩是明代创烧的一种釉上彩瓷器，是在宋元釉上加彩的基础上发展起来的，以红、绿、黄为主的三色为多，纯粹的釉上五彩则较为少见。一般在已烧成的釉瓷器上，用多种彩料绘画图案花纹，再在彩炉中以低温第二次烧成。根据考古发现和传世实物判断，德化窑五彩瓷始烧于明中晚期，一直延绵至民国时期[3]。目前所见明代德化窑五彩瓷极少，已知的有上海博物馆收藏的明末清初德化窑五彩盘，德化县陶瓷博物馆收藏的五彩盖罐（图三）、双耳瓶[4]（图四）和德化民间收藏的红绿彩三兽足炉以及流传海外的英国大维

图三　明德化窑五彩盖罐（德化县陶瓷博物馆藏）

图四　明德化窑五彩双耳瓶（德化县陶瓷博物馆藏）

德基金会和维多利亚博物馆收藏的红绿彩双耳瓶2件、红绿彩双耳三足炉。其中五彩盖罐，器身主体以红、绿、蓝、黑绘红花绿叶牡丹，花间有蝴蝶欢飞、蜻蜓嬉戏、喜鹊登枝等纹饰，图案色彩鲜艳，盖内墨书“母叶五娘新化里郭坂人万历庚子年十一月葬”。这件五彩盖罐是目前所发现的最早具有明确纪年的德化窑五彩瓷实物。

清代早期德化窑五彩瓷较多见，常见的有康雍年间的盘（图五、图六）、碗、方碟、茶盘、杯、瓶、笔筒、粉盒、炉、花盆、灯具等[5]。德化县陶瓷博物馆收藏的清代康熙二十五年（1686年）的五彩九龙天球瓶是一件不可多得的传世佳作（图七）。该瓶以蜜蜡黄为地，采用黄、黑、大绿、矾红、玻璃白、天蓝、广翠等色绘画出翻江倒海、腾云驾雾的九龙纹，色调由浓渐淡，由厚渐薄，衬托出不同角度、不同光线的变化，极具三维动感[6]。整个图案色彩对比强烈，疏密有致，虚实协调，形象生动，极具立体效果。该瓶底足内用矾红彩书“康熙二十五年知德化县事鄞县范正辂选制”。从该瓶的制作、彩绘等方面的工艺水平分析，清代早期德化窑五彩瓷已相当成熟。

晚清民国时期德化窑五彩瓷器产量较少，器类有碗、盘、瓶、炉等，这一时期彩料与绘工较为粗糙。清末民初，德化窑还采用电光水涂抹在白瓷表面，然后入炉烤成红、

图五　清德化窑五彩吉祥如意盘（德化县陶瓷博物馆藏）

图六　清德化窑五彩云龙纹盘（福建博物院藏）

图七　清康熙五彩九龙天球瓶（德化县陶瓷博物馆藏）

蓝、赤、紫等釉上变色釉品种。

2. 德化窑粉彩

粉彩是在五彩及珐琅彩的影响下，在景德镇创制成功的又一种彩瓷，它的独特之处，是在彩绘时使用一种白色的彩料，名叫“玻璃白”。玻璃白具有乳浊效果，给人一种粉润的感觉，被人们称为“粉彩”。其做法是用经过玻璃白粉化的各种彩料，在白釉瓷器的釉面上彩绘，并结合绘画的渲染技法，再经第二次炉火烧烤而成。粉彩瓷器初创于康熙晚年，盛烧于雍正、乾隆，直至清代晚期，成为清代瓷业生产的主要品种[7]。福建粉彩瓷生产多见于德化窑，安溪及华安等地窑址也发现少量的粉彩瓷标本[8]。目前德化窑尚未发现烧造窑址，但从大量传世品的制作工艺和装饰特点看，其创烧时间应在清代康熙、雍正年间，延烧至民国，烧造时间与景德镇基本一致。其制作工艺过程基本保持不变，产品制作和纹饰都不够精细。器类有碗、杯、盘、罐、瓶（图八、图九）、壶（图一○）、觚、炉及观音、达摩等雕塑。清代德化窑的粉彩瓷装饰色彩以

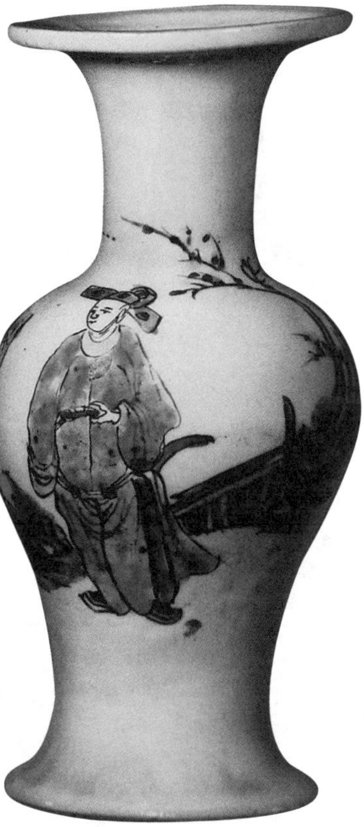

图八　清雍正德化窑粉彩人物图瓶（故宫博物院藏）

图九　清乾隆德化窑粉彩花果纹双耳瓶（故宫博物院藏）

图一〇　清德化窑粉彩倒流壶（德化县民间收藏）

红绿彩为多，色调趋于沉暗。早中期粉彩瓷上所用色较浓厚，纹饰凸起，有浅浮雕感觉；晚期彩料稀薄，缺乏晕染层次[9]。花纹题材有山水、人物、植物、珍禽瑞兽等，其中，又以凤凰牡丹为多见，而其人物装饰图案多取材于历代故事或神话传说，亦有大量雅士形象。由于德化窑的粉彩瓷在氧化砷的使用上有一定的变化，即早期较粗，中期稍厚，料厚色浓，晚期变得稀薄。因此，与景德镇的粉彩瓷相比，德化瓷粉彩瓷纹饰色彩的饱满度、鲜明度和层次感都稍逊一筹[10]，但其构图饱满、色泽朴拙、画风简练，颇具高古遗风，本土风格鲜明。

（三）漳州窑的五彩瓷

漳州窑是对明清时期漳州地区窑址的总称，指的是分布于福建省南部的九龙江中游西部的丘陵地带，即漳州及平和、漳浦、南靖、华安、云霄、诏安各县这样一个明末清初的古窑址群[11]，以平和的南胜、五寨地区窑址最为集中、最具代表性。根据考古研究，漳州窑的年代为明代晚期至清代初期；其性质为明清时期我国东南沿海地区以生产贸易陶瓷为主要目的的民间窑址[12]。漳州窑的产品以青花瓷为大宗，还有米黄釉、五彩、素三彩等品种。漳州窑青花和五彩大盘为最有特色和代表性的器物。

漳州窑受明末嘉靖、万历时期景德镇民窑大量生产五彩瓷的影响，约在明万历年间开始烧造，并达到高潮。目前已知漳州地区生产五彩瓷的窑址有 11 处，以平和县最为集中[13]，主要有平和南胜花仔楼、碗窑山窑，以及欧寮蕉山窑、五寨田中央、云霄火田窑、华安东溪窑、南靖龙山寨仔山窑等。其中，以平和县南胜、五寨窑为主[14]。根据出土物推断，各窑址烧制时间有先后之分。平和县窑址五彩瓷生产时间较早，约在明万历年间，东溪窑由晚明至民国，在下东溪头曾发现清代康乾五彩盘和晚清五彩盘、碗、碟、器盖、动物形水滴等标本。从采集的标本和传世实物来看，漳州窑五彩瓷的器类有盘（图一一、图一二、图一三、图一四）、碗（图一五）、盆、瓶、军持（图一六、图一七）、盒（图一八）、罐（图一九）等，以盘、碗为多见。彩釉有红、黄、绿、黑、蓝或褐色等色釉，少见其他彩釉。器物多数以绘红彩为主，部分以绿彩为主[15]。典型的漳州窑五彩瓷往往是红、绿、酱等几种色调无一遗漏地聚集在一件器物上，色彩浓艳[16]。纹饰构图的特点是多在器物的口、腹部绘开光，底部绘主题纹样。主题纹样画面繁缛而不失严谨。主要纹饰有人物、吉祥瑞兽、花卉、文字、山水等。其画风粗率，具有浓郁的民间气息。

图一一　明漳州窑五彩双凤卷云纹大盘（大英博物馆藏）

图一二　明漳州窑五彩印章纹大盘（大英博物馆藏）

图一三　明漳州窑五彩人物文字纹大盘

图一四　明漳州窑五彩开光忠孝廉节福字纹大盘（漳州市博物馆藏）

图一五 明漳州窑五彩碗（印尼雅加达国立博物馆藏）

图一六 明漳州窑五彩开光花卉纹军持（漳州市博物馆藏）

图一七　明漳州窑五彩开光花卉纹军持（印尼雅加达国立博物馆藏）

图一八　明末清初漳州窑五彩莲花纹盒（漳州市博物馆藏）

图一九　明末清初漳州窑五彩盖罐（漳州市博物馆藏）

二 主要特征

（一）金彩瓷器

目前所知除了遇林亭窑之外，可确定的还有吉州窑、定窑，赤土窑也烧造黑釉金彩器 [17]。遇林亭窑黑釉碗的瓷胎质地致密，胎体偏轻薄，胎色多呈浅灰或灰白色，含有少量细砂。器物内外施釉，外壁近底以下露胎，釉层较薄，较少垂釉和聚釉圈现象。釉色有纯黑色和黑中泛暗红或棕红的酱黑色二种。器物釉表面针眼(气泡破裂痕)密布，是区别于其他建窑系黑瓷的重要特征。结合出土标本和传世品的彩绘，遇林亭窑的黑釉金彩碗装饰内容大体分为四类。

1. 文字类

残片有“寿”、“寿山”、“海”和“山”等字；传世品则有“寿山福海”、“北苑先春”等完整句。

2. 花鸟类

以盛开的团花为主，也有梅竹等花卉；鸟有仙鹤和孔雀二种。

3. 纯线条装饰

所见均在壁上绘放射状纹样，线条或长或短，有粗有细。

4. 文字山水图

以写意的手法描绘武夷山风光。画面上绘有溪流、岩石、洞穴、树木、楼阁和修炼的道士等内容。

描绘的主题纹样题材充分反映了宋代社会崇尚山水和花鸟画的风气。色彩方面选择以冷峻的黑地衬托暖亮的金色，具有强烈的对比感和空间感，色彩学上把这种做法作为最佳色彩搭配[18]。构图上既有十分饱满的画面，也有虚实疏密得当的布局。以点线表达内容，但以线描为主。笔划流畅，饱满丰润，装饰技法已比较成熟。同时，从窑址作坊区内金彩标本的出土实物分析，证明此类产品是直接在窑场描绘并焙烘完成，成品才外运。由于金彩碗的制作工艺特殊、成本昂贵、观赏价值高、实用价值低等特点，导致这类碗的产量极为有限，世人难得一见，故其传世品弥足珍贵。

（二）五彩瓷器

福建五彩瓷均为两次烧制而成，即器物立坯上釉，经高温烧造后，再于器表施彩第二次入窑低温焙烧而成。德化窑五彩瓷的烧制是在高温烧成的白瓷上，先采用手绘法勾勒描绘出纹饰的轮廓，而后按图案装饰的需要，以平涂法，将红、黄、绿、蓝、紫、赭等各种带玻璃质料的彩料，施绘于器物的釉面上，再入彩炉中二次低温烧成[19]。明代德化窑的白釉瓷有象牙白、猪油白、乳白、鹅绒白、葱根白等，在这些白瓷器物上进行彩绘烧成的五彩瓷，既增强了白瓷的艺术效果，又扩大了产品的多样变化。其颜料大部分是出自当地贺兰山（今名驾云亭）的石英质矿石及绿矾、铜绿等合炼而成。民国初年，本地颜料逐渐被日本进口的洋彩所取代。

德化五彩瓷彩绘颜色和绘画风格均似景德镇同期五彩器，因此有学者认为产品中有部分可能是从德化订烧后运到景德镇加彩，或是景德镇工匠到德化传授绘画技艺，由德化工匠制作的，互受影响[20]。不同时期的德化五彩瓷用彩不同。明代德化窑五彩瓷的颜色主要由红、蓝、绿三种组成。其彩绘的色料是由色基加釉水配制而成的，所以彩绘的装饰图案表面光亮，色彩柔和，蓝绿图案有凸出感，绿色表面剥落时留有一层闪亮的铅金属痕迹。图案以民间风俗为主，花鸟牡丹等图案多见。清代初期德化窑五彩瓷制瓷趋于讲究，但仍不甚工细，色彩上延续晚明风格，突出红绿两色（尤其多见红色为主调），其他颜色较少或浅淡为辅，如绿、艾绿、紫、赭等色，总体色调较明代柔和。清晚期，德化窑五彩瓷的彩料、绘工均粗糙。清代除了白地五彩外，还有黄地或墨地等色地五彩，彩绘题材广泛，有龙凤、蝴蝶、喜鹊、蜻蜓、蝙蝠等昆虫动物图案，多与植物、花卉、云彩结合，还有“三友”、“四君子”和牡丹、荷花、石榴等花卉以及山水、人物、楼台轩榭等自然景物及“五子登科”、“福禄寿”等吉祥图案，为人们喜闻乐见的图案都成为五彩瓷的纹饰题材。德化五彩或勾勒、或重彩、或淡描，画风清新自然，富有层次，纹饰题材多源于生活[21]。这些彩绘构图饱满、朴实生动、色彩对比鲜明、图案生动活泼，具有浓郁的地方特色。

漳州窑五彩瓷的底釉主要有青釉、青白釉、白釉三种，未见其他底釉。胎体厚重，胎质紧密，烧结度好。胎骨多数呈灰白色，且有少量可见气孔。底釉多数滋润莹亮，透明度好，质感强。其彩釉以红色为主，配之以绿、黄、黑、褐或蓝等色彩。施彩方法为红彩直接画就，画绿彩则先用黑色或褐色勾勒出轮廓再涂上绿彩[22]，色彩鲜艳，色调柔和。明末平和窑五彩瓷多数是大盘，彩绘施于盘内口沿、器壁和盘底，常于口、壁绘网格锦地纹四开光或八开光装饰，开光内填折枝花卉，盘底绘主题纹饰，常见花鸟、折枝花、牡丹、梅菊以及龙凤、麒麟、狮、鸡、鱼图案，还有楼阁、洞石、山水画面和“魁”、“玉”、“乾坤气象”及印章等文字装饰。在器物上往往是将这些具有象征吉祥意义的植物花卉、动物图案和祝福语组合起来，用写实手法表现出来，随意急就，布局繁而不乱，纹饰主次分明，体现出纯朴自然、自由洒脱、不拘一格的艺术手法。

（三）粉彩瓷器

清代德化窑粉彩瓷色彩鲜艳，构图大方，用笔自然随意。在白瓷器釉上满彩，色谱多，与珐琅彩工艺相近。有一种说法，认为此乃浙江宁波天一阁的后代范正辂到德化任职时，把海外的珐琅彩工艺带到德化，为德化釉上彩绘引进了新的工艺。这不仅是这一时期釉上彩绘的新尝试，也是中外陶瓷装饰工艺技法的交流，极富意义[23]。德化窑粉彩瓷装饰艺术最突出的特点是改变了五彩那种生硬的色调，而以柔和的色彩渲染，且接色均匀平整，色阶过度自然，层次清晰。由于在色料中掺入了粉质，并在炉内以700℃～800℃的氧化气氛中烧成，因此质感较柔和，成品清雅俊秀。其施彩方法既有油染法，也有水染法，一般小件普通品采用色笔和水笔相互交替洗染[24]。粉彩瓷呈色所需的矿化物色基在德化周边的矿物带中均可找到。选料经过了本地色料—国产色料—进口洋色彩几个阶段。从传世作品可以看出，清代早期德化窑选用的国产色料、调配比例和彩绘技艺所产生的粉彩瓷效果最佳，其构图饱满，画面朴实生动，色彩浓淡适宜，立体感强，色调对比鲜明，整体生动活泼[25]。德化窑粉彩瓷的纹饰图案具有典型的民窑特征，主要有动物、植物、山水人物等，笔法自由豪放，其中龙的笔法最为特别；同时，作品常常有纪年款和商号款，尤以纪念性的纪念款为多见，与官窑有着明显的区别，充分反映了德化窑富有浓厚色彩的民窑风格和强烈的乡间生活气息。

三 外销

（一）金彩瓷器

福建与日本的陶瓷交流历史源远流长，宋代以来福建陶瓷的出口为日本茶道文化的形成做出了积极的贡献。在日本的镰仓、室町、安土、桃山时代，受中国宋朝的末茶冲饮法影响，盛行斗茶之风。其间，在中国备受推崇的斗茶用具兔毫盏，也由日本僧人从浙江天目山带到日本，并被专称为“天目盏”而备受珍视。根据资料显示，在日本各地收藏的黑釉天目中，有曜变天目、油滴天目、灰被天目、柿天目、黄天目、虹天目、玳瑁天目、金彩文字天目等品种[26]。而其中的金彩文字天目，即是南宋时期由福建传到日本的武夷山遇林亭窑生产的金银彩黑釉碗。日本德川、根津美术馆编《天目》一书总共收录五件黑釉金彩碗，根据器物内容、手法特征分析，可以确定为遇林亭窑产品。此外，东京博物馆收藏的两件“寿山福海”碗也属于遇林亭窑产品。

（二）五彩瓷器

1. 德化窑

德化窑古陶瓷外销历史悠久，从宋代开始，其产品即大量输往海外，是中国古代陶瓷产品输出的重要基地之一。明清时期，德化窑生产的白瓷、青花瓷、彩瓷等大量销往东南亚、欧洲等国家和地区，许多产品专为东南亚市场制作。德化窑五彩瓷作为外销东南亚等地区的主要产品之一，其传世品在海外常常可以见到。目前，英国大维德基金会和维多利亚博物馆收藏有德化窑红绿彩花鸟纹瓶、红绿彩花鸟纹双耳炉；新加坡亚洲文明博物馆收藏有德化窑五彩花鸟纹水注和一对德化窑五彩花卉纹瓶；印尼雅加达博物院收藏有德化五彩云纹大盘；马来西亚吉隆坡国立博物馆收藏有德化五彩凤鸟纹罐等。

2. 漳州窑

漳洲窑瓷器是中国古代外销瓷的一个重要组成部分，明末清初漳州月港发展成为国际性的贸易港口，漳州窑瓷器的对外贸易也随之繁荣起来。通过文献考究和考古发掘发现，漳州窑瓷器随着月港的扬帆通商而遍及海外诸邻[27]。从国外的考古资料和沉船资料来看，明清时期漳州窑五彩瓷大量外销到东南亚、日本、欧洲、非洲等地，而以日本、印尼和马来西亚发现和收藏最为丰富[28]。成立于1731年的荷兰吕伐登普利西霍夫博物馆则是迄今为止世界上收藏漳州窑瓷器最多的博物馆之一[29]。

印尼被誉为中国古陶瓷的仓库之一[30]，根据苏马拉·爱迪文《印度尼西亚发现的16～17世纪的漳州窑瓷器》一书介绍，印尼发现了大量漳州窑五彩瓷器，器类主要有盘、碗、罐、军持、盒等。在英国、新加坡、菲律宾、马来西亚的一些博物馆以及私人收藏家手中也收藏有不少漳州窑五彩瓷器。1991年，在菲律宾海域打捞出水的西班牙“圣迭戈”号沉船（1600年12月14日沉没）中也发现了漳州窑红绿彩碗。此外，在埃及的福斯塔特遗址中也出土过漳州窑五彩瓷。

日本收藏中国古代瓷器数量很多，在众多的中国外销瓷中，漳州窑五彩瓷造型朴拙庄重，画法流畅自然，色彩浓艳纷呈，得到日本社会各阶层的珍视[31]。日本传世的漳州窑五彩瓷数量很多，而且质量上乘，被称为“吴须赤绘”[32]。日本陶瓷专家森村建一在对日本各地遗址和沉船的出土器物进行编年分期后认为，16世纪后半期至17世纪初是漳州窑陶瓷（包括数量很多的五彩瓷、素三彩瓷）大量外销的主要时期。16世纪末期，少量的五彩瓷开始运销日本，至17世纪初，平口折沿大盘和茶道用具五彩碗在输往日本的贸易瓷中比例增多，并日渐成为主流，在日本筑町遗址和滨町遗址出土的遗物中都曾发现漳州窑的五彩瓷。目前，东京国立博物馆、出光美术馆、松冈美术馆、静嘉堂文库美术馆、五岛美术馆等都收藏有许多漳州窑五彩瓷器。漳州窑五彩瓷传入日本后，还成为日本陶瓷彩绘的重点模仿对象。

综上可见，福建釉上彩瓷的烧造，历史悠久，窑业兴盛，产品内涵丰富，釉色品种多样，工艺技术高超，民窑风格明显；同时，福建釉上彩瓷的生产与外销同福建海外交通的发展和海外市场的需求是密切相关的，其产品除了满足国内需求外，相当部分是专供外销烧制的。特别是明清时期，德化窑、漳州窑成为福建外销瓷生产中心，促使福建沿海地区兴起了数量巨大的窑址群，有力地推动了福建海洋型瓷业格局的形成。此外，因釉上彩瓷是清代外销东南亚等地区最大宗的瓷器品种，其对于清代瓷艺风格的影响尤为明显，它不仅推动了福建釉上彩瓷技艺的整体提升，而且有力地促进了福建釉上彩瓷技术的传播。福建釉上彩瓷在中国古代陶瓷领域中应占有一席之地，在中国陶瓷史上亦应占有一定的地位。

注释：

[1][2][17][18] 陈兆善：《遇林亭窑黑釉金彩碗研究》，《福建文博》2002年第1期。

[3][19] 郑金勤：《德化五彩瓷初探》，《德化陶瓷研究论文集》，2002年。

[4] 德化县人民政府编：《德化陶瓷博物馆馆藏精品集萃》，海风出版社，2011年。

[5][13][21] 郑东：《试论闽南古代彩瓷的生产与外销》，《南方文物》2004年第1期。

[6] 陈丽芳：《康熙五彩九龙瓶》，《德化陶瓷研究论文集》，2002年。

[7] 叶佩兰：《收藏者青睐粉彩瓷》，《中国文物报·收藏鉴赏周刊》2000年10月15日。

[8][9][10][14][16][24] 曾莹、彭维斌：《珠光青瓷　德化白瓷　克拉克瓷》，海峡出版发行集团鹭江出版社，2013年。

[11] [日] 楢崎彰一：《漳州窑陶瓷和美浓桃山陶瓷》，《福建文博》1999增刊。

[12] 马泓蛟等：《漳州窑研究综述》，《福建文博》2009年第2期。

[15][22] 吴其生：《明清时期漳州五彩瓷器调查》，《闽南古陶瓷研究》，福建美术出版社，2002年。

[20] 冯素阁、孔粤华：《试论德化窑的彩瓷》，《德化陶瓷研究论文集》，2002年。

[23][25] 陈建中等：《中国德化瓷史》，上海交通大学出版社，2011年。

[26] 林存琪：《从陶瓷考古新发现看福建与日本的文化交流》，《福建文博》2002 年第 1 期。

[27][30] 高炳文：《漳州窑与世界各地的贸易》，《闽台文化研究》2013 年第 4 期。

[28] 叶文程:《闽南地区古代陶瓷的生产与外销》,《闽南古陶瓷研究》, 福建美术出版社, 2002 年。

[29]“海上丝绸之路”研究中心：《跨越海洋——中国“海上丝绸之路”八城市文化遗产精品联展》，宁波出版社，2012 年。

[31][32] 戴鸿文：《日本收藏漳州窑五彩瓷器选介——兼谈漳州窑五彩器对日本瓷器风格的影响》，《福建文博》1999 年增刊。

清宫旧藏明代彩瓷整理与研究

故宫博物院　黄卫文

内容提要：故宫博物院现藏原属清宫旧藏的明代彩瓷（不含釉下彩）藏品共计368件。以景德镇官窑产品为主的这批旧藏明代彩瓷，品种丰富，制作精良，基本反映了景德镇明代彩瓷生产的历史面貌与制作水平，是我们研究彩瓷发展相关问题最具价值的传世资料。本文在以朝代为纲对这部分旧藏器进行全面整理统计的基础上，试就清宫旧藏明代彩瓷相关问题作一定的分析研究。

关键词：清宫旧藏　明代彩瓷　整理统计　研究

Abstract: There were 368 polychrome porcelain of Ming dynasty（without under-glaze ware）which belongs to the Imperial Court of Qing dynasty in the collection of the Palace Museum. These collections mainly were made by Jingdezhen kiln, and reflected the historical appearance and production standard by its abundant varieties and delicate crafts. Based on the collections, the thesis tried to discuss the polychrome porcelain of Ming dynasty in the collection of Qing Imperial Court.

Keywords: collection of Qing Imperial Court, polychrome porcelain of Ming dynasty, statistics, research

彩瓷即指与颜色釉瓷相对的彩绘瓷器。作为我国古代陶瓷生产的主要品种，彩瓷的烧造在我国有着悠久的历史和清晰的发展脉络。明代是我国古代彩瓷发展的重要阶段，以景德镇官窑制瓷为代表，彩瓷生产工艺不断取得新的突破，彩瓷新品大量涌现，我国古代陶瓷装饰也因此展现出彩绘与色釉装饰并重，以彩绘装饰更为突出的新面貌。从制作工艺来看，明代彩瓷可分釉下彩、釉上彩、釉下与釉上结合的彩瓷，以及素三彩、杂釉彩等品种。由于习惯上研究者一般将彩在釉下一次高温烧成的青花、釉里红等釉下彩瓷视为一个相对独立的研究领域，因此本文整理统计和讨论的旧藏明代彩瓷主要是指除青花、釉里红等釉下彩品种之外的明代彩瓷。故宫博物院目前藏有368件原属清宫旧藏的明代彩瓷，其数量虽然不多，但品种丰富，制作精良，基本反映了景德镇明代彩瓷生产的历史面貌与制作水平，是我们研究彩瓷制作相关历史问题最具价值的传世资料。本文以朝代为纲，通过对旧藏明代彩瓷在品种、器形、数量、原藏位置等方面的全面整理与统计，试就清宫旧藏明代彩瓷相关问题做一定的分析研究。

一 故宫博物院明代彩瓷藏品概貌及研究回顾

故宫博物院成立于1925年10月10日，众所周知，其院址是明清两代皇宫——紫禁城宫殿旧址。目前院藏的历代陶瓷类文物藏品总计约35余万件，来源可分清宫旧藏和故宫博物院建院后入藏两大部分，其中以清宫原藏历代名窑瓷器及明清两代景德镇官窑瓷器为主的清宫旧藏陶瓷器多达32万余件。“清宫旧藏”文物是指故宫博物院建院之际点查接收的紫禁城皇宫内和其后陆续归入故宫博物院收藏的清代其他皇家宫苑如颐和园、承德避暑山庄、沈阳故宫等处的清宫原藏文物。这些传承有序的清宫旧藏文物，不仅构成了故宫博物院藏品的主体，更是最具研究价值的传世资料。

笔者依据故宫博物院文物藏品总账和陶瓷分类文物账统计：故宫博物院现有明代陶瓷藏品9000余件，其中5500余件为清宫旧藏，而故宫博物院建院后入藏及清宫旧藏的明代彩瓷藏品总计有636件，其中清宫旧藏器368件（另有22件旧藏明代彩瓷外拨给国内其他文博单位，详见附表一）。从藏品制作工艺和款识等方面的特征来看，旧藏明代彩瓷除少数藏品为民窑制品外，绝大多数都是明代各朝的景德镇官窑产品，包括宣德、成化、弘治、正德、嘉靖、隆庆、万历、天启等时期的制品，所见品种有青花五彩、釉上五彩、色地五彩、斗彩、素三彩、红绿彩、青花加彩、青花矾红彩、白地矾红彩、白地绿彩、白地紫绿彩、黄地绿彩、绿地黄彩、黄地红彩、涩胎加彩、红釉描金、黄釉描金、蓝釉描金等。

多年来，故宫博物院从事古陶瓷研究的众多专家学者，依托院藏传世明清官窑瓷器数量庞大、时代完整、品种齐全等优势，结合考古出土材料，对明代彩瓷生产发展有关问题进行了深入地研究探讨，除撰写和发表了许多介绍故宫藏品或探讨明代彩瓷相关问题的学术论文外，1999年和2009年先后出版的《故宫博物院藏文物珍品全集·五彩　斗彩》卷[1]及《故宫博物院藏文物珍品全集·杂釉彩　素三彩》卷[2]两部文物图录，更堪称是故宫博物院明代彩瓷研究工作中具有阶段性的研究成果。两部图录在收录介绍多件院藏明代彩瓷代表作的同时，王莉英和吕成龙先生还在各自撰写的分卷前言中对明代的五彩与斗彩，素三彩和杂釉彩等彩瓷品种的定义、制作发展面貌、历代产品特征等方面给予了全面的研究论述，集中体现了多年来故宫学者在明代彩瓷研究领域的学术成果。

二 清宫旧藏明代彩瓷整理与统计

在明代彩瓷研究领域，清宫旧藏明代彩瓷无疑是研究者最需了解和掌握的基础性传世资料之一，笔者依据院藏文物相关账目的记载，以朝代为纲，从藏品制作朝代、品种、款识、数量、原始编号、原藏位置等方面对旧藏明代彩瓷藏品给予全面整理和统计，并以表格的形式加以说明（表一），以期为大家的研究工作提供更详尽的参考资料。

表一　故宫博物院清宫旧藏明代彩瓷统计表

朝代	名称	款识	数量	原号	原藏位置	品种	总计	
宣德	青花矾红彩海水龙纹碗	无	1	云一〇四五	内廷东路乾东五所寿药房	青花矾红彩	3	6
	青花矾红彩海水龙纹盘	无	1	吕五〇三	内廷西路养心殿			
	青花矾红彩海水龙纹盘	无	1	吕五〇三	内廷西路养心殿			
	白地酱彩折枝花果纹盘	大明宣德年制	1	留	避暑山庄或沈阳故宫	白地酱彩	2	
	白地酱彩折枝花果纹盘	大明宣德年制	1	留	避暑山庄或沈阳故宫			
	鲜红釉描金云龙纹盘	无	1	全一三九三	南迁文物	红釉描金	1	
成化	淡描青花加彩人物图杯	大明成化年制	1	鳞四52	外廷西路慈宁宫东跨院库房	青花加彩	1	43
	斗彩灵芝云纹杯	大明成化年制	2	鳞四52	外廷西路慈宁宫东跨院库房	斗彩	42	
	斗彩折枝花卉纹杯	内书藏文	2	留	避暑山庄或沈阳故宫			
	斗彩高士图杯	大明成化年制	2	留	避暑山庄或沈阳故宫			
	斗彩鸡缸杯	大明成化年制	2	天一〇〇二	内廷中路乾清宫			
	斗彩菊花纹杯	大明成化年制	3	天一〇〇二	内廷中路乾清宫			
	斗彩婴戏图杯	大明成化年制	2	天一〇〇二	内廷中路乾清宫			
	斗彩葡萄纹杯	大明成化年制	3	天一〇〇二	内廷中路乾清宫			
	斗彩葡萄纹高足杯	大明成化年制	5	天一〇〇五	内廷中路乾清宫			
	斗彩团莲纹高足杯	大明成化年制	6	天一〇〇五	内廷中路乾清宫			
	斗彩花鸟图高足杯	大明成化年制	2	天一〇〇四	内廷中路乾清宫			
	斗彩缠枝莲纹高足杯	大明成化年制	2	天一〇〇四	内廷中路乾清宫			
	斗彩缠枝莲纹高足杯	大明成化年制	2	鳞四52	外廷西路慈宁宫东跨院库房			
	斗彩海马纹天字罐	天	1	点六四	南迁文物			
	斗彩缠枝莲纹天字罐	天	1	留	避暑山庄或沈阳故宫			
	斗彩缠枝莲纹盖罐	大明成化年制	1	雨五四二	内廷东路重华宫区翠云馆			
	斗彩云龙纹天字盖罐	天	1	总四七一	颐和园			
	斗彩海水异兽纹天字罐	天	1	总八二五	颐和园			
	斗彩海水异兽纹天字罐	天	1	地四四五	内廷中路坤宁宫			
	斗彩卷枝纹直颈瓶	大明成化年制	1	留	避暑山庄或沈阳故宫			

续表

朝代	名称	款识	数量	原号	原藏位置	品种	总计	
成化	斗彩缠枝莲纹罐	大明成化年制	1	留	避暑山庄或沈阳故宫	斗彩	42	43
	斗彩团花蝶纹罐	大明成化年制	1	剑六一	外廷东路宁寿宫区乐寿堂			
弘治	青花矾红彩云龙纹盘	大明弘治年制	1	全一三九四	南迁文物	青花矾红彩	1	36
	白地矾红彩五鱼纹盘	无	1	致八九	外朝中路茶库	白地矾红彩	1	
	白地酱彩花果纹盘	大明弘治年制	1	律八六三	内廷东路景阳宫	白地酱彩	1	
	白地绿彩暗刻海水龙纹盘	大明弘治年制	3	律八五二38	内廷东路景阳宫	白地绿彩	6	
	白地绿彩暗刻海水龙纹碗	大明弘治年制	3	留	避暑山庄或沈阳故宫			
	祭蓝釉描金牛纹双系罐	无	1	历六六四	颐和园	蓝釉描金	16	
	祭蓝釉描金牛纹双系罐	无	1	号六六五				
	祭蓝釉描金牛纹双系罐	无	14	丽六六四	内廷东路乾东五所古董房			
	黄釉描金盘	无	6	成三四三4	内廷东路斋宫	黄釉描金	11	
	黄釉描金弦纹罐	无	2	丽六八八	内廷东路乾东五所古董房			
	黄釉描金弦纹牺耳尊	无	1	姜二四四	外朝西庑瓷库			
	黄釉描金弦纹双系罐	无	1	姜二四四	外朝西庑瓷库			
	黄釉描金盘	无	1	丽六八三	内廷东路乾东五所古董房			
正德	青花加彩海水云龙纹碗	正德年制	2	留	避暑山庄或沈阳故宫	青花加彩	2	26
	青花矾红彩五鱼纹碗	无	1	夜二一七	内廷中路颐和轩	青花矾红彩	1	
	白地矾红彩五鱼纹盘	无	8	致八九	外朝中路茶库	白地矾红彩	8	
	白地绿彩暗刻海水云龙纹盘	大明正德年制	2	留，奉字	沈阳故宫	白地绿彩	4	
	白地绿彩暗刻海水云龙纹盘	大明正德年制	1	律八四三	内廷东路景阳宫			
	白地绿彩云龙纹碗	大明正德年制	1	珠五〇八	外廷东路宁寿宫区皇极殿			
	里白釉暗龙纹外黄地绿彩云龙纹盘	正德年制	3	留，奉字	沈阳故宫	黄地绿彩	7	
	里白釉暗龙纹外黄地绿彩云龙纹盘	正德年制	2	律八五二	内廷东路景阳宫			
	里白釉暗龙纹外黄地绿彩云龙纹碗	正德年制	1	留	避暑山庄或沈阳故宫			

续表

朝代	名称	款识	数量	原号	原藏位置	品种	总计	
正德	黄地绿彩云龙纹渣斗	正德年制	1	留	避暑山庄或沈阳故宫	黄地绿彩	7	26
	素三彩缠枝莲纹高足碗	无	1	留	避暑山庄或沈阳故宫	素三彩	2	
	素三彩暗刻海兽纹三足洗	正德年制	1	留	避暑山庄或沈阳故宫			
	黄釉描金爵	无	2	留	避暑山庄或沈阳故宫	黄釉描金	2	
嘉靖	斗彩灵芝纹盘	大明嘉靖年制	14	历九〇一	颐和园	斗彩	15	119
	斗彩人物图杯	大明嘉靖年制	1	纬七四三	外廷西路永寿宫			
	五彩璎珞纹高足碗	大明嘉靖年制	1	留	避暑山庄或沈阳故宫	五彩	12	
	五彩云龙纹碗	大明嘉靖年制	1	留	避暑山庄或沈阳故宫			
	五彩龙凤纹碗	大明嘉靖年制	1	号六三八				
	五彩花卉纹碗	大明嘉靖年制	1	号六三三				
	五彩团龙纹罐	大明嘉靖年制	1	露二二五	内廷东路乾东五所敬事房			
	五彩云鹤八吉祥纹罐	大明嘉靖年制	1	留	避暑山庄或沈阳故宫			
	五彩海马图盖罐	大明嘉靖年制	1	留	避暑山庄或沈阳故宫			
	五彩鱼藻纹罐	大明嘉靖年制	1		未定			
	五彩缠枝花卉纹梅瓶	大明嘉靖年制	1	成三三五				
	五彩凤穿花卉纹梅瓶	大明嘉靖年制	1	留	避暑山庄或沈阳故宫			
	蓝地五彩加金蒜头瓶	大明嘉靖年制	2	留	避暑山庄或沈阳故宫			
	红绿彩云龙纹罐	大明嘉靖年制	1	留	避暑山庄或沈阳故宫	红绿彩	1	
	素三彩缠枝莲纹瓶	无	1	留	避暑山庄或沈阳故宫	素三彩	1	
	黄地素三彩双龙纹坐墩	无	4	阙五五二	外廷西路慈宁宫东跨院库房	黄地素三彩	6	
	黄地素三彩双龙纹坐墩	无	2	留	避暑山庄或沈阳故宫			
	青花矾红彩云龙纹大碗	大明嘉靖年制	1	留	避暑山庄或沈阳故宫	青花矾红彩	2	
	青花矾红彩海水云龙纹碗	大明嘉靖年制	1	号六三七				
	白地矾红彩云龙纹大碗	大明嘉靖年制	1	总五五四	颐和园	白地矾红彩	2	
	白地矾红彩花卉纹盘	大明嘉靖年制	1		未定			
	白地绿彩龙纹水丞	大明嘉靖年制	1	留	避暑山庄或沈阳故宫	白地绿彩	1	

续表

朝代	名称	款识	数量	原号	原藏位置	品种	总计	
嘉靖	黄地绿彩花卉纹盘	大明嘉靖年制	30	称一三五	外廷西路慈宁宫	黄地绿彩	67	119
	黄地绿彩八宝纹盘	大明嘉靖年制	10	称一三五	外廷西路慈宁宫			
	黄地绿彩云龙纹盘	大明嘉靖年制	14	称一三五	外廷西路慈宁宫			
	黄地绿彩云龙纹碟	大明嘉靖年制	3	金五三〇	内廷西路永寿宫			
	黄地绿彩刻莲花纹碟	大明嘉靖年制	1	金一三四一	内廷西路永寿宫			
	黄地绿彩里寿字外云龙纹碗	大明嘉靖年制	1	留	避暑山庄或沈阳故宫			
	黄地绿彩花鸟图卧足碗	大明嘉靖年制	1	律八五二	内廷东路景阳宫			
	黄地绿彩花鸟图卧足碗	大明嘉靖年制	2	律八二五17	内廷东路景阳宫			
	黄地绿彩婴戏图碗	大明嘉靖年制	4	吕三二五	内廷西路养心殿			
	黄地绿彩凤纹斗杯	大明嘉靖年制	1	律八五二16	内廷东路景阳宫			
	黄地红彩云龙纹罐	大明嘉靖年制	1	总四三一	颐和园	黄地红彩	6	
	黄地红彩云龙纹罐	大明嘉靖年制	1	总四二九	颐和园			
	黄地红彩缠枝莲纹葫芦瓶	大明嘉靖年制	1	出二三七	外廷西路寿康宫			
	黄地红彩龙纹碗	大明嘉靖年制	2	丽一一二九	内廷东路乾东五所古董房			
	黄地红彩云龙纹盖罐	大明嘉靖年制	1	留	避暑山庄或沈阳故宫			
	里青花花卉纹外矾红釉描金花卉纹碗	富贵长春	2	留	避暑山庄或沈阳故宫	色釉描金	6	
	里青花寿字外矾红釉描金缠枝莲纹碗	富贵长春	1	夜二二二	外廷东路宁寿宫区颐和轩			
	矾红釉描金双系罐	无	2	丽六六二	内廷东路乾东五所古董房			
	白釉描金云龙纹罐	无	1	吕一六六一	内廷西路养心殿			
隆庆	斗彩缠枝莲纹杯	大明成化年制	1	鳞四27	外廷西路慈宁宫东跨院库房	斗彩	2	2
	斗彩折枝花卉纹杯	大明隆庆年制	1	鳞四27	外廷西路慈宁宫东跨院库房			
万历	斗彩牡丹纹碗	大明成化年制	1	留	避暑山庄或沈阳故宫	斗彩	1	113

续表

朝代	名称	款识	数量	原号	原藏位置	品种	总计	
万历	青花五彩人物花卉纹盒	大明万历年制	1	丽二六四七	内廷东路乾东五所古董房	青花五彩	9	113
	青花五彩团龙纹花觚	大明万历年制	1	出四九二	外廷西路寿康宫			
	青花五彩缠枝花卉纹盘口瓶	大明万历年制	1	留	避暑山庄或沈阳故宫			
	青花五彩大吉葫芦瓶	大明万历年制	1	来二七八	颐和园			
	青花五彩云龙纹盘	大明万历年制	1	律八五二34	内廷东路景阳宫			
	青花五彩双龙纹缸	大明万历年制	1	留	避暑山庄或沈阳故宫			
	青花五彩花鸟图蒜头瓶	大明万历年制	1	总三四五	颐和园			
	青花五彩鱼藻纹蒜头瓶	大明万历年制	1	总七一八	颐和园			
	青花五彩花鸟图花觚	大明万历年制	1	总四二五	颐和园			
	五彩花鸟图蒜头瓶	大明万历年制	1	总一〇六二	颐和园	五彩	46	
	五彩镂空云凤纹瓶	大明万历年制	1	留	避暑山庄或沈阳故宫			
	五彩龙戏珠花卉纹蒜头瓶	大明万历年制	1	总四一〇	颐和园			
	五彩碗	无	1	留	避暑山庄或沈阳故宫			
	五彩鱼莲纹碗	无	1	留	避暑山庄或沈阳故宫			
	五彩云龙纹盘	大明万历年制	4	称一三五2	外廷西路慈宁宫			
	五彩里龙纹外云鹤纹盘	大明万历年制	12	称一三五2	外廷西路慈宁宫			
	五彩鸳鸯戏莲纹盘	大明成化年制	2	留	避暑山庄或沈阳故宫			
	五彩云龙纹碗	大明万历年制	2	留	避暑山庄或沈阳故宫			
	五彩人物花卉纹碗	大明万历年制	8	留	避暑山庄或沈阳故宫			
	五彩人物纹碗	大明万历年制	1	留	避暑山庄或沈阳故宫			
	五彩狮穿花纹碗	大明成化年制	1	留	避暑山庄或沈阳故宫			
	五彩云龙纹浅碗	大明万历年制	2	留	避暑山庄或沈阳故宫			
	五彩海水云龙纹六棱蟋蟀罐	大明万历年制	1	丽一一三七	内廷东路乾东五所古董房			
	五彩八仙图罐	大明万历年制	1	留	避暑山庄或沈阳故宫			

续表

朝代	名称	款识	数量	原号	原藏位置	品种	总计	
万历	五彩鹭莲纹长颈瓶	大明万历年制	1	留	避暑山庄或沈阳故宫	五彩	46	113
	五彩八仙图瓶	大明万历年制	1	留	避暑山庄或沈阳故宫			
	五彩花鸟图葫芦瓶	大明万历年制	1	丽一六〇四	内廷东路乾东五所古董房			
	五彩鸳鸯卧莲纹碗	大明成化年制	2	留	避暑山庄或沈阳故宫			
	五彩云龙纹碗	大明万历年制	1	留	避暑山庄或沈阳故宫			
	五彩双耳三足炉	大明万历年制	1	总八八四	颐和园			
	黄地五彩龙云鹤纹盘	大明万历年制	2	称一三五2	外廷西路慈宁宫	黄地五彩	4	
	黄地五彩云龙纹盘	大明万历年制	1	称一三五2	外廷西路慈宁宫			
	黄地五彩云龙纹盘	大明万历年制	1	称一三五8	外廷西路慈宁宫			
	青花加彩松竹梅图罐	大明宣德年制	1	留	避暑山庄或沈阳故宫	青花加彩	4	
	青花加彩缠枝莲纹葫芦瓶	大明万历年制	1	留	避暑山庄或沈阳故宫			
	青花加彩五龙笔山	大明万历年制	1	余四九九	内廷东路毓庆宫			
	青花加彩葫芦瓶	大明万历年制	1	总署六五一	颐和园			
	青花红绿彩梅雀纹葫芦瓶	大明万历年制	1	丽一六〇四	内廷东路乾东五所古董房	青花红绿彩	2	
	青花红绿彩狮穿花纹葫芦瓶	大明万历年制	1	霜三〇三	内廷西路翊坤宫			
	黄地素三彩刻双龙纹盘	大明万历年制	1	律八五二11	内廷东路景阳宫	黄地素三彩	4	
	黄地三彩云龙纹盘	大明万历年制	1	称一三五	外廷西路慈宁宫			
	黄地三彩云龙纹盘	大明万历年制	2	称一三五2	外廷西路慈宁宫			
	黄地紫绿彩龙纹盘	大明万历年制	1	留	避暑山庄或沈阳故宫	黄地紫绿彩	40	
	黄地紫绿彩龙纹盘	大明万历年制	1	全五三一				
	黄地紫绿彩龙纹盘	大明万历年制	26	称一三五2	外廷西路慈宁宫			
	黄地紫绿彩里龙纹外葡萄纹盘	大明万历年制	12	称一三五2	外廷西路慈宁宫			
	黄地绿彩龙纹碗	大明万历年制	1	留	避暑山庄或沈阳故宫	黄地绿彩	1	
	绿地黄彩龙纹盖罐	大明万历年制	2	留	避暑山庄或沈阳故宫	绿地黄彩	2	

续表

朝代	名称	款识	数量	原号	原藏位置	品种	总计	
天启	五彩凤穿牡丹纹军持	无	1	丽七〇三	内廷东路乾东五所古董房	五彩	1	1
明	素胎加彩诗文松鹿图罐	无	1	复	避暑山庄或沈阳故宫	素胎加彩	1	22
	五彩缠枝莲纹盖罐	无	5	留	避暑山庄或沈阳故宫	五彩	20	
	五彩双狮纹盖罐	无	13	留	避暑山庄或沈阳故宫			
	五彩海水云龙纹方盒	无	1	留	避暑山庄或沈阳故宫			
	五彩缠枝莲纹碗	无	1	留	避暑山庄或沈阳故宫			
	黄地绿彩龙纹盘	无	1	称一三五8	外廷西路慈宁宫	黄地绿彩	1	
总计								368

三 清宫旧藏明代彩瓷相关问题研究

通过上述对清宫旧藏明代彩瓷藏品的系统整理及得出的统计数据，个人认为我们对这批旧藏器所代表的明代彩瓷制作发展的基本特征可以得出以下几点认识。

第一，从藏品数量来看，无论旧藏还是全部明代彩瓷藏品的数量都仅占院旧藏或全部明代瓷器藏品数量的 7 %左右，远比同时期的青花或颜色釉瓷为少，可见明代彩瓷生产除已成为当时制瓷主流的青花釉下彩品种之外，由于制作工艺流程相对复杂且费工费时，其他彩瓷品种的烧造数量总体来看还是比较少的。

第二，从这批旧藏器的制作朝代和烧造品种上看，明代各朝的彩瓷生产普遍都有各自朝代比较突出的品种，如成化时期烧造的彩瓷以斗彩瓷器成就最高，且自明代至今就一直被世人视为名品所珍视，而院旧藏 43 件成化彩瓷除一件淡描青花加彩杯外即全是斗彩制品，清代宫廷更是对成化斗彩极其珍视，其中 30 件旧藏器就原被集中珍藏于内廷乾清宫西暖阁的三个木箱中[3]。此外，明代其他时期具代表性的彩瓷品种在旧藏器中也多有反映，如旧藏弘治彩瓷中白地绿彩（图一）、黄釉描金、祭蓝釉描金等品种传世数量较多。正德时期则以白地绿彩（图二）、白地矾红彩（图三）、素三彩等品种的藏品数量为多，而嘉靖（图四）、万历时期藏品中最突出的是青花五彩、釉上五彩、色地五彩（图五）、黄地绿彩、黄地紫绿彩、黄地红彩等品种。

第三，从明清两代彩瓷烧造历史来看，明代彩瓷生产最重要的作用就是为清代彩瓷的发展奠定了技术基础，明清时期流行的彩瓷品种不仅绝大部分在明代就已烧造成功，并且许多品种在清代依然延续制作或被清人视为前代名品而仿烧，而许多清仿明彩瓷制品无疑是以旧藏明代彩瓷中的某些器物为范本，如旧藏成化斗彩花蝶纹盖罐（图六），

图一　明弘治白地绿彩云龙暗刻海水纹盘（故宫博物院藏）

图二　明正德白地绿彩云龙暗刻海水纹盘（故宫博物院藏）

图三　明正德白地矾红彩五鱼纹盘（故宫博物院藏）

图四　明嘉靖白地五彩龙凤纹碗（故宫博物院藏）

图五　明万历黄地五彩里龙纹外云鹤纹盘（故宫博物院藏）

图六　明成化斗彩团花蝶纹盖罐（故宫博物院藏）

图七　明嘉靖黄地绿彩龙纹盘（故宫博物院藏）

图八　明嘉靖黄地绿彩里云龙纹外葡萄纹盘（故宫博物院藏）

弘治和正德款的白地绿彩龙纹盘（见图一），嘉靖款黄地绿彩龙纹盘（图七），万历款黄地紫绿彩里云龙纹外葡萄纹盘（图八）等清代均有仿烧或同类产品传世。

四 结语

综上所述，故宫博物院所藏368件清宫旧藏明代彩瓷，不仅基本反映了明代景德镇彩瓷生产历史面貌和制作水平，对清代的彩瓷制作发展也有着十分重要的影响，无疑是我们研究明清彩瓷发展相关问题最具研究价值的传世资料。

附表一　外拨清宫旧藏明代彩瓷统计表

朝代	名称	款识	数量	原号	原藏位置	外拨单位
正德	矾红彩五鱼纹盘	正德款	1	至八九	外朝中路茶库	辽宁省博物馆
正德	绿彩龙纹碗	正德款	1	珠五八〇	外廷东路宁寿宫皇极殿	广东省博物馆
正德	绿彩龙纹碗	正德款	1	珠五八〇	外廷东路宁寿宫皇极殿	河北省博物馆
嘉靖	斗彩灵芝纹盘	嘉靖款	1	历九〇一	颐和园	广东省博物馆
嘉靖	斗彩灵芝纹盘	嘉靖款	1	历九〇一	颐和园	其他
嘉靖	矾红彩盘	无	1	无	未定	广东省博物馆
嘉靖	矾红彩盘	无	1	无	未定	佛山市博物馆
嘉靖	矾红彩盘	无	1	姜二〇七	外朝西庑瓷库	其他
嘉靖	矾红彩盘	无	1	姜二〇七	外朝西庑瓷库	河北省博物馆
嘉靖	矾红彩盘	无	1	无	未定	开封市博物馆
嘉靖	矾红彩盘	无	1	无	未定	陕西铜川市
嘉靖	矾红彩盘	无	1	无	未定	徐州市博物馆
嘉靖	矾红彩盘	无	1	无	未定	黑龙江省博物馆
嘉靖	祭蓝釉描金牛纹双系罐	无	1	丽六六四	内廷东路乾东五所古董房	广东省博物馆
万历	五彩龙凤纹长颈瓶		1	留	避暑山庄或沈阳故宫	广东省博物馆
万历	黄地五彩双龙纹盘	万历款	1	称一三五8	外廷西路慈宁宫	广东省博物馆
万历	五彩鸳鸯卧莲纹碗	仿成化款	1	留	避暑山庄或沈阳故宫	广州市博物馆
万历	黄地五彩龙云鹤纹盘	万历款	1	称一三五	外廷西路慈宁宫	南京文管会
万历	黄地五彩龙纹盘	万历款	1	称一三五8	外廷西路慈宁宫	徐州市博物馆
万历	黄地五彩龙纹盘	万历款	1	称一三五8	外廷西路慈宁宫	开封市博物馆
万历	黄地五彩云龙纹盘	万历款	1	称一三五	外廷西路慈宁宫	辽宁省博物馆
明末	五彩花卉纹罐	无	1	无	未定	广东省博物馆

注释：

[1]《故宫博物院藏文物珍品全集·五彩 斗彩》卷，上海科学技术出版社、香港商务印书馆，1999年。

[2]《故宫博物院藏文物珍品全集·杂釉彩 素三彩》卷，上海科学技术出版社、香港商务印书馆，2009年。

[3] 乾清宫《西暖阁陈设档案》，光绪二年三月初四日立；清室善后委员会：《故宫物品点查报告》第一编，第一册，卷三，页133，1925年。

清代御用瓷器——大运彩瓷的烧造

故宫博物院　赵聪月

内容提要：有清一代自顺治皇帝入主中原，将其皇宫迁至紫禁城，历经十个朝代更替，留下了众多的历史遗迹，为我们多方位研究清史提供了有力的物证，其中也包括了清宫遗留的36万余件的陶瓷用具及用文字记录烧制这些器皿的清宫档案。作者力图通过档案所记载的器物名称与瓷器库房旧藏的实物相对比，将两者结合，抽丝剥茧，厘清清宫御用瓷器烧制的脉络，总结其烧制规律，尝试通过不同于以往的角度去研究其烧制过程及烧制品种。釉上彩瓷作为大运瓷器中的一个品种，清代始烧于何时，烧制了哪些器物，终烧于何朝，使用了那些装饰图案呢？本文将根据清宫档案记载的烧制清单，一一加以论述。

关键词：烧制方式　大运瓷器　釉上彩瓷　清单

Abstract: There are a large numbers of historical heritages since Qing Emperor Shunzhi moved his control center into the Forbidden City. Experiencing ups and downs through different emperors in Qing dynasty, modern researchers can study Qing history in many kinds of fields by rich material evidence, such as over 360,000 porcelains in the Palace Museum and related archives in the same periods. In order to explore the process and regular patterns of porcelain production, the author tries to compare porcelains which were recorded in archives with real imperial collections in storages of the Palace Museum. To be more specific, overglaze faiences as one of traditional Chinese porcelain types, this article focuses on functions, beginning and ending firing time, decorations of these depending on many production lists in ancient documents.

Keywords: production patterns of porcelains, Dayun porcelains overglaze faience, Archives of Qing dynasty

一 清宫档案与清代御用瓷器的烧制方式

清宫遗留的档案品类繁多，而研究清宫御用品的工艺制作，则主要依靠造办处的《活计档》。汉文《活计档》自雍正元年至宣统时期，它如实记录了各类宫廷制品的名称、来源、时间、规格、用料、开销、工序、去向以及皇帝的旨意，是清宫日常活动中自然形成的原始记录。造办处是清宫制造皇家御用品的专门机构，由皇帝特派的内务府大臣管理，各类专业作坊有60余个，包括了珐琅作、油木作、匣裱作、如意馆等。清宫御用瓷器的烧造作为其内容之一，也被记录在案，纵观档案，可将御用瓷器的烧制分为四种方式，一为大运瓷器，即供宫廷日常所需的瓷器，这也是烧造量最大的一种；二为祭祀用瓷，主要是供宫内奉先殿、坤宁宫、寿皇殿（位于景山）、钦安殿及祭祀天、地、日、月四坛和皇帝、皇后陵寝用瓷；三是传办用器，由皇帝亲下谕旨，根据皇帝的审美而烧造的瓷器；第四种则是九江关监督年节进贡之物。

祭祀作为清代国之要事，祭器的烧造便成为御用瓷器烧造的头等大事，各代俱烧。除此之外，供内廷日常之需的大运瓷器更是贯穿了整个清代。对于其他两种烧造方式，由于历史背景不同，加之限于经济条件及皇帝个人的喜好，各朝又各有不同，顺治、康熙时期由于没有汉文档案，我们无法了解其烧制方式，只能依据乾、嘉时期的清单及现故宫博物院库存实物向上推测。雍正皇帝由于其性格、兴趣使然，加之政权趋于稳定，这一时期除烧制康熙时期已有的少数品种外，开始创烧新的品种，随之传办器皿增加。乾隆时期由于经济强盛加之乾隆帝对瓷器烧造的重视，创烧出许多新的品种，乾隆帝在位60年，加上太上皇的四年，档案记载中随处可见其修改图样烧造器皿的谕旨，因此乾隆时期御用瓷器四种烧造方式均处于高峰阶段。而嘉庆时期，由于皇帝本人对玩物无任何兴趣，档案中此朝不见传办之器。道光时期虽然经济处于衰退期，但政局相对稳定加之其对玩物充满兴趣，此时虽然大运瓷器烧造的品种有所减少，但传办、祭器及贡瓷均有烧制。咸丰帝登基之初，由于受扰于天平太平天国运动[1]，根本无暇顾及于瓷器的烧造，所以此期并无传办器的烧制。同治朝之后由于烧造能力的下降，御器厂连大运瓷器及传办之器都不能如期完成，九江关监督也就没有了进贡之物，只是宣统二年之后，由于宣统皇帝丧失了经济权利，连正常的生活都难以维计，更无力烧制御用瓷器，档案中见有大量的贡瓷及偶见徐世昌等人进贡到清宫瓷器的清单。本文将重点研究大运瓷器中彩瓷的烧造，对于其他形式瓷器的烧造，笔者也将持续研究，以期总结出一些与以往研究不同的规律。

二 清宫档案中的大运瓷器记载

大运瓷器，从字面上解释是指大批运输进宫的瓷器，大体上是指我们以往所讲的传统品种，也就是在藏品中每个朝代均烧制的图案、尺寸基本相同的器皿。从管理角度解释应是指烧制费用由九江关监督每年年底在清宫内务府奏销，按年例不用皇帝另外下旨，按固定的瓷样、定式烧造且统一运至京城，交付清宫瓷库的器物。有关清代大运瓷器的烧制档案[2]，其内容包含了烧制地点、时间、资金来源、烧造方式、运输、管理及品种等诸多内容。

众所周知，清入关后一切因袭明代旧制，其行政、典章制度几乎全部继承明代旧法，清宫御用瓷器的烧造也不例外。据《明史》载“县西南有景德镇，宣德初，置御器厂于此”[3]。而《大清会典》中也有明确记载“凡上用瓷器，照内颁式样、数目，行江西饶州府烧造解”[4]，从而解决了烧造地点问题。那么清代大运瓷器始烧于何时？清代至迟于顺治八年在景德镇设置御器厂[5]，但由于藏品中顺治时期制品甚少，加之无档案记载，是否开始了大运瓷器的烧造不得而知。康熙朝虽无汉文档案记载，但清宫遗留物较多，其制品的造型、装饰图案等方面都能够在明代制品上找到原型，且在雍正、乾隆等后朝的藏品中找到相同的样款、尺寸、颜色、花纹的制品，因此基本可以确定其烧造了大运瓷器，而后朝乾隆五十八年档案中载：

查得江西烧造磁器，系于康熙十九年十月间奉旨烧造，所需银两在于江西藩库正项钱粮内动用支领烧造备用。其用过银两数目，由工部核销，后于二十七年停止。续于雍正四年奉旨仍照旧例着江西烧造磁器，五年二月奏准停用江西籓库正项钱粮，其应用银两在于淮关税务盈余银两内动支烧造备用。嗣后乾隆五年奏准江西烧造磁器每年动用银两在于九江关盈余银两内动支一万两备用，其用过银两数目由内务府会同造办处核销，节年遵照办理在案。今查乾隆八年起至三十七年，每年烧造圆、琢器数目系二万七千八九百件不等，所用银两数在七千八九百数目之内，自乾隆三十八起至五十六年每年烧造圆、琢器数目在三万四千三四百件不等，所用银两数在八千四五百两数目之内，其每年烧造件数按所用银两细数，内务府会同造办处核销，均属相符。其康熙、雍正年间每年烧造磁器件数及动用银两数目，系由户、工二部核销，该部档房案卷年久无存，难以查考。[6]

雍正五年也有同样记载：

内务府总管管理淮安关务年希尧谨奏为奏闻事，臣自本年正月初七日由臣淮安官署启行，前赴江西也经其折奏明，臣抵景德镇之后，随将窑务事宜，斟酌料理。窃惟此番烧造磁器，原议照依康熙十九年之例动用钱粮，是彼时事属尽善，今宜踵循而行，若稍有未协，亦必更改妥贴，以期无负皇上任使之万一。臣查十九年烧造磁器至二十五年工竣，已逾五载之久，而烧成磁器共得一十五万二千余件，动用江省钱粮，银一万三百余两。[7]

以上足以说明清代至迟于康熙十九年就恢复了大运瓷器的烧造，而资金来源及费用核销方式则屡有变化，康熙年间“所需银两在于江西藩库正项钱粮内动用支领”，雍正时期“应用银两在于淮关税务盈余银两内动支”，但“系由户、工二部核销”，自乾隆五年起“江西烧造磁器每年动用银两在于九江关盈余银两内动支一万两备用，其用过银两数目由内务府会同造办处核销。”嘉道以后虽然动支银两的数量有所增减，但资金来源及核销方式均未发生变化。有关烧造方式，据清宫档案记载：

景德镇御场大运瓷器与传办瓷器，俱在场内做成坯胎，附在民窑烧造，按例给发火工，烧出之后在御场拣选，分别等次，历任监督及我前后任内有自己进贡瓷器，每年烧造不过一百四五十件，也在御场做坯附在民窑烧造，做坯工价与火工俱系自己出资，因每年大运进呈八千七百余件，须烧二万余件绺挑此数。

景德镇御窑厂办送大运瓷器向来分为上色、次色、脚货三等，上色的大运进呈，在正项银两内开销工本，次色的八折变价解交内务府，脚货都系歪斜惊纹不甚值钱。[8]

运输问题则采用水、陆两运，乾隆四年档案载：

上色磁器玖千叁佰柒拾伍件，业于正月拾贰日由陆路送进呈，尚有次色磁器贰万壹千余件，攒造册籍收拾装桶，由水路运送进京。[9]

关于水运同治四年档则有更加详细的记载：

坐轮船至上海，复由上海搭坐轮船至天津，雇备民船至通州，由通州雇用人夫抬送进京。[10]

光绪、宣统时期由天津至北京改由火车运输。档案中对人员管理也有如下记载：

景德镇窑厂造办大运磁器，设有正、副二员驻厂经理，每年正月开工，八月完竣。[11]

也就是说由宫廷直接派员管理窑务。关于烧造品种，从嘉庆十年烧制清单上可知，釉色有青花、颜色釉及彩瓷三种，造型又分琢器、圆器二种。这些品种一般创烧于康乾盛世（主要是彩瓷），有些陈设器品种则来源于宋、元、明时期的瓷器造型，颜色釉器多是沿用明代形制[12]。“大运”一词在清宫档案中最早出现于乾隆三年的内务府活计档中[13]，但真正形成固定瓷样，按例烧造则始于乾隆十二年，据清宫档案记载：

内务府大臣具奏呈览，乾隆十二年十二月二十一日奉旨将选定瓷器交唐英，嗣后烧造俱照现今发去样款为定，琢器五十二件样式，尺寸不许更改，其颜色、花纹或于此内酌量互相更换尚可。圆器一百六十四件样式，尺寸、颜色、花纹总不许有更换，此外从前奏准样款及该监督新拟样款总不许用，仍于一年定项钱粮内酌量撙节，烧造年款俱依新定篆书乾隆年款字样，勿致胶柱鼓瑟，如发去有大明宣德年款者即仍用大明宣德年款也，该监督年节进贡，偶尔随意用洋彩吉言新式之类不在此限，钦此。[14]

而明确有大运瓷器清单的则最早见于嘉庆十年档案[15]，总管内务府大臣奉旨，在嘉庆九年大运瓷器内，挑选二千件送往盛京，文后附有清单，至此道光朝之后，各朝均有明确的清单。清宫档案中大量记载了乾隆朝烧造大运圆、琢器的款式数量，但笔者在档案中并未找到大运瓷器烧造的明确清单，笔者通过嘉庆时期的烧造清单，排比乾隆时期制品，发现嘉庆时期烧造的品种均可在乾隆朝的器物中找到，且还有成百上千之同品种器物存于库房，这说明此期瓷器生产的数量之大，同时也说明当时大运瓷器的品种只多不少，但因无明确的档案记载，笔者并未将其列入大运瓷器的范畴。虽然各朝、各年均有不同程度的增减，但总的趋势是品种越来越少，如琢器由乾隆时期的 50 余种，减烧到道光时期的 32 种，咸丰时期锐减到 8 种；圆器则由 164 种，减少到了四五十种[16]。笔者以嘉庆朝所记载的清单为基础，结合道光朝以后的烧造清单，对故宫博物院瓷器库房旧藏的器物向上（清早期）、向下（清晚期）进行了查找，从所藏实物及档案记载可见，乾隆时期烧制的品种、数量为最多，以同治以后烧造的为最少。

三 大运瓷器之釉上彩瓷

所谓釉上彩瓷是指釉上加彩瓷。釉上加彩是陶瓷的主要装饰技法之一，它是用各种彩料在已经烧成的瓷器釉面上绘制各种纹饰，然后二次入窑，经低温固化彩料而成，因釉彩附着于釉面之上而得名，通常包括五彩、斗彩、珐琅彩、粉彩和素三彩等品种。而在清代大运彩瓷清单上（表一）[17]，只见仿成窑五彩、洋彩之名称，未见斗彩、粉彩、珐琅彩之名。笔者在排比过程中，发现被称作“仿成窑五彩”的器物大多为现称“斗彩”的器物，斗彩严格意义讲应属釉上釉下混合彩，其工艺是在瓷胎上直接绘画青花图案，罩透明釉高温烧成，然后再在适当的部位涂绘釉上彩，入炉低温二次烧成。最早使用“斗彩”这一名称并给予解释的是清雍正年间的《南窑笔记》，“成、正、嘉、万俱有斗彩、五彩、填彩三种，先于坯上用青料画花鸟半体，复入彩料，凑其全体，名曰斗彩”。在中国陶瓷史上最负盛名的斗彩当属明成化斗彩，因此清代大运彩瓷大量仿烧了成化斗彩，有些制品造型、装饰技法、装饰釉彩及装饰图案均仿，有些制品只仿装饰技法，但釉料已发生变化。对于洋彩一说现学界有不同看法，但笔者通过清单对比实物，发现在清单中被称作“洋彩”的器物，均是我们现在通常所称的粉彩器，其装饰图案多肇始于清代。

表一　清代大运釉上彩瓷烧制清单

清单名称	现常用名称	起始朝代	停烧朝代	口径
仿成窑五彩锦卉堆小盖罐	斗彩团花纹盖罐	雍正	道光	5.2厘米
彩红宝莲甘露瓶	白地红彩朵莲纹奔巴瓶	乾隆	嘉庆	3.2厘米
彩绿龙八宝盖罐	白地绿彩八吉祥云龙纹盖罐	康熙	道光	6厘米
青云红蝠纸槌瓶	青花红彩云蝠纹直颈瓶	光绪	宣统	7.4～7.5厘米
仿成窑五彩宝莲酒圆				
仿成窑五彩水仙花酒圆	斗彩水仙花纹酒盅	雍正	宣统	6厘米
彩红龙酒圆（撇口）	矾红彩龙纹酒盅	雍正	宣统	6厘米
仿成窑青莲红八宝茶圆	青花红彩勾莲托八吉祥纹碗	乾隆	道光	10～10.5厘米
仿成窑五彩鸳鸯荷花茶圆	斗彩鸳鸯荷花纹碗	乾隆	宣统	10.1～10.4厘米
仿成窑五彩蚕纹如意茶圆	五彩团花纹碗	雍正	道光	10.1厘米
仿成窑蓝地黄云龙茶圆	青花地黄云龙纹碗	康熙	光绪	10.2～10.5厘米
娇黄绿龙茶圆	黄地绿彩龙纹碗	康熙	道光	10.3厘米
娇黄绿龙茶圆				
娇黄绿龙凤茶碗	黄地绿彩龙凤纹碗	康熙	道光	11.7～12厘米
娇绿紫龙茶碗	绿地紫龙纹碗	康熙	道光	11～11.2厘米
洋彩八宝茶碗	粉彩八宝纹碗	雍正	宣统	10.5～10.7厘米
洋彩八宝茶碗	粉彩八宝纹碗			
洋彩红地白竹茶碗	红地粉彩白竹纹碗	乾隆	宣统	11.7厘米
洋彩红地并莲茶碗				
洋彩葡萄茶碗				
仿成窑五彩福寿汤碗	斗彩桃蝠纹寿字碗	乾隆	道光	12.6～12.9厘米
洋彩红福寿汤碗		雍正	道光	
洋彩红地白洋花汤碗	矾红地缠枝花卉纹碗	乾隆	道光	12～12.5厘米
仿成窑五彩并莲汤碗	斗彩并蒂莲纹碗	雍正	道光	12.2～12.4厘米
仿成窑五彩龙凤串花汤碗	斗彩龙凤串花纹碗	康熙	道光	12.8～13厘米
娇黄绿蟠桃汤碗（绿花桃）	黄地绿彩花鸟纹碗	康熙	宣统	12.2～12.4厘米
仿成窑五彩锦卉堆宫碗	斗彩团花纹马蹄式碗	康熙	道光	15～15.2厘米
洋彩三果墩式宫碗	粉彩三果纹墩式碗	乾隆	道光	15厘米
仿成窑五彩宝莲宫碗	斗彩缠枝宝相花纹碗	雍正	宣统	14.2～14.5厘米
仿成窑五彩龙凤串花宫碗	斗彩龙凤串花纹碗	康熙	宣统	15.2～15.5厘米
仿成窑五彩龙凤串花宫碗	斗彩龙凤串花纹碗	康熙	道光	14.9～15厘米
仿成窑五彩蓉桂宫碗	斗彩团菊纹碗	雍正	道光	14.9～15.1厘米
仿成窑五彩洋花宫碗	斗彩缠枝花卉纹碗	雍正	道光	14.1～14.4厘米
东青釉彩红团凤宫碗	东青地红彩团凤纹碗	雍正	宣统	14.3～14.5厘米
填白釉宝烧红团凤宫碗	白地釉里红团凤纹碗	康熙	宣统	14.5～14.7厘米

续表

清单名称	现常用名称	起始朝代	停烧朝代	口径
填白釉宝烧红团凤宫碗				
娇黄绿龙宫碗	黄地绿彩龙纹碗	康熙	道光	14.2~15.1厘米
仿成窑五彩荷花碗	斗彩鸳鸯卧莲纹碗	康熙	道光	16.6厘米
仿成窑五彩暗八仙洋花撇碗	斗彩暗八仙缠枝花纹折腰碗	乾隆	宣统	20.2~20.8厘米
红地白竹子磁碗	矾红地白竹纹碗	道光光绪		18.5厘米
内青花外彩荷花碗	里青花外粉彩荷莲纹碗	道光	宣统	15厘米
彩夔凤串花大碗	粉彩缠枝莲夔凤纹碗	道光	宣统	20.8~21厘米
粉红地五彩福寿双喜磁大碗	粉地粉彩勾莲蝙蝠纹囍字碗	道光	道光	21.2厘米
红海水青八仙大碗	青花加紫八仙纹碗	乾隆	宣统	22~22.5厘米
成窑五彩蚕纹满尺盘			道光	
娇黄绿洋花满尺盘	黄地绿彩朵花纹盘	雍正	道光	26.5~26.7厘米
八吉祥串花九寸盘	粉彩八吉祥纹盘	道光	宣统	24.7~25厘米
仿成窑蓝地黄云龙九寸盘	青花地黄彩云龙纹盘	康熙	宣统	25~25.3厘米
仿成窑五彩夔凤七寸盘	斗彩夔凤串花纹盘	雍正	道光	19.3厘米
仿成窑五彩蚕纹七寸盘	斗彩蚕纹寿字盘	雍正	道光	20.7厘米
仿成窑五彩蚕纹（如意）七寸盘	斗彩灵芝桃纹盘	雍正	宣统	21厘米
彩红龙七寸盘	白地矾红彩云龙纹盘	光绪	宣统	21~21.5厘米
彩绿龙六寸盘	白地绿彩暗海水龙纹盘	康熙	宣统	18~18.5厘米
彩绿龙六寸盘	白地绿彩龙纹盘	康熙	道光	17.7厘米
仿成窑五彩红九龙六寸盘	青花矾红彩海水龙纹盘	康熙	道光	17.5~17.6厘米
仿成窑青水红龙六寸盘	青花红彩海水龙纹盘	康熙	道光	17.2~17.5厘米
娇黄绿云龙六寸盘	黄地绿彩云龙纹盘	康熙	道光	18.6厘米
彩红龙六寸盘	白地矾红彩云龙纹盘	光绪	宣统	18.4厘米
仿成窑五彩红夔蝠五寸盘	白地矾红彩蝙蝠纹盘	雍正	道光	15.3~15.5厘米
仿成窑五彩寿枝蟠桃五寸盘	斗彩桃纹寿字盘	雍正	道光	14.6厘米
八吉祥串花五寸碟	粉彩八吉祥纹盘	道光	道光	15厘米
娇黄紫绿龙云鹤五寸盘	黄地紫绿彩里龙纹外云鹤纹盘	康熙	宣统	14.2~14.4厘米
娇黄紫绿龙四寸碟	黄地紫绿彩里龙纹外葡萄纹盘	康熙	宣统	13~13.3厘米
娇黄绿龙四寸碟	黄地绿彩里云龙纹外花朵纹菊瓣口盘	康熙	道光	13.1~13.4厘米
娇黄绿龙葵瓣四寸碟	黄地绿彩云龙纹菊瓣口盘	康熙	道光	13.1~13.3厘米
娇黄紫绿龙三寸碟	黄地紫绿彩里龙纹外蟠螭纹盘	康熙	宣统	10.5~10.8厘米

大运彩瓷的器类较为单一，仅见瓶、罐、碗、盘、碟。装饰手法分为白地彩瓷和色地彩瓷两种，白地彩瓷是在白釉胎上描绘图案，以白地彩瓷品种为多；色地彩瓷是在色胎上描绘图案，有黄地绿彩、青花地黄彩及绿地紫彩三种，据文献记载这些色地彩瓷器皿是专供贵妃、妃、嫔及贵人使用的[18]。其装饰图案简单，以龙、凤纹居多，花卉纹中以各种荷莲为主，兼有水仙、白竹、蓉花、桂花、洋花等，人物仅见八仙及象征八仙的八宝，动物有蝙蝠、鸳鸯。款识均以青花书写，康熙（图一）、雍正（图二）时期为青花双圈内六字双行楷书款，乾隆（图三）、嘉庆（图四）及道光（图五）为六字双行篆书款，咸丰（图六）至宣统则为六字双行楷书款，仅乾隆时期的里外黄地内紫绿龙纹外葡萄纹四寸碟及里外黄地内紫绿龙纹外双螭纹三寸碟是例外，为青花双圈内六字楷书款（图七）。由于此类器物为定式烧造，画样均放置于御窑厂中，加之窑厂工匠均为世代相传，因此这些器物单从表面上看每个朝代的造型、釉色及装饰图案并无较大变化，但若将康、雍、乾、嘉、道、咸、同、光、宣九朝器物进行排比，

图一　清康熙大运瓷器款识

图二　清雍正大运瓷器款识

图三　清乾隆大运瓷器款识

图四　清嘉庆大运瓷器款识

图五　清道光大运瓷器款识

图六　清咸丰大运瓷器款识

图七　清乾隆大运瓷器楷款

就可看到由精到粗的渐变过程，一般情况下坯胎由坚硬变疏松（扣之，声音会由清脆变得发闷，这主要是陶泥淘洗的精细程度不同造成的），胎体由薄变厚（尤以碗口最为明显），胎色由洁白细腻变得灰青，所施釉面薄厚不一：薄者，釉汁稀淡，表面光泽和滋润度不足，显得干涩，缺少油腻感；一般底足处施釉较厚，多出现了浪荡釉，是道光、咸丰以后的普遍现象。装饰图案的釉色由淡雅变浓艳，尤其是彩器中的艳粉色。装饰图案由描绘的精细变得粗率。装饰效果由泾渭分明变得有些模糊。由于胎体变厚，器物的尺寸有所放大，有些器物的底足足墙变得越来越矮，但到光绪、宣统时期足墙又变高且挖墙过肩。上述情况，由于变化极为细小，唯有将其进行排比才能观察到。

在清宫档案中有明确记载的，其中属于釉上彩瓷的琢器有 4 种，器类有罐、瓶两种。圆器有 64 种，器类有酒圆、茶圆、茶碗、汤碗、宫碗、盘、碟等。所谓琢器是指不能仅靠陶车一次成型，而需要多种工序加工而成的器物，大多用于陈设。

清代大运彩瓷琢器有仿成窑五彩锦卉堆小盖罐（图八），此罐通高 11.5 厘米，口径 5 厘米，足径 6 厘米。敞口，鼓腹，圈足。足内书青花款识，上附盖。全器以斗彩为饰，腹部以红、黄、绿三色分二层相错装饰，分绘八组团菊纹，每组团菊纹间饰折枝宝莲，盖面为一组团菊纹饰，菊花均使用了红色。查清宫档案，此罐清时始烧于雍正时期，停烧于道光时期。现故宫博物馆瓷器库中，雍正至道光时期制品均有存，以道光时期为最少，仅 1 件，以乾隆时期为最多，约 200 件。从其清单名称可得知，其仿烧明代成化器，现故宫博物馆藏有其母本（图九），只是图案及色彩有所变化。雍正七年档正好记载了其变化过程。

图八　清乾隆仿成窑五彩锦卉堆小盖罐

图九　明成化款斗彩锦卉堆小盖罐

五月十三日，据圆明园来贴内称四月十六日，太监刘希文交王太平交来成窑五彩磁罐一件（无盖），传旨着作木样呈览，钦此。于四月二十日做得画五彩木样一件，郎中海望呈览。奉旨，将此罐交年希尧填一盖，照此样烧造几件，原样花纹不甚好，可说与年希尧往精细里改画，钦此。[19]

因此雍正时期的制品装饰纹样有两种，一种同于成化时期制品（图一〇），一种是形成大运瓷器样本，同于乾、嘉、道时期的制品。雍、乾、嘉、道四朝制品，应使用了相同的画样，从造型、色彩等方面看，大体相同，但略有变化，雍正时期制品釉色更加鲜亮，造型腹部以下收得较多，显得清瘦，道光时期制品腹部浑圆。所绘团菊纹样趋于减小，线条细部趋于粗放，花叶茎脉由弯曲变成直线，从中可以看出传办器与大运器烧制的精细程度变化，乾隆时期还烧制了相同纹饰的碗（图一一）。

彩红宝莲甘露瓶（图一二），又被称为“藏草瓶”，是清代宫廷为西藏僧侣烧制的用于插草供佛的器具。小唇口，直颈，鼓腹，腹部下收外撇，圈足。瓶外壁以矾红彩绘朵花、回纹、莲瓣、折枝莲及如意云纹等多层装饰。此花色甘露瓶仅见于乾隆、嘉庆时期的烧制清单，但至少在乾隆十七年之前还未归入大运瓷器，而是作为传办器来烧制。据乾隆十七年二月十七日档案载：

员外郎白世秀来说太监胡世杰传旨：从前传过无款甘露瓶并壮罐多烧造些，不必随大运送来，如何此二样烧造得甚少？着交江西急速烧造无款甘露瓶五十件、壮罐五十件、有款御制诗挂瓶二十对送来，不必随大运。钦此。

图一〇　清雍正仿成窑五彩锦卉堆小盖罐

图一一　清乾隆仿成窑五彩锦卉堆碗

图一二　清彩红宝莲甘露瓶

于七月十五日员外郎白世秀将江西管窑务唐英送到青花白地壮罐二十件、白地红花甘露瓶二十件、洋彩御制诗挂瓶三对，持进交太监胡世杰呈进讫。

于本年十二月二十一日员外郎白世秀将九江关监督唐英送到青花白地壮罐十六件、红花白地甘露瓶二十件、洋彩诗意挂瓶五对俱持进交太监胡世杰呈进讫。于十八年八月初六日员外郎白世秀将九江关唐英送到青花白地壮罐十件、甘露瓶四件、洋彩诗意挂瓶八对，俱持进交太监胡世杰呈进讫。

于十八年十一月二十五日员外郎白世秀将九江关监督唐英送到甘露瓶六件、壮罐四件、挂瓶四对，持进交太监胡世杰呈进讫。[20]

乾隆十八年后的烧制，多散见于档案中。故宫博物馆瓷器库现存47件，由于此瓶无款，均存于乾隆库，嘉庆制品难以识别。此类瓶清时一部分放置于寿康宫。

彩绿龙八宝盖罐，此罐始烧于康熙时期（图一三），停烧于道光时期（图一四）。罐敞口，圆腹，圈足，足内书青花款识。外壁以斗彩装饰，肩部绿彩绘八宝纹，近足处绘变形莲瓣纹，腹部绘双龙赶珠纹。故宫博物馆库房康熙至道光时期制品均有藏，装饰图案基本相同，只是康熙时期制品与其他时期制品对比有稍许不同，口沿处无装饰青花弦纹，近足处多了一周如意云纹，而最明显的变化在于云的画法，从雍正朝起，由康熙时期的片云转变为朵云，后历代沿袭，绿彩呈色由浅淡趋于深沉。

青云红蝠纸槌瓶（图一五），小口，细长颈，丰肩，圈足。外壁以青花绘云纹，红

图一三　清康熙彩绿龙八宝盖罐

图一四　清道光彩绿龙八宝盖罐

彩蝙蝠飞于云中。此图案始烧于光绪元年，初属传办器皿，用于年赏[21]，光绪三十一年归入大运。

圆器是指靠陶车一次成型，不需其他工序加工而成的器物，“盘、碗、钟、碟俱名为圆器”。多为生活用具。

碗类按清单分为酒圆、茶圆、茶碗、汤碗、宫碗、大碗、瓷碗七种；盘按尺寸大小分满尺、九寸、七寸、六寸、五寸及五寸以下称碟。经笔者将档案记载与实物认真比对，得到了以下结论，口径：大碗大概为 17.5 厘米、宫碗 14 ～ 15 厘米、汤碗 12.2 ～ 13 厘米、茶碗 11 ～ 12 厘米、茶圆 10 ～ 10.5 厘米、酒圆 6 ～ 7 厘米，瓷碗有大有小，但不会小于 18 厘米。盘的尺寸较其要求的尺寸均要小些，口径：满尺盘一般为 26 ～ 27 厘米、九寸盘 24 ～ 25 厘米、七寸盘 20 ～ 21 厘米、六寸盘 17 ～ 18 厘米，五寸者介于盘、碟之间，有称盘的，也有称碟的，口径一般为 14 ～ 15 厘米，四寸一般为 12 ～ 13 厘米，三寸一般为 10 厘米。其名称随朝代的更替会有变化，如口径 14.5 厘米的碗，乾隆、嘉庆时期被称作“宫碗”，道光以后被称作“中碗”；口径 6 ～ 7 厘米的酒圆，咸丰以后被称作“酒盅”。乾隆、嘉庆、道光时期被称作“仿成窑五彩”、“洋彩”的器物，咸丰以后统一被称为“彩”。本文以嘉庆时期的清单名称为准。

酒圆三种，均为仿明代制品，其中仿成窑五彩水仙花酒圆（图一六），撇口，深腹，矮圈足。外壁以斗彩为饰，绘山石、水仙等内容，这种造型与纹样小杯应该是对康熙十二月花卉杯简化的结果，是乾隆朝不再生产十二月花卉杯以后的一种替代品，从嘉庆朝到宣统朝都有烧造，其造型、纹饰大体相同。另一酒圆为白地红龙纹（图一七），是清雍正时期按明成化器为样本烧造的，据雍正七年档案记载：

图一五　清宣统青云红蝠纸槌瓶

图一六　清乾隆仿成窑五彩水仙花酒圆

图一七　清乾隆彩红龙酒圆

四月二十一日，郎中海望持出成窑宝烧红龙白地碗一件、成窑红龙白地酒圆一件，奉旨将此二件交年希尧照样烧造，钦此。[22]

雍正后历代均有烧制，它不仅以大运方式烧造，还常常用于宴赏用具，以传办方式大量烧制，但在故宫博物院藏品中并无雍正时期制品。另一种酒圆清单名称为仿成窑五彩宝莲酒圆，而笔者在清代藏品中仅见斗彩画彩云灵芝酒圆，道光时期就留有库存153件（图一八），应为大批烧造之器，且乾、嘉时期制品均有存，笔者还在明成化制品中找到了其母本（图一九）。

茶圆六种，其中四种为仿成窑器，两种为黄地绿彩器（见表一）。其中仿成窑五彩鸳鸯荷花茶圆（图二〇），以五彩为饰，碗内心绘一对鸳鸯游于四组荷莲之中，外壁绘鸳鸯两对。此品种始烧自乾隆终于宣统，在故宫博物院库房中各个朝代制品均有存，以乾隆时期的制品为最多，共366件，以同治时期制品最少。其口径基本一致，描绘图案基本相同，但细节略有变化，如装饰母鸳鸯背毛的黄色，由乾隆时期的呈色鲜亮趋于暗淡，至宣统时改用矾红替代。鸳鸯的眼睛，只有咸丰时期以黄彩点睛。在故宫博物院藏品中有明成化款鸳鸯卧莲纹大碗，其图案较之清代繁复许多。而碗内里心从同治时期起趋于平整，装饰图案显得越来越大。仿成窑五彩蚕纹如意茶圆（图二一），在故宫博物院藏品中见有雍正、乾隆、嘉庆、道光及同治时期制品，而查同治时期大

图一八　清道光仿成窑五彩灵云酒圆

图一九　明成化五彩灵云酒圆

图二〇　清乾隆仿成窑五彩鸳鸯荷花茶圆

图二一　清雍正仿成窑蚕纹如意茶圆

运清单并无此件，笔者认为应为传办之器，与其相同图案的还有七寸盘。娇黄绿龙茶圆（图二二），仿烧于明代，故宫博物院明代库中藏有嘉靖时制品，大运清单中记有两种，笔者在藏品中仅见一种，为里外黄釉，外腹部以绿彩绘云龙纹，内心则以绿彩书“寿”字。此茶圆清时供贵妃、妃使用。

茶碗七种，其中洋彩红地并莲茶碗、洋彩葡萄茶碗仅见清单未见实物，洋彩八宝茶碗（图二三）清单中为两种，乾隆时期制品中见有两种，图案基本相同，只是一种带盖，一种无盖。嘉庆时期仅一种。娇绿紫龙茶碗（图二四）从康熙朝开始烧制至道光时期，康熙时期制品最多，库存 3688 件，当时不仅烧制了茶碗，还烧制了宫碗、汤碗、茶圆及大盘，而雍正时期制品只见宫碗并未烧制茶碗，也许是康熙时期烧制过多的原因，此茶碗清时供贵人使用。

汤碗六种，仿成窑五彩福寿汤碗、仿成窑五彩并莲汤碗（图二五）、仿成窑五彩龙凤串花及洋彩白洋花汤碗（图二六）口径均为 13 厘米，而娇黄绿蟠桃汤碗及洋彩红蝠寿汤碗口径略小。洋彩红蝠寿汤碗始烧于雍正，但数量较少，故宫博物院仅存两件，其始烧时有盖（图二七），乾隆以后取消了盖子。娇黄绿蟠桃汤碗（图二八）从康熙一直烧至宣统，是故宫博物院库存朝代最全的一个品种。

宫碗 11 种。有六种为仿成窑五彩制品，其中龙凤串花碗乾、嘉、道时期为两种，

图二二　清乾隆娇黄绿龙茶圆

图二三　清雍正洋彩八宝茶碗

图二四　清嘉庆娇绿紫龙茶碗

其装饰图案基本相同，只是龙纹所施釉色不同。碗的高度也不同，一种高 7.5 厘米（图二九），一种高为 6.5 厘米（图三〇）。从咸丰朝起只保留了高为 6.5 厘米的一种，烧至宣统。龙凤串花纹饰很早就用于瓷器的装饰，此龙凤串花宫碗仿明成窑器，现故宫博物院藏有明嘉靖时期制品（图三一）。仿成窑五彩宝莲宫碗（图三二），雍正时期开始烧造，终烧于宣统时期，在故宫博物院库房中，藏有除同治时期外的历朝作品。

清单中被称作碗、瓷碗及大碗的器物共 8 种，其中红地白竹子瓷碗、五彩夔凤串花瓷大碗及粉红地五彩福寿双喜瓷大碗为道光十年新添烧造的。仿成窑五彩荷花碗（图三三），口径 16.4 厘米。敞口，卧足。外腹部斗彩绘鸳鸯卧莲纹，外口沿青花绘四组云龙纹，内口沿青花书梵文。此碗式始烧于康熙，但康熙、雍正时制品款识为“大明成化年制”，外口沿龙纹以红彩描绘。里青花外粉彩荷莲纹碗，始烧于道光，但清单上称作“荷花碗”，外腹部以粉彩绘荷莲纹，内壁青花绘荷叶，其口沿以金彩描摹。此碗是大运瓷器皿中唯一采用金彩装饰的一种碗式。

盘、碟共 22 种，口径大小由满尺至三寸，满尺盘清单中见有两种，其一为黄地绿花盘，此盘在清单中被称为“娇黄绿洋花满尺盘”（图三四），始烧于雍正时期，当时还烧制有口径 20.6 厘米、15 厘米及 11.4 厘米三种尺寸的盘。乾隆时期保留了满尺、口径 20.6 厘米、口径 15 厘米三种。嘉庆、道光时期仅保留了满尺大盘。另一种满尺

图二五　清道光仿成窑五彩并莲汤碗

图二六　清道光洋彩红地白洋花汤碗

图二七　清雍正仿成窑五彩福寿汤碗

图二八　清嘉庆娇黄绿蟠桃汤碗

图二九　清乾隆仿成窑五彩龙凤串花宫碗

图三〇　清乾隆仿成窑五彩龙凤串花宫碗

图三一　明嘉靖五彩龙凤串花碗

图三二　清雍正仿成窑五彩宝莲宫碗

图三三　清乾隆仿成化五彩荷花碗

图三四　清雍正娇黄绿洋花满尺盘

图三五　清乾隆仿成窑五彩红九龙盘

图三六　清乾隆仿成窑青水红龙盘

盘为仿成窑五彩蚕纹满尺盘，在烧制清单中此名称的共三种，另两种为七寸盘，图案分两种，均以蚕屈曲的身体组成“寿”字等吉祥图案。满尺盘仅见雍正时期制品。仿成窑五彩红九龙六寸盘（图三五）及仿成窑青水红龙六寸盘（图三六），其装饰图案基本相同，均以青花描绘海水，以矾红彩描绘龙纹，只是使用的装饰手法不同，一种是以线描的形式，龙体边缘及龙鳞以青花勾勒。另一种采用平涂手法，呈现出不同的艺术效果。

四　结论

大运瓷器作为清代宫廷御用瓷器烧制方式之一，贯穿康熙至宣统时期，其烧制数量巨大，不仅解决了清代宫廷的日常所需，还为后人留下了诸多的珍贵文物，为我们研究清代各个朝代瓷器的时代特征、烧造工艺提供了物证。清宫档案的记载揭示了清宫御用瓷器生产的全过程，其烧造后的进呈方式，为我们解释了为何清宫御用品频见于民间的原因。档案记载与实物的相互印证，还为我们解决一些学术争论提供了依据。大运瓷器烧制数量的大小、烧制质量的优劣，既反映了当时制瓷工艺的状况，也反映了当时社会经济的发展及皇帝的审美。清代各个时期经济状况、历史背景与清宫档案及清宫旧藏物品的高度契合，一方面证实了清宫遗留档案记载的真实性，另一方面也使清宫遗留的物品起到证史的作用。

注释：

[1][12][16] 赵聪月：《试论咸丰时期宫廷御用瓷器的烧制与运输》，《故宫博物院院刊》2013年第1期。

[2]《清宫瓷器档案全集》，中国画报出版社，2008年。

[3]《明史》卷四三《地理志·浮梁县条》。

[4]《大清会典》卷二〇一“工部五·都水清吏司器物条”，页2715，江苏广陵古籍出版社。

[5] 王光尧：《中国古代官窑制度》页165，紫禁城出版社，2004年。

[6]《清宫瓷器档案全集》卷二二，页242，中国画报出版社，2008年。

[7]《清宫瓷器档案全集》卷二二，页36，中国画报出版社，2008年。

[8]《清宫瓷器档案全集》卷二二，页250，中国画报出版社，2008年。

[9]《清宫瓷器档案全集》卷二二，页353，中国画报出版社，2008年。

[10]《清宫瓷器档案全集》卷三四，页412，中国画报出版社，2008年。

[11]《清宫瓷器档案全集》卷一九，页258，中国画报出版社，2008年。

[13]《清宫瓷器档案全集》卷一，页322，中国画报出版社，2008年。

[14]《清宫瓷器档案全集》卷三，页86，中国画报出版社，2008年。

[15]《清宫瓷器档案全集》卷二八，页38，中国画报出版社，2008年。

[17] 有些品种作为大运瓷烧造到了道光时期，但后期作为传办器还有烧制，以光绪时期为多。有极个别器物，从乾隆时期就有烧制，至嘉庆、道光时期库房中均有大量藏品，但清单上未见。笔者认为应属大运器皿。表中未注信息者，仅见清单并未找到实物。

[18] 赵聪月：《晚清后妃御用堂名款瓷器》，《紫禁城》2013年3月。

[19]《清宫瓷器档案全集》卷一，页116，中国画报出版社，2008年。

[20]《清宫内务府造办处档案总汇》卷一八，页567，人民出版社，2005年。

[21]《清宫瓷器档案全集》卷三八，页41，中国画报出版社，2008年。

[22] 朱家溍：《养心殿造办处史料辑览》第一辑，页151，紫禁城出版社，2003年。

18 世纪中欧瓷器贸易相关问题研究

上海博物馆　陈　洁

内容提要：本文以 18 世纪中欧陶瓷贸易中的各国东印度公司为中心，首先以可靠的数据对其陶瓷贸易量进行考察和比较，厘清各国在中欧瓷器贸易中的地位，在此基础上，尝试从各东印度公司的订单、报告、公司高层与大班的通信等原始材料入手，剖析不同东印度公司在陶瓷贸易中的策略与差异，展示当时的贸易竞争细节。最后，进一步分析公司贸易与私人贸易的差异，希望能够呈现 18 世纪中欧陶瓷贸易的丰富面貌与多元图景。

关键词：中欧陶瓷贸易　东印度公司　外销瓷

Abstract：This paper focuses on the ceramic trade of the East India Companies in the 18th century. First, the author analyzes different companies'market share by comparing their trade volumes on a reliable basis. By using the original orders, reports, and letters between the directors and super-cargos as resources, this paper probes into some interesting aspects of the ceramic trade, such as the varied attitudes and strategies of different companies, the details of their competition, and also the contribution of the private traders. With careful analysis and detailed discussion, the author hopes to deepen our understanding of the ceramic trade between China and Europe in the 18th century.

Keywords: ceramic trade between China and Europe, East India Company, export porcelain

进入 18 世纪，中欧陶瓷贸易的图景发生了显著变化，与 17 世纪相比，更多欧洲国家开始直航广州，参与同中国的贸易，各东印度公司之间的竞争也更为激烈。然而，目前针对 18 世纪中欧陶瓷贸易的研究，多偏重一国，引用数据时，也往往未加辨析，导致对整体面貌的把握不足。有鉴于此，本文首先聚焦中欧陶瓷贸易中的各国东印度公司，以可靠的数据对其贸易量进行考察和比较，厘清各国在瓷器贸易中的位置。

当然，单纯的数字比较和对贸易量的考察并不能完全说明问题，各国东印度公司在陶瓷贸易中有何差异，它们之间又有着怎样的竞争，公司贸易之外，是否还有其他贸易形式，这些都是值得深入探讨的话题。因此，笔者尝试从各东印度公司的订单、报告、公司高层与大班的通信等原始材料入手，剖析和展示相关的细节，希望能够呈现 18 世纪中欧陶瓷贸易的更多侧面与多元图景，丰富我们的认识。

一 各国东印度公司的瓷器贸易

对于中欧陶瓷贸易的历史变迁，有研究者曾这样概括：16 世纪是葡萄牙的世纪，17 世纪属于荷兰，而 18 世纪则是英国的世纪。就 18 世纪而言，这样的概括未必完全准确，但多少说明了英国在中西贸易中的重要地位。

英国东印度公司于 1600 年建立，1698 年新公司成立，1702 年，新旧两家公司合并。早在 17 世纪晚期，中英之间的直航贸易就已经开始，当时的贸易港口在厦门[1]。1699 年，麦士里菲尔德号（Macclesfield）直航广州，此后，来华船只在整个 18 世纪从未间断，中英贸易以广州为中心持续发展。

为了准确说明各国东印度公司的贸易量，笔者对 1729 ~ 1792 年间英国、荷兰、瑞典及法国东印度公司来广州贸易的船只做了统计[2]（表一[3]），在 18 世纪前半，英

表一　1729 ~ 1793 英、荷、瑞、法东印度公司来广州贸易船只一览表

年份	英国(艘)	荷兰(艘)	瑞典(艘)	法国(艘)
1729	4	1	0	?
1730	5	1	0	2
1731	4	3	0	2
1732	4	2	1	1
1733	2	4	0	3
1734	2	1	0	1
1735	2	3	1	?
1736	3	2	1	2
1737	4	3	1	2
1738	5	2	2	3
1739	5	2	1	2
1740	2	3	0	2
1741	6	2	4	2
1742	4	3	1	?
1743	2	3	2	?
1744	3	4	3	?
1745	4	3	1	0
1746	6	3	4	0
1747	14	6	2	0
1748	4	4	2	0
1749	4	3	2	0
1750	7	4	2	4
1751	5	4	2	2
1752	5	6	2	?

续表

年份	英国(艘)	荷兰(艘)	瑞典(艘)	法国(艘)
1753	9	6	2	5
1754	8	7	3	?
1755	4	5	1	?
1756	5	6	1	1
1757	6	1	1	0
1758	6	3	2	?
1759	13	3	2	2
1760	9	3	2	0
1761	9	2	2	0
1762	6	3	2	0
1763	10	3	2	?
1764	14	4	1	4
1765	16	4	2	?
1766	12	4	1	?
1767	8	4	2	?
1768	12	4	1	4
1769	17	4	2	6
1770	13	5	1	?
1771	20	4	1	3
1772	13	4	2	3
1773	10	4	1	?
1774	4	4	2	7
1775	5	5	2	4
1776	8	4	2	5
1777	9	4	2	7
1778	7	4	2	4
1779	5	4	2	0
1780	12	3	3	0
1781	11	1	2	0
1782	5	0	3	0
1783	14	2	3	8
1784	13	4	2	4
1785	19	4	4	1
1786	29	5	1	1
1787	28	5	2	3
1788	26	4	2	1
1789	21	5	0	1
1790	25	3	0	2
1791	11	2	1	4
1792	16	4	1	2
1793	18	3	1	0

国来华的船只略超荷兰、法国等，但优势不大，从18世纪60年代后半开始，数量激增，除个别战争年代，皆远远超过其他各国。

就瓷器贸易而言，早在厦门时期，瓷器就已经成为贸易商品之一，在1792年英国东印度公司决定停止进口中国瓷器（公司层面）之前，它都是绝大多数货船的必备商品。因此，单就贸易量而言，英国东印度公司无疑是18世纪中国瓷器最大的买家。

目前还没有针对英国公司瓷器贸易总量的可靠统计[4]，但是，我们可以根据东印度公司档案中的记载窥见大致的情况。

18世纪20年代之前，瓷器已经大量出口英国，但其订购不太稳定，各船数量差异较大，1700年，伊顿号订购的瓷器金额为17000两；1704年，肯特号则运载价值3500两的瓷器回航；1717年，埃塞克斯号购入价值22000英镑的瓷器，大约305000件回国；汤森号亦运回同样数量的瓷器[5]。瓷器的贸易及存货量也可以从伦敦总部的库存加以观察，1710年，公司准备在拍卖会上出售“180000件杯碟（库存的三分之二），27000只盘（全部库存），26000件碗碟（一半库存），4000只茶壶（全部库存），45000件粗茶杯（全部库存），26000件奶白色茶杯（库存的三分之二）”[6]。

20至50年代，瓷器的输入量依旧较大，每船运回的瓷器数量少则一二百箱，多则可达近四百箱。1724年，麦士里菲尔德号运回大约150箱瓷器；1734年，哈里森号和格拉夫顿号两船运回240000件另240箱瓷器；1736年，诺曼顿号购买的瓷器有285箱，里奇蒙号389箱，沃波尔号和威尔斯公主号合计455箱；1741年，4艘公司船共运回844箱瓷器；1750年，7艘公司船运回789箱瓷器；同一年份，不同货船的运瓷量也有差异，如1754年，埃塞克斯号和伊尔切斯特号各242箱，翁斯洛号和斯塔福德号各200箱，特里顿号和晏臣勋爵号各222箱，真布里顿号102箱，奥古斯塔和公主号各100箱。“箱”与件数的换算关系较难确定，1755年，乔治王子号运载120箱瓷器的清单尚存，可以计算器皿的件数，82170件加200套茶具，可以提供大致参考，但不同器皿组合的装箱数量差异很大，不能以此简单估算[7]。

60年代开始，英国来华贸易船数量激增，因此，每艘商船运载的瓷器量减少，但相较于其他国家，其整体输入量占绝对优势。英国东印度公司减少了瓷器外箱的高度，使用“半箱”为单位。如1765年贸易季，从广州往伦敦的英船有15艘，公司投资的全部瓷器为98箱加1155半箱；1769年，庞斯库恩号运载70箱加40半箱；1774年，4艘商船合运479半箱[8]；1784年，第一批4艘返航商船共运回715半箱[9]。

大量瓷器的持续输入使市场渐趋饱和，加上欧洲瓷器的成熟与竞争，到18世纪80年代，中国瓷器已经销路不佳了。1788，英国德比瓷厂的经理向其上司报告：“本周东印度公司的拍卖，1800组货品中，拍出去的连500组都不到”[10]，到1792年，公司决定停止从中国进口瓷器，此后，通过公司渠道进入英国的瓷器就很少了。

18世纪，英国东印度公司与中国的直航贸易最为持久稳定，其来华商船数量远远超过其他欧洲国家，整体的瓷器贸易量亦居欧洲之首。而重要性仅次于英国的是荷兰东印度公司。对于荷兰东印度公司的研究，学者们通常偏重 17 世纪，其在 18 世纪瓷器贸易中的作用却常被低估。

18 世纪初，荷兰虽未与中国直接贸易，但瓷器可经由华商运至巴达维亚，再转运至荷兰。1729 年，荷兰东印度公司开展对华直航贸易，直至 1794 年。需要说明的是，1735 ~ 1756 年，被称为“巴达维亚管理下的中国贸易”时期，有研究者认为这段时间中荷直接贸易停止，这其实是一个误解。广州与荷兰的直航并未停止，只是部分商船由巴达维亚派遣和控制,附表一的统计也显示直接贸易始终存在。从 1729 ~ 1794 年，除极个别年份，中国瓷器几乎不间断地从广州运抵荷兰。

50 年代中期之前，荷中贸易虽略逊英国，但相差不大，考虑到尚有部分瓷器通过巴达维亚转运至欧洲，荷兰的贸易量不容小觑。一个简单的比较也能够说明问题。根据 T. Volker 的统计，在荷兰独占鳌头的 1602 ~ 1682 年，荷兰人运往欧洲的瓷器数量为 320 万件。但是,仅仅在荷兰与中国展开直航贸易的最初几年（1729 ~ 1734 年）中，运往西欧的瓷器数量就已远远超过这个数字，达到 450 万件 [11]。

Jörg 博士曾统计过 1730 ~ 1789 年荷兰运至欧洲的瓷器总量，约有 4250 万件，这一统计是在完整梳理公司拍卖纪录的基础上做出的，比较可信。得益于他的出色研究，我们还能够掌握更多资料。表二 [12] 是对 1729 ~ 1793 年，自广州运抵荷兰瓷器的贸易

表二　1729 ~ 1793 年荷兰东印度公司自广州直接运抵荷兰瓷器购销数据表

年份	抵广商船数（艘）	瓷器购买金额（荷兰盾）	瓷器销售金额（荷兰盾）	瓷器利润率（%）	瓷器在船货中的货值比 (%)	备注
1729	1	30 561	90920	197.60	10.7	
1730	1	30541	101306	232.20	13	
1731	3	54222	150450	177.6	10.3	购销金额与货值比三项均已剔除购买金额不明的 Nieuwvliet号
1732	2	91191	275020	201.6	16.2	
1733	4	89236	219660	146.2	19.9	购销金额与货值比三项均已剔除购买金额不明的 Nieuwvliet号和Anna Catharina号
1734	1		86717			Noord Wolfsbergen 号购买金额不明
1735	3					Alblasserdam号沉没，Huijs den Eult 号为赴日船，仅在广修理
1736	2	37284	83473	123.9	10.2	
1737	3	86027	174643	103.1	14.4	

续表

年份	抵广商船数(艘)	瓷器购买金额(荷兰盾)	瓷器销售金额(荷兰盾)	瓷器利润率(%)	瓷器在船货中的货值比(%)	备注
1738	2	58331	86443	48.2	14.8	
1739	2	37681	70280	91.4	7.2	
1740	3	100897	216881	115.10	9.0	包含1739年购买，经巴达维亚运至荷兰的数据
1741	2					Enchuijsen号失事
1742	3	102535	179735	75.3	9.8	
1743	3	77035	131997	71.40	8.5	
1744	4	67637	107295	58.60	6.8	
1745	3	79241	124069	56.60	6.8	
1746	3	70715	100432	43.10	5.7	
1747	6		105256			购买金额不明
1748	4	63864	121917	90.9	4.8	
1749	3	38444	76292	98.50	4.9	
1750	4	70690	128384	81.60	5.2	
1751	4	34793	73519	111.40	5.3	购销金额两项已剔除失事的Gedermalsen号
1752	6	121466	157964	30.0	6.1	
1753	6	94250	167204	77.50	3.5	
1754	7	148311	234345	58.0	4.3	
1755	5	88511	148655	68.0	3.4	
1756	6	96823	142444	47.10	4.7	
1757	1	14864	49357	232.60	2.6	
1758	3	62933	206013	227.80	5.3	
1759	3	49455	145684	194.90	2.6	
1760	3	95326	256900	169.80	5.3	
1761	2	41517	118084	184.50	3.4	
1762	3	84717	235045	177.60	4.3	
1763	3	60836	166642	174.20	4.9	购销金额两项已剔除在1765年销售的Huijs te Bijweg号数据
1764	4	125365	314040	150.6	3.5	购买金额中增加1765年销售的Huijs te Bijweg号数据
1765	4	104889	254017	142.20	3.8	
1766	4	114703	230901	101.30	4.4	
1767	4		200408			购买金额不明
1768	4	92910	209641	125.80	3.6	
1769	4	129540	240309	85.50	5.5	
1770	5	132066	234537	77.60	5.5	

续表

年份	抵广商船数（艘）	瓷器购买金额（荷兰盾）	瓷器销售金额（荷兰盾）	瓷器利润率（%）	瓷器在船货中的货值比（%）	备注
1771	4	129510	217636	68.10	5.3	
1772	4	106305	169582	59.30	4.7	
1773	4	106675	162408	52.20	4.6	
1774	4	124434	200380	61.20	5.4	
1775	5	96567	138228	43.20	4.3	
1776	4	89784	165088	83.90	3.7	
1777	4	85126	170967	100.90	3.2	
1778	4	68267	135681	98.80	4.6	购销金额两项已剔除失事的Abbekerk号和Vreedenhoff号
1779	4	86857	146961	69.20	4.7	购销金额两项已剔除失事的Zeeploeg号
1780	3				3.8	Hoog Carspel号与Paerl号回程中被英国俘虏，Middelburgh号沉没
1781	1					Catharina Wilhelmina号出发时被英国俘虏
1782	0					
1783	2	27896	52226	87.30	3.5	购销金额两项已剔除失事的Breslau号
1784	4	75129	133324	77.50	3.3	购销金额两项已剔除失事的Brederode号
	4	85849	122407	42.60	3.3	
1786	5	113526	132527	16.70	2.5	Ganges号出发途中失事
1787	5	40684	59013	45.10	2.5	购销金额两项已剔除失事的Admiraal de Suffren号
1788	4	127195	119584	-	3.1	
1789	5	57819	52808		2.5	购销金额两项已剔除销售数据不明的Maria Cornelia号、Schagen号和Delft号
1790	3	28271	44956	59.0	4.1	
1791	2	21204	32765	54.50	3.2	购销金额两项已剔除销售数据不明的Blitterswijk号
1792	4	42242	50914	20.50	1.9	
1793	3	61842			2.3	销售数据不明

情况统计，表格包含的信息量很多，可以综合分析贸易量、货值比、利润率的升降及其背后的多重因素，限于篇幅，无法详述。简单就数字概括，40年代初期之前，瓷器是荷中贸易中相当重要的船货，虽然其后瓷器在货品中的比值下降，但贸易量始终维持，显示了荷兰东印度公司瓷器贸易的稳定性。50年代后期至60年代，是荷兰瓷器贸易的又一个黄金阶段，贸易量和利润率都达到很高的水平。有趣的是，尽管学界普遍忽视70年代的荷兰瓷器贸易，其利润率也确实下降，但统计显示，贸易仍然旺盛[13]。直到80年代，荷兰的瓷器贸易才真正开始衰弱，利润更低，贸易量也下降明显，此时，英国的瓷器贸易也面临同样的问题。总之，从贸易的持续性、贸易量观察，荷兰东印度公司在18世纪的中欧瓷器贸易中，都扮演了重要的角色。

瑞典东印度公司的瓷器贸易也同样值得关注，1731年，瑞典东印度公司成立，次年，第一艘商船首航广州，此后，在18世纪，除个别年份，每年都会有瑞典商船到达广州，多为两艘，少则一艘，有些年份也会有三四艘（见表一）。由于瑞典东印度公司曾有每隔三年审计后销毁账册的规定，因此，其贸易记录保存得并不完整，要统计贸易量，困难重重[14]。但值得一提的是，尽管瑞典每年来华的商船不多，但单船运载的瓷器量，似乎高于其他国家。1736年运回的瓷器有170箱又2812捆；1746年，雷登号的装箱清单包括97箱、1407捆和26桶瓷器[15]；1764年，瑞典仅1艘商船来华，但运载了1170担瓷器，同年别国单船运量最多也只有800多担；1774年，瑞典两艘商船运瓷2015担，接近7艘法国船的运量[16]。瑞典的人口不多，运载的瓷器有许多输入欧洲其他国家，在公司第四次获得贸易垄断权的阶段（1786 ~ 1806年），面对饱和的欧洲市场，瑞典的中国瓷器再输出遇到了很大问题，瓷器贸易衰弱[17]。

中法直接贸易始于1698年，安菲特里忒号（Amphitrite）运回了167箱瓷器，包括罐、水注、碟、剃须盘、大小盘、水壶、茶壶、瓶、杯、高杯、五件一组的装饰器等品种[18]，拍卖大获成功，激起了法国人对中国货品的兴趣。但在18世纪20年代之前，瓷器的贸易量不大，发船数也很少，两年或数年有一两艘。20年代之后，情况才发生了变化，商船的数量增加（见表一），瓷器的输入量也开始增长。1722年7月的公司目录中，列出了333060件瓷器；1723年来华的两艘商船运回了349972件器物；1731年公司的瓷器拍卖中，列出了68916件瓷器；1769年，回到洛里昂的商船卸下了43667件青花浅盘、20227件彩绘盘、8296件果盘、15526件杯碟；1775年，一次拍卖中有超过175800件瓷器；1790年的拍卖则有227763件瓷器[19]。

法国东印度公司的垄断贸易权经历过数次兴废，贸易也受战争影响，在奥地利王位继承战（1740 ~ 1749年）、英法战争（1756 ~ 1763年）期间，美国独立战争（1775 ~ 1783年）后段和英法印度冲突（1793年）后的几年，中法贸易都曾中断，持续性和稳定性不如其他竞争对手。

丹麦的瓷器贸易很少受到关注，1728年，丹麦国王建立了第三个亚洲公司，1731年，第一艘丹麦商船来到广州，以后，几乎每年都有一两艘商船来华贸易，有些年份

表三　荷兰、瑞典、法国和丹麦不同年份瓷器贸易量表

年份	荷兰		瑞典		法国		丹麦	
1734	1艘	163箱	无	无	1艘	154箱 200捆	1艘	248箱
1741	2艘	未记录	4艘	800箱	2艘	600箱	1艘	400箱
1764	4艘	3326担	1艘	1170担	4艘	2284担	2艘	1460担
1771	4艘	3179担	1艘	985担	3艘	1577担	1艘	674担
1772	4艘	2372担	2艘	1887担	3艘	1400担	2艘	1470担
1774	4艘	2380担	2艘	2015担	7艘	2138担	2艘	1117担
1792	4艘	1100担	1艘	700担	2艘	180担	1艘	564担

也会多至三四艘，因此，也保持着相当的贸易量。

关于丹麦瓷器输入量的研究很少，但可以找到一份1760年的运载清单："巧克力杯6008，咖啡杯149337，茶杯307318，黄油碟804，小汤碗配碟5602，汤盘10448，餐盘29289，小甜品盘5333，调料汁船322，各式盘24，各式色拉碗70，瓷兔15，各式人偶42，唾盂117，成套餐具486，成套茶具522，成套咖啡具28，装饰瓷板92，带盖汤盆292，带盖咖啡壶162，奶罐748，茶壶3928，三至五件一组的各式潘趣酒碗321，潘趣酒碗2813，潘趣酒杯280，各式啤酒杯305，卫浴用具86，油醋瓶114"[20]，瓷器的贸易量和品种都值得关注。

表三比较了荷兰、瑞典、法国和丹麦不同年份的瓷器贸易量[21]，虽然只有个别年份，但从中可以大致窥见上述国家在瓷器贸易中的份额与差异。

除了上述国家，参与陶瓷贸易的还有奥地利的奥斯坦德公司，在1717～1732年间至广东贸易，后来迫于英、荷压力而被迫解散，1752年建立的普鲁士亚洲公司，老牌的葡萄牙继续通过澳门经营对华贸易，西班牙也在1785年后通过皇家菲律宾公司来华贸易。

通过简单的梳理，我们基本可以做出这样的概括：不同国家的东印度公司共同参与了18世纪的中欧陶瓷贸易，英国的贸易量位居第一，但并非一枝独大，荷兰也并未完全衰落，进口数量依然可观，瑞典、法国和丹麦也都是重要的中国陶瓷进口国。

二　贸易策略的差异：以英国与荷兰为中心

对于陶瓷贸易的研究，若只以贸易量和数字为考察标准，似乎过于机械，流于表面。若要探讨更为丰富的内容，必须挖掘更多的细节与材料。幸运的是，英国与荷兰东印度公司，都留下了丰富的档案材料，而海外学者的悉心梳理和出版，也使这些珍贵的资料能够为我们所用。鉴于英国与荷兰是当时中西陶瓷贸易中最重要的国家，两国的资料又相对丰富，因此，笔者以这两家东印度公司为代表，从订单、报告、公司高层与大班的通信等原始材料入手，尝试观察两家公司对陶瓷贸易的态度和策略异同。

一个值得注意的现象是，尽管英国东印度公司的瓷器贸易量较大，但公司对瓷器

贸易似乎并不重视。在每年的订购指示中，很少见到对瓷器的特殊要求，虽然公司也曾在1710年制作木样，订制瓷器，但年复一年，公司订购的瓷器多是毫无新意的实用桌器，订购数量甚至常以“吨”来衡量。如1702年，公司对悉尼号（Sidney）的瓷器订购指示：“25 ~ 30吨中国瓷器，普通的品种，碟、盘、碗等。”[22]1705年，给奥利号（Oley）的指示也很相似：“中国瓷器，订购十吨普通的杯子，餐桌上用的盘子，不要购买其他品种。”[23]1722年，对三艘赴广东贸易商船的指示：“800箱实用的中国瓷器，其中，尽可能多买各种尺寸的碗、碟、盘。”甚至在外销彩瓷质量最为精湛的四五十年代，公司仍然要求大班们购买“实用而便宜”[24]的器皿。1749 ~ 1750贸易季，商船为公司运回的瓷器只有“实用的品种，彩瓷仅占十分之一不到”[25]。1774年，公司从西成行黎颜裕（Exchin）处订购瓷器，这次的彩瓷订单量很大，有100000件，当然，青花更多，计有187600件，令人惊讶的是，这些彩瓷只有两种纹样，青花也仅四种纹样[26]，相当简便，都是实用的“大路货”。

英国人更重视的是能带来更高利润的茶叶贸易，他们对瓷器的态度，在1705年给Stringer号大班的信中表达得很清楚：“我们的中国瓷器存货很多，不过，它们可用来压舱，船在底部必须有相应的分量以确保航行。所以，买20吨瓷器，主要买盘、浅盘和其他品种，小碟也可以，它们很容易叠紧。不要买大件器皿，比如罐、高杯、瓷塑，也不要买不够重，不能压舱的瓷器。”[27]即使随着时间的推移，英国订购品种中增加了成套餐具、茶具、汤盆等品种，但仍然少见特殊的器形与订制要求，公司对瓷器的重视程度似乎也未见提高。1763年12月，竞争对手荷兰东印度公司的大班在报告中这样评价英国的瓷器贸易：“关于运送瓷器，英国东印度公司的要求是越少越好，所以他们装瓷器用的箱子，高度不超过12 dium。对他们来说，瓷器不过是压舱石和茶叶之间的垫舱层，至少，大班们对这种货品是很不重视的。”[28]英国公司管理会与船长的通信也印证了对手的观察。1669 ~ 1770年度，庞斯伯恩号接到询问：“你和你的职员有多少瓷器，你还需要多少做垫舱用。”船长回复：“我不知道需要多少瓷器垫舱，如果你们愿意交下公司瓷器70箱，我相信我和我的职员可以做妥余下的工作。”[29]

英国东印度公司的订购指令、订单以及竞争对手的评价，显示出他们对瓷器贸易并不太在意，他们强调实用，订购品种也相对单调。这是英国东印度公司瓷器贸易的另一侧面，在外销瓷器形与纹样层出不穷、极为丰富的18世纪，这多少让人有些意外。当然，英国拥有大量特殊订制的纹章瓷，但是，这些器物并不是通过公司渠道订购的，关于这一点，笔者将在下文详述。

与英国相比，荷兰东印度公司对瓷器贸易显然更为重视。荷兰的档案保存状况良好，大量18世纪的订购指示被保存下来，在这些指示中，常有对瓷器式样和纹样具体要求，提供各类样品和画稿的例子也屡见不鲜。

1733年，Nieuvliet号就带着一箱30件样品来到广东贸易，样品中有各式长颈瓶、象腿瓶、方瓶、八角盘、奶壶、茶壶、茶叶罐、唾壶、杯碟、盘碗，有镂空的茶杯，也有法国餐盘，还包括一件公司 VOC 纹章盘。公司要求利用这箱样品购买瓷器，比如要订四套 VOC 餐具，每套可供 24 人用餐 [30]。

18 世纪 30 年代，公司还聘请了 Cornelis Pronk 为中国瓷器设计纹样，这些纹样非常著名，包括“伞下的仕女”（图一），“东方三博士”等，可惜这些纹样的订制成本太高，并无盈利，1739 年，公司决定停止订购这类瓷器 [31]。

实用的桌器固然是公司订购的常规产品，但荷兰东印度公司的要求显然更高。1750 年 9 月，公司这样要求：“送出了许多瓷器的画稿复本，请按照样稿订购。如果订不到样稿中的器形和尺寸，要为下一年预先订购，今年购买不足的空缺部分，就用普通的餐盘、碗、茶和咖啡杯碟填补。”[32]1751 年，13 幅画样和 20 件样品送达广州，其中有草莓果盘、鱼盘等。1754 年，有 73 幅画样送出。这些画样大多已经流散，幸运的是，1758 年的画样保留了下来（图二、图三），我们可以从中一窥荷兰东印度公司的订购要求。画样的器形相当丰富，花瓶的形制尤为复杂 [33]。

1760 年以后，荷兰人订购的品种更加丰富，每年可以达到 150 ～ 170 种，有些器

图一　Cornelis Pronk“伞下的仕女”纹样设计稿

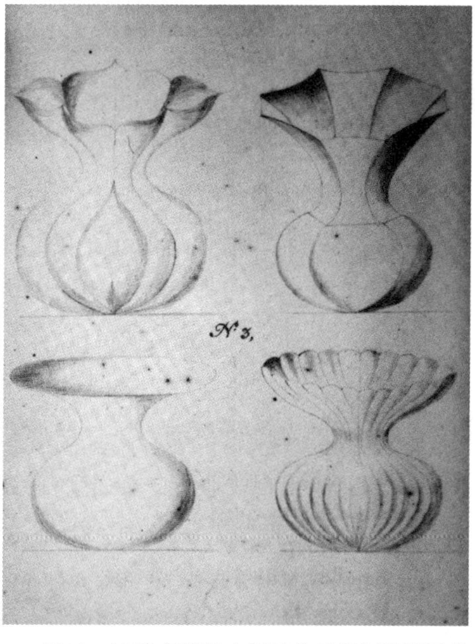

图二　1758 年荷兰东印度公司订制瓷器画样

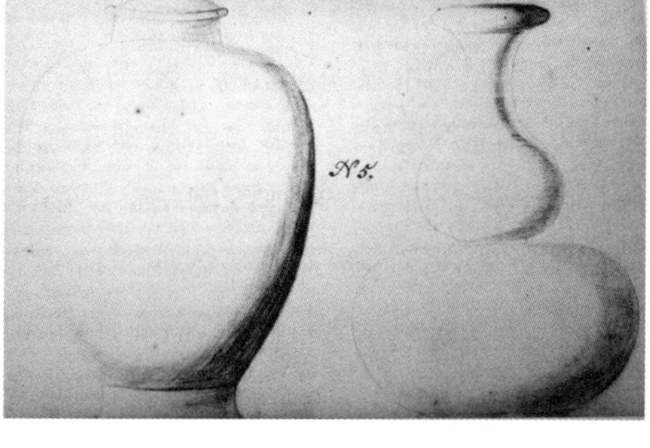

图三　1758 年荷兰东印度公司订制瓷器画样

图四　贝壳造型的盘、壶（海牙市立博物馆）

形较为特别。一个典型的例子是1762年公司订单中的“50套釉上彩绘的壶和盘，壶的形状依据样稿，盘制成贝壳形，底下要有三足，以便放置平稳”[34]。荷兰海牙市立博物馆收藏了一套这样的器物，非常精致复杂（图四），制作难度很高。这样丰富多变的器形，同英国订购品种的单调形成了的反差。1767年，公司订购要求中包括167件样品，其中特别提到英国陶器对瓷器销售的冲击，为此，公司送出了5件英国陶器的样品：一个委角的色拉碗、一把茶壶、一个奶壶、一个唾壶和一个带托盘的黄油碟[35]。

最有趣的是，1783年，公司派有陶瓷制作经验的Willem Tros去广东，公司向广东大班们推荐：“他曾在Loosdrecht瓷厂服务，父母是体面人。他懂陶瓷，最重要的是，他懂瓷器的式样，也知道什么最时兴。如果你觉得可以好好利用他的特点为公司服务，那么可以让他在办公室做簿记员，付给他每月60荷兰盾的工资。”[36]1784年，Willem Tros到广州以后，很快显露了他的价值，他设计（也许参与绘制）了一系列的纹样，产品很受欢迎，公司委员会立刻给了他升职奖励。公司高层们还提出要“带去一些花卉和其他印刷画，这样Tros就可以在贸易淡季设计新纹样了”。Tros在广州居住了9年，这是少见的欧洲工匠在广州参与外销瓷设计制作的例子。

尽管荷兰东印度公司对瓷器的收购价格相当敏感，普通桌器和便宜的器皿也是公司的例行订购商品，但是，从上述订制要求和做法来看，两国对瓷器贸易的重视程度显然不同，荷兰明显高于英国，在18世纪引入了不少新器形，这是以往仅关注贸易量，断言18世纪荷兰陶瓷贸易已经衰落的学者不曾注意的问题。

三　竞争图景：以荷兰、瑞典为例

18世纪的中欧陶瓷贸易，参与者不少，而瓷器销售也并不局限于本国，这必然带来相互之间的竞争。这些竞争表现在哪些方面，对手之间会采取哪些措施，又会带来怎样的结果？荷兰与瑞典的例子是一个很典型的缩影，能够展现当时的竞争图景。

如前所述，在瓷器贸易方面，荷兰人对英国并不以为意，但他们却很在意瑞典商人。荷、瑞之间的竞争首先表现在对购买时机的争抢和价格方面。18世纪50～60年代，荷兰商船到达广州后，大班们首先购买瓷器，这些放置在底层的货品要首先装船，荷兰人要抢在瑞典人到达之前完成采购，因为一旦瑞典商人到达，商铺就会涨价 25%，甚至更多。对于品质优良的瓷器，瑞典人愿意付出更高的价格，同时，他们的到来也会改变供求关系，使价格上涨。1763 年以后，大班们又可以在贸易季节过后居留，荷兰人便将部分瓷器的购买留到贸易季之后，因为没有瑞典与丹麦的竞争，店主们会为出清存货，给出更低折扣[37]。

荷、瑞之间的竞争当然远不止于此，也许是瑞典人愿意出高价的缘故，他们购买的器物销路不错，荷兰人对此十分恼火。1761 年，荷兰东印度公司高层给大班的信件便透露出这样的信息，他们指出，瑞典人在广东购买了销路很好的餐具，获利颇丰，因而指责大班，没有为公司购买同样的器皿[38]。1777 年，公司高层再次坦言“我们很沮丧，我们的对手，尤其是瑞典公司，他们每年购买的器物都比我们的受欢迎”。为此，公司送出了一批样品，要求大班订购“果篮纹样”，“摘樱桃的人”和其他欧洲式样的纹样[39]，希望能够击败对手。1884 年，公司甚至送出了瑞典在广东购买的茶具和餐具样品，要求大班们依样购买[40]。

更典型的例子来自荷兰人的购买指示。设计师 Christian Precht 曾经为瑞典东印度公司设计了一套瓷器纹样（图五），相当精美。瑞典商人据此订制的器皿效果不错，以至于 1758 年，荷兰中印度公司高层在订购瓷器的指示中，送出了一套同样的纹样，要求大班们照样订制[41]。这样的做法似乎有些令人惊讶，竞争的激烈程度由此可见一斑。由于资料的匮乏，我们很难想象瑞典公司对此会作何感想，但是，历史为我们留

图五　Christian Precht 为瑞典东印度公司设计的瓷器纹样

图六 "伞下的仕女"纹瓷器残片（哥德堡号出水）

下了更加耐人寻味的材料。1745 年，瑞典东印度公司的哥德堡号在即将抵达瑞典港口时沉没，货品随之沉入海底。1986 ~ 1992 年，瑞典对沉船进行了打捞，出水的瓷器中，我们意外发现了绘有“伞下的仕女”纹样的瓷片（图六），而这个纹样，正是 Cornelis Pronk 为荷兰东印度公司设计的瓷器纹样。瑞典公司是否使用荷兰的纹样进行订制，我们不得而知，也许他们只是购买了市场上流行的货品，但即便如此，竞争中的巧合依然令人感慨。

四 公司贸易与私人贸易

18 世纪的中欧陶瓷贸易内涵相当丰富，不仅有不同国家的参与和竞争，还有公司贸易同私人贸易之间的差异与互动，这个层面的重要性同样不可低估。

18 世纪的外销瓷，最有特色的恐怕就是那些带有独特印记的纹章瓷以及各种制作精美、绘有西方纹饰的器物了，它们被称作“订制瓷”。博物馆收藏的外销瓷，多是此类器物，它们构成了我们对这一时期外销瓷器的印象。

但是，在公司的订单中，我们却很少发现这样的器物。英国东印度公司的记录中，完全找不到任何关于公司订制纹章瓷或者特殊纹样的记录，如前文所述，公司订购的，主要是普通的产品。荷兰东印度公司虽然订制过 VOC 标志瓷器，使用过 Pronk 和瑞典 Precht 设计的纹样，也在某些年份订购过“摘樱桃的人”等绘西方纹样的器皿，但仅限于少数时间，数量也并不太多。

正如 18 世纪的沉船材料所展现的那样，东印度公司订购的产品，多数都是普通的桌器。无论是 1745 年沉没的瑞典哥德堡号、1752 年沉没的荷兰哥德迈尔森号，还是 1761 年英国格里芬号，船载瓷器都以青花为主，器形、纹样多为大规模生产，供日常使用的形式 [42]，彩瓷中的多数产品，也同样如此。作为日用器皿，这些产品到欧洲之后，在使用中被逐渐消磨，很少能够进入博物馆。但欧洲的相关考古发掘验证了它们的大量存在。比如瑞典斯德哥尔摩的考古发掘，英国 Brandenburgh House（Hammersmith），America Square 等地出土的 18 世纪瓷片（图七、图八）[43]，都可以找到不少这样的中

图七　清青花风景图盘标本（伦敦 American Square 出土，伦敦博物馆藏）

图八　清青花风景图盘标本（伦敦 American Square 出土，伦敦博物馆藏）

国瓷器。这样的器物代表了 18 世纪东印度公司进口瓷器的主流面貌。

而那些如今在博物馆展示的精细“订制瓷”，当时大多是通过私人贸易渠道进入欧洲的。私人贸易是来华的东印度公司职员个人进行的贸易。东印度公司支付给船长和大班的薪水普遍不高，与这项要求极高、颇具危险性的工作并不相称。但是，公司提供一定比例的“优惠吨位”，允许职员私下贸易，吨位多寡依职位而定，这就吸引了许多能力卓越的员工为其服务。

早在 17 世纪初，私人贸易就已经存在，而私人贸易的瓷器，一般都是高质量的货品。1609 年，荷兰东印度公司致信派驻东印度总督，要求限制私人贸易，因为“我们的代理人常常违反他们在出发前的承诺，最好、质量最上乘的瓷器总是被他们以个人名义购买”[44]。18 世纪，私人贸易更固定和有序地进行，职员以个人名义购买的瓷器，质量仍然明显优于公司货品。1790 年，伦敦总部在给大班的信中提起：

> 如果你相信，私人贸易瓷器在整体上不如公司的货品，那你就显得相当无知了，因为众所周知，事实正好相反……我们知道这些，是因为有实际的比较，两个渠道的货品都通过我们销售，即使不用别的判断方法，它们在售价上的区别就足以说明问题了。[45]

那些带有精致西方纹饰的“订制瓷”，不是大规模量产的商品，因此成本必然较高。1779年，荷兰大班的信件充分说明了两者之间的价差：“那些西式的图案或人物，价格是中式的两倍。如果用的金彩多，则更昂贵……图案的差别极大，一个普通的彩绘潘趣碗售价三钱三两，而同样口径绘十三行图案的，则要贵上十倍，绘黄埔图案（港口西洋海船）则贵8倍。这样的瓷器是稀罕货色，通常由私人购买，他们会买来做礼物，这可不是二三两银子的事。”[46]的确，部分器物是职员为亲友购置的礼物，一件绘有帆船海港图案的潘趣碗上有这样的文字：“来自船长的礼物，带着感激和敬意献给罗德尼大人，感谢您的美德与帮助。”但也有许多瓷器通过拍卖出售，获取利润。由于私人贸易的仓位有限，职员们必然选择高货值的物品，以获取更高的回报[47]。因此，他们自然倾向于购买那些精致的“订制瓷”，而非普通的日用品。

另一个值得注意的因素，是船长和大班们的身份。根据David Howard的研究，英国东印度公司的船长和大班，绝大多数来自拥有纹章的贵族家庭。这样的出生背景决定了他们的经济实力和审美品位，会更倾向于购买精美的订制货品。同时，贵族出身的背景，也意味着他们的亲友圈有许多订制纹章瓷的需要。英国的纹章瓷数量很多，不少纹章瓷，尤其是18世纪50年代之前的作品，可以同东印度公司的职员产生联系，这一点，在David Howard的两册关于纹章瓷的著作中都有详细的考证。为亲友订制，作为礼物的纹章瓷通常在支付关税和相关费用后，就可以取走，但在某些情况下，公司会要求这些瓷器也参加公司的拍卖，1731年11月，公司就要求“那些用作礼物的纹章瓷与白瓷，需要在周二作为第23项拍卖”[48]，这可能是为了防止职员走私，因此，大班或船长等高级职员的名字，有时会出现在拍卖中，拍下自己的物品[49]。当然，商业订制的纹章瓷及其他订制瓷也为数众多，研究者早已指出，这些瓷器是通过瓷器商人（chinaman）订购的，这样的判断应当准确，因为有部分从事东方商品交易的商人，他们的儿子或者学徒就在东印度公司服务[50]。一封来自过世船长遗孀的信件也可以作为旁证，她要求公司将船长的瓷器送至Henry Tombes处，而他正是伦敦最重要的瓷器商人[51]，职员与瓷商之间的联系，可见一斑。

在极少数情况下，公司也会参照私人贸易购买，1778年，荷兰东印度公司曾要求大班购买“通常是为私人订购的三种纹样：广东港口（绘有海船）、茶叶装箱和瓷器制作”[52]。但这样的情况极其罕见，很快也没有了后续订单。对公司而言，订购这样的瓷器并不值得，过程繁琐，需要耗费的时间和人力很多，远不如大宗的茶叶等货品重要，因此，将这项贸易留给私人经营，确在情理之中。

注释：

[1] 1677～1699年间，有15艘英国东印度公司商船至厦门贸易，马士：《东印度公司对华贸易编年史》第一、第二卷，页309～310，中山大学出版社，1991年。

[2] 表一选择 1729 ～ 1792 年统计，是因为荷兰、瑞典的直航贸易均在 1729 年之后，而 1792 年以后，英国东印度公司开始停止进口中国瓷器，欧洲各国的瓷器贸易也陷入低迷，统计的意义不大。

[3] 资料来源：英国数据来自马士《东印度公司贸易编年史》，第一、第二卷，页 309 ～ 321 及页 741 ～ 775，第四、第五卷，页 628 ～ 641，1743 ～ 1774 年数据第五卷与第一卷有出入，以补正后的第五卷为准；荷兰数据来自 C. J. A. Jörg, Porcelain and the Dutch China trade p.195-201 相关统计；瑞典数据根据哥德堡大学开放的东印度公司 37 艘商船档案统计；法国数据系根据马士《东印度公司贸易编年史》第一、第二、第五卷每年英国大班对来华船只的记录辑录，以荷兰及瑞典数据验证，英国人的记录相当准确，部分年代记录缺损，以"？"表示，其中 1745 ～ 1749 年数据根据严锴《十八世纪法国对华贸易初探》，《法国研究》2012 年第 2 期补充，1769 年数据根据赵春晨、陈享冬：《论清代广州十三行商馆区的兴起》，《清史研究》2011 年第 3 期补充。本表仅统计各国东印度公司船只，但由于法国在 1769 ～ 1785 年间及 1790 年后取消东印度公司对华贸易垄断权，因此上述时期法国的统计数据包括部分非东印度公司船舶。另外，18 世纪后期，有许多在东南亚与中国之间从事转运贸易的英国"港脚船"停泊广州，这类商船也运载部分瓷器，其中部分器物也可能通过转运达到欧洲，但主要在亚洲区域内流通，因此，散商港脚船暂不列入本表统计范围。

[4] Robert Picard 等的 Les compagnies des Indes: route de la porcelaine, p.113 曾对 1720 年后的英国东印度瓷器贸易有所估算，认为在 2500 ～ 3000 万件，但是，这样的估计依据不足，偏差可能很大，没有太大的参考价值，对此类估算的使用，需要特别谨慎。

[5] [美] 马士：《东印度公司对华贸易编年史》第一、第二卷，页 108、页 141，中山大学出版社，1991 年。

[6] Geoffery A. Godden, *Oriental Export Market Porcelain*, Granada, 1979, p.42

[7] [美] 马士：《东印度公司对华贸易编年史》第一、第二卷，页 178、页 228、页 254、页 283、页 296、页 432、页 449~451。

[8] [美] 马士：《东印度公司对华贸易编年史》第四、第五卷，页 542、页 568、页 614。

[9] [美] 马士：《东印度公司对华贸易编年史》第一、第二卷，页 416。

[10] Geoffery A. Godden , *Oriental Export Market Porcelain*, p.48

[11] C. J. A. Jörg, *Porcelain and the Dutch China trade*, M. Nijhoff, 1982, p.149 两项数据皆根据装拆箱清单统计，因此颇具可比性。

[12] 此表系根据 C. J. A. Jörg, *Porcelain and the Dutch China trade*, 页 195 ～ 201、页 217 ～ 223 数据编制，年份指商船到达广州，购买瓷器的年份。

[13] 从购买金额看，70 年代反而有所上升，这可能与 70 年代瓷器价格的上涨有关，但即使考虑这一因素，其贸易量仍然可观。

[14] Jan Wirgin 在其 *Chinese Trade Ceramics for the Swedish Market* 一文中，认为估算困难，但 J. Vansvik 曾经在其《瑞典藏中国外销瓷》(《瑞典藏中国陶瓷》，紫禁城出版社，2005 年）一文中提到瑞典的贸易量可能在 5000 万件，惜未给出依据，是否根据第一次航行后有 43 万件瓷

器拍卖的情况，乘以120多次至广州的航行数量得到，不得而知。不同时期贸易数量的变化可能很大，需要审慎对待。

[15][17] Jan Wirgin, "Chinese Trade Ceramics for the Swedish Market, " *International Symposium on Ancient Chinese Trade Ceramics: Collected Papers*, National Museum of History, 1994, p.36

[16] [美]马士：《东印度公司对华贸易编年史》第四、第五卷，页618～619。

[18] [19] Michel Beurdeley, *Chinese Trade Porcelain*, Charles Tuttle,1962 , p 101-102

[20] Michel Beurdeley, *Chinese Trade Porcelain*, p 127-128

[21] 数据来自《东印度公司对华贸易编年史》第一、第二卷，页228、页283，第四、第五卷，页538～540、页578～579、页598、页618～619页，第一、第二卷，页521～522。

[22][24] Geoffery A. Godden , *Oriental Export Market Porcelain*, p.28

[23][27] Geoffery A. Godden , *Oriental Export Market Porcelain*，p.69

[25] Geoffery A. Godden , *Oriental Export Market Porcelain*，p.15

[26] Geoffery A. Godden , *Oriental Export Market Porcelain*，p.43-45

[28] C. J. A. Jörg, *Porcelain and the Dutch China trade*, M. Nijhoff, 1982, p.125 另，1dium约等于2.5厘米。

[29] [美]马士：《东印度公司对华贸易编年史》第四、第五卷，页568。

[30] C. J. A. Jörg, *Porcelain and the Dutch China trade*, p.95

[31] C. J. A. Jörg, *Porcelain and the Dutch China trade*, p.98

[32] C. J. A. Jörg, *Porcelain and the Dutch China trade*, p.102

[33][35] C. J. A. Jörg, *Porcelain and the Dutch China trade,* p.107

[34] Christiaan Jörg, *Oriental Porcelain in the Netherlands: Four Museum collections*, 2003,p.26

[36][40] C. J. A. Jörg, *Porcelain and the Dutch China trade*, p.111

[37][38] C. J. A. Jörg, *Porcelain and the Dutch China trade*, p.116

[39][52] C. J. A. Jörg, *Porcelain and the Dutch China trade*, p.108

[41] C. J. A. Jörg, *Porcelain and the Dutch China trade*, p.103

[42] Berit Wästfelt, Bo Gyllensvärd, Jörgen Weibull, *Porcelain from the East Indiaman* Götheborg, Wiken, 1991; C. J. A. Jörg, *Geldermalsen: History and Porcelain*, Kemper Pub., 1986; Franck Goddio, Evelyn Jay, *Griffin: On the Route of an Indiaman*, Periplus Publishing London, 2002

[43] Jessica Harrison-Hall, *Chinese Ceramics: UK Sherd Resources and Archaeological Finds*, presentation at Fudan University, 2011

[44] Geoffery A. Godden, *Oriental Export Market Porcelain*, p.56

[45] David S. Howard, *The Choice of the Private Trader : the private market in Chinese export procelain illustrated from the Hodroff collection*, London: Zwemmer, 1994, p.10

[46] C. J. A. Jörg, *Porcelain and the Dutch China trade*, p .128

[47] 私人贸易中的茶叶贸易也能说明这样的问题，公司购买的茶叶，有武夷茶、贡熙茶等

区别，其中，贡熙茶的价格最贵，而私人贸易购买的茶叶，几乎全部都是贡熙茶。见马士《东印度公司对华贸易编年史》相关数据。

[48] Geoffery A. Godden , *Oriental Export Market Porcelain*, p. 76

[49] Geoffery A. Godden , *Oriental Export Market Porcelain*, p.67

[50] David S. Howard, *The Choice of the Private Trader : the private market in Chinese export procelain illustrated from the Hodroff collection*, London: Zwemmer, 1994, p.33

[51] Geoffery A. Godden , *Oriental Export Market Porcelain*, p.66

清代景德镇粉彩瓷器初论

——兼述宫廷洋彩名称之应用

上海博物馆　陆明华

内容提要：清代景德镇粉彩瓷器一直是学界关注和研究的重要问题，而粉彩与宫廷中的洋彩和珐琅彩三者之间关系十分密切，也颇为复杂，许多年来，国内外专家学者众说纷纭，各抒已见，论述其间存在的问题和相互关系。本文的研究有以下三个方面：一以清代景德镇粉彩瓷器的发展为主线，选择重要纪年瓷为切入点，例举并叙述粉彩出现后至大发展前的康熙末雍正初的相关产品，并探讨其烧造者。二对粉彩的定义进行议论，进而探索粉彩和洋彩的关系。三引用有关研究者刊布转引的相关档案资料，对清朝宫廷内洋彩的来龙去脉进行叙述。作者认为，采用粉彩和洋彩之名均无不可，但保留粉彩之名符合历史发展规律。

关键词：清代　粉彩　景德镇

Abstract: Famille rose porcelain is a focus of attention in the ceramic circle. It is closely connected with Yangcai and Falangcai. Scholars both at home and abroad have analyzed their complicated relationship while opinions are still widely divided now. This paper will discuss related questions from three aspects. First, the earliest famille rose porcelain in the late Kangxi and early Yongzhen period. The author will analyze important dated pieces and discuss its development as well as the possible sponsor of the kiln. Second is the definition of famille rose and its relationship with Yangcai. Third, related archives will be cited to reveal the history of the name Yangcai in the imperial court and the author hopes to make it clear that although both Famille rose and Yangcai are acceptable names for such wares, the term Famille rose is more in accordance with its historical development.

Keywords: Qing dynasty, famille rose, Jingdezhen

粉彩瓷器是清代景德镇烧造的一大品种，它的出现和大规模烧造在很大程度上改变了景德镇的烧瓷格局，使彩瓷的面貌趋于多样化、规模化。雍正、乾隆以后，釉上彩的粉彩与釉下彩的青花一起，成为清代景德镇瓷器烧造的两大主流。从研究角度看，粉彩与清代的洋彩及珐琅彩息息相关，这三者的关系看起来似已十分清楚，但实际上依然存在不少问题，本文的叙述，不指望完全理顺这些关系，厘清存在的问题，但希望能从一个简单的角度叙述清楚洋彩和粉彩的来龙去脉。

一 初创期粉彩瓷器探索

目前没有发现清代康熙朝有大规模烧造粉彩瓷器的迹象，只有少数实物能证明当时景德镇已开始烧制这种瓷器。典型产品有故宫博物院收藏的粉彩花蝶纹盘和花卉纹太白尊（图一、图二），这两件作品均绘布局疏朗的粉彩图案，这是康熙彩瓷上很少能看到的彩饰，由于两件器物底部所书“大清康熙年制”均为典型的官款，使粉彩创烧于康熙朝成为无可争辩的事实。还有一件花蝶纹盘，底书“大明成化年制”双圈六字楷书款（图三），从风格看应属康熙产品。还有一件是钟馗醉酒像（图四）[1]，有“康熙年制”刻款。虽然目前还不能十分确切的肯定这些作品烧造于康熙哪一时段，但最合适的时间可能还是康熙晚期。

除故宫博物院外，国外也有部分具有康熙风格的粉彩瓷器，如法国吉美博物馆藏有两件母子玩耍的五彩人物纹盘[2]（图五、图六），人物面部微施淡红彩，裙、裤及团

图一　清康熙粉彩花蝶纹盘（故宫博物院藏）

图二　清康熙粉彩花卉纹太白尊（故宫博物院藏）

图三　清康熙粉彩花蝶纹盘（故宫博物院藏）

图四　清康熙粉彩钟馗醉酒像（故宫博物院藏）

图五　清康熙粉彩人物纹盘（法国吉美博物馆藏）

扇都着胭脂红彩，底部均无款。时代定为康熙年间。事实上，这种胭脂红彩的运用，确实标志着粉彩在当时已诞生了，这一点故宫博物院两件康熙官款作品最具典型性和代表性。类似的粉彩人物图盘，在瑞典斯德哥尔摩东亚博物馆也有一件[3]（图七），除整体绘五彩外，人物脸部、手、裙及花、花篮、团扇均施胭脂红彩。值得一提的是，仕女上衣的蓝彩，已与康熙蓝彩有所不同，有涂施玻璃白的感觉，色调浅淡。或许这一件的制作时代可能在前两件之后，是否属康熙产品还值得研究。

在传世品中，还有可肯定是康熙末期烧造的粉彩瓷器，如英国大英博物馆藏有一件粉彩花卉纹碗（图八），内心绘粉彩图案，外施胭脂红釉，底书“又辛丑年制”款。还有一件胭脂红花蝶纹盘（图九），底部无款。但整体风格与前者酷似，来源也相同，应是同一时代同一窑炉出品。这两件器物不能说明康熙粉彩始烧于哪一时段，但康熙末有绝对纪年的粉彩瓷器烧造可证明这一时段的产品风格。“又辛丑年制”的简单解释是又一个辛丑之年制作，时间锁定为康熙六十年，亦即1621年，是跨越朝代风格的产品，也是迄今为止可明确康熙纪年的唯一一种粉彩器，因此具有标准器的作用。另外，大英博物馆托管的大维德基金会有一件底书双圈青花“又辛丑年制”款的高温红釉瓶（图一〇），这种标准官窑风格、官款格式，但不书康熙年制官款的做法，是十分罕见的。这几件底书纪年款的器物，到底是官窑还是民窑产品难以证明，因为迄今为止尚难证明书写这种干支款的器物就是官窑器。这种“又辛丑年制”款胭脂红釉粉彩瓷器，过去香港赵从衍旧藏有一件，后来拍卖市场上出现过两件，当时可能生产了一批。但总起来说，传世较为稀少。

按照历史记载情况，康熙晚期景德镇官窑的烧造几乎是空白，除了康熙四十四年到五十一年江西巡抚郎廷极和郎窑仿古瓷的记述[4]以及康熙帝为了珐琅瓷器的流失对江宁织造的警告外[5]，几乎没有其他关于景德镇官窑烧造的官方记载。但包括宫廷收藏在内的传世品中却有许多达到官窑水平的瓷器，看来当时的官方用瓷还是有很多烧造。所以，这两件器物或有可能属于当时未公开烧造的官窑瓷范畴，也有可能是所谓安窑或类似瓷窑产品。2012年，笔者曾在《郎窑相关问题再考》一文中对与郎窑研究相关的问题作叙述时，顺带对安窑的相关问题作了议论[6]。

据记载，自康熙五十九年起，原先在曾经的朝廷重臣明珠麾下、后成为盐商的安尚义的家人马士弘等每年用银九千两在景德镇置买材料，雇工烧瓷。所烧瓷器尽行载到扬州转送进京，从清档记录的字里行间可看出当时是进贡朝廷[7]。

从时间和器物用途等情况推测，“又辛丑”款粉彩瓷器与马士弘等人在景德镇烧瓷时间吻合，属于他们烧造的可能性还是存在的。假如确实如此，当时也许是试烧，因此没有书正式款识。当然，所谓正式年款也只是宣德、成化朝号款。雍正五年，内务府总管兼景德镇御窑厂总理年希尧在奏折中提到：

马士弘烧造酒圆俱书成化年号，臣遵谕旨传唤马士弘严行遵饬，据马士弘口

图六　清康熙粉彩人物纹盘（法国吉美博物馆藏）

图七　清粉彩人物纹盘（瑞典斯德哥尔摩东亚博物馆藏）

图八　清康熙六十年胭脂红釉粉彩花卉纹碗（英国大英博物馆藏）

图九　清康熙胭脂红釉粉彩花蝶纹盘（英国大英博物馆藏）

称原系愚昧无知，惟有惶惧叩首自行认罪，其景德镇烧造磁器，俱不许写明朝宣德、成化年号字款……[8]

可以想象，康熙末到雍正早年，马士弘等烧制了许多质量不低的明代宣德和成化款瓷器。假如说，故宫博物院的另一件“大明成化年制”款粉彩花蝶纹盘也是康熙末年这种类似风格、类似烧造性质的器物，似乎也符合时代风格与写款特点，因此，同样存在该窑烧造的可能性。所绘花卉蝴蝶纹尤其是粉红色花朵的画法颇为相像，让人感觉是同样的画风。

此外，美国大都会博物馆藏有一件无款粉彩花鸟纹盘（图一一），具有典型康熙风格，盘外施胭脂红釉，盘内粉红色花朵与大英博物馆花蝶纹盘花朵的画法如出一辙，器外也施胭脂红釉，底部略显毛糙，具有康熙器物的风格。由于此器没有书款，早前国外研究者认为是雍正私窑产品[9]。还有，荷兰国立博物馆收藏的一件粉彩花鸟纹盘

图一〇　清康熙六十年红釉瓶（英国大维德基金会藏）

图一一　清胭脂红釉粉彩花鸟纹盘（美国大都会博物馆藏）

也值得注意（图一二），外部施胭脂红釉，不书款，花鸟纹有着康熙五彩风格，胭脂红彩花朵与大英博物馆盘及大都会盘有一致的风格。胭脂红彩颇为淡雅，玻璃白的运用已更多，本人还是判断这样的器物也是康熙末或是雍正初的产品。

笔者曾对国内外一批定于康熙朝烧造的成化款五彩瓷器有过关注，现综合上海博物馆及国内外诸多机构的收藏，可整理出一大批具有典型的康熙晚期风格且书有“大明成化年制”款识的五彩器，以上海博物馆藏品为例，有落花流水折腰碗（图一三）、麻姑献寿图盘（图一四）、过枝花蝶纹盘（图一五）、仙鹤桃果纹碗（图一六）、芦塘鸳鸯图碗（图一七）等[10]。当然，上海博物馆藏品中还有一些类似的器物。这些器物的底部，均书同一种字体的青花双圈“大明成化年制”（图一八）[11]。以这种款识与故宫博物院“大明成化年制”款粉彩盘进行对比，可看出两者的一致性，甚至可认为出于同一窑业作坊。笔者推测，这些瓷器或有可能就是安尚义家人马自弘等在康熙末到雍正初在景德镇烧造，并“尽行载到扬州转送进京”的贡瓷，这种进贡皇家的产品绝对不可能是普通的民窑瓷器，但其烧造性质似乎不能纳入官窑的体制，因为钱粮方面并非为皇家或地方政府拨款，而是自筹，这应该看作判断是否官窑的重要方面。这一点，笔者在相关论文中已有阐述[12]。当然，目前要肯定当时的所谓安窑是否唯一或是向皇家提供贡瓷的主要窑场，上述这些瓷器是否能肯定是安窑烧造，依然需要更多的证据予以确定。因为这里还存在另一种可能，上述这些高质量的未书官款的彩瓷，也有可能是皇家派官毫不张扬地在景德镇督造，甚至有可能在北京宫廷自行绘制烘烧。“雍正三年九月十三日，员外郎海望启怡亲王，八月内做磁器匠人俱送回江西”之事宜[13]，进一步证明了清宫珐琅彩的制作与景德镇窑业两者有不可分割的交流关系。所以，对这些康熙末到雍正早期烧造的彩瓷来源，应作进一步的关注和深入研究。

余佩瑾研究员在《传承、突破与转折——清雍正珐琅彩瓷的发展》一文中，引用了台北故宫博物院收藏的两件成化款胭脂红釉暗八宝团寿字碗（图一九），她认为这是当时试验本土粉红色珐琅料烧制的作品。并以故宫博物院藏“大清康熙年制”款的金地蓝料寿字铭酒圆和青花盘上的寿字相比较，得出了两者时代接近的结论。当然，成化款胭脂红釉暗八宝团寿字碗在品种上与粉彩不同，又有“康熙年制”蓝料款，可能与康熙珐琅彩瓷器出于同一作坊。另外，她把此类器物与后面的器物相联系：

> 同样两件内里施白釉，外罩胭脂红彩的酒圆，因能与雍正二年怡亲王拿酒圆试烧画珐琅；和雍正四年雍正皇帝表达不喜酒圆外底施彩的记事相呼应。以及该两件作品皆使用康熙朝以来的吹釉技法施彩，致使器表彩料深浅不匀……在显示这两件胭脂红酒圆亦当属于研发金红彩下的产物（图二〇）。[14]

笔者认为，余文的研究十分重要，从实际情况看，康熙末、雍正初正是景德镇金红彩（釉）的重要研发阶段，她引用的两件胭脂红釉彩器，时代定在18世纪，内心

图一二　清胭脂红釉粉彩花鸟纹盘（荷兰国立博物馆藏）

图一三　清康熙五彩落花流水纹折腰碗（上海博物馆藏）

图一四　清康熙麻姑献寿图盘（上海博物馆藏）

图一五　清康熙五彩过枝花蝶纹盘（上海博物馆藏）

图一六　清康熙五彩仙鹤桃果纹碗（上海博物馆藏）

图一七　清康熙五彩芦塘鸳鸯图碗（上海博物馆藏）

图一八　清康熙五彩器底款

图一九　清胭脂红釉暗八宝团寿字纹碗（台北故宫博物院藏）

图二〇　清胭脂红釉粉彩花卉纹酒圆（台北故宫博物院藏）

所绘胭脂红花和绿色枝干应是粉彩，其推测的年代与笔者关注的康熙末、雍正初烧造这种彩料的时间可能十分接近。因此这些器物或与康熙六十年的“又辛丑年制”款胭脂红粉彩瓷器是类似的品种，存在着同窑出品的可能。另外，台北故宫博物院收藏的“大明成化年制”款胭脂红（釉）酒圆（图二一）同样值得关注，这是与上述作品年代相近的器物[15]。

康熙末年，皇权继承问题使宫廷内斗十分严重，类似景德镇造瓷这类事，朝廷可能已无暇关注，御器烧造出现真空并非不可能。此时，安窑之类可能自觉不自觉地成为内廷使用瓷器的提供者，在当地研制烧造高质量的产品进奉皇家。所烧瓷器书写明代宣德或成化款，也可能不书款或写干支款。

另外，还有一种釉上彩瓷器值得继续探讨，那就是传世品中在珊瑚红地上绘彩、底书青花双方栏“康熙御制”、“雍正御制”楷款的四季花卉纹碗类制品，这两种器物上海博物馆均有收藏（图二二、图二三）。这是两种目前存在争议的器物，国内外有不同的名称，有的把它们列为珐琅彩，有的称为粉彩，现在也被称为洋彩。另外还有在胭脂红地上画粉彩的小件作品如马蹄杯、敞口杯等雍正款器，这种器物始烧于康熙朝，产品存世稀少，雍正朝开始增多。

这种珊瑚红地彩瓷碗，我们历来依照传统认识，康熙款制品称为五彩，雍正款制品定为粉彩。这是因为，这种器物底部书青花款，至少这样的器物是在景德镇官窑制作。

图二一　清胭脂红釉酒圆（台北故宫博物院藏）

图二二　清康熙珊瑚红地彩绘四季花卉纹碗（上海博物馆藏）

图二三　清雍正珊瑚红地彩绘四季花卉纹碗（上海博物馆藏）

但对于器外珊瑚红地上所绘多种色彩的彩料，实际上还是不明了的。根据台北故宫博物院同类器物木匣刻名“康熙年制瓷胎画珐琅五色花红地茶碗一对”，而另外一种木匣上刻有“雍正年制瓷胎画珐琅五彩西番红地钟一对”[16]的情况看，是明确的珐琅彩，与我们通常所说的康熙五彩和雍正粉彩还是有区别的，同时与清宫的那些料款珐琅彩在风格上也有区别，属于一种特别的风格。这种器物的来源，存在着两种可能：第一种，与料款珐琅彩是同样的烧制途径；第二种，宫廷在自行试制的同时，下令景德镇烧制。因此，不管是前者还是后者，目前的珐琅彩、粉彩、洋彩之名似均可与其相联系。清人说洋彩是模仿西洋风格，也许这种作品就是名副其实的洋彩[17]，但这种定名是否与我们所说的粉彩概念一样，目前不甚清楚，感觉还是有差别。实际上，从彩绘方面看倒是与珐琅彩效果相似。

总之，康熙末期的粉彩已显得较为成熟，这为雍正时期粉彩瓷器进入烧造高峰，打下了良好的基础。

二 粉彩的定义

在光绪以前的清代文献中，无粉彩一词，只有“洋彩”之说。但洋彩之名的普遍使用，似乎也是乾隆朝开始。对洋彩的解释，本来很简单，按清雍正十年《江西通志》引《陶冶图编次》一七：

> 圆琢白器，五彩绘画模仿西洋，故曰洋采。须选素习绘事高手，将各种颜料研细调合，以白瓷片画染。烧试必熟谙颜料火候之性，始可由粗及细，熟中生巧。总以眼明心细手准为佳。所用颜料与法琅色同，其调色之法有三：一用芸香油；一用胶水；一用清水。盖油色便于渲染，胶水所调便于拓抹，而清水之色则便于堆填也。画时有就桌者，有手持者，亦有眠侧于低处者，各因器之大小，以就运笔之便。[18]

《陶冶图编次》完成于雍正八年，《江西通志》刊出于雍正十年，这可能是目前能见到的最早版本。

同书刊载唐英的《陶务叙略碑记》，列出了当时开发或仿烧的瓷器品种 57 种，其中的“洋彩器皿，本朝新仿西洋珐琅画法，人物、山水、花卉、翎毛无不精细入神”[19]。这种所谓“本朝新仿西洋珐琅画法”，应不包含那些宫廷造办处绘制的“瓷胎画珐琅”制品。这里列出的彩瓷品种中，包括“仿万历、正德窑五彩器皿”，“仿成化窑五彩器皿”。但没有提到雍正前一直烧造的康熙五彩。可以认为，这种洋彩，主要是指经过改良的五彩。因为在 57 种瓷器里，没有也不可能有宫廷烧制的珐琅彩，当时的瓷胎画珐琅器是宫廷造办处珐琅作绘制烧成，应与唐英的御窑厂无太大关系，他只负责御窑厂的烧造，即使是用以绘珐琅彩的制品，也只提供单色釉成品给造办处，彩绘可能均由后者完成。当然，不能排除御窑厂也烧造类似宫廷珐琅彩的品种，因为本文前面提到过的那些青花“康熙御制”、“雍正御制”款的红地彩瓷制品可能属于景德镇烧造。假如包含这种或可认为是珐琅彩制品的话，唐英所说的洋彩就不仅仅是单纯的改良过的五彩亦即我们现在所说的粉彩了。

我认为，清人所说的模仿西洋，可能包含两个方面，一是在彩料方面模仿，运用欧洲人传入的彩绘原料绘画瓷器釉上彩；一是彩绘工艺上模仿西洋器皿的画彩风格。

当然，彩料模仿主要是运用了金红绘彩，这种彩料确实是西洋引进的，它是使五彩转化成为粉彩（或洋彩）的关键彩料，判断康熙晚期到雍正初的作品是五彩还是粉彩，主要看这种红彩，假如是矾红或珊瑚红料绘彩而不是金红彩，依然属于五彩。当时，绘彩时还没有普及使用玻璃白色料。玻璃白色料又称“雪白”，“是无色透明的玻璃体，可以用来覆盖珠明料，还可调节各种水颜色的深浅”。“五彩的油料、雪白和洗染方法，三者是粉彩产生的基础，所缺的仅是金红和玻璃白两种色料”[20]。从彩料方面说，五彩中的红彩运用金红绘彩和玻璃白打底，完全去除了色彩强烈而呈现透亮的光泽感，变得柔和粉润。从工艺技法看，这种彩绘改变了康熙五彩的单线平涂法，采用了渲染法绘画，这样，在西洋珐琅上的艺术效果，在景德镇改良的五彩器上出现了，因此这种洋彩成了雍正朝御窑厂新创的一个品种。实际上，这种器物在康熙时期已出现了，笔者在上面提到的康熙末雍正初的一些器物就是这样的产品，只不过当时以金红绘彩是主要的。因此，我认为，当时所谓仿西洋制作的洋彩，主要是已经前人不断试制改进的粉彩，以后，在御窑厂完善后烧造出了精美的作品，确实，经过雍正御窑厂精益求精的烧造，这种瓷器变得十分完美。当时唐英所说的所谓模仿西洋，除了彩料的引进外，再就是那种烧成珐琅般的感觉。

总之，在雍正、乾隆甚至整个清代，对洋彩概念的理解可能还是较为简单的，主要是仿西洋的风格改变了康熙五彩那样的品种。至于是否在定名上需要明确区分，似乎并不重要，这是我们后人存在的争议，当时可能比较明确，不存在概念定性这样的问题。

雍正朝使用洋彩之名以后，清宫彩瓷的名称似乎变得简单了，乾隆、嘉庆甚至道光时期，洋彩基本上成为这种彩瓷的专用名称。但检视雍、乾时洋彩的范围，实际上还是有区别，雍正时的洋彩概念，似乎还有些模糊，但乾隆开始，瓷胎洋彩专指我们现在所说的粉彩，以区别于宫廷的瓷胎画珐琅。因此，我以为，洋彩的范围不是一成不变的，雍正的洋彩与乾隆以后的洋彩相比，前者在内容方面可能更为丰富。

当然，在清代的烧造过程中，没有出现过粉彩之名，直到清末光绪年间寂园叟的《陶雅》中，才出现了粉彩的称呼，谓之曰：“康熙彩硬，雍正彩软，粉彩也。”当时的认识只是古玩圈中人因为其“彩之有粉者”，“而粉彩云者，不专指红色而言，黄绿茄紫亦皆有粉也”[21]。民国初年，又有人进一步阐述所谓的雍正软彩：“软彩又名粉彩，谓彩色稍淡，有粉匀之也。”[22]从此粉彩之名盛行，一至于今。

但今人对清代这种彩瓷的定义，实际上还是有不少看法。过去曾认为，粉彩是在康熙五彩、珐琅彩影响下或是在五彩基础上受珐琅彩影响而创制的釉上彩新品种[23]，这种观点基本上影响着中国古陶瓷界对粉彩的认识。从粉彩的工艺配方看，它既有自身特点，又与五彩、珐琅彩有密切关系。相关科学实验认为：

粉彩的助溶剂和五彩一样，也属于 $PoO—SiO_2$ 系统，而珐琅彩则属于 $PoO—SiO_2—KO—B_2O_2$ 系统；在着色剂方面，粉彩比五彩多了金红、锑黄、砷白以及标准的紫彩，它们的制造技术都来自珐琅彩。所以说粉彩是在珐琅彩共同基础上发展而成的一个新品种。[24]

当然在具体的论述中，实际上还是有各种各样的学术观点。有人认为：粉彩即是洋彩；有人认为，洋彩特指景德镇烧造、收藏于清宫的“磁胎洋彩”器；而过去欧美学者对中国的这种粉彩瓷器也有自己的认识，认为洋彩就是粉彩系列，他们甚至用“调色盘的革命”来形容清代粉彩瓷器的烧制。还有的学者认为，洋彩应就是洋彩，原先清宫所存的“磁胎洋彩”器被改成了粉彩。所以以后都被称为粉彩了。

从这么多年的国内外研究情况看，目前还是有不少研究有待进一步深入。如粉彩与洋彩是否完全一致，部分器物到底属于粉彩还是珐琅彩等不少问题，实际上还是有不同的看法。目前，在北京和台北两家故宫博物院收藏的清宫彩瓷中，有被称为“珐琅彩”、“瓷胎画珐琅”和“瓷胎洋彩”不同名称的品种。而那些书青花款的制品实际上还是被不同机构冠以珐琅彩和粉彩两种不同的名称。当然从整体而言，被称为粉彩瓷器的作品特点还是十分鲜明的，不管是官窑还是民窑产品。

宫廷中保存的那些彩瓷，还是比较容易区分，底款的区别可能是最关键的，这是一种传统区分法，我认为，这种分法依然有效。把那些底部书青花和写有蓝色料款的器物分开，两个品种大致上就一目了然了。过去这样分，现在仍然没有足够的证据证明，青花款器不是来自于景德镇御窑厂，而是清宫造办处的产物。反过来，料款器基本上可明确是造办处珐琅作书写。当然青花款的釉上彩也可以是进入宫廷后施绘，但所施的可能是珐琅彩。有料款的彩瓷原件一定来自于景德镇，但当时进入造办处的大多数是无款单色釉器（包括白釉和色釉制品），其彩绘工艺是在造办处完成的，无法证明是景德镇御窑厂所为。不管是两家故宫博物院还是上海博物馆及其他地区收藏的釉上彩瓷，只要具备清代官窑的标准，只要彩绘和书款标准与宫廷收藏品没有区别的，都可以这样区分哪些是珐琅彩，哪些是洋彩。清宫所藏的那些青花款器，称为“洋彩”非常正确，但那些料款器我们现在也称为洋彩，似乎有些勉强。

由于清宫中对于许多珐琅彩、洋彩的定名只是为了收储或使用，没有按照严格（也不可能严格）的定名要求，因此，出现不同品种或把大量器物混称洋彩是十分正常的。我们其实只需理解即可，重新更改成洋彩或许是不必要的，因为许多清宫中的所谓洋彩，其实真的属于我们现在所说的粉彩系列，器物原料的配比和彩绘的方法，决定了它们恰如其分的粉彩属性。

也许，这方面以后可以确定一个标准，用科学测试的方法来确定其基本属性。

在清宫档案中，记录最多的釉上彩产品有五彩、仿成窑五彩和洋彩。雍正朝及以后朝代烧造的所谓成窑五彩，实际上是用后人所说的粉彩而不是用通常所说的康熙五彩绘画，所以这种名称有点出入。其与洋彩的区别只是因为青花勾线，粉彩填色成为斗彩。而在清宫中，实际上无斗彩之名，绝大多数斗彩都被定为仿成窑五彩。但宫中很多没有使用青花勾线的称为五彩的器物，实际上还是粉彩，如乾隆时期的五彩百鹿尊（图二四），其实就是那种常见的粉彩，类似情况，在清代实际上存在太多太多。清代乾隆、嘉庆和道光朝，粉彩瓷器是作为洋彩面世的，同治、光绪以后，很多器物称为五彩的，但实际上都是粉彩。

还有被称为掐丝珐琅的瓷质器物，实际上应是蓝地粉彩，只是色调像铜胎掐丝珐琅，如嘉庆掐丝珐琅宝月瓶、笔筒等，就是有这种效果的作品。另外，道光时“九江

图二四　清乾隆粉彩百鹿尊

图二五　清嘉庆粉彩佛日长明小碗（上海博物馆藏）

图二六　清道光粉彩三阳开泰粉彩碗（上海博物馆藏）

关监督普琳进贡金丝珐琅人物双耳环尊成对"，其实是同样的品种。嘉庆时的"佛日长明珐琅瓷小碗"（图二五），道光时"三阳开泰撇口珐琅瓷碗"（图二六）、"万寿无疆洋彩黄地珐琅瓷碗"、"重阳菊花洋彩翠地珐琅瓷碗"等，都是我们通常称为粉彩的器物，这种珐琅瓷与康、雍、乾三朝在内务府造办处画彩烧造的珐琅彩其实不是一个品种，它们都是景德镇烧造并直接画彩书款的釉上彩器。还有许多器物，根本就没有标注是彩瓷还是什么品种。由此可以看出，清代内府彩瓷的定名实际上很难完全规范，当时全凭景德镇御窑厂或内务府等相关衙门登记定名造册，因此不可能全部统一。现在我们不能因为清宫已这样定名了就全盘照搬那些名称，还是要科学的、客观的确定。

当然，对粉彩和洋彩，我们现在还是要用统一的眼光去定名。现在，较多专家学者认为粉彩和洋彩是一回事，有的甚至直截了当地使用洋彩，不再使用粉彩这个名称，认为清人已习惯使用了洋彩的名称，我们不应该改变。那么我们现在应该使用粉彩还是使用洋彩这样的定名呢？应该看到，清宫档案披露的清代彩瓷中，洋彩是一个大宗产品，雍正至道光时期，洋彩之名充斥，这部分器物，确实构成了一个较完整的名称体系，把它们称为洋彩丝毫不为过，完全可以沿用。但是，如果我们现在把已习惯了几十年甚至上百年的粉彩名称改为洋彩，似乎还有较大的问题，这方面，后面还将予以讨论。

三 洋彩的来龙去脉

洋彩之名在宫廷中的出现、发展、减少乃至消失有一个漫长的过程。

自清代雍正朝洋彩出现之名以后，日见频繁，但当时似乎并未大量出现，这可能与烧造品种及烧造量尚未达到高峰有关。当时洋彩外的品种有三彩、五彩、成窑五彩、蓝地黄彩、红彩、东青釉红彩、蓝地红彩、绿彩、黄地绿彩、紫彩、绿地紫彩、黄地紫绿彩、黑釉描金等[25]。

乾隆朝档案中出现了很多有关洋彩瓷器品种的记录：如白地洋彩、月白釉洋彩、黄珐琅地洋彩、粉红珐琅地洋彩、红珐琅地洋彩、红珐琅地锦上添花洋彩、翠珐琅地洋彩、黄地洋彩、杏黄地洋彩、黄锦地洋彩、洋红地洋彩、洋红地锦上添花洋彩、胭脂红地洋彩、胭脂红锦地洋彩、霁红釉洋彩、霁红釉描金洋彩、霁青釉洋彩、霁青釉描金洋彩、东青釉洋彩、青地洋彩、天青地洋彩、天青锦地洋彩、天青地锦上添花洋彩、龙泉釉洋彩、宋釉洋彩、哥釉洋彩、汝釉洋彩、米色釉洋彩、蓝地洋彩、蓝地描金洋彩、蓝地锦上添花洋彩、绿地洋彩、绿锦地洋彩、松绿地洋彩、松绿锦地洋彩、深翠地洋彩、紫金釉描金洋彩、花斑石洋彩、仿松儿石洋彩、仿嗌哒石洋彩、洋彩洒金、金地洋彩、纯金套蓝洋彩、套蓝洋彩、纯金套红洋彩、套红洋彩、锦地洋彩、锦上添花洋彩、描金洋彩等[26]。这些洋彩作品，很难说全部就是我们现在所说的乾隆粉彩，但大多数属于这个品种。可以说，色地粉彩是清代乾隆官窑最具典型性的彩瓷，色彩缤纷，光艳鲜丽。当然有的作品色彩的过度艳美，使人觉得难免流俗。这些作品有的属于督陶官进贡，有的则是常规的大运产品。

当然，与雍正朝相似的其他彩瓷品种和新品种在乾隆朝骤增，洋彩品种也大量出现，成为乾隆官窑彩瓷中出现最多的名称，这些，是与乾隆朝对景德镇彩瓷的大量需求成正比的。

清宫档案记录到的嘉庆时期各式釉上彩品种较多，而所谓洋彩瓷器品种的烧造，也是大量的。但与乾隆朝相比，则显得颇为稀少了。道光朝彩瓷的烧造量有上升趋势，各式彩瓷有几十种，被称为洋彩的粉彩瓷也有几十种。

咸丰时期的官窑粉彩瓷器，除了批次定烧的器物大致反映其数量外，从品种方面已难以看到其是否丰富。从有关研究反映出来的信息看，咸丰朝的大运和进贡瓷器中，真正能看到定为洋彩的品种其实已很少。这与当时战事的吃紧和各种瓷器的烧造数量大幅度减少有关。而且，这里有一个现象值得注意，咸丰朝的大运瓷器不再叫洋彩，如“彩八宝茶碗、彩八吉祥串花九寸盘、彩夔凤串花瓷大碗”等。但进贡瓷器依然称洋彩。如“洋彩群芳辑蕊转旋瓶”、“洋彩太平有象瓶”等。从时间上看，早前的道光朝实际上已出现这样的新动向，道光二十七年的大运瓷器中，还有“洋彩八吉祥串花九寸盘”、“洋彩八吉祥串花五寸碟”等品种，但道光二十九年皇帝在九江关监督士魁呈进的二十八年份大运瓷器黄册上亲笔勾除了时令酒盅等 16 种共 224 件，其中有“彩八吉祥串花五寸碟”，保留的 46 种大运瓷器中，有“彩八吉祥串花九寸盘”，上年黄册中的“洋彩八吉祥串花九寸盘”、“洋彩八吉祥串花五寸碟”[27]，在这里已去掉“洋”字。这或许是洋彩名称逐渐停用的开始。当然，咸丰朝进贡彩瓷中还是有洋彩之名。

有关研究认为，同治朝开始，内廷档案中不再出现洋彩名称[28]，上面提到的情况也似乎可证明，这可能是我们见到清代文献中最后提到洋彩之名了。但在同治五年，清政府军机大臣李鸿章，筹措银两十三万，命九江关监督蔡锦青在御厂旧址重建堂舍七十二间，复兴御窑，其中依然有“洋彩吹红浇黄房七”[29]，内廷档案也显示，“同治五年七月二十二日有收常禄交洋彩瓷花瓶一对，洋彩瓷炉一对”。“同治五年七月二十五日收常禄交洋彩瓷钵式炉四件”[30]。“光绪二年东配楼供奉洋彩瓷五供九江瓷轮其他供品名目件数。西配楼供奉洋彩瓷骑狮文殊菩萨洋彩瓷骑象普贤菩萨、洋彩瓷骑吼观世音菩萨洋彩瓷五供养、洋彩瓷宝瓶洋彩瓷五供、九江瓷瓶及其他供品名目件数”[31]。这些名称在晚清档案中出现是十分有限的，也许，有的属事出有因，如“光绪十四年热河总管又查出热河各等处运京陈设物品……洋彩瓷玲珑交泰平金钟笼”[32]，或许是旧账中的名称。当然，不排除当时的宫廷衙门仍然使用洋彩之名，虽然皇家不再喜欢这名称，但可能未明令禁止。然而客观的事实是，当时确实已很少使用了。

从清宫档案和传世实物看，同治和光绪年间官窑粉彩烧造相当丰富，同治帝大婚用瓷烧造了许多器物，其中有不少黄地粉彩。但洋彩二字在黄册、蓝册中已不见踪影了。而只署有单独一个“彩”字的器物开始增多。如同治四年有记录的如“内青花外彩荷花碗”、“彩八吉祥碗串花九寸盘”、“彩夔凤串花瓷大碗”等[33]。

另外，还可注意到，同治时清宫彩瓷之名模糊，隐约似有粉彩名之雏形，同治十三年大雅斋款制品，称粉地，如粉地墨万字口着色荷花二六鱼缸，粉地腊梅花三寸圆花盆[34]。根据同治十三年为重修圆明园传办瓷器底七号单及同年黄单传办十四号纸样，粉地应即白地：“粉地画桂子兰孙花瓶样一件，照此样烧造浅蓝地花瓶二对，二尺高二对，六寸、五寸、四寸、三寸各四对。照此花样明黄地花瓶二对，二尺高二对，六寸、五寸、四寸、三寸各四对[35]。当时的彩瓷中，似乎很少见到白地彩名称，只有粉地彩。这一年的传办瓷器中，有“粉地彩寿桃花一尺长方花盆”，还有八寸、五寸、三寸等不同规格的同类器。还有很多不同规格的粉地彩高瓶等[36]。而光绪时的官窑粉彩则也多被称为五彩[37]。这种粉地彩与粉彩看起来似乎没有什么必然的联系，但可以看出清代晚期宫廷对这种瓷器名称的确定也颇费脑筋。当然，我们也可深入思考一下，这种粉地彩的概念是否曾给予光绪古玩业带来过启示作用？

可以认为，从道光末期开始，官瓷中洋彩的称呼在逐渐减少，同治早中期以后，洋彩名称几近消失。这与清王朝在鸦片战争和太平天国农民起义的双重打击下的国家衰落形成了正比。至此，一个历时 100 多年的宫廷器物专用名称，最终可能因为政治原因而逐渐弃用。与此相适应，光绪时期，宫廷外的古玩行业琉璃厂，正在开始酝酿着一种新的名称，这就是粉彩。以后，这种通俗的名称为国内外古陶瓷研究者所接受，也许这就是洋彩之名从发展到停止的大致过程。

综上所述，洋彩之名来自于宫廷而又止于宫廷。冠名洋彩，是因为这种彩绘模仿自西洋，减少使用乃至终止洋彩之名，是因为在遭到外国军队入侵的鸦片战争以后，谈“洋”色变的清朝宫廷似乎不太愿意再沿用“洋彩”之名，因为饱受屈辱后的清宫对“洋”字产生的自然恐惧和厌烦是难以消除的。因此我认为，既然清人已觉得洋彩之名乏味，我们现在重拾旧名实际上可能并无积极意义。另外，我们过去讨论洋彩时，似乎都抛开了清代景德镇的民窑粉彩，有的甚至给予“官窑洋彩”和“民窑粉彩”这样的区分。但事实上，官窑和民窑的两种彩绘，是基本相同的彩料和彩绘工艺，区别只是质量的优劣高下，因此，两者实际上无法分开，如果只把官窑彩绘称为洋彩，民窑彩绘称为粉彩，势必造成两者的割裂，而这两个品种割裂以后，使相同工艺的品种成为两种不同的工艺名称，这在景德镇瓷器烧造史上是很特殊的事。因此，假如无法改变洋彩之名的话，或许只有一种做法是合适的，民窑定名随官窑名称，民窑粉彩也称为洋彩，但这样做是否客观？也许更可引发我们进一步思考。

可以说，粉彩之名的出现是有其特殊性的，也是客观原因造成的既成事实，现在看来，维持这种既成事实似乎更符合时代发展的规律。

注释：

[1] 清代内府自定名为“馗瓶”，意为钟馗塑像瓶。参见铁源、溪明：《清代官窑瓷器史》叁，页 639，引用清宫档案。

[2]《东洋陶瓷·吉美美术馆》，日本讲谈社，1982 年。

[3]《东洋陶瓷·斯德哥尔摩东亚博物馆》，日本讲谈社，1982 年。

[4]（清）刘廷玑：《在园杂志》。

[5] 故宫博物院明清档案部：《关于江宁织造曹家档案史料》，中华书局，1975 年。

[6][12] 详见陆明华：《郎窑相关问题再考》，《上海博物馆集刊》第十二期，上海书画出版社，2012 年。

[7] 据清档记述：“江西布政使奴才常德寿谨奏，写据实奏明事：窃奴才前恭请训旨，蒙皇上面谕：著访查安尚义在景德镇造瓷有无招摇等因，钦此。奴才到任之后，遵即密委经历王联芳至景德镇地方细查。据该员回称：安尚义之子现在扬州行盐。自康熙五十九年起，差伊家人马自弘、杨宗，伙计俞登朝三人，每年用银九千两，在景德镇置买材料，雇工烧瓷。所烧瓷器尽行载到扬州转送进京。历年以来所用材料以及工匠价值，俱预行给发，并无短少，亦无招摇生事等语。奴才犹恐所访未实，又调浮梁县知县吴邦基到省，细加面询。据称安姓家人，在镇

烧瓷，从前未知确实。自邦基到任三年以来，并无招摇生事克扣窑户，亦无片纸到官，甚属安静。等因出具印结存案，为此据实缮折恭奏以阅。”此后为皇帝朱批：“知道了”，其后落款：“雍正三年四月初三日，江西布政使奴才常德寿。”参阅中国第一历史档案馆编《雍正朝汉文朱批奏折汇编》第4册，页725，江苏古籍出版社，1989年。另据清黄掌纶《长芦盐法志》卷一一七《人物》：“安尚义，奉天人，业盐于芦，康熙五十年岁饥，尚义设厂于南门外，为粥以食饿者。继十余年，不替全活无算。子歧捐资，修筑天津城池。”清嘉庆刻本。

[8] 中国第一历史档案馆编：《雍正朝汉文朱批奏折汇编》第四册，页208～209，江苏古籍出版社，1989年。

[9]《东洋陶瓷·12》，日本讲谈社，1982年。

[10] 这些瓷器入选20世纪上海博物馆与香港两木出版社合作出版的《上海博物馆藏康熙瓷图录》，当时入选的原因是这批瓷器尽管不是明确的康熙官窑，但烧造质量很高，与一般成化款康熙民窑瓷器风格不同，具有官窑的烧制水平。

[11] 其余成化款图片参见《上海博物馆藏康熙瓷图录》，香港两木出版社，1998年。

[12] 陆明华:《郎窑相关问题再考》,《上海博物馆集刊》第十二期,上海书画出版社,2012年。

[13] 铁源、李国荣主编：《清宫瓷器档案全集》卷一，中国画报出版社，2008年。

[14] 余佩谨：《传承、突破与转折——清雍正珐琅彩瓷的发展》，台北故宫博物院：《金成旭映——清雍正珐琅彩瓷》图集，2013年。

[15] 王竹平:《金红彩料在康雍时期珐琅彩瓷的使用情况》,台北故宫博物院:《金成旭映——清雍正珐琅彩瓷》图集，2013年。

[16] 施静斐：《从文化脉络探讨清代釉上彩名词：“珐琅彩”“粉彩”与“洋彩”》，《故宫学术季刊》29卷第3期（2012年）。

[17] 台北故宫博物院的出版物都采用洋彩的定名，如《金成旭映——清雍正珐琅彩瓷》，台北故宫博物院，2013年；施静斐:《从文化脉络探讨清代釉上彩名词:“珐琅彩”“粉彩”与“洋彩”》，《故宫学术季刊》29卷第3期（2012年）。

[18][19] 清雍正十年《江西通志》卷一三五。

[20] 周觉民：《谈清代景德镇官、民窑彩瓷的一些问题》，《上海博物馆集刊》第十二期，上海书画出版社，2012年。

[21]（清光绪）陈浏：《陶雅》卷上。

[22]（民国）许之衡：《饮流斋说瓷》。

[23] 如冯先铭即持此说，参见冯先铭:《中国大百科全书》；中国硅酸盐学会:《中国陶瓷史》页427，文物出版社，。

[24] 张福康：《中国古陶瓷的科学》，上海人民美术出版社，2000年。

[25] 铁源、溪明：《清代官窑瓷器史》壹，引《清宫瓷器档案全集》。

[26] 铁源、溪明：《清代官窑瓷器史》壹，页51

[27] 铁源、溪明：《清代官窑瓷器史》贰。

[28] 铁源、溪明：《清代官窑瓷器史》贰，页 452。

[29]（清光绪）《江西通志》卷九三《经政略·陶政》。

[30][31] 铁源、李国荣主编：《清宫瓷器档案全集》卷三四，页 745。

[32] 铁源、李国荣主编：《清宫瓷器档案全集》卷四二，页 784。

[33] 铁源、溪明：《清代官窑瓷器史》贰，页 318。

[34][35][36] 铁源、溪明：《清代官窑瓷器史》贰，页 316。

对几件雍正广彩瓷器的探讨与研究

北京艺术博物馆　杨俊艳

内容提要：广彩，是广州地区釉上彩瓷的简称。它是指清前期顺应外销增长的需要，从江西景德镇运来素白瓷胎，在广州进行釉上彩绘装饰的瓷器，是一种较为独特的外销瓷品种。广彩初创于清早期，兴盛于清中期，以其特征鲜明的装饰得到海外市场的欢迎。如今，在海内外的大量藏品中，属于清早期的广彩瓷器可谓凤毛麟角，但也有个别定为雍正时期的广彩作品，令人印象深刻。本文即是结合公开发表的资料及展览中看到的雍正广彩瓷器，择选其有代表性的几件进行初步探讨与研究。

关键词：雍正　广彩　瓷器　艺术特色

Abstract: Guang color porcelains are the kind of porcelains colorized over glaze in Guangzhou. To meet the export of porcelain growing needs, white porcelains which been shipped from Jingdezhen, were decorated with over-glazed color in Guangzhou. Guang color porcelains were first made in the early time of Qing dynasty, and became popular in the overseas markets in the 1700s. Nowadays only few Guang color types of porcelain can be identified as been made in the early time of Qing dynasty. Among them, those of the Yongzheng reign-period were very impressive. In this article, Guang color porcelains of the Yongzheng reign-period are mainly discussed.

Keywords: Yongzheng, Guang color, porcelain

一　文物介绍

清雍正广彩山水人物纹盘（图一），现藏于广东省博物馆。高 4.4 厘米，口径 38.8 厘米，足径 22.5 厘米。板沿，浅平底，卧足。口沿饰麻色卷草纹，板沿为玻璃白堆绘缠枝花卉纹，盘内心主题纹饰为广州珠江风景图。该盘带有中国画的构图和用笔风格，既有粉彩的特点，又有广彩风貌[1]。

清雍正广彩折枝花蝶纹盘（图二），现藏于广东省博物馆。高 2.5 厘米，口径 23.1 厘米，足径 12.5 厘米。板沿，浅平底，卧足。画面以干大红和金彩为主，衬以少量绿彩。板沿处绘花蝶纹一周。盘心主题纹饰绘折枝牡丹花和菊花，画面色彩雅致[2]。

清雍正广彩折枝花卉纹花口盘（图三），现藏于广东省博物馆。高 2.4 厘米，口径 23 厘米，足径 13 厘米。花形口，折沿，浅腹，卧足，口沿用红彩绘卷草纹一周，盘心以红、绿彩绘折枝花卉纹四组，画面清新疏朗[3]。

清雍正广彩麻姑献寿图盘（图四），现藏于广东省博物馆。高 2.3 厘米，口径 22.5

图一　清雍正广彩山水人物纹盘（广东省博物馆藏）

图二　清雍正广彩折枝花蝶纹盘（广东省博物馆藏）

图三　清雍正广彩折枝花卉纹花口盘（广东省博物馆藏）

图四　清雍正广彩麻姑献寿图盘（广东省博物馆藏）

厘米，足径 2.3 厘米。板沿，浅腹，圈足。以红、绿、黄、蓝、金彩进行彩绘装饰。板沿处绘折枝牡丹花卉纹一周，盘内心主题纹饰绘麻姑献寿图，色彩艳丽，构图优美[4]。

清雍正广彩山水人物纹盘（图五），现藏于广东省博物馆。敞口，浅弧腹，圈足。盘内壁绘龙戏珠纹，内底绘庭院人物故事图。

清雍正广彩山水人物纹折沿盘（图六），现藏于东莞市博物馆[5]。高 2.5 厘米，口径 22.9 厘米，足径 13 厘米。折沿，浅腹，浅圈足。通体为青花矾红描金装饰，口沿绘花朵锦纹，盘心绘亭台楼阁山水人物纹[6]。

图五　清雍正广彩山水人物纹盘（广东省博物馆藏）

图六　清雍正广彩山水人物纹折沿盘（东莞市博物馆藏）

清雍正广彩山水塔桥雁纹盘(图七),现藏于故宫博物院。高4.4厘米,口径19厘米,足径12厘米。敞口,浅腹,圈足。盘内以浅淡的广彩描金绘江南风景,外壁绘四株黄红彩折枝花,足白釉,内有青花双圈六字楷书款“大明成化年制”。盘内画面以水面为中心,石桥连接两岸,繁花似锦,草木葱茏,宝塔、楼阁、茅舍掩映其间;天空中两排大雁飞过,整个画面意境幽雅,金彩的使用更增添装饰效果[7]。

清雍正广彩描金纹章纹盘(图八),现藏于伦敦维多利亚和阿尔伯特博物馆,艾

图七 清雍正广彩山水塔桥雁纹盘(故宫博物院藏)

图八 清雍正广彩纹章纹盘(维多利亚和阿尔伯特博物馆藏)

奥尼德斯遗赠（NO:C.72-1963）。直径 25.1 厘米。盘子约制作于 1730 年，即雍正八年。以红、黄、蓝、绿、黑、金彩进行彩绘。盘心绘盾形甲胄纹章，盘边场景模仿英国版画，画有伦敦和广东珠江风景[8]。

清雍正广彩纹章纹杯（图九），现藏于维多利亚与艾伯特博物馆[9]。高 3.5 厘米。杯外壁装饰荷兰纹章和荷兰东印度公司的首字母缩写“VOC”，在纹章中一只头戴王冠的狮子手握代表七个省份的七支箭。纹章周围有荷兰格言“Concordia res parvae crescunt”（团结弱小来实现强大），纪年为 1728 年，即清雍正六年。

清雍正广彩纹章纹碟（图一〇），现藏于维多利亚与艾伯特博物馆[10]。口径 6.5 厘米。碟内装饰荷兰纹章和荷兰东印度公司的首字母缩写“VOC”，在纹章中一只头戴王冠的狮子手握代表七个省份的七支箭。纹章周围装饰有荷兰的格言“Concordia res parvae crescunt”（团结弱小来实现强大），纪年为 1728 年，即清雍正六年。

清雍正广彩开光人物纹盘口瓶，现藏于广东省博物馆[11]。高 36.3 厘米，口径 17 厘米，足径 14 厘米。盘口，束颈，弧形腹，圈足稍外撇，白砂底。是雍正时期的典型造型。口沿饰锦带纹，颈部两菱形开光，内绘山水图；肩部和足下部各画锦带纹一周，腹部连弧菱形开光，内画清装人物小景。开光配以白地，而不是满地，使画面较疏朗。金彩甚少，只在口沿锦带中配以五瓣金花。具有初期广彩瓷画的典型特征[12]。

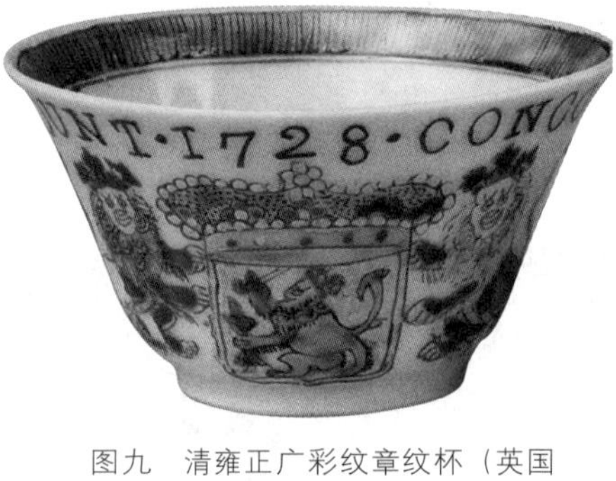

图九　清雍正广彩纹章纹杯（英国维多利亚与艾伯特博物馆藏）

图一〇　清雍正广彩纹章纹碟（英国维多利亚与艾伯特博物馆藏）

二 背景分析

雍正时期，广彩得以发展，其背景条件有二。

第一，当时广州成为了对外贸易的重要港口，欧洲很多国家都被允许在广州开设贸易机构。仅在雍正时期，获得这一权利的就有法国、荷兰、丹麦和瑞典四个国家。法国于1728年（雍正六年）、荷兰1729年（雍正七年）、丹麦1731年（雍正九年）、瑞典1732年（雍正十年）先后设立了贸易站[13]，再加上康熙五十四年（1715年）最早获得这一权利的英国东印度公司，无不为雍正时期广彩瓷器的外销提供了有利的条件。

第二，清代早期，兴起了瓷器异地彩绘加工的方式。清代刘子芬《竹园陶说》记载：

> 海通之初，西商之来中国者，先至澳门，后则径越广州，清中叶海航云集，商务繁盛，欧土重华瓷，我国商人投其所好，乃于景德镇烧造白瓷，运至粤埠另雇工匠，仿照西洋画法加以彩绘，于珠江南岸之河南开炉烘染，制成彩瓷，然后售之西商。

据此可知，“广彩”是在景德镇烧成白瓷后，直接运到广州再进行釉上彩绘的，堪称是较具代表性的异地彩绘加工方式之一。典型的实例还有珐琅彩，它是在景德镇烧成白瓷后，直接运往清代皇宫造办处进行后施彩工艺。关于特别外销瓷的生产，也有其特殊的处理程序[14]。有的是在景德镇烧成白瓷后，直接运往欧洲再进行釉上彩绘；还有的是在福建的德化窑烧成白瓷后，直接运往欧洲进行后加彩，如大英博物馆收藏的清康熙德化窑盖壶（图一一），烧制于清康熙时期的福建德化窑，后加的精美彩绘

图一一　清康熙德化窑盖壶（英国大英博物馆藏）

装饰则为雍正二年在荷兰绘制的。一面绘树上的鸟巢和栖落在树上树下的鸟儿，另一面绘在孔雀笼子上摆放着一个大花盆，盆中繁花盛开，远处还有山水风景[15]。实际上，康熙时期的珐琅彩已经开启了中国瓷器异地加彩的先河，广彩只不过是异地彩绘工艺在广州的极大发展并以加工地点得以驰名的瓷器名品。

三 艺术特色

通过上述几件雍正广彩瓷器的介绍，我们还可以了解当时广彩瓷器的大致情况。

第一，在数量方面，存世稀少，可谓凤毛麟角，说明当时尚未形成大规模的生产。

第二，在器类方面，品种较为单一，只有盘、杯、碟、瓶几类，其中以盘类器物为主，存在圆口、花口、折沿等变化。这些广彩盘的形制，与雍正时期景德镇的五彩、粉彩器相同，胎釉精细，制作规整。

第三，在装饰构图方面，纹饰疏朗，留白较多。以山水纹为例，与同时期的雍正五彩、粉彩风格一致。其中，在宝塔纹装饰上，似乎存在着某种固定的模式，即多为远处的高塔与近处的楼阁遥相呼应。

第四，在彩绘的用色方面，以干大红、麻色为代表。广彩虽然借鉴了传统的五彩工艺，吸收了珐琅彩与粉彩装饰艺术，也运用有红、黄、蓝、绿、黑、金等色，但却以干大红、麻色两色极具时代与地域特色。更为突出的是，有的广彩用色较少，仅用麻色、西红或蓝彩等单色绘西洋风景和富欧洲风格的花卉纹饰[16]，堪称是雍正广彩的代表性作品。

第五，在题材内容方面，广彩既有中国传统的纹样，也有特别定制的西洋图案。其中，属于特别定制的西洋图案中，以纹章纹为代表。而属于中国传统的纹样中则以宝塔纹为代表，且极具特色。塔实际上是埋葬佛骨舍利的纪念物，是佛教专门的建筑，它是随着佛教传入中国的。18 世纪，西方人最早接触中国的地方——广东的珠江三角洲等地区，随处可见大、小，高、低及年代等各不相同的塔，特别是临近河流海洋的塔还是外国船员和商人们喜爱的地标性建筑。因此，在许多外销品如丝织品、漆器、壁纸、象牙、玉石制品中都能看到中国古塔的身影[17]。广彩瓷器中的宝塔纹，绘制精美，堪称是“中国风”艺术的典型元素之一。

四 广彩与其他彩绘工艺的交流与影响

广彩瓷器在装饰工艺上，积极借鉴了相关的彩绘技艺，并在吸收与创新之间有机取舍，从而形成自身独具特色的艺术魅力。

1. 与珐琅彩工艺的交流与影响

康熙二十二年（1683 年），清政府收复台湾，废除海禁，欧洲的金属胎画珐琅器作为贵重工艺品，随来华的传教士被带入广州，后又进贡至内廷。舶来品以精细的彩绘技法和华丽的装饰风格深受皇宫贵族和广州地方官员的喜爱。因此，当时便在广州和北京内廷分别试烧画珐琅，在试烧成功的基础上，又将其工艺方法移植于瓷器的装饰上，故而催生了珐琅彩与广彩装饰品种。据中国第一历史档案馆藏宫中朱批《广东巡抚杨琳为委员护送西洋人严嘉乐等进京效力事奏折》载：

> （康熙五十五年）广东巡抚奴才杨琳为奏闻事。西洋人严嘉乐、戴进贤、倪天爵三名俱会天文，广东人潘淳能烧法蓝物件，奴才业经具折奏明。今又查有能烧法蓝杨士章一名，验其技艺，较之潘淳次等，亦可相帮潘淳制造。奴才并捐给安家盘费。于九月二十六日，西洋人三名、法蓝匠二名、徒弟二名，具随乌林大、李秉忠启程赴京。讫。再，奴才觅有法蓝表、金刚石戒指、法蓝铜画片、仪器、洋法蓝料，并潘淳所制桃红颜色的金子搀红铜料等件，交李秉忠代进。尚有已打成底子，未画、未烧金钮杯，亦交李秉忠收带，预备到日便于试验。[18]

此记载表明：在康熙晚期，广州已有珐琅匠及西洋的珐琅师由于技艺高超而被征调入京。雍正时期，仍不断有从广东征调掌握珐琅彩烧制技术匠人入宫廷造办处的记载。可见当时广东珐琅彩技术的发达，无疑为广彩的发展打下了坚实的技术基础。

2. 与粉彩工艺的交流与影响

从传承的基础上看，二者皆与珐琅彩有着千丝万缕的联系，即均是在康熙时期，受到了珐琅彩的影响而创烧的釉上彩新品种。从彩料的发展看，处于开创时期的雍正广彩，特色并不太鲜明，色彩单调，基本以红、绿彩为主，辅之以少量金彩，虽然无法与粉彩同日而语，但却处处可见粉彩的影子。从纹样、内容及风格上看，可以说，雍正广彩与景德镇粉彩很难区别，不仅画匠、纹样和白瓷都来自景德镇，就是在绘画的风格上也与景德镇粉彩如出一辙。

3. 与五彩工艺的交流与影响

主要是从绘制工艺上看，二者皆可分为两类：一类是在已烧成的素白釉瓷器上，先用多种彩料绘画纹样，然后经低温二次烧成，属于单纯的釉上五彩与纯釉上广彩；另一类是在烧成的釉下青花瓷器上，以釉下青花图案作为边饰或辅纹，再在釉上绘制红、黄、绿、蓝、黑、金等多种色彩的图案，形成釉下青花与釉上彩相结合的青花五彩与青花广彩。

4. 与日本伊万里金襕手工艺的交流与影响

主要体现在装饰内容上，它们作为外销瓷器，均有一部分是专为满足欧洲社会人

图一二 日本伊万里金襕手瓷器上的西方神话故事图案（日本大阪市立东洋陶瓷美术馆藏）

们生活的审美需要与习惯而按订单或来样绘制的，如反映欧洲贵族、富豪、名门或望族显赫地位的纹章纹，以及西方古典神话故事（图一二）、西方人物图案等，既有别于日本风情，又区别于中国传统，因此具有浓郁的西方文化色彩。

注释：

[1] 江西省博物馆编著：《绚丽华彩：广东省博物馆藏广彩瓷器精品》页 14，上海锦绣文章出版社，2012 年。

[2] 江西省博物馆编著：《绚丽华彩：广东省博物馆藏广彩瓷器精品》页 15，上海锦绣文章出版社，2012 年。

[3] 江西省博物馆编著：《绚丽华彩：广东省博物馆藏广彩瓷器精品》页 16，上海锦绣文章出版社，2012 年。

[4] 江西省博物馆编著：《绚丽华彩：广东省博物馆藏广彩瓷器精品》页 17，上海锦绣文章出版社，2012 年。

[5][11] 文物见于广东省博物馆举办的“土火之艺——馆藏历代陶瓷展览”。

[6] 杨晓东：《东莞市博物馆藏陶瓷》页 118，图 100，文物出版社，2010 年。

[7] 故宫博物院古陶瓷研究中心编：《古陶瓷资料选萃》页 160，图 138，紫禁城出版社，2005。

[8] [英] 柯玫瑰 :《维多利亚和阿尔伯特国立博物院藏中国清代瓷器》图 129，广西美术出版社，1995 年。文中定为釉上彩。

[9][10] 吕章申主编 :《瓷之韵 : 大英博物馆、英国维多利亚与艾伯特博物馆藏瓷器精品》页 87，图 11，中华书局，2012 年。文中定为粉彩，但本人认为应是广彩。

[12] 宋良璧 :《广彩瓷器研究》，《古陶瓷研究论集》，岭南美术出版社，2010 年。

[13] D. F. Lunsingh Scheurleer，*Chinese Export Porcelain*，p.61，Pitman Publishing Corporation，1974.

[14] 中国硅酸盐学会主编 :《中国陶瓷史》页 453，文物出版社，2004 年。

[15] 吕申章主编 :《瓷之韵 : 大英博物馆、英国维多利亚与艾伯特博物馆藏瓷器精品》页 280，图 100，中华书局，2012 年。

[16] 刘欣欣 :《别具特色的广彩纹饰》，《海贸遗珍——18 ~ 20 世纪初广州外销艺术品》页 37，上海古籍出版社，2005 年。

[17] 邓玉梅 :《初识清代广州外销螺钿筹码》，《文物天地》2014 年第 4 期。

[18] 中国第一历史档案馆编 :《康熙朝汉文朱批奏折汇编》第七册，页 451，档案出版社，1985 年。

浅析雍正粉彩外销瓷中国纹饰的特征

南昌大学　于春明

内容提要：本文选用了部分雍正时期高端的出口瓷为例证来论述雍正粉彩的纹饰风格特征，从整个纹饰内容的特征来说，与康熙时期的五彩和青花绘画相比较，雍正粉彩更多地倾向于情感世界的流露，既没有康熙时恢弘的战争场面，也没有大场面的文人雅集和大山大水的宏伟画面，而更多的是小花小鸟、男女情爱以及美满幸福的田园生活等。此外，应该注意广彩与广州绘制是两个概念，通常人们所说的广彩是那种产生于 19 世纪早期的金碧辉煌的纹饰，而广州绘制则有可能从康熙就开始出现了。

关键词：雍正　粉彩　纹饰

Abstract: By using some samples of export porcelain in Yongzheng period, the thesis discussed the features of famille rose porcelain in the period. Comparing with polychrome and blue-and-white of Kangxi period, which often showed the pattern of grand war, intellectual's elegant assembly and magnificent landscape, the patternof famille rose of Yongzheng period reflected the inner emotional world, such as bird, flower, love story and pastoral life and so on. In addition, the Guang color and ware painted in Guangzhou should be two different concepts. The Guang color means the resplendent and magnificent pattern began at early 19th century, and the ware painted in Guangzhou might be started from Kangxi period.

Keywords: Yongzheng, famille rose, pattern

我们不否认粉彩的材料特性确实与五彩不一样，视觉形式上具有女性化倾向，但是从整个纹饰内容的特征来说，与康熙时期的五彩和青花绘画相比较它确实更多地倾向于情感世界的流露，它似乎对时势、政局不太关心，既没有康熙时恢弘的战争场面，也没有大场面的文人雅集和大山大水的宏伟画面，而更多的是小花小鸟、男女情爱以及美满幸福的田园生活等。

康熙朝经历了 60 年，前 20 年海禁时期没有对外贸易，和吴三桂的战争以及郑成功后人的海战使当时的中国在陆地和海洋上都有战争，康熙中期的 20 年海禁开放，但这时的外销纹饰并没有完全延续明朝晚期的纹饰或克拉克瓷纹饰，而是以从日本传来的伊万里纹饰为主。开始的伊万里纹饰基本以仿日本的纹样为主，后来愈来愈倾向于中国的风格。康熙伊万里人物纹盘（图一），是一个从日本传过来的纹饰，车子上坐着一个日本女人，马拉着车，旁边坐着或走着一个洋人。这个纹饰到了中国以后逐渐地被改成了文姬归汉的纹样（图二），日本女人改成中国女人，外国人也被画成胡人模样，不知道日本的那个纹饰会不会也是依据中国文姬归汉的内容绘制的。康熙中后期外销瓷有西方的纹章瓷、西方绘画的定制纹样，主要是西方来样加工绘制。当然

图一　清康熙伊万里人物纹盘

图二　清雍正粉彩文姬归汉图盘

还有一部分是中国传统纹饰部分的出口，这部分是延续康熙中早期的国内纹饰，以战争题材及所谓刀马人、神话故事、文人集会、《西厢记》（图三）和山水花卉等纹样为主。在这一部分出口纹饰中，伊万里和西方定制的纹章瓷及绘画纹饰可以肯定是完全外销的，中国传统纹饰中的刀马人和一些其他的中国传统文化内容的画面应该是有一部分外销的，而有一部分有可能是19世纪西方人来中国购买到欧美去的。中国传统纹饰的风格在康熙的早、中、晚期都有变化，康熙早期的风格：人物顶天立地，画面也没有透视感；中晚期也许是受西方绘画中透视的影响，人物越画越小了，构图也比较严谨，透视也比较准确。

康熙五彩和青花画面的绘画手法是平涂勾线，成方块形的平面块状，显得整体刚硬，西方人喜欢在康熙的青花、矾红、五彩上勾金线以打破五彩过于刚硬的感觉。从康熙晚期到雍正，人们安居乐业，瓷器的画工日益精细，画面也渐渐从大人物、大花卉、大山水逐渐走向小人物、小花卉、小山水，从无边饰到有边饰和多层边饰的画面过渡。这时很少西方纹饰，大量的西方来样是在雍正晚期。1705年英国贵族贾克森家族（Juxon）定制的五彩纹章瓷盘（图四），用完整的中国传统仕女婴戏画面作为正面纹样，家族纹章却放在盘子的后面，这说明西方定制在康熙中早期尚且没有他们喜欢的针对西方市场的纹样，他们必须从中国传统纹饰中选择。1702年荷兰订制的纹章瓷也只有一些细线的边饰（德瓦西家族DE VASSY），然而到了后来边饰就丰富了起来。英国的斯坦利（Stanle）家族于1720年订制的纹章瓷画面有三条边饰，荷兰斯科顿（Scholten）家族订制的纹章瓷更有四五条边饰（图五）。中国传统的审美观是不太强调边饰的，在中国的传统瓷器纹饰中，几乎很少边饰。从元代以来，几乎所有的边饰都与外来文化有关。在康熙到雍正的过渡时期，边饰也丰富起来，到雍正晚期随着德国迈森纹饰的传入，边饰纹样越来

图三　清康熙伊万里《西厢记》故事图盘

图五　清康熙纹章纹盘

图四　清康熙五彩仕女婴戏图纹章纹盘

越丰富，乾隆时期外销瓷的边饰更是随着西方流行纹饰而变化。

由于大量外销的需要，西方审美要求纹饰上颜色偏浅并赋有色彩层次，而五彩颜料无法充分表现这一点，从五彩向粉彩过渡是社会外部变革的因素起了很大的作用。

为了证实所选瓷器纹饰的年代是在雍正时期，笔者尽量采用有订单记载的纹章瓷中相同的纹饰来论述。但因为雍正晚期和乾隆早期的区别不是很明显，所以也会有少数乾隆早期的纹饰可能会放在文章里，但它所代表的是雍正类型的纹饰。

一 粉彩与五彩

粉彩和五彩相比较，除了前面所说的五彩比较刚硬平直，粉彩比较柔软富有层次之外，因为粉彩不能大面积的均匀着色，所以它需要画出深浅的变化，因而绘制精细；粉彩是用玻璃白做底，在玻璃白上渲染颜色，红色娇艳、绿色透明而青翠，玻璃白粉底还使粉彩显得厚重、层次丰富。我们将康熙五彩富贵和谐纹盘和雍正粉彩富贵和谐纹盘比较（图六、图七），可以很明显地看到这一特性，五彩的牡丹花红色和金色都是平涂勾线的，叶子采用深蓝色的青花，枝干比较粗壮有力，画面对比强烈而富有男性色彩。雍正粉彩的富贵和谐纹盘则画工十分精美，花卉也柔和娇媚，枝叶十分纤细而富有层次，同样是螃蟹也比康熙时期画工要精细不少。这两个瓷器的比较不仅显示出康熙五彩的男性化和雍正粉彩的女性化倾向，从它的构图变化中我们也能感觉到雍正纹饰要细腻许多。例如牡丹的枝叶，康熙青花的枝叶只有色块和粗笨的线条，雍正粉彩纹饰中，不仅花叶层次丰富，阴阳向背叶片的转折等都画得十分细致，枝干也勾勒得富有弹性。1722 年，康熙的最后一年开始出现粉彩。早期的粉彩只有红、绿、黄几种颜色，雍正早期并不是所有的釉上彩都是用粉彩来画的，五彩和粉彩混合使用经历了将近十年的时间。到了 1730 年左右，外销瓷的彩绘才基本以粉彩为主。订制于 1722 年的英国南海公司董事约翰 · 兰伯特（John Lambert）家族的纹章瓷（图八），是能够确定年代的第一件粉彩瓷，其中用了粉红等一二种粉彩颜料。雍正粉彩麻姑纹盘绘制于 1725 ～ 1730 年间，其中粉彩用得多了一些（图九）。当然在这过渡的十年中，也有少数完全用粉彩绘制的瓷器，这些瓷器一般只用三五种颜料，画工也比较简洁，说雍正时期的粉彩纹饰的特色是简洁，其实是不对的，从 1722 到 1730 年，尤其是 1725 年之前，粉彩颜料品种不多，若不用五彩全是粉彩的话，画面复杂不了。然而到 1730 年以后，粉彩颜料一下多了许多。雍正粉彩花卉纹汤盆订制于 1735 ～ 1740 年（图一〇），画面非常漂亮，无论是托盘还是汤盆的里面，都画有精致的粉彩花卉纹饰，汤盆的外面绘有九层纹饰，整个粉彩颜料细数起来竟达十种之多，这时候的粉彩无论从颜料还是技术都已经达到了登峰造极的最高水平。

图六　清康熙五彩富贵和谐纹盘

图七　清雍正粉彩富贵和谐纹盘

图八　清康熙粉彩纹章纹盘

图九　清雍正粉彩麻姑纹盘

图一〇　清雍正粉彩花卉纹汤盆

二　雍正粉彩纹饰的题材分析

（一）雍正粉彩花鸟纹

花鸟图案是外销瓷纹饰中用得最多的一类，首先有一大批纹饰沿用康熙朝的样式，也就是说有许多是伊万里图案的纹样，比如花篮纹饰构图基本没有什么变化，五彩花篮纹饰用的是五彩的颜料加金色，而到了雍正时期，构图只有稍许改变，纹饰画得复杂精细一些，花卉枝叶也都画小了一些，在五彩的基础上少数加了一些粉彩的红和绿色。有的伊万里花卉图案在雍正早期依然完全采用五彩绘制，如果不仔细地看画工和釉色、胎质的变化，很可能都会把他们看成是康熙瓷器。有一些明显区别的是，雍正花卉纹饰不仅仅加了少量粉彩，而且边饰也和康熙瓷器不太一样，是一种常用的红绿相间的锦地纹饰，相对康熙而言，画工更为纤细精美。

由于粉彩表现花卉更加娇柔艳美，所以雍正粉彩画花卉比较多，且开始画一些草、虫、鱼、鸭以及各种公鸡、雀鸟等。这些小动物的样式究竟是从中国传统图稿中而来，还是西方人设计的，暂时没有考证，但是在 1734 年进驻阿姆斯特丹的设计大师普隆克（Pronk）设计的纹饰中，有一些依据图案化的花草鱼虫非常漂亮（图一一），好像齐白石画的小昆虫一样。

图一一　1734 ~ 1738 年普隆克设计的纹饰

1730 年以后，纹饰更加富丽精美，而且花鸟纹饰中出现了一些最高端的产品，这些纹饰是采用迈森图案组合的富丽堂皇的开光样式，通常是用蛋壳瓷背后施胭脂水，胭脂水在当时是一种新的品种，在 1974 年出版的《中国陶瓷史》上介绍胭脂水说："一种粉红色泽的低温釉，它是在釉中羼入万分之一二的金而呈现犹如胭脂红色，也称金红。"书中还说，胭脂水始于康熙，精于雍正乾隆之间，并说"胭脂水都为官窑产品"。胭脂水在制作中施厚了容易龟裂，施薄了又不均匀，确实有一定的技术难度。在外销瓷中的胭脂水产品一般出现在 1730 ~ 1740 年之间，更多的是 1730 ~ 1735 年左右。施有胭脂水的瓷盘画工都十分精美，售价也特别贵。英国 19 世纪专门收藏、研究雍正粉彩精品瓷的大家乔治·威廉森（George C Williamson）在他的书中感叹道：雍正施有胭脂水的瓷器特别少见。这类高端纹饰大多是公鸡、锦鸡和鹌鹑图案，其中以公鸡的图案尤为著名，有许多这类纹样用粉彩与珐琅彩组合绘制。公鸡图案概括起来有这么几种：

1. 吉祥富贵

通常是一到三只公鸡，少有母鸡出现。一只公鸡的纹样大多为公鸡站在洞石上，后面与四周均开满了牡丹花和少数菊花、兰花等；两只公鸡一般相视而鸣，好像在对话，也有形态各异的，有的站在石头上，有的站在地上，高低错落，顾盼有姿；三只以上的公鸡画面不多，有的是两只在对话，另一只在啄食，也有高低错落各自不相干的画面。吉祥富贵是牡丹和公鸡在一起，取其谐音，公鸡代表"吉祥"，牡丹代表"富贵"（图一二、图一三）。

2. 大吉大利

大吉大利是公鸡和荔枝、牡丹组合在一起，取其谐音“吉”（鸡）、“利”（荔）。有些图案会加上一些菊花，花卉的边饰在1730年前比较简单，1730以后便复杂了起来，其组合构图与“吉祥富贵”构图相似。1730～1735年的断代依据是它的迈森边饰和同样纹饰的纹章瓷。迈森纹饰于1730年左右进入中国，德国迈森地区在仿制中国瓷器纹饰的过程中结合西方银器上的一些纹饰，学习中国纹饰图案设计出了一批图案样式，其中有一些纹饰被拿到中国来要求仿制，这时候西方已经结束了完全模仿、盲目崇拜中国瓷器纹饰的时期，根据西方市场的需要，将中国纹样加以改造，德国迈森纹饰是西方纹饰大量进入中国外销瓷的开端，从此以后中国外销瓷中的纹饰基本上随着西方的流行而变化。迈森的边饰有一种是用玻璃白在白瓷上画彩绘的纹样，1730～1735年这种纹样除了有一些釉上蓝彩、黄赫彩的细边之外，完全用玻璃白在白色瓷器上彩绘精美的纹饰。到1740年左右，在玻璃白纹饰中出现了三个迈森样式的开光，1745～1750年三个开光改为四个对称的开光纹饰，而且玻璃白彩绘也逐渐消失（图一四）。

3. 繁花似锦和出入平安

这类高端精致的花鸟纹饰是从雍正中期的锦鸡纹饰中发展而来的，大约在1730年以前锦鸡纹饰边饰很少（图一五），1730年以后和以上两类图案一样，也有背后施胭脂水和没有施胭脂水的两种，前面还有多层复杂的开光纹饰和简单纹饰两种。锦鸡有白色和粉红色几种（图一六），以白色居多，画面也和其他的公鸡图案一样，有洞石、牡丹等纹饰，锦鸡一般有一两只，少有三只出现。众多的花卉簇拥着锦鸡，象征着“繁花似锦”，中国传统图案大多采用谐音的纹饰组合方式，取其吉祥的含义。

水鸟、鸳鸯、鹌鹑等纹饰有的继承了传统图案，有的和当时流行的牡丹、洞石、

图一二　清雍正粉彩公鸡牡丹纹盘

图一三　清雍正粉彩公鸡牡丹纹盘

图一四　清雍正粉彩公鸡牡丹荔枝纹盘

图一五　清雍正粉彩锦鸡纹盘、碗

图一六　雍正粉彩开光锦鸡纹盘

图一七　雍正粉彩鸳鸯戏水纹盘

菊花等组合在一起，鸳鸯成双成对，加上表现富贵的牡丹，象征着人们对生活的美好想望。两只鹌鹑在花卉丛中表示“出入平安”（图一七），有时候有花瓶放在后面，有时候没有。

（二）雍正粉彩山水纹

康熙青花、五彩山水纹都是用斧劈皴与平涂色块相结合，显阳刚方正之美，而粉彩颜料不方便平涂，材料特性比较适合表现层次，面积大了就要分层次、深浅渲染，所以雍正粉彩山水画改用了披麻皴的手法来表现山势的起伏层次，色块面积比较小，强调前后山脉的深浅层次变化用粉彩表现是最适合不过的（图一八）。也许是由于材料的限制和时代的特征，雍正粉彩山水很少像康熙时代那样画大山大水，也不多奇峰异石，多是平柔的山石，细致的林木、村舍结合，这时的山水画已经有一些规范化的图式出现。中国瓷器上的山水画由于明晚期版画的兴起，大量的徽州版画流入景德镇成为景德镇画工的范本，其中有西湖十景、庐山八景、唐诗意境画等，根据客户的需要，在康熙时期，这些版画的样式和历史人物故事一起大量用在瓷器绘画中。到了雍正时期，特别是在外销瓷中，西方社会对中国具体的地方风景并没有兴趣，而是更多地喜欢一种如天上人间般的山水楼阁风景画，其中前面一颗大柳树发展成后来的“柳亭纹样”，最早的“柳亭纹”也是雍正时期出现的，前面的柳树在粉彩上采用红绿彩的方式表现，十分漂亮（图一九）。

雍正时期有人物场景的山水画比较集中地表现在渔樵耕读纹饰中，作为农耕文化太平年代的象征，渔樵耕读的纹饰特别是渔家乐纹饰在雍正时期表现到了极致（图二〇），渔家乐的纹饰在康熙时期就有青花、五彩表现的瓷器，但是到了雍正时期却成为较为流行的特别样式，有的只画一只船在水草山水之中，船上的男人打鱼或喝酒饮食，女人哺乳婴儿或烧饭做菜；有的是一个大湖岸边的景象，湖面上有人捕鱼、有人钓鱼、有人用鸬鹚抓鱼，岸边有人吃饭喝酒猜拳，一派太平祥和的画面（图二一）。

由于中国画中的水墨特质，中国画一般采用黑墨在宣纸上绘画，然而中国人的习俗不喜好黑色，所以人们用的瓷器上一般不出现黑色的彩绘，虽然西方人喜欢色彩丰富的画面，但他们并不忌讳黑色，最早到中国画黑色纹饰的瓷器见于西方订制的纹章瓷，康熙晚期又出现了一些黑色勾线加以金线勾勒的花卉纹饰，到了雍正时期才出现真正的完全黑

图一八　清雍正粉彩山水图盘

图一九　清雍正晚期乾隆早期粉彩柳亭纹盘

色绘制的山水画。雍正皇帝也十分喜欢墨彩山水（图二二），釉上彩的黑色是用青花的钴料画于釉上低温烧制而成，雍正时期不仅仅是山水画中用了墨彩，在花卉、人物等其他的各种画面上也用了墨彩，另外雍正时期的山水画还有用单一的褐色绘制的品种。

中国山水画的各种技法有其独特的一套图式，西方人无法仿制，到目前为止我还没看到过完全仿造中国山水画笔法绘制的西方瓷器，他们无法掌握中国山水画的空间和疏密层次以及各种皴法等画法。自 1750 年开始，西方的制瓷业将中国山水纹饰

图二〇　清雍正粉彩渔家乐图盘

图二一　清雍正粉彩山水纹章纹盘

图二二　清雍正墨彩描金山水图盘

加以改进，总结出一套图案化的程式，也就是后来图案化的“柳亭纹”以及有着亭台楼阁的山水图案纹饰，这样做也有利于西方贴纸工业化的批量生产。苏格兰普罗科特（Proctor）家族于1750年订制的山水纹饰纹章瓷是有资料记录的最早将中国山水画加以程式化改造的山水图案。

（三）雍正粉彩人物纹

在整个陶瓷纹饰中，人物纹无疑都是非常重要的纹饰。元代以前的人物纹比较简单，也没有太多的故事，从元代开始，也许是外销的需要，元青花中的历史人物故事纹比较多，和宋代简单的刻花和彩绘的人物相比较，元代的人物故事画面似乎是突然复杂和丰富了起来。到了明代，人物故事的画面也不多，整个瓷器纹饰基本上是以规范的图案装饰为主，画八仙的也很少有人物环境的画面，少数仙山楼阁神仙高士图在重视道教的明朝应该显得比较重要，可是画面也比较简单而没有故事场面。明嘉靖以后，与西方人进行贸易，早期的贸易纹饰主要是克拉克样式。在以青花为主的克拉克纹饰中，依然有八仙过海、八仙拜老子、渔樵耕读等人物纹饰，但纹饰依然不很丰富。从明天启、崇祯开始出现了大量的人物故事画面，如版筑求贤图、丙吉问牛喘图、文王求贤图等，一直延续到清康熙朝，其中许多的题材反复出现在青花、五彩瓷上，如西厢故事、洗象图和一些历史战争故事等，把人物陶瓷纹饰推向了一个高峰。

雍正时期国内长治久安，使得人们对瓷器以及纹饰的要求越来越精致。康熙大场面的人物画出现得很少，更没有战争的画面。2011年纽约佳士得拍卖有一对雍正粉彩大将军罐十分漂亮，上绘骑马出城门的红衣女将，城楼上男士在喝茶聊天，还有个穿黄衣服的人显然是皇帝。经查资料得知描绘的是《隋唐演义》中记载的隋炀帝的故事。雍正时期，真正打仗的场面没有看到，这种奢靡的故事在雍正粉彩瓷中倒有不少（图二三）。

雍正人物瓷画中，谈情说爱和合家团圆的画面占了很大一部分，一方面继续画《西厢记》故事图，另一方面文姬归汉、麻姑献寿、八仙过海、渔樵耕读、渔家乐等画面大量出现，尤其是 1730 ~ 1735 年出现的仕女婴戏纹饰将雍正人物画推向了顶峰。

如果说康熙时期最有代表性的人物画面是刀马人的话，那么从外销瓷的纹饰来说，雍正仕女婴戏纹饰则是雍正外销瓷中人物画的最高水平，因为康熙人物瓷画中的中国

图二三　清雍正隋炀帝故事图罐（南昌大学博物馆藏）

历史故事完全是国内的材料如青花、五彩等，刀马人纹饰也在官窑中出现，没有证据表明康熙刀马人纹饰是为外销而生产的，西方学者认为刚刚走出战争的欧洲人更喜欢刀马人纹饰，因而使这些纹饰的瓷器外销。但是雍正仕女婴戏纹饰的瓷器采用蛋壳瓷、胭脂水和珐琅彩、粉彩绘制，这些材料在当时的民窑中很少使用，因此可以说这一纹饰基本是为外销而生产的。我们看到在这类纹饰中大量地运用德国迈森纹饰的组合图案作为边饰（图二四、图二五）。我们为什么把仕女婴戏纹饰瓷定位在 1730 ～ 1735 年，

图二四　清雍正粉彩仕女婴戏纹盘

图二五　清 1733 年荷兰市场纹章纹盘

是因为有这些纹样，有蛋壳瓷以及背后施胭脂水的瓷器也曾运用在西方订制的纹章瓷上，这些纹章瓷是有年代记载的，他们有的有订单，有的有记录，有的是为结婚而订制的，而结婚的时间可以查到。根据大卫·霍华德写的两本《中国纹章瓷》而查找的年代误差一般在1～3年，我们找到和仕女婴戏纹饰一样的纹章瓷并有迈森纹样组合在其中的，最早是1730年，最晚是1735年（图二六、图二七）。1735～1740年，这种类似的纹饰也有出现，但图案约有些改变，图案绘制的精致程度也差了些。

图二六　清雍正粉彩仕女婴戏纹盘

图二七　清1732～1733年荷兰市场纹章纹盘

图二八　仕女头部画法

图二九　费晓楼的仕女图

雍正粉彩仕女婴戏纹饰是按照当时流行的一种绘画样式设计的，从雍正皇帝收藏的十二美女图中，我们可以看到这种样式，从费晓楼和一些清朝画家仕女画中我们也能看到这种样式（图二八、图二九）。在瓷器纹饰中，作为母亲的女子一般都坐着，身体朝着一边，头朝着另一边或看着小孩，脸部一般呈四分之三侧面这种仕女婴戏纹饰在内容和形式两方面都有特色，内容方面，作为母亲的形象，她衣着华丽、人物端庄富态，端坐在椅子上，或拿着丝帕，或拿着执扇，背后与四周都是书案香几，上面放着花瓶、瓷罐和缸，或放着盛满寿桃佛手的大盘，缸内插着书画卷轴，花瓶里插着鲜花或如意，旁边放着青铜尊和书画等，这些都象征着作为母亲的女子必须具备的学识与修养。仕女旁边的是活泼的儿童，衣着都十分华丽，手上拿着花束或如意等。在这一类的瓷器中，金彩都用得比较多，而且金彩描绘得都很细致，它表现了一种理想中的富贵高雅的家庭生活。想想当那些从中世纪走出来不久的只能爱上帝的欧美人看到这种天伦之乐的亲子之爱是什么感觉？所以这类瓷器，数百年来一直受到欧美藏家的追捧。在绘画的形式上，这类婴戏仕女纹饰有简洁和复杂的两种，简洁的纹饰一般是一至两条锦地边饰，画面空白比较多，有些锦地有两到三个开光，这些边饰有宽有窄，有的受西方的影响，变化十分丰富；复杂的由多重边饰组合而成，其中有一些纹饰是由西方传来的，而这些西方传来的边饰又是早年受中国影响而设计的，因此这些纹饰显得十分丰富而富丽堂皇。有的纹饰多达六七层图案，画得十分精美，是难得的艺术精品。

三 雍正粉彩——充满爱的世界

从康熙晚期到雍正时期，太平盛世久了，生活富裕了，人们对食品、器具和家具的要求也越来越讲究。康、雍、乾三代中雍正朝无疑是最讲究的朝代，这种讲究也许从皇帝开始，雍正皇帝事无巨细都十分认真而讲究。然而对生活器具的讲究基本都是妇女，所以瓷器纹饰讲究精细，画面和故事内容都倾向女性化是雍正瓷器纹饰的特点，而女性最喜爱的题材当然是以“爱”为主体的纹饰了。

康熙的刀马人延续到雍正，“刀”不见了，人骑着马不是去打仗，而是回家去看老娘(图三〇),马儿们在一起也不是驰骋奔跑,而是放马南山,吃饱了谈起恋爱来了(图三一)。人们聚在一起也不再高谈阔论、谈时事和战争，而是男耕女织、吃吃喝喝和男欢女爱，雍正粉彩画的花儿也十分娇艳，和鸟儿一样都成双成对，蜂蝶草丛也画得十分精致，妙趣横生。

如果说，雍正时期外销瓷的纹饰中爱的主题是太平盛世的产物也不完全对，这种充满爱的画面欧洲人也非常喜欢。欧洲社会从中世纪走出来以后，追求享受、追求物质和财富，一方面进行海上探险、掠夺财富，另一方面异国他乡的风土人情也使他们十分好奇，并把这种好奇传播给国内民众。尤其是对中国人居住的环境——假山、亭台楼阁十分感兴趣。欧洲家庭用具也受中国的影响，家具雕饰越来越复杂，装饰华丽

图三〇 清雍正粉彩人物纹盘

的丝绸服装也提升了欧洲人的生活品质，当时的欧洲用中国瓷器喝中国茶，无疑是一种时尚。在康熙以前，他们只是直接从中国进口一些有着情爱画面的瓷器以及漆器等工艺品，到了雍正时期，欧洲人也开始设计一些男欢女爱的画面故事来中国制作瓷器。雍正晚期的粉彩西洋人物纹盘（图三二）绘庭院中，一位妇女摔倒了，男士急忙前去搀扶，非常绅士的样子，后面房子窗口内站着一位女佣人正往外看着。显然这样的人物配备是受中国春宫画的影响。还有以《后汉书》中的“张敞画眉”的故事制作的张敞画眉故事图盘（图三三）。雍正晚期制作了伊万里风格人物纹盘（图三四），纹饰为

图三一　清雍正粉彩双马纹盘

图三二　清雍正晚期粉彩西洋人物纹盘

荷兰人画的一幅画，一对情人在公园里散步，男的搂着女孩的腰，牵着狗，十分亲热。此盘卖得很好，也许是因为荷兰人编的一个故事——法国路易十四和他的情妇在花园里散步，而法国人说这是荷兰总督和他老婆。

雍正时期的纹饰，一方面画面十分精致、娇艳，另一方面无论是人物、动物、植物都似乎充满了爱，所以我们有理由认为，雍正纹饰的特点是“充满爱的世界”。

图三三　清雍正粉彩张敞画眉故事图盘

图三四　清雍正伊万里风格人物盘

四 广州彩绘在雍正粉彩外销瓷中起的作用

广州是欧洲探险家首先到达的港口城市之一，也是最大的对西方贸易的港口城市，在贸易的主要货物中，瓷器是承载文化的物品之一。从1557年葡萄牙人入住澳门，到雍正朝已经经历了160多年，期间有20年海禁没有贸易，但是在这一百多年的对外贸易期间，由于巨额利润的驱使，在广州没有瓷器作坊，彩绘西方贸易中的瓷器纹饰，似乎是不太可能的，我们知道康熙中晚期广州已经有绘制外销的釉上彩作坊，只是没有确切的瓷器可以证明是在广州画的，因为那时候的材料和景德镇的没有区别，或许画工都是从景德镇来的。到了雍正朝，广州出现了专门为西方人而开的外销瓷器店，他们自己设计针对西方人的纹饰，这类纹饰大多是中国样式的画面，出现了衣着中国服装的西方人，这种样式也被西方学者称为“瓷器店”纹饰（图三五），然而这种瓷器店纹饰是否在广州彩绘依然无法证实。但我们看到在广州画的最早瓷器仍出现在雍正时期，雍正时期广州的釉上彩颜料已经有些和景德镇略有不同，如胭脂红色的紫比景德镇的深。根据广东省博物馆黄静老师考证，广彩画法在画亭楼柱子时，用网格线画出明暗感，景德镇是用渲染手法画柱子。那么订制于1730～1735年之间的黄埔口岸风景纹饰盘（图三六），远处画的是长洲岛和东印度公司的贸易船，近景是黄埔港上的亭子，亭子的柱子画法是用网格状手法绘制，而红色也比景德镇的深一些。这个瓷盘采用极其讲究的大锅盘形制，胎质坚硬匀称，工艺难度非常大，边饰用当时刚出现的迈森纹饰，用玻璃白很精细地画在白底上。这件瓷器打破了通常人们印象中广彩

图三五　清雍正粉彩“瓷器店”纹饰盘

图三六　清雍正粉彩黄埔口岸图盘

是用景德镇较次的胚胎绘制的说法。然而另外一件瓷器的出现，似乎更进一步地说明，雍正时期最精美的瓷器有可能是在广州画的。

一件比官窑还要精美的蛋壳瓷盘，用珐琅彩和粉彩混合精致地描绘，背后遍施胭脂水，这种做法在陶瓷史上被认为是只有在官窑中采用，而珐琅彩也被认为只在皇宫造办处才有。一件锅盘，沿口处略有些唇边卷口，这种盘型在官窑中常见，外销瓷里不多。根据纹饰我们推断，其绘制于 1730 年左右，边饰运用了在其他外销纹饰中较为少见的以一、二、三和四根平行黑线来分割不同颜色的锦地纹饰的手法，而且黑线上面不覆盖金线，在外销瓷中是要用金覆盖黑线的。中心画面是一个花篓，装着鲜艳的牡丹、玉兰、玫瑰等花卉，阴阳向背画得十分精美，旁边画有寿桃和佛手等纹饰，比较有意思的是在左边空白处写有四个大字“岭南绘者”和一个印章（图三七）。这件瓷盘是否能证明这种最精美的雍正瓷器是在广州画的？还是只是广州人画的？只有这么几种可能：一为广东人在景德镇画的；二为广州人在广州画的；三为景德镇画工依据有这几个字的纹饰而画的。与这件瓷器比较相似的纹饰还有一件小瓷盘，背后写了“大清雍正年制”款，款的写法和官窑相比略有不同，书法显得弱了一些，严格地讲，这应该是外销瓷中的官窑款（图三八），和康熙时期外销瓷中出现的一些当朝年款一样，有官窑款的外销瓷应该是外销瓷中品相最好的。然而这两件瓷器中的锦地纹饰里的红色都比一般的红色偏紫，如果这件六字款的瓷器是外销瓷的话，会不会也是广州画的？我们只能提出这些问题，以引起人们足够的重视，并还原一个真实的历史。两件雍正粉彩仕女婴戏图盘（图三九、图四〇），一样的纹饰，一件红色要偏紫一些，会不会

图三七　清雍正花卉纹盘

图三八　清雍正粉彩花卉纹盘

图三九　清雍正粉彩仕女婴戏图盘

图四〇　清雍正粉彩仕女婴戏图盘

有一件在广州画的？

我们虽然不能完全证明雍正粉彩中部分最高端的瓷器一定有在广州画的，但是广彩与广州绘制我想是两个概念，通常人们所说的广彩，是那种产生于19世纪早期的金碧辉煌的纹饰，而广州绘制则有可能从康熙就开始出现了，以上例子供给大家讨论。

读乾隆官窑深蓝釉金彩器札记

南京博物馆　霍　华

内容提要：青金石是自然界的一种宝石，清代尤其被宫廷看重，优质青金石被清代朝廷用作祭祀和朝珠上的杂宝饰件，也被制成宫廷摆设。在本文中，笔者根据观察到的“清乾隆官窑瓷器中有一种蓝釉金彩的色泽比较深重且亮丽”这一现象阐述如下观点：这种蓝釉金彩器的底釉——深蓝釉——是清乾隆官窑特有的仿青金石釉；自然界的青金石有不同等级，故而，仿青金石釉也有至少 3 个小品种；它与洒蓝釉的关系还有待于工艺研究和成分测定才能最后确定。

关键词：乾隆官窑瓷　蓝釉　金彩

Abstract: As the natural gem, the lapis lazuli was highly appreciated by the Imperial Court of Qing dynasty, and often used for ornaments of sacrifice, court beads and display ware. Based on the condition of dark and bright blue ware with gold color in imperial kiln of Qianlong period, the thesis discussed the following viewpoints: the ground color of blue ware with gold paint was the imitation of color of lapis lazuli; the color of blue ware with gold paint could divided into 3 kinds due to the different brackets of natural lapis lazuli; the relationship between blue ware with gold paint and snow-flake blue would be ensure after the craft study and elements measurement.

Keywords: imperial porcelain of Qianlong, blue glaze, gold color

蓝釉是一种高温釉，以钴为着色剂，也称“祭蓝釉”、“霁蓝釉”、“霁青釉”。蓝釉金彩是在先烧好的蓝釉器上用金彩绘画，最后烘烤以固定色彩的一种釉上彩瓷。笔者在近 30 年的学瓷过程中，有四件清乾隆官窑蓝釉金彩完整器给笔者的印象很深，它们是南京博物院收藏的一件清乾隆官窑外蓝釉金彩如意云头纹内粉彩牙雕乾隆帝行围图转旋瓶[1]（图一，以下简称乾隆帝行围图转旋瓶）和一对清乾隆官窑蓝釉金彩双凤纹椭圆形花盆[2]（图二），另一件是首都博物馆于 2011 年陶瓷精品展中展出的一件蓝釉金彩花盆，它们都是乾隆官窑产品。蓝釉金彩是小品种。引起笔者注意的是这四件蓝釉金彩的底釉蓝釉不同于一般的祭蓝釉，釉色特别深重，釉面特别亮丽，而以往都将它们归类于祭蓝釉。需要特别说明的是，如果乍看或者不看实物很

图一　清乾隆蓝釉金彩如意云头纹内粉彩牙雕乾隆行围图转旋瓶

图二　清乾隆蓝釉金彩双凤纹椭圆形花盆

难感觉到这种深蓝釉与一般祭（霁）蓝釉的不同。对于这种深蓝釉金彩的深蓝色底釉，笔者也有个漫长地认识过程。笔者在 1987 年刚接触院藏乾隆帝行围图转旋瓶之初的十年中，并未感觉到它的与众不同。1997 年笔者在研写《清官窑霁青釉粉彩乾隆行围图转旋瓶研究》[3] 一文时，感觉到转旋瓶底色的蓝釉较一般祭蓝釉的釉色深且质感亮丽，但是说不出多的道理。约在 2009 年前后，当笔者看到故宫博物院图录和网站中的三件青金石藏品时，心中如坐禅顿悟般一亮——清乾隆官窑的这种深蓝釉金彩器的深蓝底釉是否就是仿青金石釉呢？为此，笔者特意购得青金石珠子与之相比较。2013 年上半年，南博复制乾隆帝行围图转旋瓶时，笔者又一次认真观察了它，并同自然的青金石相对照，坚定了院藏三件清乾隆官窑深蓝釉金彩上的深蓝色底釉是仿青金石釉的看法。本文具体阐述这一观点，就教于方家，特别是两岸故宫博物院的诸位同仁。

一 对青金石的认识

（一）青金石的属性 [4]

1. 青金石的自然属性

一般认为，青金石产于古代波斯帝国的辖地范围之内 [5]。关于它的物理属性有如下两条：

第一，青金石，英文为 Lapis lazuli，指碱性铝硅酸盐矿物。化学式（Na,Ca）$_{7\sim8}$（Al,Si）$_{12}$（O,S）$_{24}$[SO_4,cl_2（OH）$_2$]，由于对矿物青金石研究目前尚未透彻，所以对其化学式还有其他一些不同写法。微透明至不透明。折射率 N=1.50，暗蓝、蓝紫、天蓝、浅蓝或绿蓝色，滤色镜下呈淡红色。在长波紫外光照射下发橙色点光，在短波紫外线照射下发白色荧光。青金石在遇到盐酸时会缓慢释放出硫化氢。解理不发育，断口参差状，条痕呈浅蓝色。相对密度 2.4 ～ 3。

第二，指以青金石矿物为主的岩石。在这种含义下，青金石是一种以青金石矿物为主，同时含有少量的黄铁矿、方解石等杂质的隐晶质集合体。玻璃光泽至蜡状光泽。折射率 N=1.502 ～ 1.505。

总之，笔者查了关于青金石的自然资料后认为，一般情况下简单地说，青金石分为三个或者四个等级，上等青金石色泽纯深蓝色，中等的有的夹杂少许金色，下等的夹杂有方解石，蓝色中夹杂白斑。

2. 青金石的文化内涵

据我国近代地质学奠基人之一李鸿钊在《石雅》一书中考证，“青金石之名，不详所始”，中国古代称其为球（璆）琳、金精、瑾瑜、青黛等，汉代以后，出现青金

图三　清乾隆青金石松泉人物图山子

石之名[6]。东周时期成书的《尚书·禹贡》中记载有“矿”、“石”仅13种，并不多，其中就有青金石[7]。从清雍正、乾隆时期开始，青金石受到朝廷的重视。

《石雅》云：

苛恩芝氏（G.F.Kunz）云，青金石色相如天，或复金屑散乱，光辉灿烂，若众星丽于天也。[8]

所以，通常用青金石作为上天威严崇高的象征。《清会典图考》云：

皇帝朝珠杂饰，惟天坛用青金石，地坛用蜜珀，日坛用珊瑚，月坛用绿松石；皇帝朝带，其饰天坛用青金石，地坛用黄玉，日坛用珊瑚，月坛用白玉，每版含东珠五，佩帉及绦，惟天坛用纯青。[9]

这里借助宝物的颜色象征天、地、日、月，其中以天为上。由于青金石“色相如天”，故不论朝珠或朝带，尤受重用。佛教也把青金石色相作为佛家威严的形象色彩。

（二）故宫博物院收藏的青金石藏品

故宫博物院收藏有三件清代青金石摆件，它们是青金石牧童骑牛雕件、青金石御题诗山子和青金石松泉人物山子（图三）[10]。据故宫博物院官网介绍：

清乾隆青金石松泉人物山子，高14.5、宽19、厚8.6厘米。山子青金石质。石色深蓝并带有金星。整体雕作山形，一面雕刻出山石、松树，一条石阶小路通向山顶的亭子，二老人立于山间，似在观赏、品评瀑布。另一面雕有大松树及倒挂的藤萝，山间溪水湍急，直泻山脚，并翻起两朵大水花。山顶有流云飘绕。

清代宫廷制作的山形景观极多，但青金石的作品很少，特别是如此大块的原石，选料优良，色蓝如靛，不杂白石，雕刻精致，是清代乾隆时极其珍贵的代表作品。

需要特别一提的是，虽然没有标注这三件青金石摆设是否为清宫旧藏，但是，根据条目文字介绍，其中至少有两件（上面介绍的青金石松泉人物山子和另一件御题诗青金石山子）为清宫旧藏。

二 乾隆官窑深蓝釉金彩器

有两方面问题需要特别（重复）说明，一方面，本文所言蓝釉金彩底釉的釉色较祭蓝釉深，故本文特别称其作“深蓝釉金彩”，以区别于其他的（祭）蓝釉金彩；另一方面，这种蓝釉不仅釉色深且釉质亮。本文仅就笔者所见的四件清乾隆官窑深蓝釉金彩而讨论。

我们来看图一外深蓝釉金彩如意云头纹内粉彩牙雕乾隆帝行围图转旋盖瓶。该瓶高 60.5 厘米，口径 20 厘米。南京博物院收藏。转旋盖瓶先分盖、颈、腹部外瓶、内胆、夹层、底盘六个部分烧造，最后装配而成。内胆的底部固定在底座的轴心上，内胆口沿上有插销口，瓶颈下端的铜销可以套入其中，使之与内胆相连，转动瓶颈，腹部内瓶跟着旋转，有走马灯的效果：在摆动的磕头人群后面，乾隆帝策马而来，扬鞭而去，仪仗、侍卫前呼后拥，欢迎的人群和背景不断变换，令人心旷神怡。底青花“大清乾隆年制”篆书印章款。因本文主要讨论深蓝釉金彩,故转旋瓶的其他特点不再赘述，下面重点阐述外瓶上的装饰。

外观装饰通体以深蓝釉为底色，此蓝釉的色泽深重，质感亮丽，故使盖瓶越发显得华美庄重，再配用金彩，极尽华丽富贵之韵。盖，宝珠形盖钮的宝珠部分饰仿红珊瑚釉，碧蓝丛中一点红，画龙点睛，使转旋瓶愈加光彩照人。钮座由堆贴金彩莲瓣纹相托，钮下一周盖面饰金彩如意云头八枚。盖沿亦饰金彩如意云，一周 20 枚，与钮下一周金彩如意云头纹一仰一俯交泰呼应，寓意时运亨通。此种相呼应的装饰手法还运用于瓶的颈、腹部。盖唇口一周描金彩。颈部，下沿两层子口，唇部起阳线描金彩，此法借鉴家具雕花工艺，在该瓶上有多处应用。下接八枚金彩俯式如意状蕉叶纹，与下沿的 12 枚金彩仰式小如意云纹相呼应。外瓶，上唇沿饰金彩，下接一周 13 枚起阳线如意云。腹部的镂空青松、彩云、山崖、玲珑石、山涧、板桥等景障，是清高宗行围图的前景。漏窗口沿起阳线描金彩，周围一圈饰 20 枚如意云，使开光部位更加醒目，并保持了漏窗与瓶体装饰的一致性。器身各部分纹样中，如意云头与莲瓣纹内均施仿青铜釉，铜色黯然，与金彩相映，古致典雅。

转旋瓶为唐英于清乾隆二十一年以前督窑时期的作品。值得着重提出的是，此转旋瓶的外瓶装饰上使用了三种特种工艺——仿红珊瑚釉、仿古铜釉和本文着重阐述的仿青金石釉。

三 青金蓝釉、仿青金石釉、洒蓝釉

（一）青金蓝釉与仿青金石釉

《故宫博物院藏文物珍品大系·颜色釉》图录中发表了故宫博物院收藏的四件青金蓝釉器[11]，它们都是清雍正官窑的产品，其中三件为清宫旧藏，具此书第215号条目介绍，青金蓝釉因其貌类似青金石而名，为唐英督窑时期创烧的新品种。笔者依此推断，因唐英于清雍正六年开始督窑，也就是说它们都是雍正六年以后的产品。笔者认为，青金蓝釉也可以称作仿青金石釉。其中青金蓝釉蒜头瓶[12]（图四），清宫旧藏。高28厘米，口径4厘米，足径8.8厘米。腹部以上部位蓝、浅蓝、白三种釉色相间，从口部往下白斑逐渐增多，至下腹部只有星星蓝点，胫部全部为失透的月白色釉。圈足内阴刻“雍正年制”四字篆书印章款。青金蓝釉花盆[13]（图五），

图五 清雍正仿青金石釉花盆

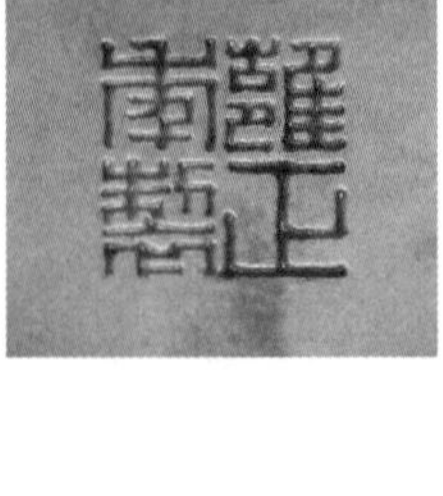

图四 清雍正仿青金石釉蒜头瓶

清宫旧藏。高15厘米，口径23厘米，足径12厘米。通体罩青金蓝釉，蓝、浅蓝、白三种釉色斑驳掺杂且均匀分布，圈足中间砂底，有阴刻“大清雍正年制”篆书印章款。比较这两件器物的釉色，皆为蓝、浅蓝、白三种釉色斑驳掺杂，不同处是蒜头瓶的三种釉色比例上下有别，花盆的三种釉色比例分布均匀。笔者认为，这是正常现象，它们表现的都是自然界的（中、下等）青金石。也许有的读者会有疑问，为何官窑器不表现上等青金石，而要表现下等货。笔者认为，清雍乾玩家应该知道青金石有优劣之分，因为朝珠和上述至少两件青金石宫廷摆设（图三为其中之一）为优质青金石制成。至于图四和图五中青金蓝釉（仿青金石釉）的釉色为何蓝中杂有白斑，笔者推测，是因为这一品种的创意者懂得青金石的等级差别而特意模仿中、下等的青金石，推而广之，乾隆官窑也制作了（仿）优质青金石釉，即本文讨论的以乾隆帝行围图转旋盖瓶的外装饰为代表的清乾隆官窑深蓝釉金彩器的底釉。

（二）洒蓝釉与青金蓝釉

值得一提的是，有学者指出“洒蓝釉又名‘青金蓝’釉、‘雪花蓝’釉、‘盖雪蓝’釉”[14]。在《故宫博物院藏文物珍品大系·颜色釉》一书中分别有洒蓝釉或者洒蓝釉金彩作品共计六件，其中四件为清宫旧藏，制作时代为康熙朝四件，雍正朝（图六）和乾隆朝各一件。那我们再来看看洒蓝釉的制作工艺。

一般认为，洒蓝釉是明清景德镇窑的名贵品种，着色剂是钴（Co），其釉色不甚均匀，为深蓝中参杂着不规矩的深浅不一的浅蓝色块，犹如片片雪花，故又有“雪花蓝”之称。也就是说，从工艺角度看，洒蓝釉与祭蓝釉的不同仅仅是由于上釉工艺不同而出现的蓝釉中的一个小品种。

洒蓝釉有高温和低温之别。明代洒蓝釉为低温釉，清代洒蓝釉是高温釉。因为钴必须在高温下才会发出湛蓝色，故明代制作洒蓝釉器物，要将钴料先在1280℃高温下制成熔釉块，再粉碎后加入铅作为溶剂[15]，制成低温釉，罩于已经在1280℃高温下烧好的涩胎瓷上，最后入低温炉烘烤而成。因为其为低温釉，故釉的质感不甚滋润而

图六　清雍正洒蓝釉菊瓣盘

图七　明宣德洒蓝釉刻划花龙纹钵

稍带干涩感。明代洒蓝釉皆为官窑器，始烧于宣德朝，正德和嘉靖时期也有烧制。首都博物馆收藏有“大明宣德年制”款洒蓝釉钵，1983 年景德镇御窑厂遗址出土了类似的洒蓝釉器标本，复原后此洒蓝釉锥刻龙纹钵高 13 厘米，口径 26.4 厘米，底径 13.2 厘米，外壁装饰洒蓝釉锥刻纹样，口沿下为海涛纹，腹部是五爪云龙纹，胫部饰莲瓣纹（图七）[16]。

从图片观察《故宫博物院藏文物珍品大系 · 颜色釉》一书中洒蓝釉与青金蓝釉的差别是：洒蓝釉以蓝釉为主，其中的浅蓝釉和白釉隐现于蓝釉中；青金蓝釉的白釉似乎是要特意表现，且白釉为失透的月白色。

（三）青金石、仿青金石釉、洒蓝釉

故宫博物院收藏的青金石御题诗山子和图三青金石松泉人物山子的色泽深蓝，毫无杂质，发着雅光；图一转旋盖瓶外壁的蓝釉同样色泽深蓝而亮丽，质感不同于其他的蓝釉，两相比较，很容易看出图一转旋瓶外壁的深蓝釉是为仿类似图三青金石松泉人物山子之类的上等青金石而制，但是这种仿青金石釉没有单色釉品种。图一、图二之类的仿青金蓝釉上只用金彩描绘图案，是否为呼应自然青金石中的金色且将金色艺术化成金彩纹饰，不得而知。

笔者在此大胆地推测，自然界中的青金石有良莠之分，有不同的形态，那么，仿青金石釉随之有不同的形态是理所当然的。所以，笔者认为，图一、图二中的仿青金石釉（即深蓝釉金彩的底釉）和图四、图五之类的仿青金石釉（青金蓝釉）是仿青金石釉中的不同小品种，以表现自然界中不同等级的青金石。

笔者在此还大胆地提出，明代宣德时期洒蓝釉的制作灵感是否与青金石有关？这有待于更多宫廷其他方面资料包括对明宣德帝本人喜好和当时社会时尚的研究。因为如前所述，清代雍正、乾隆时期，青金石在朝珠中出现，说明它得到朝廷乃至帝王的重视，否则也不会有一小批仿青金石釉官窑瓷出现。

四 仿青金石釉的意义

弄清仿青金石釉“过去和今生”的重要意义在于：如果它们不是仿青金石釉而是一般的蓝釉，虽然其釉色较深，质感亮丽，但也只不过是釉色的色阶和釉质之间的差别而已，此深蓝釉在古陶瓷谱系[17]中的归属是颜色釉类单色釉型蓝釉系祭蓝釉品种，换句话说，它是蓝釉中的一个小品种；如果其为仿青金石釉，它在古陶瓷谱系中的归属应该是古陶瓷谱系的工艺瓷（类）特种工艺瓷（型）仿玉石釉（系）仿青金石釉（品种），是特种工艺瓷中的一个小品种，即仿青金石釉。如果是这样，一方面，它为古陶瓷增加了一个品种；另一方面，其人文意义在于，仿青金石釉的创烧又一次证明了唐英督窑下的清乾隆官窑不愧是清康雍乾盛世最高峰的一面镜子，在这面镜子中，可以照见社会的方方面面，直至玩物的细枝末节，其真可谓是清康雍乾盛世国强文昌的有力例证之一。

五 结语

综上所述，有如下小结：

第一，上等青金石是自然界中的一种宝石，它在清代受到宫廷喜好，作为祭祀品和朝珠上的杂饰之一。

第二，自然界中的青金石有不同等级，仿青金石釉也有两三个小品种。

第三，笔者认为，清乾隆官窑深蓝釉金彩器的底釉是一种仿青金石釉，它仿优质青金石，故为特种工艺瓷中的一个小品种。

第四，仿青金石釉和洒蓝釉的成分还有待于釉成分的定量和定性测定以及制作工艺研究，才能给它们以权威性的使人信服的定义。

在结束本文之前，还要补充一点：笔者在写作此文的过程中，更加认识到唐英不愧为集前人之大成的督窑官。他为汉军正白旗，16 岁（康熙三十六年，即 1697 年）供奉宫廷养心殿，供职三朝，雍乾督窑；他汉满背景皆据，深谙皇家喜好，通晓汉史精华，谢客钻研陶艺，终成正果。他是“瓷窑可验文明之象”[18]的践行者，对清雍乾官窑瓷研究越深入，就越被他的人格和才华所震撼，实可谓前无古人后无来者。清乾隆前期官窑不愧是清康雍乾盛世最高峰的一面镜子，此景可现，唐英为第一功臣。

注释：

[1] 采自《清代官窑瓷器》页 319，上海文化出版社，2003 年。这件器物的名称随着对它研究的不断深入而有稍许变化，“祭蓝釉山水人物转心瓶、清官窑霁青釉粉彩乾隆行围图转旋瓶、

霁蓝釉描金粉彩乾隆行围图转旋瓶、外蓝釉金彩如意云头纹内粉彩牙雕乾隆帝行围图转旋瓶、清乾隆官窑外蓝釉金彩内粉彩牙雕清高宗行围图转旋盖瓶”，都是它曾经使用过的名称。

[2]《清代官窑瓷器》页 258，上海文化出版社，2003 年。

[3] 霍华 ：《清官窑霁青釉粉彩乾隆行围图转旋瓶研究》，《东南文化》1997 年第 2 期。

[4] 此条中没有特别标注的地方均为“维基百科”资料，资料来源 ：http://zh.wikipedia.org/wiki/%E9%9D%92%E9%87%91%E7%9F%B3。

[5] 波斯帝国（公元前 550 ～前 330）是古代伊朗以波斯人为中心形成的帝国，现伊朗高原的西南部，是古代波斯人的故乡。波斯帝国的疆域西至埃及，东括印度，南达波斯湾和阿拉伯半岛，北到里海及黑海一带。

[6] 章鸿钊 ：《石雅》页 5、页 14，百花文艺出版社，2010 年。

[7] 王根元、刘昭民、王昶 ：《中国古代矿物知识》页 47，化学工业出版社，2011 年。

[8] 章鸿钊 ：《石雅》页 8，百花文艺出版社，2010 年。

[9] 转引自章鸿钊 ：《石雅》页 9，百花文艺出版社，2010 年。

[10] 采自《故宫博物院官网》：“简体中文 - 时空漫游 - 古物 - 数字资料馆 - 藏品 - 玉石器 - 青金石”。

[11] 杨静荣主编 ：《故宫博物院藏文物珍品大系 · 颜色釉》页 215 ～ 219，上海科学技术出版社、商务印书馆（香港），1999 年。

[12] 杨静荣主编 ：《故宫博物院藏文物珍品大系 · 颜色釉》页 215，上海科学技术出版社、商务印书馆（香港），1999 年。

[13] 杨静荣主编 ：《故宫博物院藏文物珍品大系 · 颜色釉》页 219，上海科学技术出版社、商务印书馆（香港），1999 年。

[14] 吕成龙 ：《中国古代颜色釉瓷》页 52，紫禁城出版社，2004 年。

[15] 为明代洒蓝釉工艺的问题，在刘新园先生生前，笔者特地打电话请教，这是刘先生在电话告知的内容。可参见《明宣德与宣德官窑》，高雄市立美术馆展览 ：《景德镇出土明宣德官窑瓷器展》页 150，1998 年。

[16] 采自台湾高雄市立美术馆《景德镇出土明宣德官窑瓷器展》页 150，1998 年。

[17]“古陶瓷谱系”课题研究是笔者在 2010 ～ 2013 年的江苏省文化厅课题，已经结项。笔者认为，中国古陶瓷的品种可以大致分为类、型、系、种等层次，有彩瓷、颜色釉瓷和工艺瓷三大类，每一个中国古陶瓷品种都可以依据装饰特征分别归入这三大类中。详见霍华 ：《中国古代彩瓷分类刍议——建立古瓷谱系的思考之二》，深圳博物馆编 ：《中国红绿彩瓷器专题学术研讨会论文集》，文物出版社，2011 年 ；《中国古代颜色釉瓷谱系刍议——建立古瓷谱系的思考之五》，南京博物院编 ：《南京博物院八十周年纪念文集》，生活 · 读书 · 新知三联书店，2013 年 ；《中国古代特种工艺瓷谱系刍论》，《南京博物院集刊》第十三集，文物出版社，2012 年。

[18] 唐英 ：《陶冶图说》第 12 图说明，《景德镇陶瓷 · 纪念唐英诞生三百周年专辑》1982 年 2 期。

“洋彩”考辨

景德镇陶瓷学院　冯　晃

内容提要：本文从文献、实物及科学检测三个方面对“洋彩”进行了考察，认为清宫档案中记载的“洋彩”即是粉彩。其彩料是在珐琅彩与传统五彩的基础上研制创新的结果，与自制的珐琅料不同。

关键词：洋彩　粉彩　珐琅彩　瓷器

Abstract: The paper is from three parts that the literature, physical and scientific detection to investigate the“Foreign Color”, deems that the“Foreign Color”in the Palace Archives is actually the famille rose. The color material of foreign color is base on the color material of the color enamels and traditional five-colored, is also differenced with homemade enamel color.

Keywords: Foreign color, Famille rose, color enamels, porcelain

“洋彩”最早记录于唐英在雍正十三年著成的《陶成纪事》。由于语焉不详造成了后世研究者的费解。从 20 世纪 80 年代至今，仍有学者对“洋彩”为何物持不同见解：

第一，主张“洋彩”即粉彩[1]；

第二，主张“洋彩”即粉彩，即珐琅彩，是一彩多称[2]；

第三，主张“洋彩”是既非粉彩也非珐琅彩的一种釉上彩装饰品种[3]；

第四，主张“洋彩”为一种外销瓷[4]。

从外观上看，被命名为“洋彩”的器物确实与珐琅彩十分近似，而在官方档案的记录中并未有“粉彩”名称的出现，“洋彩”究竟为何？笔者将从文献、实物[5]以及科学测试三方面进行考察。

一　文献记载的“洋彩”

考察“洋彩”，文献是可靠的来源之一，其大致可分为三类。

1. 督陶官唐英的直接记载

洋彩器皿，新仿西洋珐琅画法，人物、山水、花卉、翎毛，无不精细入神。[6]

圆琢白器，五彩绘画，模仿西洋，故曰洋彩。须选素习绘事高手，将各种颜料研细调和，以白瓷片画染烧试，必熟谙颜料火候之性，始可由粗及细，熟中生巧，总以眼明心细手准为佳。所用颜料与珐琅色同，其调色之法有三：一用芸香油；一用胶水；一用清水。盖油色便于渲染；胶水所调便于拓抹；而清水之色便于堆填也。画时有就案者，有手持者，亦有眠侧于低处者，各因器之大小以就运笔之便。[7]

由于“洋彩”器物是在景德镇御窑厂烧制，而唐英作为当时的督陶官，其对“洋彩”的记录应最为权威。

2. 晚清民国时期对“洋彩”的解释

陶器彩画盛于明，其大半取样于锦段。写生、仿古，十之三四。今瓷画样十分之，则洋彩得四，写生得三，仿古二，锦段一也。[8]

然所谓佛朗嵌者，以铜作身，用药烧成五色花，其鲜润不及瓷也。洋彩只仿其彩法，器品实出其上。[9]

又新制洋紫、法青、抹银、彩水墨、洋乌金、珐琅画法洋彩、乌金、黑地白花、黑地描金、天蓝、窑变等有色器皿。[10]

雍、乾两代有以本国瓷皿模仿洋瓷花彩者，曰洋彩。[11]

乾窑瓷品，不但画碧睛棕发之人，其于楼台花木，亦颇参用界算法命日洋彩。……范铜为质，嵌以铜丝，制为花纹，中填色釉，厥为景泰蓝；范铜为质，不嵌铜丝，满浇釉汁，加以彩绘，厥为洋瓷；质系华瓷，笔法迥异，参用西算，有类界画，厥为洋彩。铜地而瓷画者，洋瓷也；瓷地而界画者，洋彩也。[12]

3. 清宫档案

养心殿《造办处各作成做活计清档》与《珐琅玻璃宜兴与瓷胎陈设档案》中有命名为“洋彩”器物的记录。在清宫档案中，“洋彩”器皿都被记为“磁胎洋彩”，与各种胎地画珐琅器并举，同录于“乾清宫珐琅器皿”项下[13]。而这种“磁胎洋彩”则在乾隆至光绪朝《造办处各作成做活计清档》中都有所见。

从以上文献我们至少可以解读出有关“洋彩”五方面的信息 ：

第一,“洋彩”由景德镇御窑厂烧制,出现时间早于雍正十三年。第一条文献所言“新仿”实为用洋彩新仿西洋珐琅画法，并非新制洋彩器。

第二，“洋彩”发色与珐琅料发色一样。第二条文献中“所用颜料与珐琅色同”，强调的应是“色同”而非“料同”。

第三，“洋彩”的调色方法。从第二条文献可知“洋彩”可用油、胶、水来调色。康熙以前的五彩应是用水和胶来调色，而珐琅彩则是用多尔那们油来调色。洋彩的调色法应是受到珐琅彩和传统五彩综合的影响。

第四,“洋彩”需试烧照子,第二条文献“以白瓷片画染烧试,必熟谙颜料火候之性”，说明“洋彩”彩料或者烧成前后颜色差异很大，或者呈色不稳定，才需要试烧照子以明确其彩料发色最好时所需的温度，从而避免色差。

第五，“洋彩”虽与珐琅彩有密切的联系，但并非同类。清宫档案虽然将“洋彩”，归属于“乾清宫珐琅器皿”下，但其名称与其他胎质的画珐琅有明确的区分，说明当时即将“洋彩”区别于珐琅彩。

从上述文献的解读，结合实物的考察我们可以基本了解“洋彩”的艺术风格和工艺特点。

二“洋彩”的艺术风格

模仿西洋珐琅画法是“洋彩”较为显著的艺术风格之一。从雍正十三年御窑厂烧制“新仿西洋珐琅画法”的“洋彩”器开始，有相当数量的“洋彩”彩绘全面模仿西方绘画技法，形成了极具洋味的艺术风格。“洋彩”模仿西洋珐琅画法主要有 ：

第一，使用明暗法加强立体效果。

第二，模仿西方绘画的笔触效果。

“洋彩”彩绘中明暗法的使用极其广泛，它不仅使用于表现人物脸部和颈部的明暗造型以及衣褶中的深深阴影（图一），描绘果实时用高光突出果实的圆润（图二），还在装饰图案中大量使用高光和颜色对比来增强立体感。在绘制辅饰花卉的叶子时，会沿叶子上边沿从叶尖向后用白色提亮，并在其相对面用深色渲染，形成较明显的立体感（图三、图四、图五、图六、图七、图八）。甚至在传统瓔珞纹中，还用高光在每一颗瓔珞上提亮（图九），并在高光的周围加深颜色对比，形成圆雕的错觉。正是这种技法所表达的效果不同于中国传统绘画对立体感追求得不强烈,才让唐英谓之“人物、山水、花卉、翎毛，无不精细入神”。除明暗法的使用外，“洋彩”在绘制花卉时常模仿西方绘画的笔触效果(图一〇、图一一、图一二)。由于西画材料与中国画的差别，以及其对写实感的追求，形成了不同于中国传统绘画的笔触效果，而“洋彩”对此也

图一　清乾隆瓷胎洋彩人物纹胆瓶

图二　清乾隆瓷胎洋彩翠地锦上添花纹茶盅

图三　清乾隆瓷胎洋彩黄地锦上添花纹海棠式杯盘

图四　清乾隆瓷胎洋彩锦上添花纹挂瓶

图五　明暗法画的叶子

图六　明暗法画的叶子

图七　明暗法画的叶子

图八　清乾隆瓷胎米色地洋彩番花纹观音瓶

图九　清乾隆瓷胎洋彩番花纹观音瓶

图一〇　清道光紫地粉彩花卉纹螭耳瓶

图一一　清嘉庆松石绿地粉彩勾莲婴戏图折沿洗

进行了模仿。这些模仿很可能是由于直接以西方画珐琅图案为粉本的结果。由于对这两种西洋绘画技法的模仿，形成了“洋彩”一种典型的艺术风格，并且这种风格从雍正朝开始，到乾隆嘉庆时期成为“洋彩”风格的代表，以至于乾隆时期的朱琰将洋彩作为一种花样，与写生、仿古、锦缎并论（图一三）。

不过需要注意的是，这种洋味十足的“珐琅画法洋彩”并非是洋彩的唯一风格特征。从文献记载来看，雍正十三年以前的洋彩尚未产生这种风格样式。从现存实物资料来看，雍正时期能够称得上模仿西洋珐琅画法的洋彩也较为稀少，现在学术界公认的也只有上海博物馆藏的绿地洋彩描金花卉纹六方尊式瓶（图一四）和故宫博物院藏的洋彩镂空团寿盖盒（图一五）。“珐琅画法洋彩”的流行主要依赖与乾隆时期帝王的喜好以及当时绘画艺术深受西洋绘画的影响，而此后这种风格逐渐式微（图一六、图一七、图一八）。

图一二　清乾隆瓷胎洋彩绿地锦上添花碟局部

图一三　清乾隆瓷胎洋彩锦上添花纹茶壶

图一四　清雍正绿地洋彩描金花卉纹六方尊式瓶

图一五　清雍正洋彩镂空团寿字纹盖盒

图一六　清乾隆瓷胎洋彩山水人物图观音瓶

图一七　清乾隆瓷胎洋彩寒江独钓图梅瓶

图一八　清乾隆汝釉瓷胎洋彩碧桃诗意纹双路瓶

伴随洋彩自始至终都存在的其实是中国传统的风格样式。这类装饰风格有表现吉祥寓意的图案纹饰和受中国绘画风格影响的装饰纹饰（图一九、图二〇）。传统吉祥图案主要是婴戏图、百鹿图、龙凤戏珠、瓜蝶纹等，受中国绘画影响的纹饰主要是工笔花鸟、三秋九秋花卉、人物山水亭阁、四季风景等。而受绘画影响的纹饰图案十分明显的运用工笔绘画技巧，将中国绘画中不同线条、皴法、染色等技法融入“洋彩”彩装饰，呈现出浓郁的中国工笔绘画的艺术特色。这类装饰纹饰虽在乾嘉时期并非主流，但在此前的雍正时期则是代表性的装饰风格，并且此后从道光开始，亦逐渐取代“珐琅画法洋彩”，成为“洋彩”装饰的主要语言形式。

图一九　清嘉庆粉彩三多纹撇口瓶

图二〇　清乾隆瓷胎洋彩云龙纹撇口碗

由此可见，“洋彩”的装饰风格包含了“珐琅画法洋彩”和传统画法两种，并在不同时期各领风骚。因此仅凭艺术风格并不能成为界定“洋彩”的依据。

三“洋彩”的工艺特点

从文献中我们还可获得关于“洋彩”彩料工艺特点的重要线索：

1.“洋彩”彩料为“生料”

唐英在《陶冶图编次》中详细记载了制作“洋彩”需试烧照子的工艺细节。通过试烧照子，确定各颜色发色最好时所需的温度，以保烧成时各种颜色在适合的温度下呈现最鲜艳的颜色。这与中国传统制备的釉上彩料工艺特性十分相似。由于制料时，彩料的发色剂并没有最终呈色，呈色阶段是通过最后的烤花完成的，即俗称的“生料”。在殷宏绪的信件中描述了这类彩料的制作方式：

> 这种白料是把透明的卵石像处理青料那样置于窑内煅烧后磨成粉末的方法制得的。往半盎司该粉末里还要掺入一盎司研磨成粉末的白铅粉。有时往这种混合物中掺入其他色料。例如，要制得绿料，就往一盎司白铅粉和半盎司卵石粉末中添加叁盎司称之为铜花片的原料。……所有这些色料必须涂在经过釉烧的瓷器上，再置于窑内进行彩烧，才会呈现出绿、紫、黄、红等颜色。

这里所说几种颜色即是传统五彩彩料。而珐琅彩是将原料在1300℃左右的高温条件下使各种原料完全熔融成液态后，在室温下冷却成块，用凉水浇激，使之炸裂成碎渣[14]后作为绘画彩料。这种在高温下烧成的原料，呈色剂都完全显色，类似新彩，其颜料色彩在瓷器烧成前后并没有什么差异，即是俗称的“熟料”。可见“洋彩”与传统五彩彩料在工艺特性上更为接近。

2.“洋彩”的颜色

虽然洋彩彩料的工艺特性接近五彩，但其颜色系统却与五彩迥异而与珐琅彩极为近似，这也是官窑“洋彩”与珐琅彩难以区分的重要原因。唐英亦明言“洋彩”“所用颜料与珐琅色同”。洋彩要达到与珐琅色同只有引入珐琅彩的发色剂。从周丽丽女士《关于洋彩与粉彩的讨论——兼述清代各朝官窑粉彩的特征》所公布的科学检测中，我们可以明确看到洋彩的发色金属与珐琅彩相同。

3.“洋彩”的调料

“洋彩”采用的调料分别有油、胶、水三种不同的物质。它既不同于康熙以前的五彩仅使用胶和水，亦不同于珐琅彩仅使用油为调料。从釉上彩的实践可知，调料的使用并非随意决定，它不仅取决于调料的用途，即用于渲染还是拓抹抑或堆填，更依赖于釉上彩料的工艺特性。如果水料中水调得少了，色料烧成后则会开裂，更不可能将本应用水调的彩料改用油来调。这由于“选择调料是根据釉上彩料的成分与用途而定”[15]，因此调料的差异，并非简单的更替，而是反映了“洋彩”与传统五彩、珐琅彩彩料成分的差异和关联。

从以上“洋彩”彩料的工艺特点可见，它应是在制备传统釉上彩料的工艺基础上，引用珐琅彩发色金属而创新出的新型釉上彩品种。

4.“洋彩”的彩法

除彩料的工艺特点以外，我们还可以从文献的描述中窥见“洋彩”彩法特点。笔者以为唐英所言“洋彩器皿，新仿西洋珐琅画法，人物、山水、花卉、翎毛，无不精细入神”。不仅反映的是“洋彩”彩绘对西洋画法的模仿，同时还反映了“洋彩”彩法的成熟。其实“洋彩”在模仿西洋铜胎画珐琅的绘画技法时，还须亦步亦趋地模仿铜胎画珐琅的工艺技法，才可能达到精细入神，否则没有工艺作为基础，即便学习西画技巧也难以达成效果。朱琰的说法更为明确“然所谓佛朗嵌者，以铜作身，用药烧成五色花……洋彩只仿其彩法”。

这种对铜胎画珐琅彩法的模仿重点有二：

（1）模仿铜胎画珐琅白色珐琅料打底，创制出“玻璃白”

铜胎画珐琅在绘制之前，先在铜胎上涂施白色珐琅料，入窑烧结后，再以各色珐琅料绘饰图案，最后入窑烧成。在铜胎上先涂抹白色珐琅料的目的在于填充铜胎表面细小的孔眼，使其表面光滑，以便于色料的洗染表现光线的明暗、色彩的渐变。而且白色珐琅料还是乳浊剂。“洋彩”引入“玻璃白”最初可能是对铜胎画珐琅工艺机械的模仿，随着技术的成熟则用于软化色料，使色料呈色粉润，而达到不同于传统五彩玻璃质感的效果。考察实物，玻璃白打底的方法在康熙时期就开始使用，康熙粉彩花蝶纹盘就是代表（图二一）。但此时还是“洋彩”的探索阶段，其彩料应还使用的是珐琅料，并采用平涂的手法。

（2）用油作为调料，使用渲染技法

要想在釉上绘饰精细，渲染法必不可少，最重要的工艺就是用油做调料。中国传统釉上彩料没有用油调的，且其表现手法只有水料平涂，因此这种工艺必然来源于对铜胎画珐琅的模仿。但这是一个复杂的工艺创新过程，在铜胎画珐琅的影响下，康熙时五彩就将矾红用油调和，渲染花头，而“洋彩”彩料用油做调料，使用渲染之法却到雍正时才成熟。

综上“洋彩”的工艺特征，其符合粉彩使用玻璃白粉化彩料，并引入珐琅彩发色金属等工艺特点，从现代工艺学角度界定，它即是粉彩。不过从视觉效果来看，“洋彩”

图二一　清康熙粉彩花蝶纹盘

图二二 清乾隆瓷胎洋彩三果纹胆瓶

与我们现在常见的粉彩有一定的差异，这不仅由于绘饰风格的变化，更重要的是由“洋彩”彩料的演进造成的。

5.“洋彩”彩料的演进

众所周知，粉彩颜料是由源自于五彩的透明颜料和源自于珐琅彩的不透明颜料及净颜料构成的。唐英描述的“所用颜料与珐琅色同”，可见当时“洋彩”所用颜料应是源于珐琅彩的不透明颜料和净颜料。考察实物，清代官窑“洋彩”颜色与珐琅彩颜色几乎相同，在嘉庆以前的作品上极难见到来自于传统五彩的透明颜料（图二二），道光以后透明颜料的使用略微增加，但使用比例也很小（图二三、图二四、图二五）。而民窑粉彩则不然，雍正时期的民窑粉彩（图二六），其中花朵和女子衣服上使用的宫粉，凳子、栅栏和远处花朵使用的锡黄以外，所用颜料都是来源于五彩的透明颜料。现代粉彩中，透明颜料使用的比例也远大于官窑“洋彩”使用比例，这就是造成“洋彩”和同时期民窑粉彩以及现代粉彩视觉效果差异的主要原因。

图二三　清宣统粉彩花蝶纹玉壶春瓶

图二四　清道光粉彩折枝花卉纹罐

图二五　清光绪绿地粉彩花鸟纹笔筒

图二六　清雍正粉彩人物纹方笔筒

四 “洋彩”与珐琅彩料

还需要说明的是，“洋彩”器皿的绘制中使用珐琅料是不争的事实。如仙鹤的尾部羽毛和腿以及的诗文（图二七、图二八、图二九），所用黑彩都未用雪白遮盖，应使用的是珐琅料的黑料。而勾勒仙鹤身体的线条则是用雪白覆盖过的珠明料。文献也有记载：“雍正六年七月十二日：……造办处收贮的料内月白色、松花色有多少数目？尔等查明回我知道，给年希尧烧瓷用。”[16]“洋彩”装饰中使用了珐琅料，是否说明“洋彩”就是珐琅彩，亦或“洋彩”是一彩多称，即是粉彩，也是自制珐琅料绘制的珐琅彩呢？

笔者以为，“洋彩”绘制使用珐琅彩料并不影响其作为粉彩的本质。从雍正六年的这段文献可见用于御窑厂生产“洋彩”器的珐琅料只是较少的几种颜色，可能是“洋彩”彩料无法制出的颜色，因为文献中的月白和松花色，即使在现代，粉彩的不透明颜色和净颜色中也是没有的。因此，其装饰中以少量珐琅彩填补“洋彩”没有的颜色，正如现代古彩中采用西赤和艳黑两种新彩彩料不影响其属于传统五彩的本质一样。

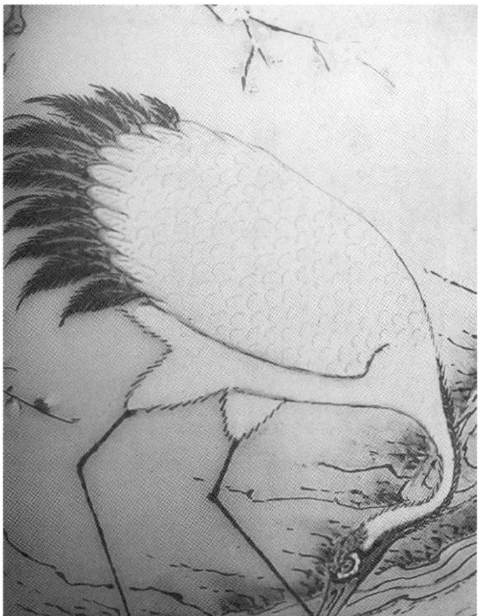

图二七 清乾隆瓷胎洋彩海鹤来朝图胆瓶

图二八　清乾隆瓷胎洋彩御制诗方笔筒

图二九　清乾隆瓷胎洋彩御制诗圆笔筒

而要区分粉彩与雍正后自制珐琅料的珐琅彩最有说服力的方法应是检测洋彩中是否含有硼金属。根据张福康先生的研究，珐琅彩除呈色剂与传统釉上彩不同以外，其所用的助溶剂也不同于传统釉上彩，二者分别隶属于 $PbO\text{-}SiO_2\text{-}K_2O\text{-}B_2O_3$ 系统和 $PbO\text{-}SiO_2\text{-}K_2O$ 系统。由于“洋彩”引用珐琅彩呈色剂而与珐琅彩“色同”，其差别只能靠鉴定“洋彩”中是否含有硼金属。但是硼的分析目前都需依靠破坏法，因此至今尚无“洋彩”中是否含硼的科学检测结果。不过我们仍然能从旁证中窥探出一点端倪。Veerle Van der Linden 等检测 16 到 19 世纪利摩日的画珐琅结果显示，其玻璃基质为铅硼玻璃（lead glass）。王世襄先生在《锦灰堆》中记载了乾隆时期铜胎掐丝珐琅的配方：“每斤珐琅料所用……马牙石十两，定粉八两五钱，盆硝八两五钱，砒霜一两二钱，硼砂三两六钱……黄色：轿顶锡四两，黑铅四两；青色：顶元子二两，洋青一两；月白色：石绿一两，洋青二两；大红色：红铜末六两；绿色：红铜末一两，石绿三两；紫色：青紫石二两；粉红色：金叶五分，镪水二两，硇砂二两。”并考察其撰文时制造景泰蓝的配料和乾隆时期并无多大差异。可见铜胎掐丝珐琅与画珐琅料的基质都是铅硼玻璃。而《南窑笔记》中也有关于珐琅彩的记载：“其洋绿、洋黄、洋白、翡翠等色，俱人言硝粉、石末、硼砂各项炼就。其鲜明娇艳迥异常色。”虽语焉不详，其中硝粉、石末、硼砂也基本言明了其玻璃基质含硼的实质。以上配方比较可知，从 16 世纪法国利摩日画珐琅的珐琅料，到《南窑笔记》与《锦灰堆》记载的珐琅料中都含硼砂，说明即便是雍正以后的自制珐琅料（无论是铜胎掐丝珐琅料还是画珐琅料）仍然同进口珐琅料一样含硼砂。苗建民在《运用科学技术方法对清代珐琅的研究》中测试了清代广州画珐琅的成分，其中硼含量在 10% 左右，这基本能和文献记载珐琅料配方相印证。但是在孙瀛洲先生记载的民国粉彩的配方中“铅粉、硝石、青铅、石英、牙硝、青矾、明矾、信石、玻璃、铅丹、珠明料、赤金、铜、锡、王水等为制色原料，这 15 料相互配合。如雪白，以石英铅粉；如波白，以青铅、牙硝、信石、石英加玻璃少许制成。按：这是根据古彩专家三詹的传授而言”是不需要硼的。说明自制珐琅料和粉彩二者并非同类。这也正是清档中将“洋彩”与其他胎质画珐琅区别的原因。

五 结论

第一，清宫档案中记载的“洋彩”即是粉彩。

第二，从传统珐琅料和粉彩料配方的记载以及对清代画珐琅的科学检测结果可以间接证明“洋彩”即粉彩，与自制珐琅彩并非同类。

综上所述，清宫“洋彩”即是粉彩。它的基质不同于珐琅彩，是在传统五彩和珐琅彩的基础上发展起来的新兴釉上彩品种。它在发展过程中由于受到帝王审美的影响，艺术表现风格不断演变，彩料也随时代推移而演进，才逐渐形成我们现在熟悉的粉彩风格。任何工艺都有一个不断演进的过程，因此无论是装饰风格的演变，还是彩料的丰富，并不能掩盖陶瓷工艺学上“洋彩”属于粉彩的事实。

注释：

[1] 汪庆正：《“粉彩”即“洋彩”考》，《上海博物馆集刊》1981 年；周丽丽：《关于洋彩与粉彩的讨论——兼述清朝各朝官窑粉彩的特征》，《上海博物馆集刊》2005 年。

[2] 周觉民：《洋彩辨析》，《陶瓷研究》1989 年 12 月；周觉民：《官窑“洋彩”与民窑“粉彩”》，《陶瓷学报》2003 年 9 月；黄云鹏：《粉彩及其产生与发展》，《景德镇陶瓷》1981 年第 1 期。

[3] 廖宝秀：《乾隆磁胎洋彩综述》，《华丽彩瓷：乾隆洋彩》，台北故宫博物院，2009 年；王建华：《重新认定清代洋彩》，《紫禁城》2012 年第 3 期。

[4] 周思中：《清宫瓷胎画珐琅研究 1716 ～ 1789》，文物出版社，2008 年。

[5] 由于不确定“洋彩”创烧的确切时间，本文所讨论的“洋彩”是指从雍正到光绪时期的官窑器。又由于 1936 年故宫文物赴英国伦敦展览时，其主事者将原清宫“洋彩”改为粉彩，因此本文部分图片采用已改称为粉彩的器物图片。

[6]（清）唐英：《陶成记事》。

[7]（清）唐英：《陶冶图编次·圆琢洋彩》。

[8] [9]（清）朱琰《说陶》。

[10]（清）蓝浦：《景德镇陶录》。

[11]（清）许之衡：《饮流斋说瓷》。

[12]（清）寂园叟：《陶雅》。

[13] 廖宝秀：《乾隆磁胎洋彩综述》，《华丽彩瓷：乾隆洋彩》，台北故宫博物院，2009 年。

[14] 苗建民：《运用科学技术方法对清代珐琅的研究》，《故宫博物院院刊》2004 年第 1 期。

[15] 李家驹：《日用陶瓷工艺学》页 370，武汉理工大学出版社，2007 年。

[16] 铁源、李国荣：《清宫瓷器档案全集》，中国画报出版社，2009 年。

釉上彩与低温颜色釉器的陶瓷属性探讨

景德镇陶瓷学院　张茂林　中国收藏家协会　王建保

内容提要：明清时期的釉上彩与低温颜色釉陶瓷在我国陶瓷史上占有非常重要的地位，学术界一般将其认定为瓷器。通过对明清时期釉上彩与低温颜色釉陶瓷以及中国古代陶瓷界定标准的探讨和审视，发现部分釉上彩与低温颜色釉器物难以满足现行瓷器界定标准中对高温釉的要求，与传统认知存在矛盾。据此，笔者以为补充和完善中国古代陶与瓷的界定标准是必要的。

关键词：釉上彩　低温釉　陶瓷属性

Abstract：Over-glaze decoration and low temperature colored glaze ceramics in Ming and Qing dynasty, generally identified as porcelains in the academia, are very important in the history of Chinese ceramics. According to the discussing and survey on the over-glaze decoration and low temperature colored glaze ceramics in Ming and Qing dynasty, compared with definition standard of ancient Chinese pottery and porcelain, it is discovered that some of the over-glaze decoration and low temperature colored glaze ceramics can't meet the requirements for porcelain standard, which is inconformity to traditional cognition. Therefore, it's imperative to replenish the definition standard of ancient Chinese pottery and porcelain.

Keywords：over-glaze decoration，low temperature colored glaze，property of pottery and porcelain

陶器是古代人类社会发展到一定阶段的产物，是人类第一次改变自然的发明创造，中华民族至少是陶器的发明者之一。瓷器是中华民族的伟大发明，为人类社会的进步做出了巨大贡献。其中红绿彩、五彩、珐琅彩、粉彩等釉上彩与娇黄、珊瑚红、胭脂红、孔雀绿、瓜皮绿等低温颜色釉陶瓷器品种丰富，创作题材广泛，在中国陶瓷史上占有重要地位。但根据现有陶瓷界定标准，部分此类器物的陶瓷属性与常识性的认识或基础概念产生了一定的模糊性，甚至有自相矛盾之处。笔者以为似可对此进行必要探讨，以期产生新的认知。

一 釉上彩与低温颜色釉陶瓷的发展

釉上彩与低温颜色釉，其共性在于釉、彩中引入了 P_bO 等低熔点熔剂，这一技术在我国始于西汉，此后的近两千年内不断地发展创新，形成了我国丰富的以铅为主的陶瓷色釉和彩料体系，在我国陶瓷史上占有重要的地位。

西汉中期的绿釉陶器（图一）是我国最早出现的以铜为着色剂的低温铅釉陶，多出土于陕西、河南地区，作为随葬明器，器类有鼎、盒、仓、灶、井、家禽家畜、楼阁等[1]。低温绿釉陶的发明是我国第一次用铅釉制成陶器的重大创举，为一系列低温釉、彩的出现奠定了基础[2]。

唐代三彩陶器，是以铅为主要助熔剂，以铜、铁、锰、钴等为着色剂，呈现绿、蓝、黄、褐等多种釉色陶器（图二）。唐三彩采用二次烧成工艺，胎体素烧温度达 1100℃，在素烧的胎体上施以各种色釉，再次入窑釉烧，温度约 950℃[3]。唐三彩同样作为随葬明器，种类繁多，可以分为动物、生活用具和人物三大类，从一个侧面反映了唐王朝的政治、文化。而宋三彩、辽三彩则是唐三彩的延续发展。

红绿彩是起源于金元时期的一种低温釉上彩绘陶瓷品种（图三）。它是在高温白釉瓷器或白地黑花瓷器烧成后，在釉上用红、绿、黄等色彩绘画图案花纹，再入窑以 800℃左右低温烧成。红彩是以铁为呈色剂的矾红彩，绿彩以铜着色。红绿彩色彩鲜艳，具有强烈的民间韵味，是我国最早的低温釉上彩绘陶瓷品种，对元明时期的景德镇制瓷业也产生了深远影响。

明清时期，景德镇是我国的瓷业中心，集历代名窑之大成，在釉上彩、低温颜色釉陶瓷方面取得了瞩目的成就。

图一　东汉绿釉陶卧羊尊（河南省博物馆藏）

图二　唐三彩骑马俑（河南省博物院藏）

图三　金红绿彩人物俑（峰峰矿区文保所藏）

在釉上彩方面，明代景德镇在红绿彩的基础上，生产出了五彩（图四）、青花斗彩等新品种，色彩丰富，有红、黄、绿、紫、蓝等色。特别值得一提的是，正德时期创制了素三彩（图五）新品种，与五彩相比，其色彩中不用红色，此外，素三彩是在素烧胎体上直接涂上相应色彩，再低温烧成，而不是在白釉上施彩烧成。清代康熙五彩（图六）的一个重大突破是发明了釉上蓝彩和黑彩。除了白地彩绘外，还有黄地红彩、黄地紫彩、黄地蓝彩、黄地绿彩、红地绿彩、珊瑚红地五彩等[4]。其制作工艺是胎体先经高温素烧，再浇黄釉等底釉，经 850℃ ~ 900℃烧成低温釉器，再用其他色料描绘花纹，以低温烘烤而成。珐琅彩瓷是清代康熙、雍正、乾隆时期极为名贵的宫廷御器（图七）。主要取法于铜胎画珐琅，前期使用进口珐琅彩料，雍正六年以后清

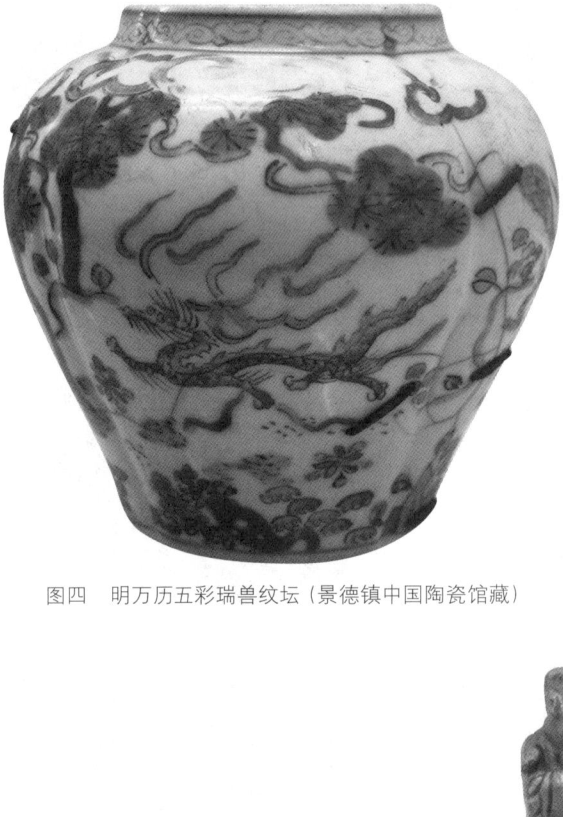

图四　明万历五彩瑞兽纹坛（景德镇中国陶瓷馆藏）

图五　明正德素三彩童子观音（景德镇中国陶瓷馆藏）

图六　清康熙五彩龙纹委角碗（北京艺术博物馆藏）

图七　清康熙珐琅彩缠枝牡丹纹碗（上海博物馆藏）

宫造办处自炼珐琅彩料。其特点是含有大量的硼和砷，且黄彩以氧化锑为着色剂，胭脂红以胶体金着色。粉彩是在五彩的基础上，受珐琅彩的影响发展而来的釉上彩品种（图八），采用具有乳浊效果的玻璃白打底，并借鉴西方油画技法，进行细致渲染，从而使画面形成鲜明的立体层次感。画面粉润柔和，富于国画风格，逐渐成为了景德镇四大传统名瓷之一，形成了中国釉上彩瓷的发展高峰。

低温颜色釉方面，明代主要有孔雀绿釉（硅酸盐学会主编的《中国陶瓷史》称为“孔雀绿瓷器”）、娇黄釉等。其中娇黄釉以弘治时期釉色最为纯正（图九）。娇黄釉（硅酸盐学会主编的《中国陶瓷史》称为“低温黄釉瓷器”）有两种施釉方法，一种直接施于无釉的烧结瓷胎上，另一种则施于烧结白瓷的白色底釉上[5]。至清代则新创了胭脂红、珊瑚红、洒蓝等低温颜色釉品种。

图八　清光绪粉彩牡丹藤萝纹碗（北京艺术博物馆藏）

图九　清弘治娇黄釉盘（首都博物馆藏）

二　中国古代陶与瓷的界定标准

1978 年，李家治先生通过对浙江上虞小仙坛窑址出土东汉时期青釉器物的测试分析，认为其中编号为 H5 的标本，烧成温度高达 1310℃，胎体吸水率仅有 0.28%，透光性好，釉层厚薄均匀，胎釉结合性好，达到了瓷器的标准，使我国成为了世界上最早出现瓷器的国家[6]。但当时并未具体说明中国古代陶与瓷的界定标准。

国内学者在 1982 年首次明确提出了古代瓷器界定标准，中国硅酸盐学会主编的《中国陶瓷史》从原料、烧成温度和釉三个方面界定瓷器：

> 瓷器应该具备的几个条件是：第一是原料的选择和加工，主要表现在三氧化二铝含量的提高和三氧化二铁含量的降低，使胎质呈白色；第二是经过 1200º C 以上的高温烧成，使胎质烧结致密、不吸水分、击之发出清脆的金石声；第三是在器表施有高温下烧成的釉，胎釉结合牢固，厚薄均匀。三者之中，原料是瓷器形成的最基本条件，是瓷器形成的内因，烧成温度和施釉是属于瓷器形成的外因，但也是不可缺少的重要条件。因而确定为瓷器的三个条件必须紧密结合起来。

参考国外的相关研究成果和标准，中国国家标准局在 1985 年发布了几个关于陶瓷的国家标准，如《GB5001-85 日用陶瓷分类》（表一、表二）、《GB5000-85 日用陶瓷名词术语》等。标准 GB5001-85 将陶瓷分为两大类：陶器与瓷器，主要从吸水率的大小来界定，胎体透光性、玻化程度以及敲击声音等作为辅助判别标准，将瓷器的吸水率标准定为“一般不大于 3%”。又进一步把瓷器分为炻瓷、普通瓷和细瓷三类，其中细瓷器的吸水率要求是“一般不大于 0.5%”。

上述国家标准颁布实施后，在各种版本的《陶瓷工艺学》中，一般采用这一国家标准，将吸水率作为判定日用陶瓷中陶与瓷的重要指标[7]。但在古陶瓷研究领域，相关学者并未采纳该标准，大多沿用 1982 年版《中国陶瓷史》的界定条件，或以李家治先生对上虞小仙坛窑址出土东汉时期青瓷标本测试数据为依据，其性能指标逐渐演化成为了界定中国古代陶与瓷的一个标尺。

表一　陶瓷分类

类别	吸水率	透光性	胎体特征	敲击声
陶器	一般大于3%	不透光	未玻化或玻化程度差，结构不致密、断面粗糙	沉浊
瓷器	一般不大于3%	透光	玻化程度高、结构致密、细腻、断面呈石状或贝壳状	清脆

表二　炻瓷器、普通瓷器和细瓷器的界定标准

名称	炻瓷器	普通瓷器	细瓷器
特征	吸水率一般不大于3%，透光性差，通常胎体较厚，断面呈石状，制作较精细	吸水率一般不大于1%，有一定透光性，断面呈石状或贝壳状，制作较精细	吸水率一般不大于0.5%，透光性好，断面细腻，呈贝壳状。制作精细

三 明清时期釉上彩与低温颜色釉陶瓷的材料学特征

对于上述釉上彩与低温颜色釉陶瓷，传统观点认为，汉代绿釉、唐三彩、宋三彩、辽三彩等器物，属陶器范畴。当然，按照陶瓷材料学的相关性能指标（表三[8]），这类器物确实难以达到瓷器的标准，将其定位为陶器，在学术界是没有争议的。而对于金元时期的红绿彩乃至明清时期的五彩、斗彩、珐琅彩、粉彩等釉上彩器物以及娇黄、珊瑚红、孔雀绿等低温釉器物，基本归于瓷器范畴。例如李家治先生在《中国科学技术史·陶瓷卷》中称之为“釉上彩瓷”[9]，中国硅酸盐学会主编的《中国陶瓷史》也同样将五彩、斗彩、珐琅彩、粉彩等釉上彩器称为“彩瓷”，此外还将娇黄、孔雀绿等称为“低温单色釉瓷”[10]。但若根据相关古代陶瓷界定标准，对上述明清时期陶瓷器物的材料学特征进行审视，即可发现其中存在一定的矛盾之处。

表三　唐三彩胎体的物理性能

编号	吸水率 (%)	体积密度 (g/cm³)	烧成温度 (℃)
GY-TSC-01	13.7	2.02	1100
GY-TSC-04	10.5	2.05	
GY-TSC-15	9.7	1.77	1113
GY-TSC-27			1094
GY-TSC-28			1106
GY-TSC-29	18.1	1.92	

按照现有的古代瓷器界定标准：

第一，要求对胎体原料进行选择和加工，主要表现在三氧化二铝含量的提高和三氧化二铁含量的降低，使胎质呈白色。

第二，要经过1200℃以上的高温烧成，使胎质烧结致密、不吸水分、击之发出清脆的金石声。

明清时期景德镇窑生产的釉上彩与低温颜色釉器物，其胎体所用原料与同时期的白瓷、青花瓷等是类似的（表四[11]、表五[12]），或是直接在烧成后的白釉瓷上施釉上彩装饰，低温颜色釉器物的胎体也同样经过高温素烧，吸水率一般在1%以下（表六[13]），显然符合这两条标准。

表四　明清时期娇黄釉器样品胎体的主次量化学组成（%）

样品编号	时代和名称	Na_2O	MgO	Al_2O_3	SiO_2	K_2O	CaO	TiO_2	Fe_2O_3
MHW-01	明洪武碗底	1.23	0.61	19.39	72.62	3.65	0.32	0.06	1.12
MCH-01	明成化碗底	0.75	0.33	21.64	71.87	3.06	0.11	0.08	1.14
MCH-02	明成化碗底	0.89	0.26	21.97	71.42	3.17	0.11	0.08	1.10
MHZ-01	明弘治碗底	1.00	0.27	20.48	73.11	2.91	0.12	0.06	1.05
MHZ-02	明弘治碗底	1.10	0.25	21.26	71.66	3.44	0.11	0.04	1.13
MZD-01	明正德碗底	0.59	0.03	21.28	72.57	3.23	0.09	0.09	1.13
MZD-02	明正德碗口	2.22	0.11	19.44	72.26	3.35	0.35	0.07	1.19
MWL-01	明万历碗壁	0.32	0.16	25.16	67.86	3.88	0.28	0.05	1.30
QC-01	清初碗底	1.95	0.29	25.37	65.83	3.56	0.31	0.03	1.64
QDG-01	清道光碗底	1.41	0.32	21.16	70.74	3.85	0.25	0.03	1.24
QGX-01	清光绪碗壁	1.24	0.06	21.84	70.51	3.82	0.25	0.04	1.23
QGX-02	清光绪碗口	1.53	0.10	19.43	73.05	3.33	0.36	0.02	1.17

表五　清代釉上彩瓷胎体元素组成

样品编号	SiO_2	Al_2O_3	Fe_2O_3	CaO	MgO	K_2O	Na_2O	TiO_2	MnO
C17康熙斗彩	65.09	26.72	1.06	1.62	0.13	3.11	2.57	0.13	0.07
C14康熙五彩	66.67	26.25	0.91	1.25	0.33	2.56	2.15	-	-
C11康熙五彩	66.33	26.33	1.37	0.65	0.09	2.91	2.44	0.08	0.07
C13雍正粉彩	67.78	26.25	0.84	0.71	0.16	3.28	1.12	0.07	0.07
C15雍正粉彩	66.27	27.42	0.77	1.36	0.13	3.07	1.29	-	-

表六　明清时期娇黄釉样品胎的物理性能参数

编号	年代	体积密度 (g/cm^3)	吸水率 (%)	烧成温度 (℃)
MHW-01	明洪武	2.29	0.8	
MHZ-01	明弘治	2.35	0.3	1232.4
QC-01	清初	2.35	1.2	
QDG-01	清道光	2.40	0.3	1305.4

现有的古代瓷器界定标准的第三条要求，在器表施有高温下烧成的釉，胎釉结合牢固，厚薄均匀。那么，根据器物有无高温釉，可将明清时期的釉上彩和低温釉陶瓷分成两大类：

第一类，器表有高温釉的釉上彩和低温釉陶瓷。如：五彩、斗彩及部分珐琅彩、粉彩等直接在高温烧成的白釉瓷或青花瓷上施低温彩装饰的釉上彩器物（图一〇）；直接在外壁涩胎上施彩，但内壁及器底施有高温釉的部分珐琅彩器物；内壁或器底施有高温釉的部分粉彩、素三彩器（图一一）；施有高温底釉的部分娇黄釉等低温颜色釉器物（图一二）。这类器物胎体外或多或少施有高温釉，因而能够符合该标准的要求。

第二类，器表没有高温釉的釉上彩和低温釉陶瓷。如：在低温颜色釉地上施彩的部分粉彩器物（图一三）；直接在素胎上彩绘的素三彩等器物（图一四、图一五）；直接在素烧胎体上施低温釉再二次烧成部分娇黄、孔雀绿、珊瑚红等低温颜色釉器物等。这类器物胎体外没有高温釉，按照现行的古陶瓷界定标准，这类器物就不是瓷器，显然与传统认知存在矛盾。

图一〇　明万历五彩花鸟纹盘（首都博物馆藏）

图一一　清雍正珊瑚红地粉彩牡丹纹碗（上海博物馆藏）

图一二　清雍正黄釉杯碟（北京艺术博物馆藏）

图一三　清乾隆粉彩暗八仙图转心双耳瓶（故宫博物院藏）

图一四　明万历黄地素三彩二龙戏珠纹盘（故宫博物院藏）

图一五　清康熙素三彩镂空八方香熏（故宫博物院藏）

四 结语

通过对明清时期釉上彩与低温颜色釉陶瓷以及中国古代陶瓷界定标准的探讨和审视，发现部分釉上彩与低温颜色釉器物难以满足现行瓷器界定标准中对高温釉的要求，与传统认知存在矛盾。笔者以为，补充和完善中国古代陶与瓷界定标准是必要的。在进一步完善中国古代陶与瓷界定标准时，应对这类釉上彩与低温颜色釉器物给予足够的重视。

注释：

[1] 权奎山、孟原召：《古代陶瓷》，文物出版社，2008 年。

[2] 李家治：《中国科学技术史·陶瓷卷》页 465，科学出版社，1998 年。

[3] 李家治：《中国科学技术史·陶瓷卷》页 467，科学出版社，1998 年。

[4] 中国硅酸盐学会：《中国陶瓷史》页 423，文物出版社，1982 年。

[5] 中国硅酸盐学会：《中国陶瓷史》页 389，文物出版社，1982 年。

[6] 李家治：《我国瓷器出现时期的研究》，《硅酸盐学报》1978 年第 3 期。

[7] 李家驹：《陶瓷工艺学》，中国轻工业出版社，2006 年。

[8][11][13] 吴军明：《景德镇历代低温黄釉的初步研究》，景德镇陶瓷学院硕士学位论文，2007 年。

[9] 李家治：《中国科学技术史·陶瓷卷》页 477，科学出版社，1998 年。

[10] 中国硅酸盐学会：《中国陶瓷史》，页 386、页 426，文物出版社，1982 年。

[12] 周仁、李家治：《景德镇历代瓷器胎、釉和烧制工艺的研究》，《硅酸盐学报》1960 年第 4（2）期。

娘惹瓷独领风骚在南洋

新加坡　林亦秋

内容提要：娘惹瓷是釉上彩的粉彩瓷器，是海峡华人特别向景德镇定烧的专用瓷。海峡华人的男性称作峇峇，女性就是娘惹，所以这种瓷器就叫“娘惹瓷”。很明显，这类瓷器都是由当时的显贵家族通过上海进口。许多这样的瓷器底足或器身都写上主人的姓氏、堂名或官衔。娘惹们负责管理和摆布这些只有在重要的家宴或节日时使用的大批瓷器，因此她们要求画上凤凰和牡丹，以昭显其身份并荣华富贵。

收集娘惹瓷的风气在 1980 年以后忽然盛行开来。这是由于当时有许多土生华人社群，当中好些觉醒意识高涨的成员一窝蜂提升娘惹瓷的文化价值与艺术性。娘惹瓷成了新马地区收藏家、古董商竞相采购的热门货，而直到今天，娘惹瓷还是备受珍惜。

关键词：土生华人　海峡华人　峇峇与娘惹　娘惹瓷　土生华人社群

Abstract: Nonya wares are overglaze polychrome enameled porcelains which were especially commissioned and made in Jingdezhen for the Straits Chinese, or Babas, whose female counterparts are called “Nonyas” , hence the term “Nonya Wares” . It is evident that the Nonya wares were imported through Shanghai by the prominent families of the time, and many of such pieces bear the family hallmarks, official ranks or surnames of the owners at the base or body of the wares . The nonyas who would keep and use the wares for important family feasts and major festivals, preferred the motif of phoenixes and peonies to be painted on the wares as a representation of women folks and prosperity.

The collecting of Nonya wares became a trend in the 1980s when many members of the Peranakan community went through an awakening period and were trying to promote the cultural value and beauty of the wares. The Nonya wares have been much sought after by the antique collectors and dealers in Malaysia and Singapore till this date, and they are now well treasured.

Keywords：Straits Chinese, Baba and Nonya, Nonya wares, Peranakan Community

一　绪论

娘惹瓷是在道光年间始烧，在同治、光绪直到民国前后，为南洋海峡殖民地如槟城、马六甲及新加坡的土生华人所订烧及广泛使用的釉上彩瓷器。当时的马来半岛及新加坡都属于英国统治者管辖。英殖民地头子为了行政方便，把马来亚半岛北部的槟榔屿（槟城），南部的马六甲及新加坡联线成为海峡殖民地中心。这三个地区处于海港航运发达的口岸，经济较为发达，人口集中，特别是许多华裔都集中于此，生活也较为富裕。

许多在这海峡殖民地生长的华人，几百年生活下来都已番化，由于华族女子少，很多男士娶了当地土著即马来女子为妻，土生土长，造就出了落地生根的海峡华人，或称为“土生华人”（图一）。这些海峡华人都保留并遵循着中华文化传统习惯，在生活上还是沿袭典型的华人风俗，说的语言有闽南方言渗杂着马来语、英语，甚至葡萄牙及荷兰语。因为籍贯不同，有些海峡华人也用潮州话、广东话或客家话为家庭用语。在服装方面，海峡华人的男性一般都秉承华族服饰，其男性称为“峇峇”，而女性则穿马来式的沙笼及薄纱做的织花长袖上衣（sarong kebaya），马来语称她们为“娘惹”（nonya，图二）。

在 19 世纪时的海峡华人的家底比较殷实，因为他们掌握了英语，与英国殖民地头子较能沟通。他们在商场上及航运事业上一帆风顺，累积了大量财产。为了炫耀身份地位，他们出钱建了公馆（图三），寺庙，而且也给家人建了豪宅（图四）。许多海峡华人的豪阁，雕栏画栋，充满巴洛克风格。

图一　土生华人（娘惹与峇峇）

图二　沙龙与薄纱衣裳

图三　槟城丘公馆

图四　新加坡海峡华人的豪宅

图五　娘惹瓷鼓椅局部（槟城侨生华人博物馆藏）

图六　娘惹瓷盖盅（新加坡土生华人博物馆藏）

二 海峡华人与中国瓷器收藏

当时中国陶瓷是欧洲皇家贵族买来装饰门面的奢侈品。对海峡华人来说，他们的子孙多读洋文而洋化，当然有样学样，他们的厨房里日常所用的瓷器，一般是福建潮州进口的粉彩或青花瓷器。娘惹是海峡华人家庭里的主导人物，是典型的家庭主妇，她们的丈夫常年出外经商，娘惹们就俨然成了一家之主。她们为了搞排场，便通过上海转口，购入特别向景德镇订烧的凤凰牡丹图样的釉上彩瓷器（图五）。这大批成套的瓷器主要是在一些家庭庆典上如婚礼、庆生及新年贺岁时才拿出来使用。这些瓷器的管理和使用者都是娘惹，所以这些风格独特的凤凰牡丹粉彩瓷器，就被称为娘惹瓷（图六）。而凤鸟的图纹影射了主厨者——娘惹独尊的身份。

图七　内外彩画的娘惹瓷（新加坡土生华人博物馆藏）

新加坡早期的著名陶瓷藏家韩槐准先生在他的著作《南洋遗留的中国古外销陶瓷》书里就曾说：

> 景德镇烧造客货细瓷，遗留在华侨故家者极富，尤以同、光二代之五彩瓷占多数。因过去华侨富有之家，多备各种细瓷，置于家中。每逢任何庆典请宴时，用为馔器，以表豪华（图七）。

韩先生在20世纪的50年代还可以在新加坡顺涯路（Sungei Road）的跳蚤市场地摊上以极贱的价钱购得这些瓷器，该是海峡华人的子弟们家穷而变卖出来的。韩先生当时肯定不知道这些都是粉彩娘惹瓷。

三　娘惹瓷的彩釉与修饰风格

娘惹瓷最显著的特点就是器物彩饰浓郁缤纷，具有晚清至民国的风格特征，唯大部分器物所用的釉彩都很亮丽，色调以暖色为主。而且在单一器物上，几乎把所有的暖色素如粉红、紫或黄都渲染上（图八）。娘惹瓷用色的另一特点是从不用纯红或深红，因为他们相信红代表血，是不吉祥的。图纹喜欢用开光形式，也喜用底色衬托（图九）。

图八　娘惹瓷食格子（新加坡土生华人博物馆藏）

图九　娘惹瓷绿底凤凰牡丹纹盘（私人收藏）

图一〇　娘惹瓷白地凤凰牡丹纹盘（私人收藏）

底色喜用绿、粉红、黄甚至褐色，鲜用蓝色，因为蓝色常在丧葬礼仪上使用。当然也有不少白地画花的器物（图一〇），其商业价值就稍低了。韩槐准先生就曾感叹："原来色彩鲜艳的花、鸟等彩绘，以白底配搭应很突出。所可惜者于美可夺玉的白胎上填以淡绿、粉红之底彩，使成绿地或粉红地，未免不有笨滞之嫌，致消损美术性。"不过审美眼光见仁见智，偏就许多人钟爱这种底色的配搭，因其艺术性独具一格。

四　娘惹瓷的品种

娘惹瓷的胎薄，釉色晶莹，是典型的景德镇瓷土，洁白比美玉尤有过之，是同治、光绪至民国时期为海峡华人订烧的客货细瓷，以盘类、碗类、茶壶、有盖茶杯为最多，花瓶、痰盂、多层食盒、帽筒常见。而最具有南洋风格的是一种高 30 厘米以上，阔 20 厘米多的有盖大罐，称为"盖盅"（Kum Cheng），其实是闽南语发音的有盖

图一一　娘惹瓷盖盅和茶具（新加坡土生华人博物馆藏）

图一二　娘惹瓷汤匙（私人收藏）

盅形罐（图一一），用来装食物。也有较为小型的，盖子稍为高耸的罐子，是婚嫁礼器，用来盛汤圆，祝福婚姻美满。

娘惹瓷器还有种种不同造型的汤匙（图一二），其中一种特小匙作为饮甜汤之用，玲珑小巧，景德镇称之为"针匙"。其烧造时会在底足上放三或五个泥柱支钉，背部柄的顶部再弄两个或四个小泥柱支钉，匙与泥柱结合的部位，都会留下针口般大小的疤痕，针匙由此得名。这些地方接受西方生活习惯，人们普遍爱喝咖啡和红茶，针匙为他们搅拌饮料所乐用。一般约四寸长的汤匙俗称"莲子匙"，吃莲子甜汤就是用莲子匙，后来成为销往东南亚各地的热门货。20 世纪初至 50 年代，当时称为石叻的新

图一三　娘惹瓷渣斗（私人收藏）

加坡，也有几家瓷商如顺泰祥和裕兴隆也到景德镇设窑烧制茶杯、茶匙。当时烧造地点是在小黄家弄。我们现在到地摊上还能找到娘惹针匙及杯子，底下有“石叻裕兴隆造”及“顺泰祥造”的款。

由于土生华人嗜食槟榔，所以渣斗也是他们家中不可或缺的用具。在许多土生华人家里的桌子旁地上，都放置一个渣斗（图一三），方便主宾双方唾吐槟榔的遗渣。也有小型渣斗可随身带。

五 娘惹瓷的绘画及纹饰

由于使用和掌管这些瓷器的人都是娘惹，所以大多数的瓷绘都是以凤凰牡丹为主，鲜有画龙的。传统的中国彩绘凤纹都有百鸟朝凤、有凤来仪的意思，而牡丹表示荣华。景德镇的画工手法娴熟，凤凰可以任意绘就，娘惹瓷上的凤鸟，眼睛都是双眼皮，典型的丹凤眼，长而水灵，很有媚态。凤喙的轮廓造型有力而锐利，绝不含糊。牡丹花发色浓艳，花瓣色均匀散开，粉红与白釉彩过渡顺畅渗合，每片花瓣在尖端都伸展成三个婉约的弧形，就像真花一样，很是养眼。牡丹花在边线上留有一道白色间隙，使它与底色分隔而更突出（图一四）。

娘惹瓷还有一大特征，就是在器物的内外口沿，绘上绶带八宝，细致工巧，底色多是洋红或紫罗兰色。八宝或八吉祥经常与莲花一起搭配，组成缠枝莲花托八宝（图一五）。八宝为法螺、法轮、宝伞、白盖、莲花、宝瓶、金鱼、盘长，是佛教中流行的题材，娘惹瓷画上八宝图，反映了娘惹瓷的宗教取向。韩槐准先生也提到其所蒐得之汤匙，因年代不同，形制亦殊，今已少见。他有一根同治年制的汤匙，边画八宝，中画凤穿牡丹，形象毕肖，是难得一见的瓷艺作品。

至于盖盅，其盖子呈穹形，顶上有钮头似一只躺卧的狮子（图一六、图一七），或一只造型优美的立犬。那些较为小型，直径在三寸或更小的盖盅，器盖上的钮头都塑成一枚小桃子（图一八）。大小盖盅两边的握柄都贴上饕餮纹，眼鼻刻画生动，口部突出。

在娘惹瓷的种类里，有一种非常突出的纹饰，就是除了器底是白釉并书上款识或年号之外，其余的器内外皆施以洋红或紫罗兰之珐琅彩为地，然后再以细致的工笔在口沿下绘一圈金色的弦纹，圈里头红花绿叶，艳丽多姿的蝴蝶翩翩飞舞，然后再以金水在口沿写上 12 个篆体的姓氏，如潘、萧、叶及陈等。

这类娘惹瓷都是用在家庭或亲友的大型宴会上。这些海峡华人家庭，因为受了当地马来人的影响，喜欢订制大量的杯、盘、碗、碟等写上姓氏的蝴蝶花纹器具，然后铺陈在一张长桌上，盛放食物（图一九）。在新加坡土生华人博物馆，现在展示一套餐具，每件都署有一环金水烧成的篆体“叶”字，是属于叶亚来家族的藏品。叶亚来是广东惠阳人，生于 1837 年，卒于 1885 年。在 1854 年时落籍马来西亚，并且是马来西亚首都吉隆坡的开埠功臣。后来他被委任为华人甲必丹，就是华人首长，与殖民地总督

图一四　娘惹瓷凤凰牡丹纹

图一五　娘惹瓷盘口沿紫罗兰地八宝纹（私人收藏）

图一六　娘惹瓷盖盅上的狮子钮（私人收藏）

一七　娘惹瓷狮子钮盖盅（新加坡土生华人博物馆藏）

图一八　娘惹瓷桃钮小盖盅（新加坡土生华人博物馆藏）

图一九　叶亚来的长桌与餐具（叶氏家族）

共商华人管理事务。这些餐具共有 16 种，144 件，全是向江西景德镇定烧，并由上海输入。所以娘惹瓷也被称为“上海瓷”。

这些餐具摆置在长桌上，在一些特别的庆典如婚礼、庆生而设宴招待宾客，这种饮食方式马来人称之为“吃长桌”。所以现在新马一带的华人去赴宴都说是去“吃桌”。按照长桌宴的习俗，宾客抵达后，主人先会奉上龙眼槟榔。宾客随后前往主餐桌，即长桌，并由主人家的女性或仆人为他们上菜，习惯上会让男人先吃。

这些餐具，除了口沿 12 个金水写的“叶”字外，在器物正中也以金水在四朵花瓣里写上“朝议第制”四字（图二〇）。原来 19 世纪在东南亚的华人都有向清廷买官的传统。“朝议”就是叶亚来所买的官衔，所以他的肖像是穿着官服拍的。

在 19 世纪下半叶，豪门绅第都很流行定烧整套类似这样的餐具，一时蔚然风气。在新加坡有姓萧的一个海峡华人富豪，也拥有一套。在一张 20 世纪 20 年代洋人所拍摄的一张明信片照片上（图二一），可看出萧家那一排三开间的典型巴洛克式的三层楼豪宅，栏杆梁柱都刻满花草及中国历史人物，精致细腻，正中门的横匾写着“观察第”三个大字。所以萧家的餐具圆框里,那四片花瓣正中就写的是“观察第制“四个字（图二二)。“观察”为官衔，比朝议还要高。

潘姓又有不同。韩槐准先生便提及，他在马六甲购得一书有“大清光绪年制”款识的花蝶五彩中盘（图二三），中部写四篆字，估计是“灵奥惠赐”。此盘应为马六甲埠一姓潘的豪绅之家所遗之物。可能此潘家系崇信南洋最重视的大伯公一神而致富，故有灵奥惠赐的感谢神恩铭心之言。这大伯公形象好似中国民间膜拜的土地神，南洋一带人民都向其求财赐福。查光绪时，南洋与中国间已有大轮船航行。潘氏既雄于财，便可到上海等处从游，而直接或间接定造大量家用之细瓷为馔器。

另一批书上陈姓的瓷器则写上“锦庆珍藏”四字（图二四），原来是槟榔屿豪绅

图二〇　叶亚来“朝议第制”款盘局部

图二一　萧氏“观察第”豪阁（19 世纪新加坡明信片）

图二二　萧姓富豪的“观察第制”款

图二三　娘惹瓷花蝶纹盘（马六甲古玩店藏）

图二四　娘惹瓷花蝶纹小盖盅（新加坡土生华人博物馆藏）

陈锦庆家族在1886年所藏之物。

博物馆也陈列一批构图稍有不同，以凤鸟牡丹绘就的盖盅、碗、盘，器身写上“苑生”的珊瑚红款识（图二五），是属于新加坡19世纪闽帮土生华人富商章芳林（1825～1893年）定烧的。章芳林用的商号是苑生，他乐善好施，1876年被殖民地政府委任为太平局绅，处理华人社区事务。他捐出巨款，在新加坡市中心建立一个芳林公园，也出钱建立章苑生学校，新加坡有两处地名分别叫“章苑生坊”及“芳林苑”，都是纪念他的。

像这样的洋红或紫罗兰地的蝴蝶纹姓氏瓷器，也有以喜鹊纷飞来代替蝴蝶的。一些则画上一对山鸡共舞于花卉之间，表百年好合、喜事绵绵之意。有些则在器物中心画个圈，让一只仙鹤翱翔于内（图二六）。草虫游走花丛之间也有所见，该是探花及第之意。

图二五　娘惹瓷凤鸟牡丹纹盖盅
（新加坡土生华人博物馆藏）

图二六　娘惹瓷喜鹊仙鹤纹餐具（佳士得拍卖物）

六 娘惹瓷在景德镇的制作工坊与款识

烧制娘惹瓷所使用的胎土釉料，都毫无疑问是景德镇所产，而且绘图很受中国传统纹饰的影响。笔者几年前在印尼首都雅加达的拍卖会上，购得一个雍正时景德镇烧造的凤凰牡丹大罐，画双凤牡丹，栩栩如生，胎质洁白如玉，色彩夺目（图二七）。我想这肯定是当地土生华人所藏并世代相传下来。他们对祖国的怀念及乡愁的抒发，都寄托在中国彩绘瓷器上。这些家藏清初的景德镇彩瓷，应该就是后来南洋一带土生华人定烧娘惹凤鸟牡丹粉彩瓷器的滥觞。

娘惹瓷底足的款识都署明是景镇红店或工坊所烧，就如好多娘惹瓷，都写上“景镇许顺昌造”（图二八）、“景镇涂茂兴造”等。许顺昌应该是大量烧造娘惹瓷较为出色的一个作坊。其他如曹顺泰、陈祥顺、詹福兴及朱义兴等都以楷书或篆书写上店号，还有石叻裕兴隆是新加坡瓷商在景德镇设窑烧造的作坊（图二九）。当然也有作坊遵循定制方的要求写上其名字，如槟城殷商陈锦庆的“锦庆珍藏”（图三〇）。或者是商号如叶亚来的药店“德生”等也都见过（图三一）。

其他还有清代款识如“同治年制”、“大清光绪年制”、“大清年制”，甚至还有“洪宪年制”及“中华民国”等的楷书与篆书款（图三二）。

有关“大清年制”青花款，根据许之衡著的《饮流斋说瓷》一书之说，乃为同治、光绪间之器，并注明：“瓷器，有但书‘大清年制’，不书何朝者，乃同光间肃顺当国时所制品也。当时肃顺势焰熏天，将有非常之举，监督官窑者虑旦夕有改元事，故阙朝号以媚肃顺。瓷学家所不可不知。”但许之衡弄错的是，肃顺是咸丰的宠臣，他是

图二七 清雍正粉彩凤凰牡丹纹罐

图二八　许顺昌款

图二九　“石叻裕兴隆造”款杯（笔者藏）

图三〇　锦庆珍藏款及其他款

图三一　“德生公司”款茶碗

图三二　“大清年制”、“洪宪年制”、“中华民国”款

在咸丰驾崩时给慈禧用计抓获，斩于菜市口。他是在同治登位之前死的。

令人惊奇的是，经过多年翻找，在景德镇竟然无法寻得任何娘惹瓷的烧造遗址，所有的作坊也无从觅得。景德镇陶瓷美术学院的曹建文博士也透露他至今只能找到一小块类似娘惹瓷的碎片。

七 结语

海峡华人或土生华人 19 世纪时在南洋形成一个独特的族群，他们曾经风光一时，在马来西亚及新加坡的商场上及政坛上都叱咤风云，随着世界局势的发展，土生华人的强势也式微了。而今，他们的后代已经被涌入的移民群同化，土生华人的文化历史及生活方式也只能令人缅怀。从 20 世纪的下半叶后，我们很难再看到口里咀嚼着槟榔的娘惹或峇峇。但娘惹们的沙龙和紧身的薄纱织花长袖衫，还是一种风尚。好像新加坡航空公司空姐所穿的制服，就很能突出女性窈窕的身段。当然娘惹们用珠子手织的珠鞋，现在还是旅客抢手的手信。而辣香四溢的娘惹餐，以咖哩烹煮的鱼虾和黑果(一种佐料，带酸）还是令人垂涎，迎来不少老饕。

娘惹瓷在 20 世纪五六十年代，随着娘惹族群的家道中落，被其后裔贱价散卖出来。到了八九十年代，忽然掀起一股炒风，引起很多藏家及古玩商人对这些颜色亮丽的娘

图三三　娘惹瓷花草纹碗（新加坡土生华人博物馆藏）

图三四　海峡华人的传统婚礼仪式

惹瓷（图三三）产生很大的兴趣，把娘惹瓷的价钱推得很高。结果，新加坡，马六甲和槟城也纷纷建立了土生华人博物馆。

土生华人是海外华侨独具风格的一支族群。它标志了在南洋 19 世纪时中国人在其侨居地的贡献和同化过程。尽管他们在文化习俗上受到番化，但他们对中国传统文化很是执著。他们的各种庆典如婚葬礼仪等都是一脉相承自祖居地（图三四）。

所以土生华人不会接纳产自广州的广彩瓷器，因为广彩毕竟是外销欧洲而烧造的瓷器，其纹饰画意都糅合洋人的品位，不符合土生华人的观念。他们宁愿舍近求远，到景德镇定烧典型中国传统风格的娘惹瓷。

南洋的海峡华人——娘惹与峇峇们，在历史巨轮的运转中占了一席之地。娘惹瓷虽然成了文化遗产，但他们的艺术成就也是中国景德镇陶瓷烧造历史上光辉的一页。

浅议长沙窑釉上彩瓷器

湖南省博物馆 陈 锐

内容提要：长沙窑的釉上彩瓷是一次性烧成的高温釉上彩瓷，有别于明清时期的低温釉上彩瓷。本文从长沙窑釉上彩瓷的种类、器类、纹饰、用彩先后、工艺传承和在中国陶瓷史上的地位等方面进行探讨和论述。长沙窑釉上彩瓷可分为复釉、青釉涂彩和白釉彩绘三大类，釉上彩绘以写意图形为主，兼有少量的写实画。长沙窑釉上彩瓷在继承唐三彩工艺和积极迎合西亚地区审美倾向的基础上，不断创新，烧成了高温釉上彩瓷写实画和首创了高温釉上多彩瓷。

关键词：长沙窑 釉上彩瓷 白釉彩绘 纹饰 工艺传承

Abstract: The over-glazed colored ceramics of Changsha kiln are fired once in the high temperature, different from the ones in the low temperature produced in Ming and Qing dynasties. The paper discussed the over-glazed colored ceramics of Changsha kiln in the aspects of types, shapes, designs, using pigments sequence, its technique inheritance and its position in Chinese ceramics history. The over-glazed colored ceramics of Changsha kiln can be divided into three categories: re-glazed ceramics, color paintings on the celadon and color paintings on the white glazed wares. The paintings on the glaze of Changsha wares were mainly brushed with free style graphics and rarely with fine style pictures. On the basis of inheriting the technique of the Tang tricolor earthen wares and actively suiting the aesthetic flavor of the people in West Asia, Changsha kiln innovated to fire the over-glazed colored ceramics with fine pictures and over-glazed polychrome ceramics.

Keywords: Changsha kilns, over-glazed colored ceramics, ceramic color paintings on opaque white glaze, designs, technique inheritance

长沙窑兴于中唐，盛于晚唐，衰于五代，其窑址在今长沙市望城区湘江东岸的铜官镇石渚湖彩陶源村一带，现名为“长沙窑”、“铜官窑”、“长沙铜官窑”，唐时称为“石渚窑”。窑址从1956年发现以来，先后进行了10次考古调查勘探、试掘和发掘，分别是1957年、1958年、1959年、1964年冬至1965年春、1978年、1983年、1995年、1999年、2006年、2010年至今，其中1983年和2010年至今的两次主动发掘规模最大，出土遗迹遗物最丰富。长沙窑虽烧造了大量以青釉为主兼白釉、绿釉、酱釉、褐釉、黑釉、红釉、窑变釉等单色釉瓷，但让长沙窑蜚声中外，成为中国陶瓷史上璀璨明珠的则是它的彩瓷。长沙窑工匠熟练地运用黑彩、褐彩、绿彩、红彩、蓝彩，再配合不同的釉水创作出多种题材的绘画书法作品，有花鸟、动物、植物、人物、建筑、山云水、写意图形、几何图案及诗歌、警句、广告词、阿拉伯文颂语等。

> 长沙窑施彩技法较为复杂。学术上对长沙窑釉彩一直有釉上还是釉下之争，各自都举出力证以支持自己的观点，但又不能完全说服对方。其实这正是长沙窑的独特之处，长沙窑瓷中釉上彩、釉下彩二者皆有，形成不同的装饰技法。[1]

为了更好地辨认和了解长沙窑釉上彩瓷，在研究了大量出土的长沙窑瓷和参看了相关论文专著的基础上，本文将从长沙窑釉上彩瓷的种类、器类、纹饰、用彩、工艺传承及其在中国陶瓷史上的地位等方面进行初步探讨。

一 长沙窑釉上彩的种类

长沙窑烧造的釉上彩是高温釉上彩，不同于明清时期的低温釉上彩。

> “明清时期的釉上彩”一般是以颜料在施釉后高温烧过的器物釉面上绘画，然后再入窑以600℃～900℃的低温烘烧。[2]

> “高温釉上彩”则是一般采用釉色明显不同的两种高温色釉施于同一器上烧制而成，主要特点是高温一次烧成，故称“高温釉上彩”，以区别于明清时期的低温釉上彩。……以青釉、黄釉、白釉、黑釉、红釉为底釉，以其他色调的高温釉彩作为面釉或色料，通过洒、滴、涂、浇或笔绘等技法施加于底釉上，烧造出的色彩对比强烈、装饰效果十分良好……[3]

可见，高温釉上彩有两个重要特征：其一，先上底釉，再施另一种颜色的面釉、彩料；其二，高温一次烧成。

根据施釉上彩的方法和釉彩的颜色，长沙窑釉上彩瓷可分为双层釉[4]、青釉涂彩、白釉彩绘三大类。

1. 双层釉

即同一器物上施加了两种不同颜色的釉水，先挂底釉，再罩面釉，且高温一次烧成。其品种有青釉上罩绿釉、青釉上罩酱釉、青釉上罩白釉和酱釉上罩绿釉。施加复釉，

图一　唐长沙窑青蓝釉背壶（长沙市博物馆藏）

图二　唐长沙窑复釉水注（湖南省博物馆藏）

高温烧成后，两种不同的釉水混在一起有时会变化成另一种颜色，给人感觉产生了新的色釉（图一）。青釉上罩绿釉的装饰在背壶、净瓶、熨斗、香炉等器物上有所运用。青釉上罩酱釉的装饰通常出现在海棠杯、粉盒、水注（图二）等器物上。青釉上罩白釉见于海棠杯外壁等。酱釉上罩绿釉见于唾盂、背壶等。长沙窑的绿釉是以铜着色的高温釉，其特点是乳浊感，不透明，在双层釉中适合做面釉。长沙窑的酱釉颜色深于青釉，故一般也做面釉，施于薄而透明的青釉上。“施复釉的器物光泽性较好，对器物有进一步的美化装饰作用”[5]。

2．青釉涂彩

是先在器物上挂青釉，再用氧化铁、氧化铜为着色剂的彩料在青釉上点、撒、涂画，高温一次烧成。其品种有青釉褐斑、青釉条彩和青釉上饰月白彩斑。青釉褐斑是在青釉器物的显眼位置施褐色斑块，色深者呈酱色。长沙窑外销彩瓷碗口沿上有四块褐斑；长沙窑模印贴花器上有褐斑；有些壶、罐、洗、水盂等器物腹部也以褐斑为饰。

图三　唐长沙窑褐绿彩碗（湖南省博物馆藏）

青釉条彩是在青釉上涂酱色条彩，主要出现在长沙窑瓷壶的腹部。这些褐斑条彩非常明显是涂在青釉上的块状或条状褐釉或酱釉。有的外销彩瓷碗口沿上的褐斑施得较多，褐釉流向碗内，会罩住小块青釉下的褐绿彩绘纹饰（图三）。褐斑、酱釉条彩与青釉形成较大反差可起到醒目的装饰效果。

3．白釉彩绘

是先在器物上挂乳浊白釉，再用氧化铜、氧化铁为着色剂的彩料在白釉上点、撒、绘画，高温一次烧成。烧成后，氧化铜、氧化铁在不同的窑温和窑内气氛中呈现出深浅不一的绿彩、红彩和褐彩。这些彩和白釉组合便有了白釉绿彩、白釉褐绿彩、白釉红绿彩品种（图表一）。长沙窑白釉彩绘是典型的高温釉上彩工艺[6]。冯先铭先生和冯小琦女士曾特别论及过长沙窑生产的白釉绿彩器：由于原料、技术等诸因素的影响，长沙窑白釉绿彩瓷的白釉有些闪青，有称青釉绿彩者，然其本意是要烧白釉绿彩器的[7]。故有些泛青的白釉绿彩也归于此类。长沙窑的“褐彩和绿彩实际上就是在基础釉中分别加入一定量的铁或铜配制而成[8]。”即在褐釉中加一定量的氧化铁烧成褐彩；在绿釉中加一定量的氧化铜，在氧化气氛中成绿彩，在还原气氛中为红彩。长沙窑白釉红绿彩瓷中的红、绿色的着色剂都是氧化铜，因窑内温度、气氛的微妙变化，纹饰边缘或局部的绿彩中的部分二价铜离子被还原，变成红色的低价铜，因而红、绿双色同现，相互映衬，清新雅致，是窑工难以控制的偶然而成，成品罕见。

长沙窑釉上彩瓷最常见的底釉是白釉和青釉，最常用的彩是绿彩、褐彩、酱彩。长沙窑青釉彩绘没有白釉彩绘的装饰效果好。其一，白色为底釉较青釉能更好地衬托出彩的明艳与纯正。其二，长沙窑白釉乳浊，附着性比青釉好，流动性较青釉弱，故

图表一　长沙窑白釉彩绘瓷品种器形图表

品种	器形	图片	来源
白釉绿彩	执壶	 1.  2.  3.  4.  5.  6.  7.	1. 窑址出土，湖南省博物馆藏 2. 窑址出土，湖南省博物馆藏 3. 窑址出土，长沙铜官窑遗址管理处藏 4. 窑址出土，长沙市文物考古研究所藏 5. 窑址出土，长沙市博物馆藏 6. 窑址出土，湖南省博物馆藏 7. 河南南阳出土，南阳市桐柏县文管办藏
	矮壶	 8.	8. 窑址出土，湖南省博物馆藏

续表

品种	器形	图片	来源
白釉绿彩	穿带壶	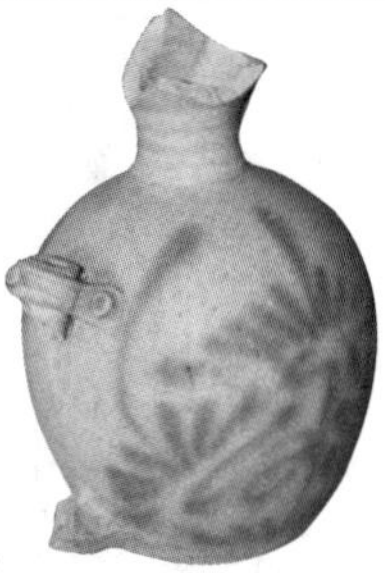 9.	9. 窑址出土，长沙铜官窑遗址管理处藏
	背水壶	 10.	10. 窑址出土，长沙铜官窑遗址管理处藏
	横柄壶	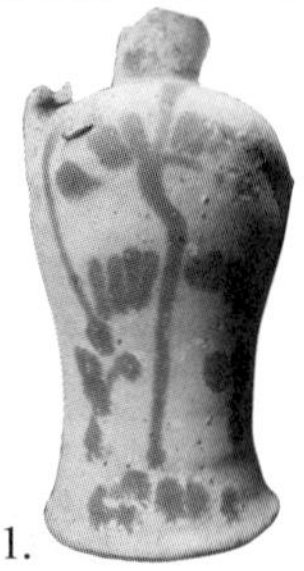 11.	11. 窑址出土，长沙铜官窑遗址管理处藏
	罐	 12.  13.	12. 窑址出土，湖南省博物馆藏 13. 窑址出土，长沙市博物馆藏
	净瓶	 14.	14. 安徽铜陵市出土，安徽省博物馆藏

续表

品种	器形	图片	来源
白釉绿彩	烛台	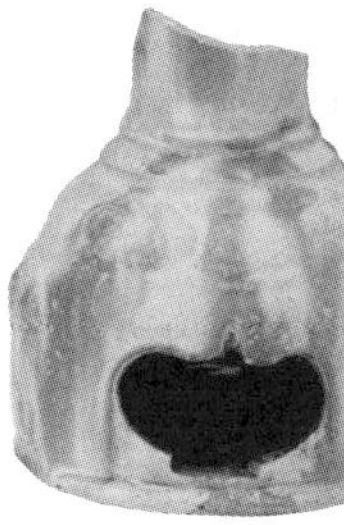 15. 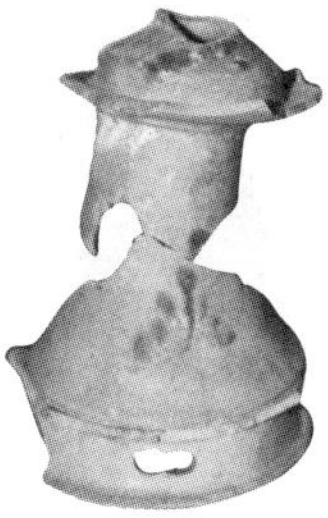 16.  17.  18.	15. 窑址出土，湖南省博物馆藏 16. 窑址出土，长沙铜官窑遗址管理处藏 17. 窑址出土，长沙市博物馆藏 18. 窑址出土，长沙市文物考古研究所藏
	水注	 19.  20.	19. 20. 窑址出土，湖南省博物馆藏
	碗	 21.  22.  23.  24.	21. 22. 窑址出土，长沙铜官窑遗址管理处藏 23. 24. 窑址出土，长沙市博物馆藏

续表

品种	器形	图片	来源
白釉绿彩	托盏 盏托	 25. 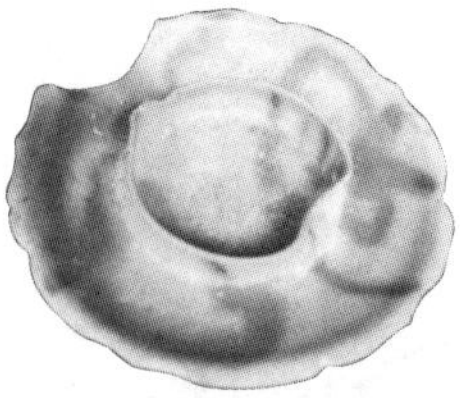 26.	25. 26. 窑址出土，湖南省博物馆藏
	枕	 27. 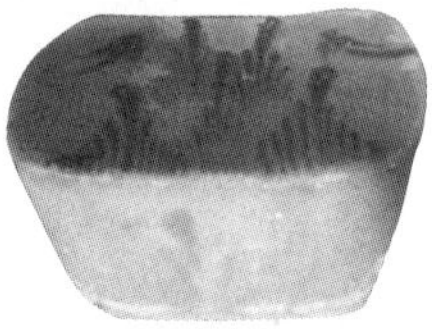 28.  29. 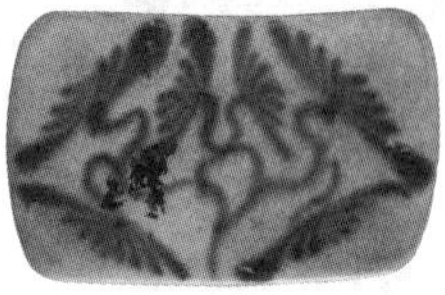 30.  31.  32.	27. 故宫博物院藏 28. 29. 窑址出土，湖南省博物馆藏 30. 31. 窑址出土，长沙市博物馆藏 32. 窑址出土，湖南省博物馆藏
	粉盒	 33.	33. 唐墓出土，益阳市文物管理处藏
	唾盂	 34.	34. 唐墓出土，益阳市文物管理处藏

续表

品种	器形	图片	来源
白釉绿彩	器盖	 35.	35. 窑址出土，长沙市博物馆藏
白釉褐绿彩	执壶	 36.  37.	36. 窑址出土，长沙市博物馆藏 37. 窑址出土，长沙铜官窑遗址管理处藏
	杯	 38. 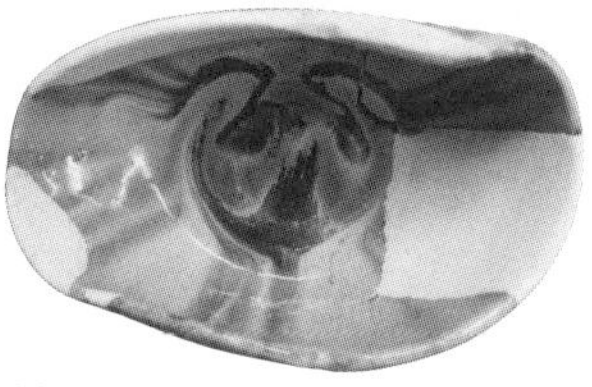 39.	38. 唐墓出土，湖南省博物馆藏 39. 窑址出土，长沙铜官窑遗址管理处藏
	碗	 40.	40. 唐墓出土，湖南省博物馆藏

续表

品种	器形	图片	来源
白釉褐绿彩	碟	 41.	41. 唐墓出土，湖南省博物馆藏
	枕	 42.	42. 扬州市博物馆藏
白釉红绿彩	执壶	 43.  44.  45.  46.	43. 窑址出土，湖南省博物馆藏 44. 45. 窑址出土，长沙市博物馆藏 46. 益阳龙塘村出土，益阳市博物馆藏

白釉上的彩稳定性好些。

二 长沙窑釉上彩的器类

长沙窑釉上彩瓷器造型丰富，有壶、罐、唾盂、净瓶、碗、碟、杯、盏、托盏、盏托、洗、水盂、水注、碾槽、烛台、油灯、枕、粉盒、香炉、熨斗等，其中壶、碗、杯、盏、烛台不仅数量多，而且形式多样，又以壶的数量最多、形式最丰富，从中唐的短直流执壶到五代的圆管状长曲流执壶都有，以壶的腹部形状来划分，有深腹、矮腹、椭圆腹、橄榄形腹、长腹、穿带腹、扁腹等各式壶。碗，从中唐的饼足、玉璧底到晚唐五代的高圈足皆有。杯有中唐的圆口直壁饼足杯，也有晚唐流行的长曲杯、花口杯。盏，有盏托相连的托盏，也有分体的盏、花口盏托。烛台有梯级塔座式、多级承盘式和壶门圆形座式。

三 长沙窑釉上彩的纹饰

长沙窑釉上彩纹饰主要表现在白釉彩绘瓷上，有垂叶纹、曲线水波纹、直线条纹、随意涂点纹、菱形花纹、宝相花纹、花草纹、双燕草叶纹、帆船纹等。

1．垂叶纹

常见于短直流执壶腹部两边，绿彩多见，红绿彩甚少（图表一，1、4、43 ~ 45）。中锋运笔，一笔而成，酣畅随意，大部分的垂叶纹构图为一个倒着的“又”字形，似微风中婆娑的柳树垂下的绿丝绦。

2．曲线水波纹

常见于圆管状长曲流壶腹，亦见于背水壶腹，绿彩、褐绿彩多见，红绿彩少见（图表一，6、7、10、36、37、46）。中锋运笔，蜿蜒回转满绘。绿彩者似水波荡漾泛起的层层涟漪；褐绿彩者双色交替涂画与白釉交融，色彩明艳亮丽，线条迂回宛转、率性奔放；红绿彩者如万绿丛中一点红，描绘在仿金银壶造型的白釉执壶上，极具质感。

3．直线条纹

常见于碗、碟、托盏、杯等器内，呈放射状，有的延伸至口沿外及外壁（图表一，22 ~ 25、38 ~ 41）。在白釉上画条条绿彩或褐绿彩相间色条，一般 3 ~ 4 根色条一组，通常画 3 ~ 5 组绿彩或 3 ~ 4 组相间的褐绿彩，绿彩的画面疏朗，双色条彩的则饱满。白釉配绿彩静谧典雅，清新悦目。褐绿彩与乳浊白釉在高温烧造时熔融流淌，相互渗透，形成意想不到的美感，似宝石放射状纹理，又如大理石般自然纹理。

4. 随意涂画纹

常见于壶、罐、瓶、烛台、碾槽、器盖等上，呈点、带、块、弧线等形状，几乎无规律可循，多为绿彩，少褐绿彩（图表一，2、8、12～15、17～20、26、34、35）。这种纹样在长沙窑釉上彩瓷中十分常见，折射出长沙窑工匠不拘一格、不断探索的创新精神。

5. 菱形花纹

常见于枕面，绿彩多见，褐绿彩少见。有两种构图方式。其一，在白釉上点小菱形花朵，4 朵组合成一朵大菱形花卉，四角分别点缀小半花。纯绿彩点绘的画面疏朗清新（图表一，27）。褐绿彩点绘的画面饱满华美（图表一，42）。其二，点画大菱形，通常五个菱形横向相连排列于枕面（图表一，32）。菱形花纹也见于长沙窑釉下彩瓷枕和黑石号出水的唐巩县窑青花瓷盘上。唐代，菱形花纹盛行于织物上，中晚唐时期尤盛，通常采用夹缬印染花技术在绫罗等织物上印四个小花组成的菱形，各花朵二二正排，结构如十字，故在丝织品的术语中称为“十样花纹”（图四）。长沙窑白釉彩绘菱形花纹极有可能源自唐代织物上流行的十样花纹。

6. 宝相花纹

常见于枕面、碗内，多为绿彩（图表一，21、29）。宝相花是一种吸收了莲花、牡丹、石榴花等众美于一体的极富大唐时代特征的理想化、模式化的团花。长沙窑白釉绿彩描绘的宝相花均为独朵团花，富贵雍容。唐人爱花、种花、赏花、戴花，洋溢着对花的热情。司马扎《卖花者》：“长安甲第多，处处花甚爱。良金不惜贵，竟取园中最。”韦庄《奉和左司郎中春物暗渡感而成章》：“锦江风散霏霏雨，花市香飘漠漠尘。”唐代织物上也以各种式样的宝相花等鲜艳夺目的花卉为饰。极具市场敏锐力的长沙窑当然会把握这一商机，将靓丽富贵的宝相花描绘在其产品上，夺人目，惹人爱。

图四　唐十样花纹夹缬残幡（敦煌出土，利亚阿尔伯特博物馆藏）

7. **花草纹**

有藤蔓式和散点式，多为绿彩。

（1）藤蔓式

常见于枕面、壶腹等（图表一，5、9、11、30）。

藤蔓式花草纹画法程式化，不论在枕面上还是在壶腹基本相同，一条藤分叉卷曲伸展，细藤的端头长扇形花朵。壶腹的藤蔓通常为一条藤分出三条卷藤，藤头开花，扇形花中间的花蕊特别长。枕面的藤蔓为两两对称分叉，藤头开花，扇形花无特别长的花蕊。壶腹和枕面上画藤蔓的细微区别充分体现出长沙窑画匠对所绘图案的设计。长沙窑瓷枕上的装饰有着浓郁的爱情元素。长沙窑情诗喜题写在瓷枕上，以枕寄情，见枕思人，湖南省博物馆藏的狮座诗文瓷枕上的怀春诗："日红衫子合罗裙，尽日看花不厌春。更向妆台重注口，无那萧郎悭煞人"；湖南省文物考古研究所藏的狮座诗文瓷枕的情爱诗："熟练轻容软似绵，短衫披帛不秋缠。萧郎急卧衣裳乱，往往天明在花前。"长沙窑釉上彩和釉下彩瓷枕上都描绘过双鸟纹图案，双鸟寓意比翼双飞，爱情美满。长沙窑白釉绿彩藤蔓式花草纹所绘的藤蔓成双成对，应是画师根据产品特征而构思绘画的，暗喻两情相悦，甜蜜美好。

（2）散点式

即简单地点绘几笔表现一株单体的野花野草，可为辅纹和边饰，见于枕侧边等（图表一，27 ~ 29、33）；也有作主纹的，见于烛台外壁、枕面等（图表一，16、31）。

8. **双燕草叶纹**

见于枕面（图表一，28、图五）。绿彩描绘双燕侧身展翅从两边飞向中间的草丛，画面不仅生动逼真，更是传递出一种活泼欢乐的气氛。是一幅赏心悦目的唐代简笔画，更是一幅十分珍贵的长沙窑釉上彩写实画。

9. **帆船纹**

见于壶腹流下（图表一，3、图六）。仅用数笔描绘了一条唐代帆船，帆船两头翘，

图五　唐长沙窑双燕草叶纹枕（湖南省博物馆藏）

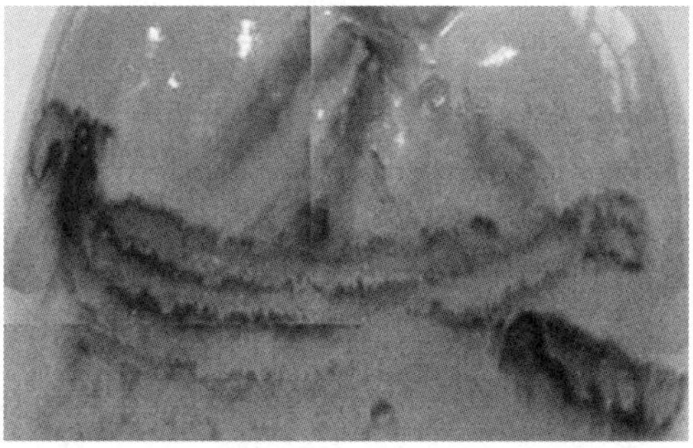

图六　唐长沙窑执壶上的帆船纹（长沙铜官窑遗址管理处藏）

船头似龙头，高于船尾，船体中间立一根桅杆，桅上张帆，靠船尾处有橹，橹没于水中。这是一艘拥有双动力的我国唐代帆船，既有风帆利用自然风的动能；又有橹可使用人工劳力，橹不出水面，动能更大，故有“一橹三桨”的说法。长沙窑窑工将当时往来于江河之中运送货物的帆船通过瓷画的形式保留至今，让我们一睹当时帆船的繁忙侧影，十分珍贵。长沙窑瓷上的题诗也提及帆船，与画相得益彰，如：“人归万里外，心画一杯中。只虑前途远，开帆待好风。”又如：“海鸟浮还没，山云断便（更）连。棹穿波上月，舡压水中天。”

长沙窑釉上彩绘以写意图形为主，兼有少量的写实画。写实画主要描绘在枕面上，如：宝相花纹、菱形花纹、双燕草叶纹、藤蔓式花草纹等。长沙窑瓷枕底部无釉，直接放入匣钵，四平八稳，高温烧造时，枕面上的釉水不会严重垂流，从而，确保了釉上彩绘画面的完整性。

四 长沙窑白釉彩绘瓷用彩的脉络

长沙窑白釉彩绘瓷绿彩和褐绿彩并用到各种器物上，还是有先后？通过图表一似乎可以看出一些端倪。

1. 器类上

长沙窑白釉彩绘瓷上的褐绿彩先用在杯、碗、碟等小器上，再运用到壶上。图表

图表二 长沙窑瓷碗碟类演变图

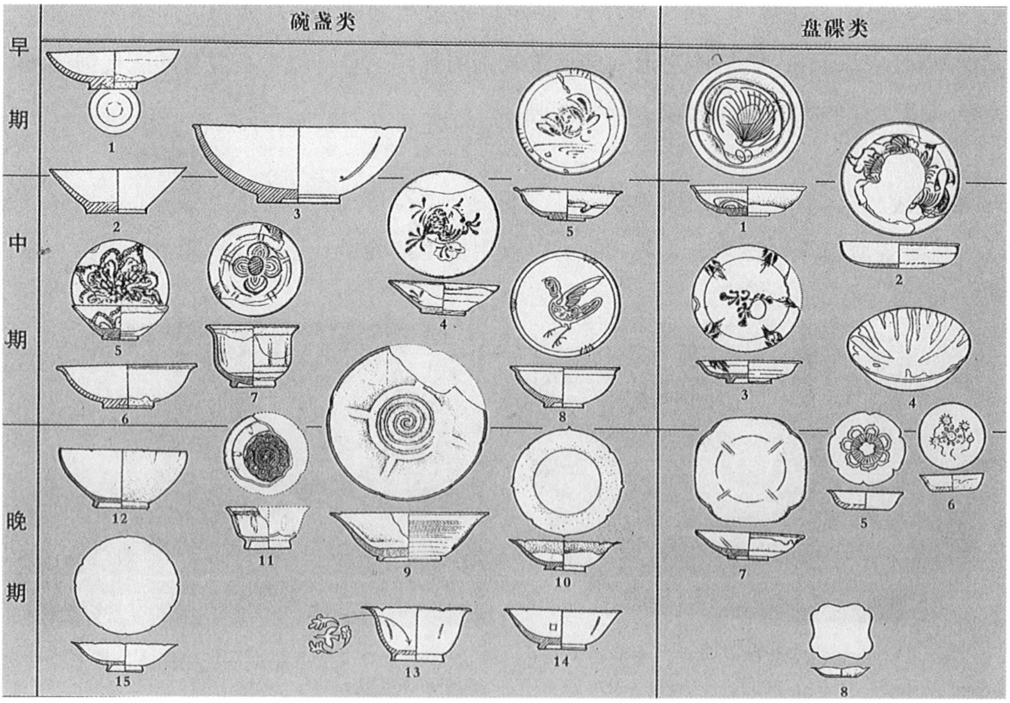

一结合长沙窑瓷碗碟类演变图（图表二[9]）和长沙窑瓷壶演变图（图表三[10]），便可清晰地看到白釉褐绿彩碗碟（图表二中盘碟类 4）在时代上早于长沙窑白釉褐绿彩瓷壶（图表三，22），前者属于唐中期，后者处在唐晚期。

图表三　长沙窑瓷壶类演变图

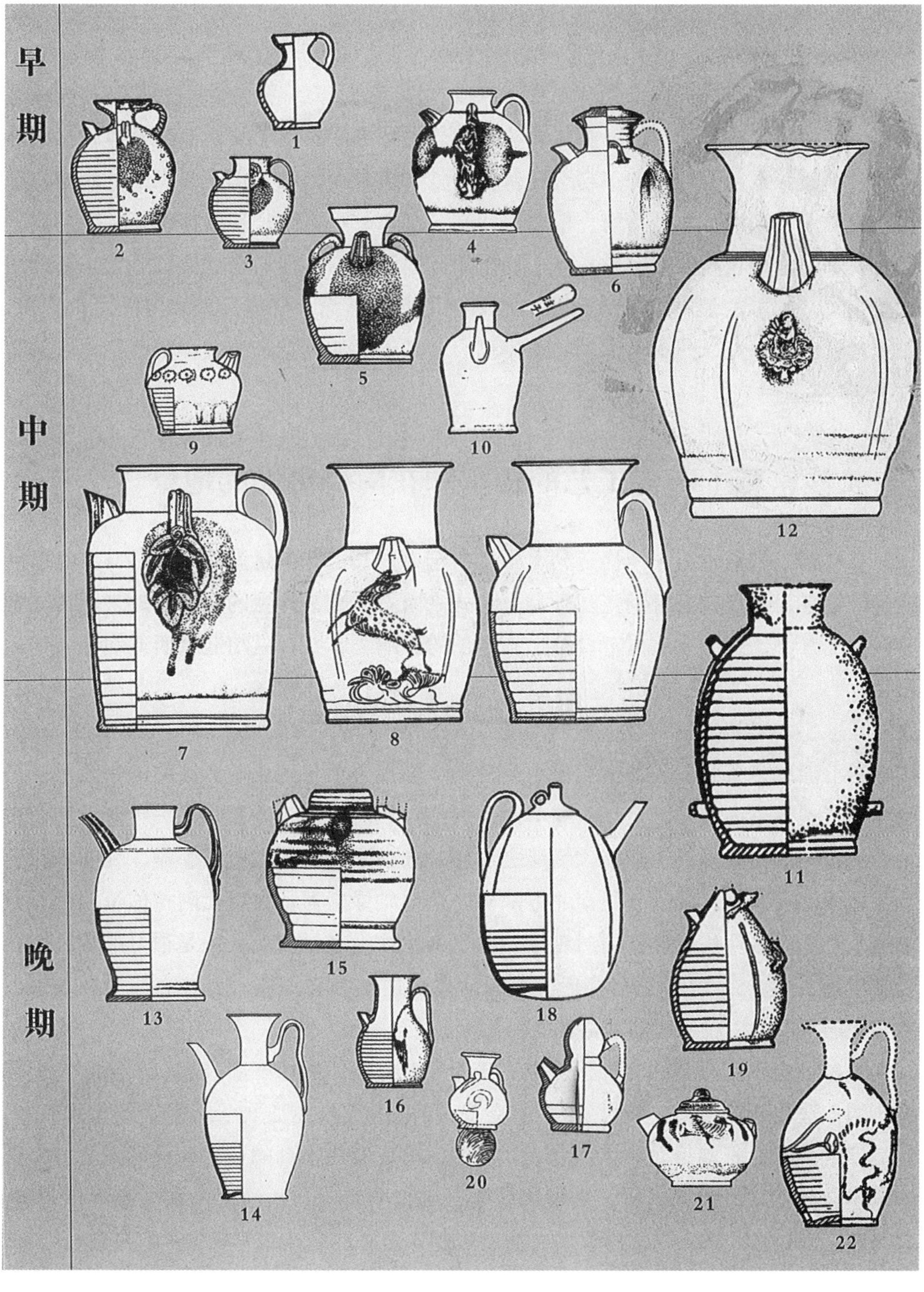

2．用彩上

长沙窑白釉彩绘瓷应是先大量使用绿彩，而后发展成绿彩和褐绿彩并用。壶是长沙窑最大宗产品，通过分析壶，可基本把握其用彩的脉络。图表一结合图表三，可知绘有大量绿彩垂叶纹的短流执壶的时代在唐中期，而这一时期不见绘褐绿彩曲线水波纹的长流执壶，因为后者是唐晚期的产品。唐晚期的执壶上同样也有白釉绿彩纹饰。

3．纹饰上

长沙窑白釉彩绘瓷应是先有随意点涂纹、垂叶纹、直线条纹，而后发展有曲线水波纹、宝相花纹、菱形花纹、藤蔓式花草纹。白釉褐绿彩帆船纹执壶更是体现出长沙窑工匠不断探索创新的精神。与这件执壶同处于唐中期的釉下褐绿彩壶上的彩画已经相当成熟，创烧出了各种动物、植物、诗文、花鸟纹写实画。长沙窑工匠带着写实画能否较好地呈现在高温釉上彩瓷品上的梦想开始了探索，他们在这件瓷壶上主要运用的是褐彩，褐彩的流动性较绿彩弱，容易成图些。然而，烧成后效果似乎不太理想，釉上褐彩出现垂流，图案晕散，略显模糊。尝试不尽如人意，故很少看到瓷壶腹部有釉上彩写实画。

五 长沙窑釉上彩瓷工艺的传承和在陶瓷史上的地位

长沙窑是湖南省第一个烧造釉上彩瓷的窑口，其工艺不是湖南本地窑口自身发展演变的结果，而是在已有制瓷基础上受到外来因素影响下产生的。这些外来因素主要有两种：其一，直接受北方窑口釉上彩技法的影响；其二，主动迎合西亚地区人们的审美。

长沙窑白釉绿彩器与北齐范粹墓出土的白釉绿彩长颈瓶上的施彩技法如出一辙，即白釉上涂绿色条彩。长沙窑大量生产白釉绿彩瓷恐怕与西亚地区人们的审美不无关系。西亚地区崇尚白云、蓝天、绿草地这种纯自然的颜色，尤其喜欢白釉绿彩和白釉蓝彩的搭配，给人静谧、清新、恬淡之美感。故中国唐代的白釉绿彩器，元明青花瓷在该地区深受欢迎。我国唐代南北方都有烧造白釉绿彩器，在唐代阿拉伯沉船黑石号上出水了200多件我国烧造的白釉绿彩器，其销往地就是西亚，便是很好的佐证。西亚地区在公元9～10世纪也烧造了数量众多的白釉绿彩陶器，有些在造型和纹饰上都与我国烧造的白釉绿彩器非常相似（图七）。

长沙窑白釉多彩瓷的装饰工艺应直接源于北方窑口的唐三彩技艺。长沙窑釉上彩施彩的方法和效果与唐三彩的一样，带有很大的随意性，在釉上点、涂、洒，率性而为。在高温焙烧时，彩釉熔融，相互浸润、流淌，出现意想不到的色彩斑斓的图案，似天然纹理自然而成，似几何纹，具泼墨效果，装饰感特强。长沙窑白釉褐绿彩杯、碗、碟与唐三彩的杯、碗、碟装饰效果神形俱似。安史之乱后，北方窑工避乱来到长沙窑，

图七　公元 9 世纪白釉绿彩陶碗（伊拉克出土，大都会博物馆藏）

将北方窑口的釉上彩技艺直接植入到了长沙窑制瓷工艺中[11]。

长沙窑模印贴花上罩褐斑的技法借鉴于唐代银器捶鍱纹饰上往往鎏金的工艺，以凸显纹饰的精美[12]。

长沙窑釉上彩瓷装饰工艺在吸收北方窑口的装饰技法、借鉴银器捶鍱纹饰鎏金装饰工艺和积极迎合西亚审美倾向的基础上，仍不断探索，生产了色彩鲜艳靓丽的高温釉上单彩瓷和高温釉上多彩瓷，从北方的陶到南方的瓷，这是显著的进步。纹饰方面也多有创意，不仅有点彩、条彩，更是首创了高温釉上彩写实画，如：菱形花纹、宝相花纹、花草纹、双燕草叶纹、帆船纹。且纹饰与器物特征相匹配，白釉瓷枕上多画美丽的花朵纹和双宿双飞寓意美好的双燕纹。

长沙窑釉上彩瓷与釉下彩瓷交相辉映，共同谱写了中华彩瓷第一窑绚丽多姿的华美篇章，成为中国陶瓷史上的一朵鲜艳亮丽的奇葩，引领彩瓷时代的到来。

注释：

[1] 李建毛：《湖湘陶瓷·长沙窑卷》页 69，湖南美术出版社，2009 年。

[2] 冯先铭主编：《中国古陶瓷图典》页 373，文物出版社，2002 年

[3] 张福康：《中国古陶瓷的科学》页 92，上海人民美术出版社，2000 年。

[4] 李建毛：《湖湘陶瓷·长沙窑卷》页 63 ～ 64，湖南美术出版社，2009 年。

[5] 李建毛：《湖湘陶瓷·长沙窑卷》页 66，湖南美术出版社，2009 年。

[6] 李建毛：《湖湘陶瓷·长沙窑卷》页 60、页 69，湖南美术出版社，2009 年。

[7] 冯先铭、冯小琦：《浅谈白釉绿彩瓷器》，《收藏家》1994 年第 4 期。

[8] 张福康：《中国古陶瓷的科学》页 95，上海人民美术出版社，2000 年。

[9] 李辉柄主编 :《长沙窑 · 综述卷》页 110，湖南美术出版社，2004 年。

[10]李辉柄主编 :《长沙窑 · 综述卷》页 109，湖南美术出版社，2004 年。

[11]李建毛、陈锐 :《再议长沙窑》,《艺术》2012 年第 11 期。

[12]李建毛 :《湖湘陶瓷 · 长沙窑卷》页 96，湖南美术出版社，2009 年。

金代鹤壁窑红绿彩瓷

鹤壁市文物工作队　王文强　赵晓瑞

内容提要：金代是鹤壁窑的极盛时期，瓷业生产出现了色彩纷呈的局面，其重要标志是不但产量大增，而且新出现了很多品种，红绿彩瓷即是其中之一。本文以1978年窑址发掘金代地层出土的红绿彩标本为研究对象，对其胎釉、造型、烧造工艺以及纹饰等方面的特征进行了介绍。结合伴随红绿彩出土的纪年资料，推断分析了红绿彩的始烧年代，并对红绿彩烧成具备的条件作了初步探讨。

关键词：金代　鹤壁窑　红绿彩瓷　特征　创烧年代

Abstract: The Jin dynasty was the golden age of Hebi kiln porcelain production, appears colorful situation, its important symbol is not only the output increase, and the new appeared many varieties, red porcelain is one of them. In 1978, the kiln site excavations unearthed in the formation of red and green color samples as the research object, the fetal glaze, shape, manufacturing technology, as well as decoration and other aspects of the features are introduced. Combining with the red and green color unearthed Jinian data analysis, inference was burned in the red and green color, and the red and green color firing conditions is discussed.

Keywords: Jin dynasty, Hebi kiln, porcelain with red and green color, feature, establishment date

1955年4月，故宫博物院陈万里先生来鹤壁窑进行实地考察，在采集的瓷器标本中有三片釉上加彩，由于没有地层资料，是否为鹤壁窑所烧造，不敢断定[1]。1978年，鹤壁市博物馆为配合城市水利工程，在遗址的西部进行了考古发掘，发掘面积250平方米，出土遗物7000余件。根据地层叠压关系和所获资料，将这次出土的遗物合为三期，第一期为北宋中晚期，第二期为金代，第三期为元代。红绿彩瓷器即出现在第二期[2]。

一　出土标本分类举例

第二期地层出土和采集的红绿彩瓷多为残片。主要器类有碗、盘、罐、杯、器盖和瓷塑制品，其中碗的数量最多。从施彩的方法上可分为三类。

（一）第一类

在烧成的白瓷釉面上，以红、绿二彩勾画各种纹饰，红彩为主要色彩，绿彩仅作为草叶及地的填彩。器类有碗、盘、罐、杯、器盖，纹饰有花卉、开光文字等。现举例如下：

1. 碗

可分为四种。

第一种，用红彩绘两细线夹一宽带作边饰，内底绘开光花卉纹，以双红线绘菱形开光，开光内花瓣用红彩勾画，叶用红彩勾边、内填绿彩。开光外以绿彩填地。内底有砂堆叠烧留下的石英砂粒痕。灰白胎，细腻坚致（图一）。

第二种，以红彩绘两细线夹一宽带作边饰，碗心绘折枝菊纹，红彩绘菊花，叶用红彩勾边、内填绿彩。浅褐胎，细密（图二）。

第三种，器形较小，一般口径 10.3 厘米，足径 3.2 厘米，高 3.8 厘米。以红彩绘三条细线作边饰，碗心绘折枝花纹，以红彩绘花和枝茎，绿彩绘叶和花心。碗心有三角形支钉叠烧留下的支钉痕。灰白胎，细腻坚致（图三）。

第四种，器形同上，较小。也是以红彩绘细线作边饰，碗心用红彩绘三方栏，栏内用红彩书写“福”字，栏外绿彩填地。内底有三角形支钉痕。土黄胎，细密（图四）。

图一　金鹤壁窑红绿彩花卉纹碗标本

图二　金鹤壁窑红绿彩菊纹碗标本

图三　金鹤壁窑红绿彩折枝花纹碗标本

图四　金鹤壁窑红绿彩“福”字款碗标本

图五 金鹤壁窑红绿彩折枝花纹盘标本

图六 金鹤壁窑红绿彩花卉纹罐标本

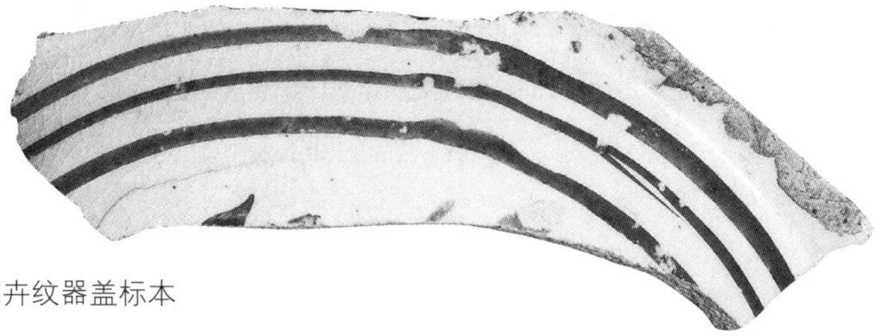

图七 金鹤壁窑红绿彩花卉纹器盖标本

2. 盘

以红彩绘三条细线作边饰，内底绘折枝花卉纹，以红彩绘花和枝茎，绿彩绘叶。内底有三角形支钉痕。黄白胎，质地较疏松（图五）。

3. 罐

腹部残片，绘花卉纹。用红彩勾画花瓣、叶片和枝茎，花心用红彩勾边、内填绿彩。绿彩填地。黄白胎，质地较疏松（图六）。

4. 器盖

拱顶的边部以红彩绘三条细线，顶面绘花卉纹，红彩绘花，绿彩绘叶。浅褐胎，较疏松（图七）

（二）第二类

在烧成的白瓷釉面上，所用彩料有红、绿、黄三色，这一类增加了黄彩，红彩仍为主要色彩。主题纹饰如禽鸟纹中的鸟、鱼藻纹中的鱼、花卉纹中的花，都用红彩画出；绿彩为辅，用于填叶、涂地；黄彩仅用于填涂花心、勾边和开光装饰中。器类有碗、杯，纹饰有鱼藻纹、花卉纹、开光装饰等。

1．碗

可分为四种。

第一种，内壁以红地留白连续回纹和一条红彩宽带夹一条绿彩宽带为边饰，宽带上有一些黄彩的点。碗心绘水草鱼纹，以红彩绘鱼和花瓣，叶片、花心以红彩勾边，绿彩填叶，黄彩填花心。内底有石英砂粒痕。灰白胎，细腻坚致（图八）。

第二种，芒口，可复原。口径 18.4 厘米，足径 6.3 厘米，高 6.4 厘米。内壁以红彩绘两细线夹一宽带作边饰，碗心绘水草鱼纹，以红彩绘鱼和花瓣，草叶、花心以红彩勾边，绿彩填草叶，花心填黄彩。灰白胎，细腻坚致（图九）。

第三种，芒口。用红彩绘两细线夹一宽带作边饰，宽带上用黄彩相间绘联珠纹。碗心绘开光花卉纹，以三条细红线绘菱形开光，其中两线内填黄彩；开光内绘草叶纹，叶片以红彩勾边，内填绿彩，叶头填黄彩。绿彩填地。浅灰胎，细密（图一〇）。

第四种，细白瓷双面红绿彩碗腹部残片。口沿用黄彩勾边，内外壁分别绘两层花卉纹，以红彩绘三条细线作边饰和间隔，花瓣和叶片用红彩勾画，花心用红彩勾边，内填绿彩，绿彩填地。薄胎，洁白细腻（图一一）。

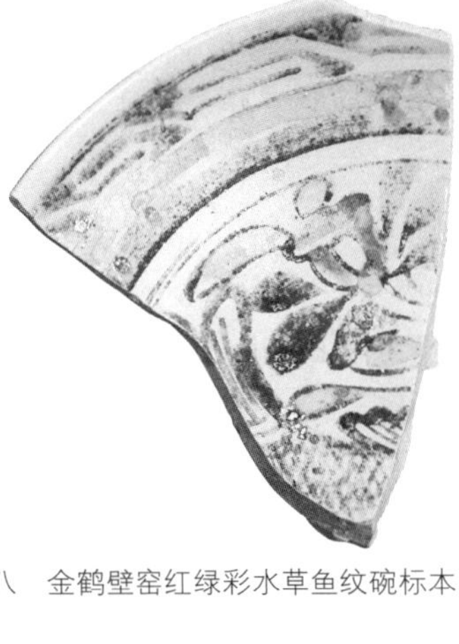

图八　金鹤壁窑红绿彩水草鱼纹碗标本

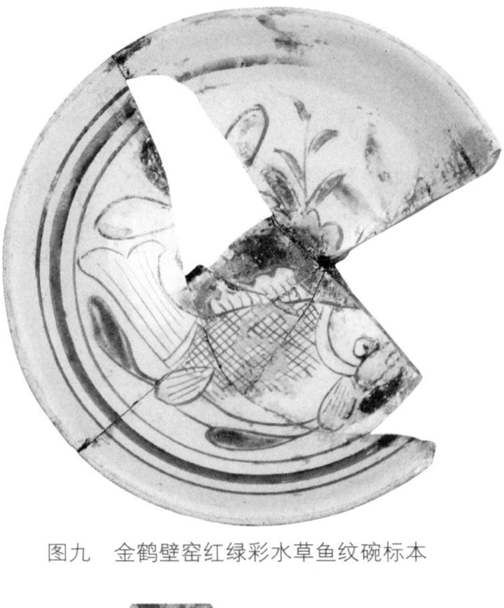

图九　金鹤壁窑红绿彩水草鱼纹碗标本

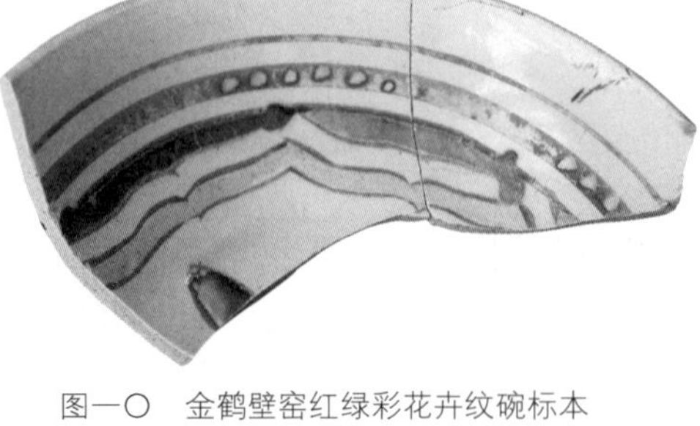

图一〇　金鹤壁窑红绿彩花卉纹碗标本

图一一　金鹤壁窑细白瓷红绿彩花卉纹碗标本

2．杯

腹部残片。口沿用黄彩勾边，内外沿下分别以红彩绘一细线作边饰，外壁绘花卉纹，以红彩绘花，绿彩绘叶、填地。黄褐胎，细密（图一二）。

（三）第三类

在已烧成的白釉黑釉、白地黑花瓷器上，根据所需加画红、绿、黄等彩，然后再低温烧成。这类器物仅见于瓷塑制品，多为仕女形象。其中高温白地黑花和低温釉上彩的装饰，已具备了五彩的特性。

1．仕女坐像

高 15 厘米。发髻、眉、眼、纨扇为黑彩，绰子涂红彩，襟边填绿彩。浅灰胎，细密（图一三）。

图一二　金鹤壁窑红绿彩花卉纹杯标本

图一三　金鹤壁窑红绿彩执扇仕女

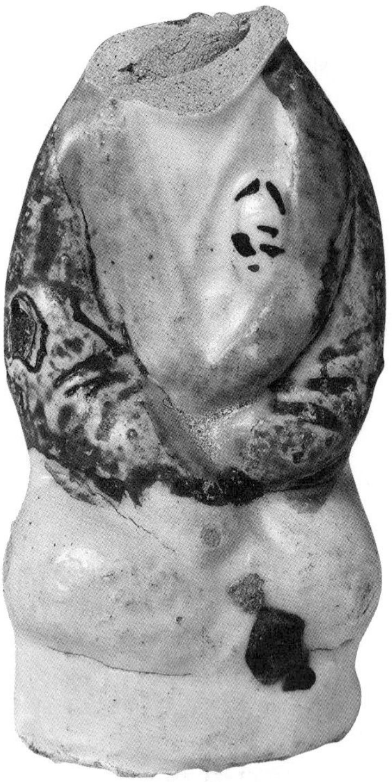

图一四　金鹤壁窑红绿彩抱婴仕女标本

图一五　金鹤壁窑红绿彩执扇仕女标本

2．仕女抱婴坐像

残高 7.1 厘米，失头。靴与婴儿的发、眉、眼施黑彩，上衣和婴儿的嘴唇着红彩，襟边和袖口施绿彩（图一四）

3．仕女坐像

残高 12.8 厘米，失头。绰子、襟边、纨扇均为高温釉下黑彩勾边，绰子施红彩，襟边、纨扇填绿彩，襦的对襟用红彩勾边、内填黄彩，裙上的衣纹用红彩勾绘（图一五）。

二　红绿彩瓷器特征

就出土的瓷片观察，红绿彩有以下几个特征 ：

1．胎与釉

可分三种。

第一种，胎呈土黄或浅褐色，含有细小的黑色颗粒，质地疏松，生烧，吸水率较高；白釉泛黄，釉面略显晦暗，这种占比重最大。

第二种，为灰白胎，质地细腻坚致，瓷化程度较高，白釉闪灰，釉面光亮。

第三种，为细白瓷，胎色洁白，质地疏松，釉面光润，这一种数量极少。

2. 器类

多为日用品碗、盘类和瓷塑制品，其中碗的标本最多，弧腹，圈足稍外撇，足面略呈外低内高的斜足面，足心多有乳凸痕，外施半釉，露胎处可见拉坯遗留的细弦纹。小碗为直圈足，挖足矮浅，施釉至足根。

3. 烧造工艺

金代普遍采用支圈覆烧、三角形支钉叠烧和砂堆叠烧法。采用支圈覆烧的器物出现芒口；采用三角形支钉叠烧和砂堆叠烧的器物，烧成后内底都留有黏结痕，虽然上彩后有所覆盖，但仍能看出这些遗痕。器物上的芒口和内底的三角形支钉、石英砂粒痕，都具有指明时代特征的意义。

4. 纹饰

从整体上看，着色以红彩为主，绿彩为辅，可概括为“红肥绿瘦”。红彩呈色稳定，遮盖力强，大都用于主题纹饰与勾描纹样；绿彩和黄彩配料时添加了卵石粉和铅，烧成后呈色明亮有光泽[3]，故绿彩用来填绘花叶或作地色，黄彩仅用于点缀花心或点涂宽带、开光。红绿彩制后一段时间内十分鲜艳，日久色彩容易脱落，绿彩常有粉剂状锈斑。画风拙朴清新，简略快捷，粗犷豪放。装饰题材取自民间，常见有禽鸟、花卉、水草游鱼、字句等，虽用笔不多，但线条流畅，富有动感，毕现生活情趣。

三 红绿彩创烧年代推断

红绿彩是一种低温釉上彩，它是在高温白釉或白地黑花烧成后，再于白釉之上以红、绿、黄等彩勾画或填涂出纹饰，第二次入窑低温（800℃ ~ 900℃）烤烧而成。以前多称其为“宋加彩”、“ 宋赤绘”，但至今未发现资料证实的宋代之物。1978 年鹤壁窑遗址的考古发掘，证明红绿彩是金代新出现的装饰品种。

在第一期地层出土的大量遗物中没有发现一片红绿彩瓷片，而在第二期地层中却出土了一批红绿彩瓷器。伴随红绿彩瓷器出土的有一件砂胎残轮，其上刻有“……定九……月一日”字样[4]。由此证明，鹤壁窑不但烧制红绿彩瓷器，而且还标明了红绿彩瓷烧制的年代。金代大定九年已经烧制红绿彩瓷器，这是红绿彩瓷器烧造年代的考古学佐证。

众所周知，金朝建立（1115 年）初期，金兵多次南侵，中原地区屡遭战乱，人民不得安息，瓷业生产也惨遭破坏，时烧时缀，制瓷业不可能有所发展。到金世宗完颜雍即位（1161 年）之后，于 1164 年宋金达成和议（史称“隆兴和议”，采用南宋孝宗赵昚年号），划河（淮河）而治，从此中原地区在金世宗的统治下，30 年无战事，社会相对稳定，出现富足景象。《金史·世宗本纪》称："当此之时，群臣守职，上下相安，家给人足，仓廪有余……"[5]生产的恢复和经济的繁荣，为瓷业生产的发展创造了条件。金朝准许民间经营瓷窑，并设官署管理窑事。据《金史·百官二》载，大定七年设修内司，并"受给官二员……掌支纳诸物及埏埴等事"[6]。既然设有掌管"埏埴"（窑业）的机构，并且委派官员进行管理，可见制瓷业已经相当兴盛了。

窑址发掘也得到了印证。第二期是鹤壁窑的极盛时期，本次发掘多数器物出自此期。这一期不但产品数量迅速增加，而且新出现了很多品种，器形也趋于多样化，装饰技法最为丰富，装饰题材也相当广泛[7]。在制瓷业繁荣发展的背景下，红绿彩瓷就水到渠成地产生了。

从上述可知，红绿彩瓷器在金大定九年已经烧制，那么它具体创烧于何时呢？目前尚无考古资料予以证实。鉴于金世宗即位初年，为了收回由海陵帝丢失的地方，并迫使南宋继续向金纳贡，也曾用兵伐宋，中原尚处于宋金拉锯战中[8]，直到大定四年（1164 年），宋金才达成和议，从此边事不兴，进入"投戈息马，治化休民"的稳定时期。因此，笔者认为，红绿彩瓷应创烧于大定四年（1164 年）之后。

四 鹤壁窑具备生产红绿彩瓷的条件

鹤壁窑生产红绿彩瓷，除具备上述大定时期的社会条件外，由于地理和历史的原因，还具有以下优越的条件。

1．鹤壁是红彩原料的产地

红绿彩的彩料主要是红彩原料。红彩，又称"矾红彩"，彩料的主要矿物元素是氧化铁。鹤壁地处太行山东麓，地下矿藏十分丰富，其中就产红彩原料矾红矿。据明嘉靖《彰德府志》记载："'红矾场'，在鹤壁社，山中有一区，周围二里，土洁白，取而烧之，其色转红。今充贡。"[9]明确指出鹤壁生产这种"取而烧之，其色转红"的矾红矿。显然，生产红绿彩用的红彩原料即取自当地的"红矾场"。

2．鹤壁窑具有烧制白釉绿彩和白釉黄彩瓷的悠久历史

绿彩的着色元素是氧化铜，早在唐代鹤壁窑的工匠就已用含铜的彩料作着色剂，高温烧造白釉釉上绿彩瓷[10]，虽然绿彩晕染、流淌，斑纹漫漶，但为后世釉上绿彩的烧制开了先河，提供了可资借鉴的经验与技术。金代在前人的基础上，经过不断的实践与探索，在工艺上作了改进，一是变高温为低温，二是在绿彩的配料中添加了卵石粉和铅，烧成后绿彩呈色稳定且透明光亮，故多用来填绘花叶与作地色。黄彩，是一种以氧化铁作着色剂的铁黄。鹤壁窑在唐代就已烧制白釉黄彩瓷器[11]，其工艺对后世也产生了深远影响。金代在配料中同样添加了卵石粉和铅，低温烧成后，色泽晶莹透澈，

多用于花心、宽带以及开光上。

五 结语

随着南北方制瓷工艺的交流和传播，红绿彩工艺传入景德镇，对元以后景德镇窑的生产产生了直接影响，其中五彩瓷尤为明显。元代，红绿彩既有施加于青白瓷之上的，也有施加于卵白釉之上的，还有施加于普通白瓷之上的[12]，如红绿彩狮球玉壶春瓶[13]，就是直接用红彩在白釉上绘画，或用红彩勾出轮廓、内填绿，从设彩所用红、绿二色到装饰方法与前文所述第一类红绿彩完全一样。又如明嘉靖五彩云龙纹方罐[14]，白釉上的纹饰以红、绿彩为主，黄彩仅作点缀，所用三种色彩与第二类完全相同。而生产的青花五彩瓷也是在第三类红绿彩的基础上发展起来的，区别之处是釉下青花取代了釉下黑彩；釉上色彩有的只用红、绿、黄三色，也有在此三色上又增添紫、赭色彩的。五彩不仅仅局限于红、绿、黄三色，五彩是泛指多种色彩。如清康熙五彩瓷器有的一件就使用了红、绿、黄、蓝、赭、黑、金等七种色彩绘画纹饰[15]。可见元、明、清时期的五彩瓷，在色彩的运用上，无论是早期的直接移植，还是后来的发展创新，其工艺都源于金代红绿彩瓷。

就目前公开发表的资料来看，红绿彩瓷在河南、河北、山西、山东等省广泛烧造，其中以河南烧造红绿彩瓷的窑口最多[16]，鹤壁窑只是其中之一。然而在对景德镇窑的影响上，鹤壁显得尤为突出。据《大明会典》记载："嘉靖二年，令江西造瓷器，内鲜红改为深矾红。"[17] 而鹤壁正是这种矾红原料的产地。鹤壁"红矾场"出产的矾红原料，因其品质优良，被皇家选中，当时已"充贡"。既为贡品，显然是用于江西烧瓷，这为探讨和研究官窑五彩瓷矾红原料的来源提供了重要信息。"今充贡"也反映了鹤壁"红矾场"的某些重要性质，这一点很值得注意。

注释：

[1] 陈万里：《鹤壁集印象》，《文物参考资料》1957 年第 10 期。

[2][4] 鹤壁市博物馆：《河南省鹤壁集瓷窑遗址 1978 年发掘简报》，《中国古代窑址调查发掘报告集》，文物出版社，1984 年。

[3] 景德镇陶瓷馆：《陶瓷资料》1978 年刻字本，殷宏绪《第二封信》。

[5]《金史》卷八《世宗》下，页 204，中华书局，1975 年。

[6]《金史》卷八《世宗》下，页 1287，中华书局，1975 年。

[7] 王文强：《论金代鹤壁窑》，《中国古陶瓷研究》第八辑，紫禁城出版社，2002 年。

[8] 王志宏：《金世宗的历史地位》，《文史知识》1984 年第 4 期。

[9]（明）《嘉靖彰德府志》卷一，页 41。

[10] 王文强:《鹤壁窑唐代白釉彩瓷》,《中国古陶瓷研究》第十五辑,紫禁城出版社,2009 年。

[11] 河南省文化局文物工作队:《河南省鹤壁集瓷窑遗址发掘简报》,《文物》1964 年第 8 期。

[12] 耿宝昌:《明清瓷器鉴定》,紫禁城出版社,1993 年;叶佩兰:《元五彩瓷与嘉靖五彩瓷》,《收藏家》1995 年第 9 期。

[13] 耿宝昌 :《明清瓷器鉴定》页 475,彩色图版 1,紫禁城出版社,1993 年。

[14] 中国美术全集编辑委员会 :《中国美术全集·工艺美术编·陶瓷(下)》页 97,图一一四,上海人民美术出版社,1988 年。

[15] 叶佩兰 :《“斗彩”与“青花五彩”的区别》,《故宫博物院院刊》1997 年第 2 期。

[16] 赵青云 :《河南陶瓷史》,紫禁城出版社,1993 年 ;王文强 :《河南制瓷业对景德镇窑的影响》,《河南文物考古论集》,大象出版社,2006 年。

[17](明)李东阳等 :《大明会典》卷二〇一,江苏广陵古籍刊印。

宋代釉上金彩初步研究

天津市文物管理中心　陈　扬

内容提要：釉上金彩是釉上彩绘中最早出现的，大约在北宋晚期，定窑已经生产出较为成熟的釉上金彩器物，这项工艺发展到南宋时期，经过吉州窑、建窑的改良与创新，呈现了更好的发展态势。但因釉上金彩器物数量稀少，较少受到关注，本文旨对釉上金彩出现的时间、窑口及其早期发展的脉络进行深度的梳理。

关键词：釉上金彩　定窑　吉州窑　建窑

Abstract：Color glaze with gold is the earliest technique in on-glaze decoration. It was in late Northern Song Dynasty, Ding Kiln had already made mature gold color glaze artifacts. Till Southern Song Dynasty, this technique was upgraded through the improvement and innovation of Jizhou Kiln and Jian kiln. Since the scarcity of gold color glaze artifacts, people rarely follow them with interest. In this paper, we provide in depth analyze of the gold color glaze, including the time of occurrence, kilns and its early stage development.

Keywords: gold color glaze, Ding kiln, Jizhou kiln, Jian kiln

釉上彩绘是丰富瓷器装饰的重要手段，它不同于其他装饰技法，需要在烧成的瓷器上进行绘制，再入窑低温二次烧制，这种工艺可以留给窑工们更大的创造空间。从目前所发现的资料来看，釉上彩绘相对于其他陶瓷装饰方法出现较晚，其广泛使用大致是从金代中晚期以后，最具代表性的就是磁州窑系的釉上红绿彩，然而学术界往往忽略了一类早于红绿彩出现的釉上彩绘——釉上金彩，这种源自定窑，经由建窑、吉州窑发展起来的釉上彩绘工艺，对后世影响极为深远，可以说是瓷器上最早出现的釉上彩绘。

釉上金彩是我国古陶瓷装饰的重要手段之一，也是瓷器釉上彩绘发展历史中较为特殊的一支，它出现最早，但似乎发展历程最为艰辛和曲折，从北宋到元明时期，金彩一直以一种高贵的姿态出现，鲜见于瓷器装饰上，以花鸟、流云为主，如河北保定元代窖藏出土的蓝釉描金匜等，直到明末清初，金彩装饰才逐渐流行起来，尤其是清代康熙到乾隆年间，单色釉描金器物较为常见，金彩多用于绘画主题纹饰，有花卉纹、人物故事纹和长篇诗文等。

由于釉上金彩属于二次低温烧制，因此往往容易剥落，我们只能通过侧面光线观察纹饰的痕迹，倘若观察不够细致入微，容易忽略金彩脱落后的痕迹，因此给釉上金彩的研究带来极大的困难。根据目前所见材料，釉上金彩应出现于北宋时期，因数量寥寥可数，尚未引起足够重视，但在陶瓷发展史上具有重要的地位。

一 釉上金彩的开拓者——定窑

瓷器与金银的亲密结合早在唐代就已经出现，主要方式是贴金或口、底镶金银釦，工艺最为复杂的见于陕西扶风法门寺地宫出土的越窑漆平托银釦秘色瓷碗[1]，将金箔、银箔捶鍱成装饰纹样贴于器表，再经过多次髹漆，打磨平整。浙江杭州后晋天福六年（941年）墓出土越窑浮雕双龙瓶，龙身残存三小片涂金[2]，无独有偶，远在内蒙古赤峰大营子辽应历二年（959年）驸马赠卫国王墓也出土了两件朱彩贴金龙纹瓶[3]。此外，晚唐五代开始，碗、盘类瓷器口、底镶金银釦成为瓷器装饰的一种风尚，而且一定程度上也是身份地位的象征，即《吴越备史》里提到的“九月十一日，王进朝，谢于崇敬殿，复上金装定器二千事”。而且从目前考古发现来看，镶金银釦的器物不仅局限于定器，越窑青瓷、湖田窑青白瓷、辽代白瓷都有这样的装饰，这种装饰方法一直延续到南宋时期。

古陶瓷研究学者最初对定窑金彩的关注多源自南宋人周密《志雅堂杂钞》中的一段记载：

> 金花定碗用大蒜汁调金描画，然后再入窑烧，永不复脱。

这段记载向我们揭示了定窑金彩的工艺技法，即用具有一定黏稠性的大蒜汁调和金彩，入窑二次烧成，但从目前考古发掘和传世所见定窑产品，“永不复脱”似乎言过其实，笔者将目前所见定窑金彩器物罗列如下：

白釉折枝菊纹粉盒，出土于江西省波阳县北宋政和元年（1111年）施氏墓，江西省博物馆藏[4]。

白釉描金折沿盘，故宫博物院藏[5]（图一）。

白釉金彩云鹤纹碗，传出土于朝鲜半岛西海岸西部的海州郡海域内的龙媒岛，日本东京国立博物馆藏[6]（图二）。

黑釉金彩花卉纹小碗，日本大和文华馆藏[7]。

黑釉金彩花卉纹小碗，传出土于朝鲜的黄海道地区，日本MOA美术馆藏[8]（图三）。

酱釉金彩牡丹纹小碗，传出土于中国陕西省北部榆林附近，日本东京国立博物馆藏[9]（图四）。

酱釉金彩折枝牡丹蝴蝶纹碗，传出土于高丽古墓，日本东京国立博物馆藏[10]（图五）。

图一　北宋定窑白釉描金折沿盘

图二　宋定窑白釉金彩云鹤纹碗

图三　宋定窑黑釉金彩花卉纹碗

图四　定窑酱釉金彩牡丹纹碗

图五　宋定窑酱釉金彩折枝牡丹蝴蝶纹碗

酱釉金彩莲塘风光图瓶，安徽肥西县运河南岸将军岭乡李岗村出土，现藏于合肥市文物管理处[11]（图六）。

黑釉金彩盏，内蒙古扎鲁特旗浩特花辽墓 M3 出土，现藏于内蒙古文物考古研究所宁城工作站[12]。

上述所列定窑金彩器物包罗了白釉、黑釉、酱釉，有的可见金彩痕迹，有的残留部分金彩，其中白釉折枝菊纹粉盒为纪年墓出土，虽金彩已全部脱落不见，但仍能观察到盖面两束折枝菊花纹饰的痕迹，为定窑金彩器物提供了断代的依据。此外，酱釉金彩莲塘风光图瓶、黑釉金彩小碗两件器物也为出土物，虽无明确纪年，但根据其他

图六　宋酱釉金彩莲塘风光图瓶

图七　宋定窑酱釉金彩瓶

纪年墓出土器物进行类比，亦能推断出相对年代。江苏镇江熙宁四年（1071 年）章岷墓出土两件酱釉瓶 [13]，平口，细直径，圆肩，鼓腹，圈足，与合肥出土酱釉瓶造型大致相同，只是该件器物颈部略短，腹部略鼓（图七）；辽宁朝阳西上台辽墓出土一件定窑黑釉盏，口镶金釦，浅腹，壁斜直，圈足较矮，沿至腹底施黑釉，圈足无釉，黑釉均匀柔润，该件器物造型及胎釉特征与内蒙古扎鲁特旗浩特花出土的金彩盏基本一致，西上台辽墓的时代大约在辽代晚期，不早于辽道宗晚期 [14]，相当于 1098 年前后。由此，我们可以初步推断定窑金彩器物流行的时代大约是 11 世纪后半叶到 12 世纪上半叶。

日本收藏的上述五件器物金彩保留最为完整，为我们勾勒了更多有关金彩装饰的发展渊源。以东京国立博物馆收藏白釉金彩云鹤纹碗为例，碗敞口，斜直腹，圈足，内外施白釉，外壁施釉不及底，内有金彩绘涂云鹤、花草纹样，纹饰以细线勾勒轮廓，金箔填涂。东京国立博物馆收藏的另外两件酱釉金彩碗造型及金彩的装饰技法也如出一辙。此类定窑金彩器物与时代稍晚的建窑、吉州窑黑釉描金器物工艺不尽相同，反而更接近五代、辽时期的贴金技法，即将金箔剪成花纹，再以大蒜汁调和金彩（或金箔）粘贴在釉面上，入窑低温烤制而成。因此，以日本收藏的几件残留金彩的定窑器物来看，定窑产品的釉上彩绘定为金彩更为准确，不同于建窑、吉州窑的釉上描金器物。

综上所述，定窑金彩器物除了金彩绘涂纹饰以外，与普通定窑产品特征基本一致，白胎，胎质洁白细腻，施白釉、酱釉或者黑釉，后两者就是文献中提到的“紫定”、“黑定”，碗均作“斗笠”形状，斜直腹，碗壁较薄且线条锐利。定窑金彩装饰并非突然出现，而是更多传承晚唐五代时期的工艺，只是定窑将这种金彩工艺进一步深化和发展，大蒜汁的巧妙运用和低温二次烧制使其金彩保留相对牢固，也推进釉上金彩工艺更加成熟。

二 釉上金彩的传播者——建窑、吉州窑 [15]

建窑和吉州窑本身即为关系非常密切的两个窑口，两窑均生产黑釉产品，也都颇具名气和影响力，但不同的是建窑是典型南方制瓷体系下成长起来的黑瓷窑口，而吉州窑是一个融合南北方文化特色的窑口，尤其是其釉下彩绘装饰，与北方磁州窑的白地黑花装饰关系密切。有学者认为，吉州窑的釉下彩绘工艺是南迁的磁州窑窑工带入和传播 [16]，这一观点说明南宋时期，北方制瓷工艺对南方有一定的影响。南宋王朝偏安杭州城以后，南、北方文化的交流与融合空前繁荣，陶瓷领域内包括北宋官窑废弃以后，南宋政权又在杭州的乌龟山、老虎洞另设新窑烧造官器，制度及工艺层面的交流在两宋之际十分频繁，因此定窑金彩工艺的向南传播也在这一进程之中。1954 年，故宫博物院专家在江西吉州永和窑址采集到一件带“山”字的金彩碗残片 [17]，这虽然为我们揭示了吉州窑烧造黑釉描金器物的事实，但因别无旁证，吉州窑黑釉描金器物的相关研究还显得相对滞后。

同样以生产黑釉瓷器为主的建窑则将釉上金彩发展得更加出色，从目前考古发掘成果及数量来看，建窑釉上描金器物是早期釉上金彩留存数量最多的，而且发现了生产釉上金、银彩的具体窑址，这为我们对建窑描金器物生产状况的研究提供了更多素材。建窑金银彩不同于定窑金彩，并非以金箔贴绘于釉面，而是以软笔类工具蘸彩绘画，再低温烤制而成，并且形成了自身的绘画风格，更接近于明清瓷器上所采用的釉上描金工艺。

1. 建窑釉上描金、银彩的产地

1998 年，福建省博物馆配合高速公路建设对武夷山市中部的遇林亭窑址进行抢救性考古发掘，发掘总面积为 3317.5 平方米，分为作坊区和窑炉区两个部分，发掘产品仍以黑釉为主，兼烧青釉、青白釉、白釉器物。其中最引人注意的当属作坊区内出土的 35 件釉上描金、银彩残片，金银彩绘纹样主要有文字“寿山福海”、“武夷□□”和凤鸟纹、仙鹤云彩纹、团花纹等（图八）。这批器物与窑炉出土的黑釉器物胎釉特征基本相同，均为细砂灰胎，釉色浓黑。碗多作束口，虽然为灰胎，不同于建窑中心窑址水吉窑出土的黑胎器物，但两者距离不到百公里，而且从两处窑址的窑炉结构、产品特征分析，可确定遇林亭窑也属建窑系的范畴内 [18]。遇林亭窑釉上描金、银彩器物均在作坊区内出土，这为器物二次加工提供了依据，即在窑炉烧成黑釉器物后，再于作坊内绘画焙烧。

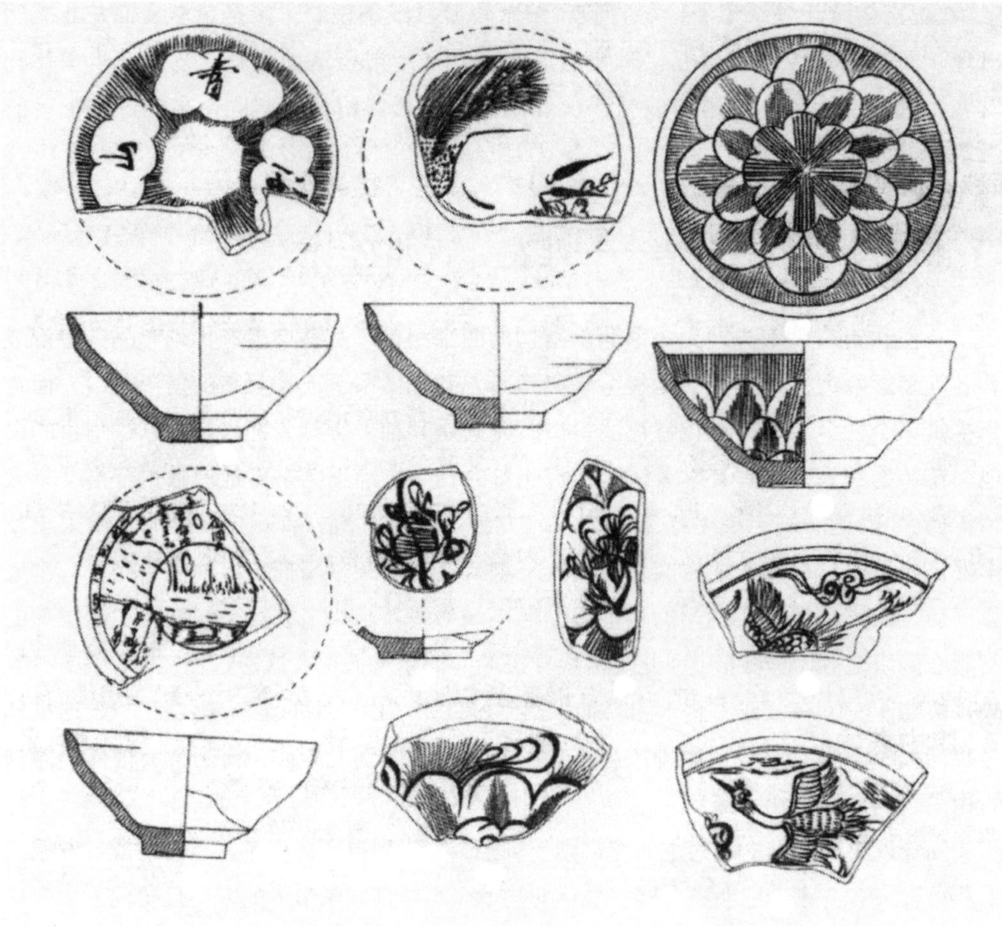

图八　遇林亭窑出土金彩器物纹样

遇林亭窑釉上描金、银彩器物的发现为很多传世品找到了产地，如日本五岛美术馆收藏的“寿山福海”束口碗，香港收藏家杨永德所藏“福海寿山”碗（图九），这两件器物均于碗内壁四周书写“寿山福海”四字，外有云形边框，碗心绘一团菊，其余地方均绘画放射性纹饰，这种纹饰布局同遇林亭窑出土的标本相同。遇林亭窑址还发现描绘武夷山风光的残片，绘有溪流、岩石、洞穴、树木、楼阁和修炼的道士等，并配有朱熹《武夷棹歌》的诗文[19]，与日本根津美术馆武夷山图诗文碗如出一辙。另外，杨永德所藏的孔雀梅竹纹碗（图一〇）、团菊纹描金碗（图一一）也能在遇林亭窑址找到类似纹饰，也应为该窑产品。

2．建窑釉上金、银彩的生产目的

黑釉描金、银彩器物在窑址作坊内仅出土 35 件残片，可见其珍稀。这种描金器物并非寻常百姓可以见到的产品。日本藏一件“金彩武夷山图天目”的内壁书写“御赐常姣”四字，说明这类产品曾作为贡品上供朝廷，并被皇帝作为特殊物品赐予他人[20]。

图九 遇林亭窑黑釉描金"福海寿山"碗

图一〇 遇林亭窑黑釉描金孔雀梅竹纹碗

图一一 遇林亭窑黑釉描金团菊纹碗

目前国内收藏此类传世品数量相当稀少，这也对其供御提出了质疑。从目前其他地区考古发现的遇林亭窑描金黑釉器物来看，其产品流布路线似乎更多趋向于海外。香港的西贡蚝涌、大屿山妹湾仔出土三件黑釉描金残片，其中一件为束口碗，碗内壁绘画梅花形边框，内书“寿”、“山”二字，其余地方绘放射性纹样。另外两件相同，分别残留“寿”、“山”字[21]。另外，1997年浙江省宁波市唐国宁寺遗址出土一件黑釉瓷残片，内底和口下绘射线，腹内一草体“福”字，原报告称为“釉上彩”[22]，其纹饰布局与绘画方式与遇林亭窑描金器物基本一致，应亦为此类产品。宁波是海上丝绸之路的重要港口——明州港，福建的瓷器大量通过明州港运往日本等地。

此外，栗建安先生在一次授课过程中提到华光礁Ⅰ号沉船出水瓷器中也有遇林亭窑的釉上描金产品，这再一次证明遇林亭窑金彩产品向海外流布的事实。华光礁Ⅰ号沉船时代大致在南宋早、中期，沉船上器物主要来自福建，始发地可能为泉州港，目的地可能为东南亚诸国[23]。

因此，遇林亭窑的釉上描金、银彩器物虽然数量稀少，可能其以销往海外为主，主要方向就是日本、朝鲜半岛乃至东南亚诸国，作为当地皇族赠送、交换的高档礼品。

3. 建窑釉上金、银彩的生产时间

遇林亭窑金银彩器物大多出土于窑址的晚期堆积，根据窑址的地层堆积情况来看，应晚不过南宋中期。此外，通过可复原的标本T3321④:2、C1①：34、T3023⑤:13、T2624④:1来看，造型均为束口碗[24]，结合各地纪年墓的资料可知，建窑此类束口碗最早见于南宋庆元元年（1195年）张同之夫妇墓[25]；至迟见于江西吉水南宋宝祐二年（1254年）张宣义墓出土的黑釉兔毫纹束口碗。此碗浅圈足，灰褐胎坚实凝重，黑釉乌亮[26]，胎、釉具备明显的建窑系产品特征。另外，福建邵武水北镇南宋宝庆二年（1226年）黄涣墓出土一件黑漆金彩碗，该碗亦作束口，斜弧深腹，口沿镶银釦，内外壁饰金彩放射性纹饰[27]。除为漆器外，这件黑漆金彩碗从造型、装饰均与遇林亭窑金彩碗一致。

由此可见，建窑釉上金、银彩器物主要流行于13世纪前半叶，即南宋中期前后，窑址出土的器物与纪年墓出土器物时代特征基本吻合，建窑是南方较早出现釉上彩绘的窑口。

综上所述，建窑是釉上金彩发展过程中至关重要的环节之一，它将定窑的金箔贴绘式金彩发展为软笔类工具绘画，这种釉上绘画工艺对后世影响极为深远。建窑是否受到定窑金彩工艺的影响尚不足以定论，但建窑确在定窑之后出现釉上描金器物，并形成了自身更清晰的发展脉络。建窑釉上描金彩器物流行于南宋中期前后，产品绘画风格具有一定规律，“寿山福海”文字配放射性纹样最多见，产品数量较少，十分珍贵。日本仍是收藏这类产品最多的国家，除窑址发现以外，其他地区的出土物均与外销路线有着密切关联。

三 结语

釉上金彩是釉上彩绘中最早出现的一支，大约在北宋晚期，定窑已经烧造出较成熟的釉上金彩器物。定窑此类金彩装饰与晚唐乃至辽代瓷器上的贴金工艺有一定关系，尤其是辽代的草原文化非常喜欢用金银作为装饰品，辽墓中有大量的金银饰品出土，这些对于定窑创烧釉上金彩装饰有着工艺和文化因素上的启发。随着时代的发展以及经济重心的南移，定窑逐渐走向衰落。南宋时期是南方诸窑大发展的时期，尤以东南沿海区域的制瓷业最为兴旺。南北文化交流以及开放稳定的政治局面使得釉上金彩工艺并没有在南宋时期消失，吉州窑、建窑遇林亭窑址均烧造出黑釉描金、银彩器物，这类器物是以软笔类工具于黑釉上绘画，绘画手法更加娴熟，金、银彩纹饰也更加复杂，并且保留相对完好，为早期釉上金彩的研究提供较好的资料。总而言之，无论是定窑，还是吉州窑、建窑的釉上金、银彩工艺都是釉上彩绘发展历程上不可忽略的环节。

注释：

[1] 陕西省法门寺考古队：《扶风法门寺塔唐代地宫发掘简报》，《文物》1988 年第 10 期。

[2] 浙江省文物管理委员会：《杭州、临安五代墓中的天文图和秘色瓷》，《考古》1975 年第 3 期。

[3] 前热河省博物馆筹备处：《赤峰县大营子辽墓发掘简报》，《考古学报》1956 年第 3 期。

[4] 赵明璟：《谈定窑瓷器的装饰技法》，《南方文物》1998 年第 3 期；余家栋：《江西波阳宋墓》，《考古》1977 年第 4 期。

[5] 吕成龙主编：《定瓷雅集——故宫博物院珍藏及出土定窑瓷器荟萃》页 186 ～ 187，故宫出版社，2012 年。

[6][9][10] 东京国立博物馆官方网站藏品介绍，http://www.emuseum.jp

[7] 中国硅酸盐学会编：《中国陶瓷史》页 236，文物出版社，1997 年。

[8] MOA 美术馆官方网站藏品介绍，http://www.moaart.or.jp（箱根美术馆即为 MOA 美术馆之分馆）

[11] 袁南征：《合肥出土的紫定金彩瓶》，《文物》1988 年第 6 期。

[12] 彭善国：《定窑瓷器分期新探——以辽墓、辽塔出土资料为中心》，《内蒙古文物考古》2008 年第 2 期。

[13] 肖梦龙、刘兴：《镇江市南郊北宋章岷墓》，《文物》1977 年第 3 期。

[14] 韩国祥：《朝阳西上台辽墓》，《文物》2000 年第 7 期。

[15] 这里提到的建窑和吉州窑都是广义上的窑口内涵，而并非单独指某一窑址。

[16] 吴水存：《江西吉州窑彩绘瓷器的研究》，《故宫博物院院刊》2001 年第 5 期

[17] 中国硅酸盐学会编：《中国陶瓷史》页 236，文物出版社，1997 年。

[18][24] 福建省博物馆：《武夷山遇林亭窑址发掘报告》，《福建文博》2000 年第 2 期。

[19][20] 陈兆善：《遇林亭窑黑釉金彩碗研究》，《福建文博》2002 年第 1 期。

[21] 黄慧怡：《香港出土宋元瓷器的初步研究》，《考古》2007 年第 6 期。

[22] 宁波市文物考古研究所：《浙江宁波唐国宁寺东塔遗址发掘报告》，《考古学报》1997 年第 1 期。

[23] 孙健：《揭秘华光礁一号沉船》，《华夏地理》2007 年第 10 期。

[25] 南京市博物馆：《江浦黄悦岭南宋张同之夫妇墓》，《文物》1973 年第 4 期。

[26] 陈定荣：《江西吉水纪年宋墓出土文物》，《文物》1987 年第 2 期。

[27] 福建博物院、邵武市博物馆：《邵武宋代黄涣墓发掘报告》，《福建文博》2004 年第 2 期。

浙江宋元彩绘瓷探析

浙江省博物馆　王轶凌

内容提要：浙江素有“青瓷故乡”的美誉，在千余年的制瓷历史上，著名的越窑、瓯窑、婺州窑、龙泉窑和南宋官窑等都以青釉取胜，彩绘瓷的出现相对短暂，且没有延续发展。本文通过对浙西、浙南两地宋元彩绘瓷窑址和产品的阐述、探讨，揭示宋元时期浙西彩绘瓷受磁州窑彩绘瓷影响，浙南彩绘瓷则更多的沿袭了本地的制瓷传统。

关键词：浙江　彩绘瓷　宋元

Abstract: Zhejiang is known as the “hometown of celadon” . In the thousands of years of porcelain’ s history, Yue kiln, Ou kiln, Wuzhou kiln, Longquan kiln and Southern Song offcial kiln were famous for their green glaze. But painted porcelain’ s appearance was short, and there is no continuation of its development. This paper analyzes the painting porcelain kiln and products in west and south of Zhejiang Province of Song and Yuan dynasty, reveals the painting porcelain in western Zhejiang of Song and Yuan dynasty was affected by the Cizhou kiln’ s painting porcelain. On the other hand, the painting porcelain in southern Zhejiang of Song and Yuan dynasty mostly followed local tradition of porcelain making.

Keywords: Zhejiang, painted porcelain, Song and Yuan periods

浙江是举世闻名的瓷器发源地和青瓷的主要产区，在众多的浙江古窑址遗存中，也有彩绘瓷的产品类型，在“青一色”的产品中独树一帜。据目前的考古资料，浙江地区的褐彩瓷，可分为六朝、唐、宋元三个阶段，彩瓷生产可谓源远流长。本文所探讨的主要是浙江瓷业中宋元时期的彩绘瓷，这些彩绘都是以铁元素为着色剂，在器物的表面饰有各种图案，有的彩绘呈褐色，有的因颜料中铁含量较多而呈黑褐色。现已在浙江境内发现宋元时期的彩绘瓷窑址 20 余处，多分布在沿海地区及江河附近，浙南、浙西地区较为集中，现分述如下：

一　浙西彩绘瓷

浙西地区按现在的行政区域划分是指浙江省中西部的金华市、衢州市和杭州市西部地区。这一地区的婺州窑青瓷历史久远，唐代陆羽所著的《茶经》中载有“碗，越州上，鼎州次，婺州次……”之句，宋代以后渐趋衰弱。宋元时期，该地区受到外来因素的影响，出现了彩绘瓷的生产，有独立的窑场和一定的分布范围。

浙西的彩绘瓷窑址几乎集中在衢州衢县（今衢江区）全旺和岩头两个相邻乡（现两乡合并为全旺镇）的范围内，共十几处之多[1]。在这些彩绘瓷窑址中，以两弓塘窑址群分布最为密集，在不到一万平方米的范围内发现了七处，其中两弓塘1号窑址已经过发掘[2]。另外衢州的西垅顶、西垅山、白岸坞、冬瓜潭、官塘、紫湖垅等窑址亦生产彩绘瓷[3]。

彩绘瓷按胎釉特征可分为两类：一是青釉，先在胎上施一层化妆土，再在其上施青釉，绘彩，胎面、涂层和施釉线明显；另一类是银灰色釉，不透明，釉层极薄，直接施于胎上，然后绘彩。

1988年，浙江省文物考古研究所会同衢县文物管理委员会对两弓塘窑址进行了调查与发掘，重点发掘了1号窑。两弓塘窑位于衢州全旺镇官塘村两弓塘山，全旺在衢州市东，距离市区18公里，衢江支流经过此地。两弓塘窑生产的器物绝大多数是日常生活用具，以各类碗、盘、盆、瓶、壶、罐等为主，多服务于大众百姓。如钵（图一）的形制为敞口，斜腹，圈足。口沿上残存泥点支烧痕，说明两弓塘窑钵这类器物的装烧方法采用垫烧。又如瓶有花瓶和玉壶春瓶两种，其中花瓶的造型与墓壁砖雕、壁画上发现的瓶类同[4]，表明其为插花之器。又如器盖分为二型，本应与罐、瓶等器物配套使用，但因其均为窑址发掘品，故单独出土。再如腰鼓，基本特征为两端粗、中部弧曲收细。两弓塘窑银灰色釉彩绘瓷制品毫无传统可言，釉不透明，釉层极薄，直接施于胎上，然后彩绘。这类器物胎质较细，制作较精。另外，两弓塘窑彩绘瓷中也有特殊造型的产品，如扁腹壶（图二），侈口，折沿，束颈，溜肩，鼓腹，平底。肩腹处一侧附一小嘴，对称处附扁带状小把。这种造型的壶是元代青白瓷中新出现的器形。另外，长颈壶（图三）的形制也较为特殊。

彩绘瓷的纹样简单草率，主要有牡丹纹、荷花纹、忍冬纹、缠枝纹、鱼纹等。牡

图一　元两弓塘窑彩绘钵（衢州衢江区全旺镇两弓塘窑址采集）

图二　元两弓塘窑彩绘扁腹壶（衢州衢江区全旺镇两弓塘窑址采集）

丹纹多为一笔而就的简笔牡丹（图四），大多饰于盆、瓶、盘类器物上，有笔绘、划花填彩和勾绘等多种手法。鱼纹装饰，仅见于盆内底，装饰手法多样，采用笔绘、平涂划花、划花填彩、划花勾绘和划花等（图五、图六），但都生动地描绘了鱼鳍、鱼鳞。忍冬纹，一般绘于钵、壶、罐、器盖、鼓以及少量的碗、盆上，仅见笔绘一种。同时用彩料在器物上书写文字也是彩绘瓷的一种装饰类型，通常在盆上用褐彩书写“招财进宝”、“利市稆”、“游鱼”等简单文字。

两弓塘窑1号窑的窑床依山势而建，属斜坡式龙窑。装烧方法据发掘的标本所见，大部分采用裸烧，未见匣钵。为了扩大装烧容量，而最大限度的采用叠烧、套烧法，

图三　元彩绘瓷长颈壶（衢州衢江区全旺镇两弓塘窑址采集）

图四　元彩绘牡丹纹盘标本（衢州衢江区全旺镇两弓塘窑址采集）

图五　元彩绘鱼纹盆标本（衢州衢江区全旺镇两弓塘窑址采集）

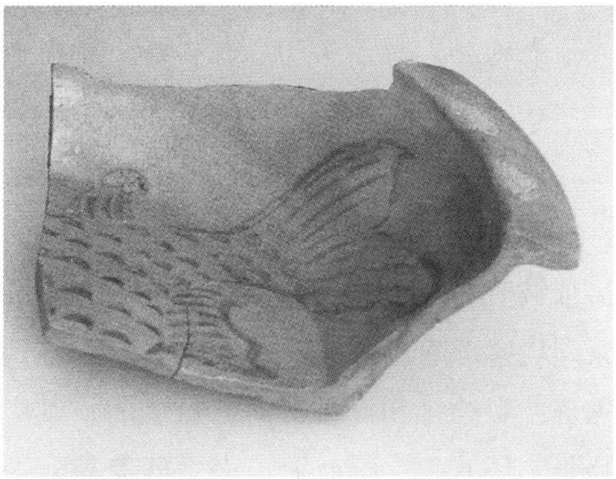

图六　元彩绘鱼纹盆标本（衢州衢江区全旺镇两弓塘窑址采集）

如 T6 ①：5，其下为一盆底，内底中间为一器盖，器盖上倒置一大口罐，三件均为彩绘瓷。多采用盆合盆、盆叠盆、盆内再套烧其他器物等的形式，大型器如盆、钵类实际上起到了匣钵作用，器物与器物间用泥点间隔，也有韩瓶类器物肩部叠套一小罐等的形式[5]。

从北宋中期开始一直到南宋灭亡，北方动荡不已，造成了大批北方人口南迁，客观上促成了制瓷技术的传播和交流。南宋建都于东南沿海的临安（今杭州），使唐代“安史之乱”开始的中国经济文化中心南移在这时彻底完成，促使南方的农业、商业和手工业得到了较快发展。北方著名的定窑、钧窑、磁州窑等窑场的一部分工匠南下，迁到浙江、江西、福建、安徽等地，促进了南方各地区窑场的迅速发展，当地窑工吸收和借鉴北方名窑瓷器风格，烧制出品类多样的陶瓷器。南宋灭亡，元朝大统一，疆域辽阔，结束了自唐末藩镇割据以来的中国国内南北对峙、五六个民族政权长期并存的分裂和战乱局面，推动了多民族统一国家的巩固和发展，促进了全国各地经济文化的繁荣。

宋室南渡，“两浙之民百倍常时”，人口相对稀少的浙江金衢盆地容纳了大量南迁的百姓和全国各地到浙江谋生的工匠，宋元时期的金衢盆地制瓷业呈现出丰富多彩的局面，有钧窑系的铁店窑、青白瓷系的江山窑、建窑系的武义窑和龙泉窑系的宣平窑等，内涵复杂多样。衢州两弓塘窑地处金衢盆地，彩绘瓷借鉴吸收了北方磁州窑的装饰工艺，同时又有别于磁州窑的风格，形成了浓郁的地域风格，具有突破本地制瓷传统的创新意义。根据浙江陶瓷考古的资料，金衢盆地地处浙、闽、赣三省交界处，交通比较便利，易于瓷业交流与发展。金衢盆地各窑场具有强烈的接纳性和融合性，特别是到了大统一的元代，该地区接纳了更多的窑业元素，形成了独特的多釉组合风格。衢县两弓塘窑在兼纳融合的同时，根据本地瓷土的基本特征，又创新生产出了银灰色釉彩绘瓷。

明王士性《广志绎·江南诸省》载：

> 两浙东西以江为界而风俗因之：浙西俗繁华，人性纤巧，雅文物，喜饰鞶帨，多巨室大豪，若家僮千百者，鲜衣怒马，非市井小民之利；浙东俗敦朴，人性俭啬椎鲁，尚古淳风，重节概，鲜富商大贾。

可见由于地理分布的差异，地域文化差别也较明显。

两弓塘窑作为地方性小窑场，遗存面积小、延续时间短，器物种类相对单一。从窑址调查与发掘情况来看，衢州全旺镇的西垅山窑、白岸坞窑、冬瓜潭窑、官塘窑、紫湖垅窑都兼烧青、黄、褐、黑等色釉产品，部分饰彩绘。两弓塘窑也是青瓷、褐瓷、黑瓷、彩绘瓷和汗釉瓷同窑合烧的，其中彩绘瓷种类丰富，除了碗、盘等基本生活用品外，还有炉、罐、瓶、壶、器盖等，说明本来以烧造单色釉瓷为主的窑场受到市场的影响，也开始生产人们喜爱的彩绘瓷并增加产量。这类彩绘瓷产品未在海外发现，说明其销售区域可能仅限于当地。浙西彩绘瓷借鉴和吸收了磁州窑的装饰手法，装饰效果类似中国传统水墨画，它们在器形和纹饰上有相似处，由于所处的地理位置不同，窑场所接受的地域文化也不尽相同，因此它们都有自己独特的产品。总之，浙西彩绘瓷窑场是在生产单色釉瓷的技术上，受到磁州窑的影响而生产彩绘瓷的，同时，产品也具有自己的特色。

二 浙南彩绘瓷

浙南，一般指浙东盆地低山区和浙中丘陵盆地以南，南与福建省闽北地区毗邻，大体就是现在行政区划的丽水、温州、台州三地（市）范围。其中温州地处我国海岸线中段的东海之滨，是浙南政治、经济、文化的中心，古称“东瓯”，温州地区的瓷窑因此被称为“瓯窑”。褐彩装饰在瓯窑发展期的西晋晚期开始出现点彩，东晋和南朝普遍使用褐彩，唐五代褐彩装饰出现圆斑，宋元时期青釉褐彩瓷有了新的突破，窑场分布较广。乐清大荆镇屿后村发现六处褐色彩绘瓷窑址[6]，乐清大坟庵亦有同类窑址发现[7]。泰顺碗窑坑窑、永嘉后背山窑[8]、下山坟窑、温州杨府山窑及瑞安含金山窑[9]亦生产彩绘瓷。此外，附近的温岭市也有发现[10]。浙南地区的彩绘瓷遗存，似乎大体集中分布在沿海丘陵平原，自飞云江下游北岸至椒江以南的温州湾、乐清湾、台州湾[11]。

浙南彩绘瓷以铁为主要呈色剂的颜料在瓷胎上装饰图样，然后施加一层透明的淡青釉，经高温一次烧成，具有彩饰鲜明、耐腐蚀、不褪色等特点。这类彩绘瓷的胎呈灰白色，质地粗而坚硬，釉层薄而透明，有青、淡青或黑褐色，胎釉结合紧密，剥落现象甚少。2005 年，温州市和乐清市文物部门对乐清市大坟庵窑址进行了重点调查。窑址位于浙江乐清市北白象镇陈家桥村一个名叫大坟庵的朝南低缓山坡上，在瓯江北岸附近，是烧制日常生活用瓷的地方性民窑。窑址散布范围东西长约 150 米，南北宽约 40 米，以褐釉瓷为主，其次为青瓷，部分器表绘饰褐彩，彩绘瓷的器类有碗、壶(图七)、罐、器盖、杯等。壶，根据造型可分三型，一般肩腹部绘褐彩卷草纹；罐类器物的腹部绘褐彩卷草纹、连续弧线纹等组合图案；器盖则在盖面绘褐彩卷草纹。

浙南地区宋代褐彩青瓷装饰有如下几种形式：

第一种，在壶、瓶、罐的肩腹部，碗的内底，用褐彩任意绘出富有变化的花草植物图案；

第二种，在壶的肩腹部或洗的内底用写意画形式，绘出蕨草、荷花等图案；

第三钟，在瓶、罐、器盖上用褐彩题字。如乐清大坟庵窑彩绘瓷的纹样多为一挥而就的卷云或卷草纹，图案简易草率，这种纹饰与福建磁灶土尾庵窑址出土的彩绘纹样相似[12]，表现出相同的时代风格。浙南彩绘瓷中最具代表性的是温州市郊西山北宋早期墓出土的青瓷褐彩执壶（图八），造型独特，腹部褐彩蕨草，枝繁叶茂，颇具写

图七　乐清大坟庵窑彩绘壶标本

图八　北宋青瓷褐彩执壶

生之妙。在温州旧城区建筑工地也常见饰有褐彩卷云纹或卷草纹的执壶、罐残片出土，说明当时这类彩绘瓷十分畅销，这类产品的销售范围以本地市场为主。

这些窑场均为依山而筑的龙窑，长约 30 ～ 40 米，采用明火叠烧法，叠烧的坯件数量不等，其间用泥点间隔，垫座式样有柱形、喇叭形、匣钵形三种。大坟庵窑址窑具除了简单的矮柱形和束腰形支具和极个别的垫具以外，不见匣钵；装烧方式主要是叠烧，即口底或口腹相叠，如青釉褐彩器盖，多数在盖顶内外有垫烧痕，青釉褐彩执壶口部也常见垫烧痕。大坟庵窑以此类产品最为精细，装烧方式上有使用专门的钵形垫具垫烧青釉褐彩器盖的现象。

温州地区在考古发掘中出土了大批西晋晚期至宋元的褐彩青瓷[13]，在西晋晚期开始出现点彩，东晋南朝时点彩是褐彩装饰中最为普遍的装饰手法，典型器物如温州雨伞寺东晋永和七年（351 年）墓出土的四系盖罐和鸡首壶。从唐五代窑址和同时期墓葬出土的器物来看，彩绘装饰形式有斑块饰、条饰、点饰等。宋代褐彩有褐、黄褐、绿褐三色，色调淡雅，多为写意画的花卉植物图案，迎合了人们的审美情趣。南宋以后，褐彩装饰渐趋潦草，花草、云纹往往一挥而就，褐彩纹样多见于壶、罐、钵等明显处，常以粗率几笔或连绘数圈作为一件器物的装饰，简单而富有民间气息，产品有碗、盏、瓶、罐、壶、钵等。因此浙南彩绘瓷数量较多，延续时间较长，且自成系列。由此可知浙南地区宋代的彩绘瓷既是本地传统制瓷业技术的延续，随着各地瓷业的交融，也会受到外来瓷业的影响。南宋以后，浙南地区的窑业产品按器物面貌特征可以划分为龙泉窑系、青白瓷系、彩绘瓷系三种产品类型。

三 相关问题讨论

通过上述对浙南、浙西地区彩绘瓷的具体分析，可以总结出它们之间的异同点：

1. 相同点

第一，浙南与浙西地区窑址遗存中彩绘瓷与其他釉色品种不同程度地共存。从已发现的窑址来看，除乐清大荆区屿后村窑是专烧褐色彩绘瓷外，其余几乎都是同时烧造青釉瓷或黑褐釉瓷或者二者皆有（表一）。如：衢州两弓塘有七处窑址除烧制彩绘瓷外，还同时烧造青瓷、褐瓷、黑瓷和类似紫砂器的汗釉瓷；温州地区大部分也是青瓷、褐瓷、彩绘瓷等共存；衢州全旺地区也是彩绘瓷与青瓷、褐瓷、黑瓷等兼烧。

第二，浙南、浙西地区烧制彩绘瓷的窑炉都是龙窑，装烧方法相似。根据目前的考古资料，浙西两弓塘窑、浙南宋代彩绘各窑的窑炉皆为依山而筑的龙窑；装烧方法多采用明火叠烧法，浙西两弓塘窑的窑具仅发现垫柱，而浙南窑址垫座式样有柱形、喇叭形、匣钵形三种。

第三，浙南、浙西地区彩绘瓷窑场均属于地方性民窑，遗存面积不大，遗存堆积不够丰富，且延续时间短。浙江境内温州、衢州地区的彩绘瓷窑，多集中分布在沿海丘陵平原，经调查发掘后发现其规模都不是很大。

表一 浙江出土宋元彩绘瓷简表

窑址名称	遗存	器类	釉色品种	时代
乐清屿后村窑	共6处，分布面积约800平方米，堆积层厚约1~1.5米	壶、瓶	褐色彩绘瓷	宋
乐清潘岭山窑	残留的堆积层厚1米、长约20米、宽8米	碗、瓶、罐、壶、钵、器盖等	以褐彩青釉为主，也有部分青釉和黑褐釉	宋
乐清大坟庵窑	窑址破坏严重，散布范围东西长约150米，南北宽约40米	碗、钵、壶、罐、杯、小盏、器盖、灯具等	褐釉、褐彩青釉、青釉	南宋
泰顺碗窑坑窑	面积约450平方米，堆积层厚约0.7米	碗、盘、钵、器盖等	青釉、褐彩青釉、酱釉	宋
永嘉下山坟窑	窑址分布面积约2000平方米，堆积层厚约2米、长30米	碗、洗、罐、钵、壶、瓶、花盆等	青釉、青釉黑褐彩、黑褐色釉	宋至元
瑞安含金山窑	堆积层长约15米、厚1米左右	壶、罐、瓶等	以青釉和青釉褐彩为主，还有少量黑褐色釉	宋
温州杨府山窑		杯、壶	青釉褐彩	宋

续表

窑址名称	遗存	器类	釉色品种	时代
衢州两弓塘窑	有7座，斜坡式龙窑，残斜长47.6米、宽约2米	盆、瓶、罐、钵、壶、盘、炉、器盖等	青釉、褐釉、黑釉、绘彩瓷等	元
衢州冬瓜潭窑	面积约1800平方米，堆积层自上而下宽约有20米、厚1米左右	碗、盘、盆、钵、罐、盏等	青釉、青褐釉、黑釉、彩绘瓷	宋
衢州西垅山窑	面积约400平方米，龙窑，窑床已破坏	碗、盘、盆、执壶等	釉色以青为主，少量黄褐、黑釉，少数瓷器饰彩绘	宋
衢州白岸坞窑	面积约400平方米	碗、盆、小罐、壶、杯盏等	青釉、黄青、褐青等，少量彩绘瓷	宋
衢州官塘窑	面积约600平方米	盆、瓶、罐、壶、钵等	彩绘瓷	元
衢州紫湖垅窑	面积800平方米	碗、壶、盆、罐、灯盏等	黑釉、青釉、褐釉、黄釉等，部分瓷器饰彩绘	元

2．不同点

第一，浙南与浙西彩绘瓷的制作工序略有差异。从考古发现的褐彩青瓷资料来看，浙南地区的条饰、斑块饰、绘画、文字以及部分点彩均为釉下彩；浙西地区的青釉彩绘瓷均为釉上彩一次烧成。浙西地区彩绘瓷一般都施白色化妆土，从浙江、福建、河北等地出土的彩绘瓷来看，白色化妆土与彩绘呈组合共存关系，但两弓塘窑银灰色釉彩绘瓷除外。化妆土的应用是为了弥补胎土的缺陷，施以化妆土能起到美化的效果。

第二，浙南与浙西两地就彩绘纹样和装饰手法而言，也有所区别，浙南地区绘彩瓷相对简单，彩绘图案简易草率，多是一挥而就的花草、云纹等；浙西地区则较为丰富，大量使用牡丹、忍冬、缠枝、鱼和文字等。浙南地区彩绘瓷装饰手法主要是笔绘；浙西地区彩绘瓷的绘画手法则主要有：笔绘、平涂剔划花、划花填彩、平涂、勾绘、划花勾绘等六种。

第三，两地区窑址集中出现的时间有先后，浙南地区彩绘瓷烧造时代多集中在两宋时期，其中下坟山窑址延续至元代；浙西彩绘瓷多集中于元代衢州全旺地区。

3．两地彩绘瓷的源流

彩绘瓷的出现相对短暂，且没有延续发展，浙西地区的彩绘瓷是在吸收、学习南迁而来的磁州窑彩绘瓷生产技术的基础上烧制而成的，同时在发展过程中也拥有了自己的地域特色；浙南地区的彩绘瓷则更多沿袭了传统瓷业技法，如婺州窑正是由于当地瓷土的原因，无法生产纯粹的“尚青”单色釉，为了求得发展，只能想尽办法生产其他品种的产品。所以，在对窑业文化和制瓷技术的吸纳上兼容并蓄，可以说，磁州窑彩绘工艺技术在浙西地区的出现，并不偶然，而是有着特殊的人文、地理原因的。尽管越窑衰落后浙江瓷器生产逐渐出现了多样化的面貌，但彩绘瓷在具有悠久青瓷文化传统的浙江一带却不可能成为窑业生产的主流品种，这与大部分居民的审美理念和习惯密切相关，因而金衢盆地的彩绘瓷只能在狭小的地域里、在有限的时段内小规模存在。当然，从客观角度讲，浙江宋元彩绘瓷虽然并不光辉夺目，但依然在浙江古代陶瓷史上留下了深深的印迹。

注释：

[1] 柴福有：《衢州古陶瓷探秘》页 325，浙江人民美术出版社，2012 年。

[2][5] 浙江省文物考古研究所、衢县文物管理委员会：《衢县两弓塘绘彩瓷窑》，浙江省文物考古研究所编：《浙江省文物考古研究所学刊》，科学出版社，1993 年。

[3][8] 国家文物局主编：《中国文物地图集——浙江分册（下）》，文物出版社，2009 年。

[4] 秦大树：《宋元时期磁州窑瓶类器物的发展及其使用功能探讨》，《南方文物》2000 年第 4 期。

[6][10] 金祖明：《温州地区古窑址调查纪略》，《文物》1965 年第 11 期。

[7] 温州市文物保护考古所、乐清市文物馆：《乐清大坟庵窑址的调查与认识》，《东方博物》第 33 辑。

[9] 金柏东：《温州市宋代褐彩青瓷窑址调查》，《考古》1988 年第 3 期。

[11] 任世龙:《浙南瓷业遗存类型初析》,《中国古陶瓷研究》第三辑,紫禁城出版社,1990 年。

[12] 温州博物馆编：《中国陶瓷——瓯窑》页 305，文物出版社，2012 年。

[13] 金柏东：《瓯窑褐彩青瓷研究》，《温州古代陶瓷研究》，西泠印社出版社，1999 年。

近代潮州窑釉上彩瓷的工艺与外销

——以潮州城区、枫溪及高陂为中心

潮州市颐陶轩潮州窑博物馆　李炳炎

内容提要：近代汕头港为潮州窑釉上彩瓷的发展提供运销便利，潮瓷经营者通过汕头港到外埠考察市场，致力于提高产品质量和产量。本文认为民国初期及抗战期间是近代潮州窑釉上彩发展中的二个旺盛时期。抗战期间，一些潮州艺人到各地避难时加入当地的彩瓷行业，使潮瓷的彩绘技法得于传播。

在市场作用下，潮州民间艺人、画师投身彩瓷行业，有效地提高彩绘瓷的艺术水准。在彩绘技法上吸收中国画与民间工艺美术技法，利用白胎创作的优势，生产出色彩艳丽、精致细腻的作品，这些品种繁多、纹饰丰富多彩，且具有独特潮州风格的潮彩瓷，大量销往东南亚，至今海外华人仍以釉上彩公鸡图案的斗碗作为潮瓷的象征出现于潮文化中。

关键词：近代潮州　釉上彩　工艺　外销

Abstract: In modern times, the port of Shantou (Swatow) provided convenience to the development of over-glaze ceramics in Chaozhou kiln. Moreover, In order to enhance quantity and quality of their product, kiln managers in Chaozhou visited overseas market via the port of Shantou. The study contends that during the early Republic and Anti-Japanese War, the development of over-glaze ceramics went through its second exuberant period in modern times. During the Anti-Japanese War, some artists from Chaozhou seek asylum in remote places and join local polychrome ceramics industry in order to make a living. The flow of Chaozhou artists also played important role in spreading the technique of color painting.

At that time, under market effects, increasing folk handicraft and painting artists joined polychrome ceramics industry, effectively improving its artistic value. Technically, it borrowed merited element from Chinese painting and folk handicraft. Taking advantages of white porcelain body, it is able to create delicate product with colorful decoration. Large amount of chaozhou ceramics, with their great variety, rich decoration and unique style, were sold to South East Asia. Nowadays still, many overseas Chinese perceive the sign of color glazed rooster on bucket bowl as the symbol of Chaozhou ceramics and the Chaozhou culture.

Keywords: modern Chaozhou, over-glaze ceramics, technology, export sales

潮州釉上彩瓷历史悠久，历来为外销的主产品。清中后期至近代，景德镇窑先后出现硬彩、粉彩、平彩（新彩）、洋彩等产品，潮窑竞相仿效。但有关这方面的研究，文献资料较少，本文利用颐陶轩潮州窑博物馆藏资料就近代（清末至1956年）潮州窑釉上彩瓷三个主产区的生产经营及工艺特色等情况作初探。

一 彩绘瓷是近代潮州瓷业的重要品种

1860年汕头开埠后，地方政府利用交通优势、信息优势、资源优势致力发展陶瓷业。

> 陶磁器之输出额，年约三百万两。……陶磁器之制造地，以潮安属之枫溪及大埔属之高陂为最盛。……高陂、枫溪两处之人民，几全部以制造陶磁器为业。其制品之种类，分碗、盘、小皿、茶壶、痰盂、笔架筒、花瓶、汤杯、灰皿、灯台及其他家常用装饰品等类……潮属瓷器除供地方及附近各县需用外，全部输出安南、暹罗、海峡殖民地、台湾等地。[1]

潮瓷以丰富的品种畅销海内外市场，经营最高峰时，“潮梅（潮州及梅州）瓷器出产，经汕头出口者，每年值五百万元，枫溪瓷为最多”[2]。潮州陶瓷能够在市场取得竞争优势，除改革产品质量外，得益于汕头、香港、新加坡、马来西亚等潮人瓷商的极力推销，并在外部政治环境的促进下，得以发展[3]。

潮州彩绘瓷清末时主要产品是釉上彩厚胎盘、碗；民国初期，使用进口陶瓷色料，按照西洋画法进行彩绘的洋彩瓷器逐渐兴起[4]；20世纪20～30年代，枫溪的中温大窑五彩及高陂的高温青花红绿彩的创烧生产，产品相对于传统的釉上彩，色彩更艳丽，彩料不脱落，具有独特风格，且节约成本，受到市场认可。同时，潮州的釉上彩生产采用广州等地生产的优质平彩颜料，在彩绘技法上吸收中国画与民间工艺美术手法，利用白胎创作的优势，生产出纹饰色彩艳丽、精致细腻的作品，以提高市场竞争力。

清末民国时期，潮州城区东门街有多家经营日本、德国及国内广州等地产的彩瓷颜料店。潮州城区北门外埠头尾的张若眉和南门第四街大房的李仰文是知名的陶瓷原料生产经营商。1935年前后，张若眉就掌握了釉上彩颜料的制作，并以“目”为商标，生产了桃红（金红）、宝石红、浓青、二绿、艳黑等20多个品种，烤彩温度为650℃～800℃之间，销枫溪、高陂等瓷区[5]。抗战期间，由于海运被封锁，洋彩颜料无法进口，传统釉上彩又得于复兴，大埔的张玉史在古野创办河西化工厂，先后研制成功并生产了釉上西赤、莲子红、红黄、浓青、箔黄、甘青等，使瓷区釉上彩工艺得以继续发展。

抗战时期，潮汕沦陷，潮州城区及枫溪不少彩瓷匠人到漳州、港澳及东南亚等地或兴梅一带避战乱，一些在大埔居住下来的艺人与当地民众创办彩瓷加工厂，重操彩绘旧业。这些艺人迁移至各地，从事陶瓷彩绘，既丰富了所在地陶瓷彩绘的表现形式，又扩大了潮彩技法传播的范围。

抗战胜利后，枫溪窑迅速恢复生产，汕头、香港、新加坡等经营转口贸易的潮人瓷商对潮瓷积极经营，一度出现兴旺局面。后内战爆发，政局不稳、金融汇算瞬息万变，瓷业经营又陷于绝境。

二 潮州釉上彩瓷的工艺特征

从近代潮州彩绘瓷传世实物看，釉上彩主要产品有碗、盘、花瓶、壁瓶、筒瓶、枕头、痰盂等陈设器和日用器，装饰品种有硬彩、粉彩、平彩（新彩），装饰手法为勾勒填色、白描、没骨染画等。

潮州粉彩瓷清末时彩庄采用大埔光德、饶平九村的厚胎白瓷，生产博古纹盘、碗，造型及纹饰借鉴景德镇窑工艺。其装饰为碗内着松石绿色地，外壁碗沿饰图案边，圈足饰水波纹，主体纹饰有织锦地开光，有在绿地、黄地上叠彩花蝶、蝙蝠等吉祥图案。盘的纹饰以开光或装饰花边，主体图案为人物故事、山水、花卉等。至 20 世纪 40 年代，粉彩瓷的胎质有了提高，胎薄釉白，造型及纹饰呈现多样化，器内多装饰松石绿色边框，主体图案以粉彩花卉、花果、博古为主，色彩明亮，色调淡雅，烧造温度较高，不易脱落。枫溪吴炳顺采用高陂白胎出品的粉彩瓷风格较为明显（图一）。

图一　民国枫溪窑五彩博古纹花口盘（颐陶轩藏）

潮州釉上彩瓷于20世纪20～30年代创烧生产，产品多为平彩，纹饰有山水、花鸟、人物等，精致细腻。潮州城区王显燊赠送款的山水纹椭圆盘（图二），色调以青绿为主，层次分明，纹饰古朴，人物生动，意境深远；清末枫溪五彩人物折沿滤钵（俗称如意钵，图三），通景构图，群仙纹饰，形象栩栩如生，粉红色调，淡雅活泼；清末民初，高陂出品的梅耳花口瓶（图四），纹饰仿清代画家罗聘作品，以工笔绘制，形象生动；枫溪荣利出品的美人如玉纹筒瓶（图五）和海源出品的鸾凤和鸣纹筒瓶（图六），人物生动活泼，色彩艳丽；高陂竞德出品的黄釉折腰开光碗（图七），胎薄釉润，黄地鲜艳匀称，开光内花卉虫草图案工笔精致；高陂合成昌出品的薄胎盖碗（图八），

图二　民国初期五彩山水纹盘（颐陶轩藏）

图三　清末枫溪窑五彩人物故事纹折沿漏钵（颐陶轩藏）

图四　清末高陂窑五彩人物故事纹瓶（颐陶轩藏）

图五　民国初期枫溪窑五彩美人如玉纹筒瓶（颐陶轩藏）

图六　民国枫溪窑五彩鸾凤和鸣纹筒瓶（颐陶轩藏）

图七　1937 年高陂窑黄地五彩开光花蝶纹折腰碗（颐陶轩藏）

图八　民国高陂窑折枝葡萄纹盖碗（颐陶轩藏）

图九　民国高陂窑金红山水纹盘（颐陶轩藏）

纹饰为折枝葡萄，以描金勾勒渲染粉红、紫、青等颜色，有西洋水彩画之效果；高陂沙坪源兴出品的薄胎束腰盘饰以金红山水图纹（图九），外加折枝花装饰，具有西洋风格的装饰效果；沈建初画的柳马纹筒瓶（图一〇），以没骨画法绘制，色彩为黄、绿、赤渐变涂染，立体感强；高陂同安出品的花口盘（图一一），纹饰利用写实笔法以假山及草木衬托大小梅花鹿亲昵依偎，形象生动，色彩浓淡搭配合宜，画面布局设色类似西洋画法，配于落款印章，又符合中国画绘图风格。

近代潮州彩瓷的纹饰，各个时期呈现出不同的工艺特征。

第一，外埠瓷商来样订制的外销瓷。这类产品具有西方审美趣味，有着典型的繁缛图案，色彩浓艳（图一二）；

第二，近代潮汕的画家多自幼拜师学画，或受中国画传统范本——《芥子园画谱》、《马骀画宝自习画谱大全》等的熏陶，对花鸟、山水、人物画有了严格的训练；

第三，学习近代景德镇窑“珠山八友”画风，以瓷为纸，题材包括山水、人物、花卉等，墨韵、色彩均较精妙，加上题款、印章构成一幅完整的绘画作品，出现一些类似于浅绛彩画法的作品。

第四，20 世纪 20 ～ 30 年代，求学于上海美术专科学校的潮汕学子有几十人之多，有些学成归来，被陶瓷作坊聘请为彩绘师傅或从事绘画的教育，如黄家泽毕业后曾留

图一〇　民国高陂窑柳马纹筒瓶（颐陶轩藏）

图一一　民国高陂窑梅花鹿纹花口盘（颐陶轩藏）

图一二　民国枫溪窑五彩菱形开光花鸟纹盘（私人收藏）

校任教，1946 年在潮州创办了潮州艺校[6]，培养了大批的绘画人才，其中有不少加入到彩瓷行列。这一时期彩绘瓷的纹饰很大一部分有明显的海派画法。

第五，岭南画派创始人高剑父，1912 年在景德镇成立中华瓷业公司，次年因故停办，1914 年春他与一位潮州友人合资，再到景德镇设厂办瓷业公司，自任经理[7]，其主要助手刘群兴也曾到潮州考察胎釉原料的情况[8]。高剑父在广州创作了一批创新型的彩绘瓷，丰富了广彩的传统纹饰，面目焕然一新。潮州画师受其影响，也创作出一批具有其风格的彩绘瓷，可见，广、潮两地关系密切。

由上可知，近代潮州彩绘瓷呈现出对传统技法的改良和创新，具有时代意义。同时，由于画师为流动性职业，彩庄接到订单后，才聘画师绘制，按件计酬，纹饰往往按市场需求或老板的意愿，画师的个性化创作受到局限，使产品的艺术品位难于体现。

三 近代潮州釉上彩瓷三个主产区的产品外销及工艺特色

（一）潮州城区

潮州城区历来是粤东地区的政治经济文化中心，至近代，汕头港开埠后潮汕政区中心逐步移往汕头。潮州城区以其政区中心和韩江水运之优势，使陶瓷业经营仍然占有重要位置。

1. 产品外销

清末咸丰、同治年间，潮州城已有四五家兼营瓷庄进行彩瓷生产。之后，发展到十多家颇具规模的瓷庄，其产品也逐步得到外界认可。

宣统二年（1910 年），南京举行全国工艺品赛会时，潮州府选送一批彩瓷工艺品参加赛会，著名的潮彩艺人廖集秋创作的一尺二寸的百鸟朝凰挂盘和艺人许云秋、谢梓庭创作的釉上彩人物纹挂盘，均获得高奖，清雅绚丽的潮州彩瓷，得到了各界知名人士的赞赏。赛会结束后，潮州彩绘瓷的部分精品，随即被评送往巴拿马太平洋万国博览会展出。这些作品无不引起欧美人士的注目，订货量剧增 [9]。

市场贸易中称广府生产的釉上彩外销瓷为“广彩”，其知名度很高。潮州彩瓷通过展会及潮人的经营也使海内外客户逐步认识，为区别广彩，而约定将潮府（即旧潮州府）的彩绘瓷称为“潮彩”，狭义上的潮彩指潮州老城区生产的釉上彩绘瓷。

潮州城区的画师们多到枫溪从事彩瓷工作，因彩瓷庄生产的粉彩、平彩的盘、碗白胎，采购自近邻地区之大埔、饶平，这些白胎瓷需经城区挑运至枫溪，彩绘后的产品又要运回城区，为减少运费，部分画师在潮州自创彩瓷庄；一些枫溪彩瓷庄也搬迁到潮州城内，如位于西马路的玉顺号，在店内设作坊彩瓷，筑小型烤烧圆窑，自产自销。

民国时期，潮州城区主要陶瓷行号分布于韩江码头的水平路及下水门外内街一带，商号有南成、泰兴利、泰发、荣发、成合、顺发、源盛、玉顺、德昌、成兴、公兴、顺昌、瑞合、丰兴、广兴、南方瓷厂、永昌、堃盛、通利、泉圃、大兴、成利、顺利共 23 家 [10]。这些商号以贸易为主，他们除采购江西、大埔高陂、枫溪等地产品外，有些商号为方便客户订货，兼营彩瓷。

2. 工艺特色

清末，潮州城区彩庄的粉彩瓷纹饰大多为四季花卉、八桃五福、五果、莲花鸳鸯、蝶、山水、人物等，器类除花瓶、花盆外，多为盘、碗，其中以碗内着松石绿色地博古盘、碗为最（图一三）。

在市场作用下，一批潮州民间画师被各彩庄、瓷行聘请为彩绘师傅，这些艺人将自身熟悉的工艺技法借鉴到彩瓷中来，把传统国画的笔法、构图及民间传统工艺图案融汇到彩瓷的纹饰上，使潮州彩瓷的技法更为精细，构图更为完整，题材更加丰富（图一四），具有潮州民间工艺的特色，形成了近代潮州窑釉上彩的艺术风格。

清末民初，城区从事彩绘的主要艺人有：庄叔舆、谢兰圃、许云秋、谢锐、蔡友、苏贵泉、苏岳贤等人。这批画师都有很高造诣，技艺熟练，对彩绘画面，都是事先打腹稿，之后白手起描。如许云秋先期在枫溪画青花瓷器，后来到潮州彩瓷庄专绘粉彩，他的作品有乞巧会乐、牛郎织女、太白醉酒等大花瓶、挂盘、餐具、壶。

图一三　清末潮州窑粉彩花卉纹花口碗（颐陶轩藏）

图一四　1927年潮州窑五彩双狮戏球纹筒瓶（颐陶轩藏）

1949年前后的艺人有擅长于传统人物画的李锡榜（1905～1991年）和擅长于山水画的蔡永青（1922～1993年）等[11]。主要的产品款识有"蔡海成"、"玉顺"、"陶发"、"陶源"等。

（二）枫溪

1. 产品外销

枫溪位于潮州城西约5公里处，有"郡西门户"之称，水路交通非常方便。

近代枫溪窑业在吴子厚、吴潮川以及佘楚岩、陆良士等的大力推动下，由原来的厚胎粗瓷转变成薄胎细瓷，使产品质量得到明显提升[12]。当地人称陆良士为"做缶状元"，他16岁开始学做瓷艺，21岁当家，善于经营及改良瓷艺。

> 良士继承先业，思发挥而光大之，则默察陶业所以盛衰之故。知各岛国喜景德陶，枫陶窳不适豪富家之用也。遂力谋改良土质、型模、藻缋胥加意焉。久之焕然改观，置之景德龙泉中，不辨楮叶矣。业陶海外者，乃不景德龙泉之求，而枫陶之求，以其价廉而物相若也。良士遂以此坐拥厚赀。[13]

由此可见，陆良士通过涉洋考察海外陶瓷市场后，着力改良产品的胎土、造型等，使之可与景德镇、龙泉等名瓷区的产品媲美，而且以物美价廉的竞争优势，赢得海外市场，获取厚利。民国初期，荣利号聘请许云溪画师创作了大量的釉上彩产品，有天女散花、渔翁得利以及山水、人物、博古等纹饰花瓶，畅销市场。枫溪向南街荣利瓷厂大门口的对联为："荣誉播五洲，竟说瓦缶胜金玉；利市占三倍，只缘宾主尽东南"，可领略到主人对经营的自豪感。

枫溪知名的彩瓷庄为玉顺号。光绪十五年（1889年），枫溪溪下人吴谋祥（字合禧），在潮城西门街（西马路）创办玉顺彩瓷庄，由于运销方便，带动枫溪人纷纷进城开办彩馆，玉顺生产釉上彩盘、碗、碟等产品，其白胎主要来自高陂，也有少量来自枫溪，产品通过韩江运销各地。

2. 工艺特色

枫溪的彩绘瓷有两大类——小窑彩和大窑彩。小窑即烤花窑，烧釉上彩，小窑彩因工序多，又需多次烧成，成本较高；大窑即龙窑，烧釉下或釉中彩，大窑彩一次进龙窑烧成，成本低。

光绪元年（1875年），枫溪始创有公合成、永利、和顺三家彩馆，只有10多人，之后，随着瓷业的发展，彩馆已增加到九家，有100多人，当时色料由广州供应，名叫"本彩"。1911年后，才有彩馆利用外国色料进行生产，也称"洋彩"，彩瓷业日盛，彩馆增至17家，工人约300多人，仅釉上彩瓷器全年产值约13万元（白洋），1915年后，枫溪在海外瓷商的促进下引进了中温洋彩，也叫“枫溪大窑五彩”、“蓝彩”，色料如海碧蓝、三鹤蓝等从日本大量进口[14]。

清末，枫溪釉上彩主要以粉彩为主，器类多为盘、碗、壶，纹饰为花卉、佛手、石榴、福、禄、寿、博古、吉祥图案等。器物胎质较厚，白胎中温烧成，呈开片纹，彩料在釉面上易脱落。有些提梁壶以粉彩绘人物戴白通帽、执手杖、持烟斗，为南洋华侨形象，这些产品主要销往东南亚（图一五）。

民国初期，由于洋彩料的进入，新彩得到发展，另外，枫溪陶瓷的质量有了质的飞跃，胎质较前密实，胎釉结合紧密，白釉及米黄釉不出现开片纹。彩绘艺人也曾采用欧、日软质瓷加彩传统人物故事纹饰（图一六）。彩绘技师多来自潮州城区的画家，画面装饰有通景、正背景、开光、多开光等形式，纹饰也丰富多彩，有山水、人物故事、仙女散花、寿星、仙人等，这一时期的作品（图一七、图一八、图一九），代表着近代枫溪窑釉上彩的较高水平。

抗战期间，枫溪瓷区生产的瓷胎质量大幅下降，使彩绘瓷档次同样下降。1940年前后，枫溪瓷区利用玻璃白颜料粉，生产粉彩瓷，器类有盘、碗、茶具、花瓶等，纹饰多以凤牡、花鸟为题材；1945年前后，采用厚胎瓷碗，彩绘公鸡、蕉树、牡丹纹饰的图案，俗称“鸡蕉碗”或“鸡牡碗”[15]（图二〇）。抗日战争胜利后，枫溪陶瓷出现精粗并存的局面，其绘画水平明显下降，釉上彩产量较少（图二一）。

20世纪50年代，枫溪釉上彩绘主要为配合瓷塑的生产，戏剧人物彩绘富丽堂皇（图二二），另外，为参加出口商品交易会及各种展销会，创作生产适合外销要求的釉

图一五　清末枫溪窑粉彩持烟斗人物纹提梁壶（颐陶轩藏）

图一六　民国枫溪窑洋瓷加彩人物故事纹盘（颐陶轩藏）

图一七　民国枫溪窑红地双开光五彩花鸟纹筒瓶（颐陶轩藏）

图一八　民国初期枫溪窑描金彩绘观音立像（颐陶轩藏）

图一九　民国初期枫溪窑五彩寿翁松树纹盖钵（颐陶轩藏）

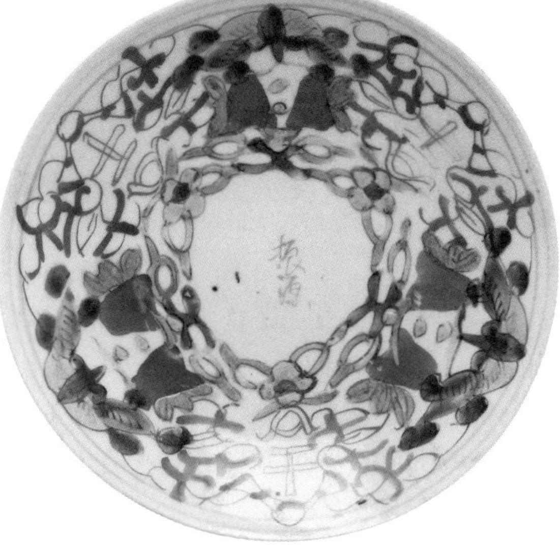

图二一　民国后期枫溪窑五彩缠枝花卉纹盘（颐陶轩藏）

图二〇　民国高陂窑五彩蕉叶公鸡纹花口盘（颐陶轩藏）

图二二　20世纪50年代枫溪窑戏剧人物（颐陶轩藏）

图二三　20世纪50年代枫溪窑五彩描金孔雀耳瓶（潮州市博物馆藏）

上彩日用器具（图二三）。这些产品质量精湛，是枫溪釉上彩继民国初期之后的又一兴旺时期，具有鲜明的地方特色。

枫溪的彩绘瓷工匠众多，除师徒相传外，也聘请一些画师到枫溪进行培训，如民国初期“潮州府寺院的僧侣和浙江来的教员下去教美术。近几年来，不遗余力地改进了工艺，取得了很大效果”[16]。

近现代主要艺人有精于工笔山水彩绘的吴镜河（1908 ~ 1997年）、吴克仁（1916 ~ 1998年），擅长人物彩绘的谢芝荣（1916 ~ 2001年），以色块表现山水美景的吴维松（1922 ~ 1991年）等。

主要产品款识有“荣利”、“如合”、“陶真玉”、“玉顺”、“玉顺昌记”、“玉顺振源”、“吴炳利”、“华艺”、“成合”等。

（三）高陂

1．产品外销瓷

高陂属大埔县，位于韩江中游，距潮州约80公里，水陆交通极其便利，溯江而上可达江西、福建，顺流而下，直抵潮汕各地。高陂镇历来窑业发达，因烧制高温白瓷类玉而有“白玉城”之称。

同治十年（1871 年）大埔陶瓷“对外贸易额是 3889.459 两，至光绪二十六年增至 11912.478 两，远程帆船当最盛时不下数百艘”。“大埔县销往南洋各地的产品，有高陂土碗 100 万担（每担 100 只）”[17]。

民国初期，大埔全县大多乡、保均有窑场。在民国《大埔县志》有文字记载的有甜瓜寮、洋陶坪、银溪口、葵坑、古野、桃源等 29 个乡村。光德、平原、桃源等地，每村窑户少则三五户，普遍有十几户，最多的 100 多户，至 1949 年全县有窑户 1036 户[18]。这些窑场生产的大量瓷器，除境内市场外，主要外销，各窑家的瓷器用肩挑、手提和船运等方式运输到高陂进行运销。

大埔瓷器产品的外销，大多由设在高陂的碗行、瓷庄购销之后，通过韩江运往潮汕后转销海内外。外埠瓷商致力于高陂陶瓷的展销推广，如大埔沙坪黄先溥创办的联兴号，生产的薄胎盘、碗及茶具（图二四），产品由汕头生泰栈代理，代理商每年举办高陂国产瓷器展览会接受客户看样订货（图二五），各商号将从高陂码头运出的大埔产瓷器称为“高陂缶”。大埔各窑场生产的瓷器，其传统的销售模式主要靠自产自销、客商订货或供碗行、瓷庄购销。碗行，是外地商行与当地窑户的中间商，承担着代购、代销、仓储、中转等业务；瓷庄多为外地瓷商派员在高陂设庄，自主向各窑户采购、装运。瓷商在高陂的经营促使高陂瓷对外运销。

图二四　民国高陂窑大埔釉上彩花口盘（颐陶轩藏）

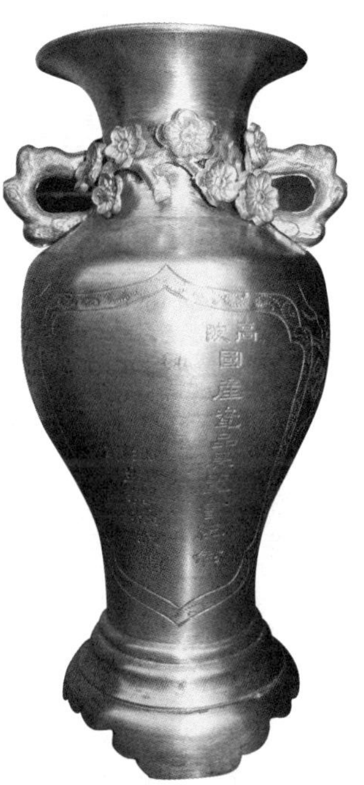

图二五　20 世纪 30 年代联兴号展览纪念杯（私人收藏）

2. 工艺特色

清末，高陂镇有多家彩绘作坊，借运销优势，利用邻乡的白胎瓷加工彩绘，可按不同的纹饰图案生产，方便客户订货。产品为粉彩盘、碗，其胎润实厚重，釉色洁白及蛋青均有，主要产品为碗内着松石绿色地的粉彩厚胎碗，以及粉彩厚胎花口盘，主体图案为人物故事、花蝶、花鸟、莲藻等（图二六）。

民国初期，大埔瓷区注重对瓷器进行改良。20 世纪 30 年代，沙坪村人黄长夏（1882 ~ 1961 年）创办的三和瓷厂，生产的薄胎杯，洁白透明，薄似蛋壳。在他的带动下，高陂多家作坊生产薄胎盘、碗，畅销市场，受到当时权贵阶层的青睐，如竞德[19]瓷厂生产的黄地开光釉上彩折腰碗被南洋富商陈慈黉家族订制（见图七），新彩产品彩绘洋式图案纹饰，与海外市场的日货竞争。

抗战期间，生产青花红绿彩的洋料中断，同时潮汕沦陷后，大批彩绘工人到高陂一带避难，加入到彩绘行业中，传统釉上彩又得以恢复，主要艺人有沈建初、沈筑初兄弟。1949 年前后郭寿民（1925 ~ 1987 年）、郭甘棠（1926 ~ 2001 年）及郭辉煌等为代表的艺人也创作了大量釉上彩产品。沈建初在高陂期间留下大量的釉上彩精品，有寿星图筒瓶、踏雪访友图筒瓶、八仙过海图瓶（图二七）、骑驴访友图瓶（图二八）、柳马图筒瓶等，沈筑初的作品有风尘三侠图筒瓶（图二九）、松鹤图瓶、渔翁图筒瓶等。这一时期的作品还有较为精致的菊花蝶纹筒瓶（图三〇）、山水纹瓶（图三一）、人物故事纹瓶（图三二）等釉上彩作品。

此期主要产品的款识有“陶如玉”、“永玉”、“仁玉”、“德玉”、“竞德”、“联兴”、“三和”、“源新”、“永和兴记”等。

图二六　清末高陂窑粉彩花蝶纹花口盘（颐陶轩藏）

图二七　民国高陵窑五彩八仙过海图瓶（颐陶轩藏）

图二八　1940 年高陵窑五彩骑驴访友图瓶（颐陶轩藏）

图二九　1935 年高陵窑五彩
风尘三侠图瓶（颐陶轩藏）

图三〇　民国高陵窑五彩
菊蝶纹筒瓶（颐陶轩藏）

图三一　1937 年高陂窑五彩山水纹瓶（颐陶轩藏）

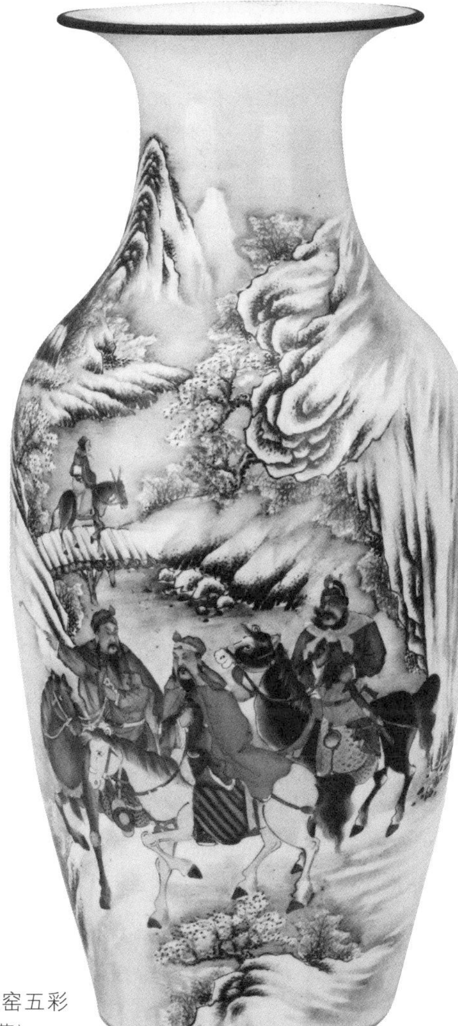

图三二　民国高陂窑五彩人物故事纹瓶（颐陶轩藏）

四 总结

综上所述，基本可以得出如下结论 ：

第一，汕头港对外通商后，潮州城区、枫溪及高陂的陶瓷产品外销，均利用韩江运往汕头转销海内外，即汕头港为潮州窑釉上彩瓷的发展提供运销便利，关系密切。

为了海内外市场竞争，潮瓷经营者通过汕头港到外埠考察市场，致力于提高产品质量和产量。

在各商埠潮人瓷商的推动下，有效地与景德镇等窑的产品竞争，以物美价廉的优势占领市场，赢得丰厚回报。

第二，民国初期及抗战期间的釉上彩瓷是近代潮州窑釉上彩发展中的两个旺盛时期。

清末民初潮瓷的粉彩造型、纹饰多借鉴景德镇窑。20 世纪 20 ~ 30 年代，潮州采用国内外釉上彩原料生产，同时枫溪及高陂瓷产区对瓷胎进行改革，生产了中温及高温的薄胎细瓷，提高了产品档次，加之在市场需求作用下，潮州民间艺人、画师投身彩瓷行业，有效地提高彩绘瓷的艺术水准，纹饰更为丰富，除为外洋加工定制的图案外，出现了类似浅降彩、广彩以及海派等画法的彩绘瓷，产品胎薄釉润，纹饰新颖，在彩绘技法上吸收中国画与民间工艺美术手法，利用白胎创作的优势，生产出纹饰色彩艳丽、精致细腻的作品，这些品种繁多、纹饰丰富多彩，且具有独特潮州风格的潮彩瓷，大量销往东南亚，受到追捧。

抗战期间，一些知名艺人到各地避难时加入当地的彩瓷行业，采用釉上彩创作了一批传统题材的作品，其空间层次、深浅变化、色彩丰富等特点在作品中得到充分发挥，具有极高的欣赏价值。同时，潮瓷的彩绘技法也得于传播。

注释 ：

[1] 萧冠英 :《六十年来之岭东纪略》页 15，广东人民出版社，1996 年。

[2] 谢雪影 :《潮梅现象》页 120 ~ 122，汕头时事通讯社，1935 年。

[3] 李炳炎 :《枫溪潮州窑（1860 ~ 1956)》页 81 ~ 118，岭南美术出版社，2013 年。

[4] 谢木崇 :《潮彩溯源》页 12 ~ 13，潮州内部资料，1983 年油印本。

[5] 杨光远 :《潮州陶瓷志》页 65，潮州陶瓷志编委会，2005 年。

[6] 潮州市地方志编纂委员会 :《潮州市志》页 93，广东人民出版社，1995 年。该校于 1947 年增办初中部，改称义安中学。

[7] 李焕真、曾应枫编 :《堆金积玉——广州彩瓷》页 70 ~ 71，广东教育出版社，2011 年。

[8] 李炳炎 :《枫溪潮州窑（1860 ~ 1956)》页 20，岭南美术出版社，2013 年。

[9] 谢木崇 :《潮彩溯源》页 12，潮州内部资料，1983 年油印本。

[10] 潮州市地方志编纂委员会:《潮州市志·商业》页 732 ～ 733,广东人民出版社,1995 年。

[11] 谢木崇 :《潮彩溯源》页 11 ～ 12，潮州内部资料，1983 年油印本。

[12] 李炳炎 :《枫溪潮州窑（1860-1956)》页 59，岭南美术出版社，2013 年。

[13] 郑国藩 :《似园文存·陆母吴太孺人九秩荣寿大庆序》页 139，2013 年广东省金山中学潮州校友会影印出版。该引文的标点符号经吴榕青先生校对。

[14]《枫溪陶瓷历史》，内部资料手抄本，1962 年。

[15] 参考杨光远编纂《潮州陶瓷志》页 65，潮州陶瓷志编委会，2005 年。

[16] 潮海关史料汇编 :《1912 ～ 1921 年潮海关十年报告》页 102。

[17] 袁光明主编 :《大埔陶瓷》页 245，广东人民出版社，2008 年。

[18] 袁光明主编 :《大埔陶瓷》页 240，广东人民出版社，2008 年。

[19] 竞德 : 意为其产品质量可与景德镇竞争。

日本有田瓷器釉上彩装饰

中山大学　熊　寰

内容提要：有田瓷器釉上彩装饰是日本瓷器装饰风格的主要特色和成就所在，反映了日本瓷器史的发展演变。本文结合日本瓷器史的背景和面貌，系统阐释了有田瓷器的“古九谷”、“柿右卫门”和“金襕手”等瓷器装饰风格。

关键词：有田瓷器　釉上彩　装饰

Abstract: The overglazed decoration of Arita porcelain is the important feature and achievement of Japanese style of porcelain and reflects the development of Japanese history of porcelain. The article explains the style of decoration of Arita porcelain, such as Kokutani, Kakiemonand kinrande etc.

Keywords: Arita porcelain, overglazed style, decoration

日本是古代重要制瓷国，肥前瓷器为其代表，这也是日本最早的瓷器[1]。肥前瓷器虽然出现较晚，约在1610年，但却主要依靠其精品——有田瓷器——所具有日本特色装饰风格，在17中叶至18世纪中叶曾大量行销海内外，一度与中国外销瓷抗衡[2]，在日本瓷器装饰上占有极重要地位。进一步看，有田瓷器虽然装饰风格纷繁杂多，主要成就却在于釉上彩。

肥前釉上彩瓷在江户时代颇受欢迎，较为名贵，产品主要分为两大类：一是面向富裕阶层销售的民窑产品，如有田彩瓷；二是“锅岛烧”彩瓷（日本称之为“色锅岛”），主要上贡给将军家族（江户时代日本实际上的最高统治者）或作为藩与藩之间往来的礼品瓷，不流入市场销售。

肥前瓷器釉上彩没有中国常见的粉彩工艺，只有相当于中国的五彩工艺，被称为“色绘”，今又多称“上绘”。其底釉以透明釉为主，也有失透白釉或半透明釉，以及青釉、蓝釉、天蓝釉和褐釉等，底釉之上施有色料，称为“和料”，以与近代以来使用的“洋料”有所区别。施绘技法上，日本釉上彩瓷主要使用线描和染色两种方法，用胶水作黏合剂[3]，这也与景德镇五彩类似。

日本釉上彩装饰根据不同角度可有两种分法。一是色调，有“赤绘”、“锦手”和“染锦手”等风格：

“赤绘”主要是指以红色为基调的彩瓷（图一[4]），也可泛指彩瓷。

“锦手”是指施有红、绿、黄、青、紫等色的彩瓷，内涵宽泛，实际上就是对彩瓷的另一种称呼，故它也包含了多种风格，如“柿右卫门”狮子牡丹纹盘（图二[5]）的风格就属于“锦手”。

“染锦手”，顾名思义，就是将“锦手”与“染付”（即青花）结合装饰，类似于中国的青花五彩，如“金襕手”牡丹纹盖罐（图三[6]）就是其典型品种之一。

二是根据风格，有田瓷器主要可分为“古九谷”、“柿右卫门”、“金襕手”和“仁清手”、“松谷手”，前三种是日本瓷器装饰具有代表性的三种风格，后两种是较有特色的品种[7]。

图一　1650 ~ 1660 年“赤绘”梅花纹执壶（九州陶瓷文化馆藏）

图二　1670 ~ 1690 年“柿右卫门”狮子牡丹纹盘（九州陶瓷文化馆藏）

图三 1690～1730年"金襕手"牡丹纹盖罐（九州陶瓷文化馆藏）

1．"古九谷"

"古九谷"流行于17世纪50～60年代，是日本瓷器史上模仿中国瓷器风格中最为传神的品种[8]，体现了浓郁的中国风。它又可细分为"五彩手"、"祥瑞手"和"青手"三种风格[9]。

"五彩手"，顾名思义，其名称借自中国的五彩，用红、绿、黄、紫、青等色料表现纹样，以仿中国风纹样为主，是"古九谷"风格中最似中国风的瓷器（图四[10]），主要面向日本国内市场。它多用青花表现部分纹样或分隔线（类似景德镇俗称的"打箍"），再以深绿、紫、青等冷色系为主色调装饰，特征是用黑线描绘纹样轮廓（见图四之细图）。此外，在"五彩手"风格中，还包括被称为"百花手"和"九角手"之器物："百花手"，"百"为泛称，即"多"之意，该风格采用开光构图形式，除主纹饰外，其余地方用花卉等辅助纹样满密装饰，描绘精细，呈繁花锦地状（图五[11]）；"九角手"，是指呈九边形的"五彩手"器物（图六[12]）。

"祥瑞手"又称"南京手"，是受明末景德镇"古染付"、"南京赤绘"[13]和"祥瑞"

图四　1640～1650年“五彩手”
菊鸟纹花口盘（九州陶瓷文化馆藏）

图五　1650～1660年“百花手”
人物图盘（九州陶瓷文化馆藏）

图六 "九角手"山水人物图盘（大英博物馆藏）

瓷风格影响的日本早期彩瓷。它一般先在坯上用青花描绘部分纹样或分隔线，再用红、黄、黄绿等色料描绘纹样后二次烧成，故色调以红、绿、黄、紫等为主，尤多使用红色，亮丽明艳。“祥瑞手”的主要特征有二：一是圆形或袈裟纹等几何图案纹样（图七[14]），这是受中国“祥瑞”瓷纹样影响所致，不过中国祥瑞多见青花，日本“祥瑞手”多见彩瓷；二是彩绘轮廓线不用黑线用红线（图八[15]），但在同一个器物中也有和黑线并用的情况。

“青手”，又称“青手古九谷”或“青九谷”，特征是不用红色，而用黑线勾勒，以青色调为主，多施绿、黄、紫等色，颜色浓重，风格厚重，类似中国的素三彩。此外，也有结合留白或酱口的装饰形式。相比中国风浓郁的“五彩手”，“青手”更具和风，其题材以日本纹样为主，即使是模仿中国题材，也会对其和风化，如“青手”牡丹鸟纹盘（图九[16]）中作为中国传统题材的牡丹纹，却与中国风格相距甚远。

“古九谷”风格瓷器作为日本瓷器史上最接近中国风的品种，其出现与时代背景有关。日本社会在16世纪对中国瓷器需求很大，这在日本传世资料和考古出土资料中均已得到证实[17]，故从逻辑上推断，日本瓷器诞生的一个主要动力便是填补日本社会对中国瓷器的需求，这也能合理解释日本早期瓷器为什么虽由在日朝鲜陶工创烧、使用朝鲜技术，但装饰风格却模仿中国之现象。随着瓷业的发展，日本瓷器装饰水平摆脱了初期的低水平，至17世纪50年代出现了跃升[18]，换言之，日本瓷器装饰模仿中国瓷器风格愈来愈传神，最终出现了形神兼备的“古九谷”风格（以“五彩手”为代表）。

图七 1650～1660年“祥瑞手”彩瓷盘（日本出光美术馆藏）

图八 1650～1660年“祥瑞手”彩瓷局部（九州陶瓷文化馆藏）

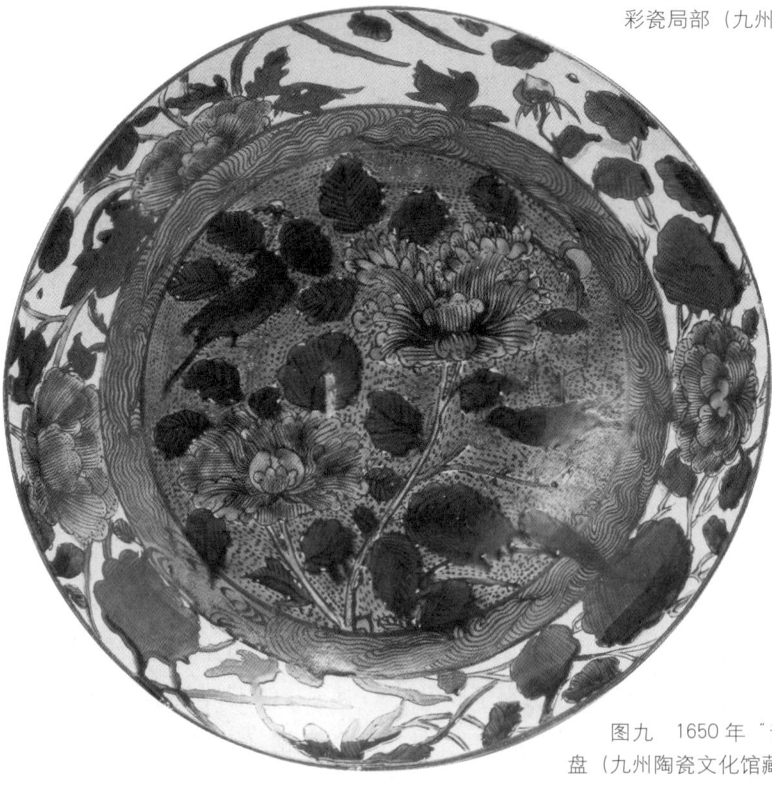

图九 1650年“青手”牡丹鸟纹盘（九州陶瓷文化馆藏）

2．“柿右卫门”与“浊手”

“柿右卫门”风格瓷器出自柿右卫门窑，故名。柿右卫门窑由酒井田柿右卫门家族创烧，据记载，一代酒井田柿右卫门于1647年在日本首先创烧彩瓷[19]，其后迅速成为日本著名的彩瓷，并在17世纪后期大量外销欧洲。

“柿右卫门”的典型风格流行于17世纪70～90年代[20]，特征是在略带乳白色的白胎上用黑线勾轮廓或叶脉等，并施红、绿、青、黄、金、紫等釉上彩，笔锋纤细[21]，也称为“浊手”，又称“乳白手”（见图二）。“浊手”之名始于20世纪初，关于其名称来源，据中岛浩气先生认为源于有田方言，“浊”指的是淘洗完上贡用米后留下的汁液[22]。这种上好米汁的颜色也确实符合“柿右卫门”风格瓷器最为称道之特征，即略带乳白色的白胎，烧成后完全不见青色，与一般民窑白中泛青的白胎有别。这种致密的白胎并非施白釉之结果，而是胎釉含铁量都很少、透过无色透明釉呈现胎之白色所致[23]。同时，除了胎釉含铁量少的因素之外，比普通白瓷更薄的釉层也是胎呈白色的重要因素。日本普通白瓷（图一〇），釉层厚0.3毫米，胎骨白度差，釉也呈青黑色；“浊手”（图一一）釉层只有大约普通白瓷釉的一半厚，为0.15毫米，胎骨白而致密[24]。显然，更薄的釉能更好地反映瓷胎之白。

17世纪90年代以后，釉中含铁量增多导致釉色泛青，“浊手”消失了，在整个江户时代后期都不见。关于消失之原因，一般认为是“浊手”的胎骨因由不同瓷石配成，在烧成时收缩率不一样，导致废品率高，也即根本上是高成本导致被淘汰[25]。

“柿右卫门”风格是继“古九谷”风格流行之后新兴起的一个重要风格，与模仿中国风的“古九谷”不同的是，“柿右卫门”风格既延续了中国风格，也带有日本风格。

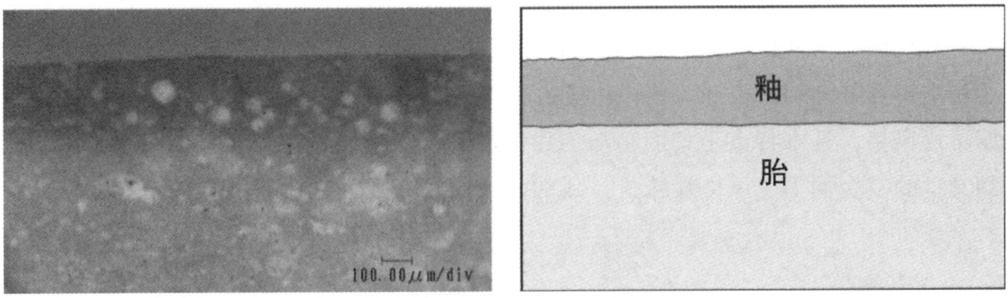

图一〇　显微镜下1630～1640年普通白瓷断面

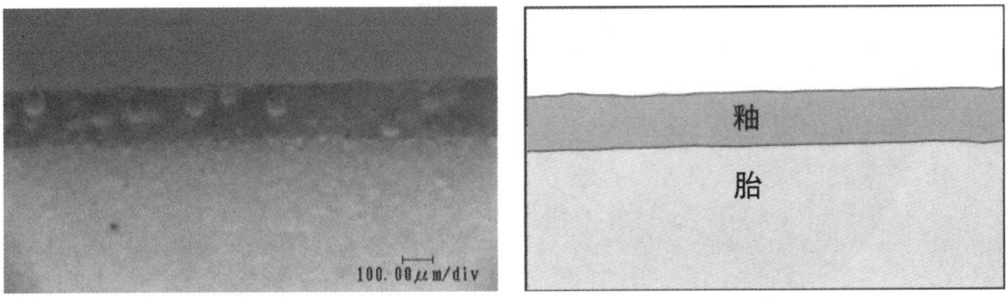

图一一　显微镜下1670～1690年“浊手”白瓷断面

这样的结合就导致中国韵味不如“古九谷”那般浓郁，瓷器上的日本特色开始变得鲜明起来，即使是绘司马光砸缸、周茂叔爱莲等中国题材也是如此。这种变化与其时日本的社会背景是分不开的。一方面是政策因素，在锁国政策的大背景下，幕府于1668年发布了“俭约令”：“禁止进口……外国瓷器或陶器，甚至于茶壶、杯、盘一类的东西”[26]，使中国输日瓷器严重受阻，如在1671年从台湾和大陆沿海地区赴长崎的船被长崎总督勒令离开，不得卸载货物，包括瓷器[27]；又如1683年8月12日长崎长官“禁止任何中国瓷器被卸载和销售……命令中国人带走这些瓷器离开日本”[28]。结果是：中国瓷器输日的减少必然会降低对日本瓷器装饰的影响力，反过来也给日本风格提供了发展空间。另一方面，17世纪后期日本国内市民文化日渐高涨，如歌舞伎文化的兴起，就深深地影响了日本瓷器装饰。歌舞伎是日本的代表性戏剧，起源于16世纪末的流行舞蹈。歌舞伎的日语假名是“かぶき”,最早它是“かぶく”的名词形,“かぶく”为日本古语，意为“偏”或“着装华丽而奇特”[29]。反映在瓷器上，可以看到大量“柿右卫门”风格都采用了“偏”的构图方式，将主题纹饰置于器物装饰面的一边（见图二），色调明艳欢快，体现了日本特色。

3.“金襕手”

“金襕手”始于17世纪90年代[30]，特征是釉下青花与釉上彩结合装饰，再施绘金彩[31]。具体而言，即常用青花绘部分纹样，青花蓝色较之前稍偏黑，釉上彩多使用矾红彩、金彩、绿彩、黄彩等，一般会有些许留白，以大盖罐等为主。由于大量使用红彩和金彩，故颜色鲜艳，整体风格显得绚烂夺目、雍容华贵（见图三）。到18世纪30年代左右，装饰特征略微出现变化，绿彩等的轮廓不用黑线而用金线描绘，口沿涂金色[32]（图一二[33]）。

“金襕手”是继“柿右卫门”之后兴起的又一类重要装饰风格，在18世纪成为了日本瓷器装饰的代表性风格，也是古伊万里风格的代表性类型[34]。当时欧洲流行罗可可风格，基本特点是华丽精巧、甜腻温柔、纷繁琐细，这与日本纷繁华丽、富丽堂皇的“金襕手”风格趣味是一致的，因此它在欧洲颇受欢迎，逐渐代替了柿右

图一二　1740～1770年“金襕手”花卉盖碗（九州陶瓷文化馆藏）

卫门风格瓷器，于18世纪前半期曾大量出口到欧洲，也是目前欧洲博物馆中最常见的日本瓷器风格。

“金襕手”风格与中国风格完全不同，是纯粹的日本风格，这也说明了日本风格在瓷器上的成熟。它的形成亦与日本社会背景有关：一方面，“俭约令”继续得到执行[35]，另一方面，日本进入到17世纪末浮世绘兴起。浮世绘是日本的风俗画，多以版画形式出现，主要描绘人们日常生活、风景和演剧。它风格特异，色调华丽浓重，与“金襕手”彩瓷色调的浓艳、富丽堂皇是一致的，这说明时代的审美思潮在瓷器装饰上得到了反映。

结合上述日本瓷器主要装饰风格的演变，可以发现随着日本自身社会文化的发展以及相关外因的影响下，日本瓷器装饰从中国风浓郁的“古九谷”，发展至中日风格结合的“柿右卫门”，再至日式风格凸显的“金襕手”，完成了从中国风到日本风的转变。

4.“仁清手”

仁清是京都的著名陶工，全名野野村仁清，活跃于17世纪下半叶，以在陶器上彩绘闻名。在有田，受其风格影响的器物被称作“仁清手”，风格流行于17世纪90年代，特征是不用青花，也不用黑线描轮廓，而用红、绿、青、金等色装饰，红色偏深，绿色浅淡，风格雅致[36]（图一三[37]）。

图一三　1660～1670年“仁清手”菊纹三足香炉（九州陶瓷文化馆藏）

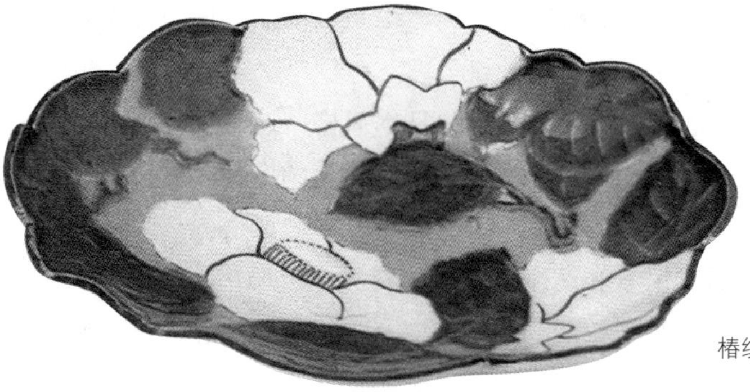

图一四　1650 ~ 1670 年 "松谷手" 椿纹花形盘（九州陶瓷文化馆藏）

5．"松谷手"

曾认为烧于佐贺县松谷窑，故名。不过据近年来考古资料显示，应出自有田民窑和锅岛藩窑[38]。

"松谷手"风格瓷器多见于 17 世纪后期，如上文所述，此时日本风格开始兴起，故其无论是釉彩还是造型，都与展现中国风的"古九谷"不同，呈现出典型的日式风格（图一四[39]）：釉彩上，用绿、黄、紫、黑等彩料描绘，少用红色，外壁露白胎无纹样；造型上，多见变形小碟，这也是常见的日式造型风格。

简言之，日本釉上彩瓷代表了日本瓷器装饰的主要成就，从"古九谷"至"柿右卫门"再至"金襕手"风格，它们的转变展现了日本瓷器史的演变脉络，引领了日本古代瓷器装饰的发展。

（本文获中央高校基本科研业务费专项资金资助）

注释：

[1] 限于篇幅，关于肥前瓷器的详细情况，包括与伊万里瓷器的关系等，参见拙文：《日本瓷器初期发展研究》，《故宫博物院院刊》2013 年第 6 期。

[2] 详情参见拙文：《中日瓷器海外竞市研究——以景德镇和肥前瓷器为例》，《中山大学学报（社会科学版）》2012 年第 1 期。

[3] [日] 大橋康二、鈴田由紀夫等：『古伊万里の見方シリーズ 3：装飾』頁 37，九州陶磁文化館，2006 年。

[4] [日] 九州陶磁文化館：『2009 新撰名品図録』图 35，九州陶磁文化館，2009 年。

[5] [日] 九州陶瓷文化馆：『2009 新撰名品图录』图 48，九州陶瓷文化馆，2009 年。

[6] [日] 九州陶瓷文化馆、有田町历史民俗资料馆：『欧州貴族を魅了した古伊万里——蒲原コレクション』，有田町教育委员会，2008 年，图 4。

[7] 日本釉上彩瓷装饰中除了文中所列举的主要装饰外，还有辅助装饰，如金彩和银彩。金彩将在"金襕手"风格中提及；银彩即使用银箔或银泥附着在纹样之上作装饰，但缺陷是时间久容易氧化，颜色变黑，故很快就淘汰不用了。

[8] 关于“古九谷”风格瓷器的产地有一定争议，原来一直认为产于石川县九谷古窑，故名。但近年来在佐贺县有田一带窑址出土了许多“古九谷”风格的白胎和彩瓷瓷片（大橋康二：『肥前の色絵磁器』，『東洋陶磁』第二十・二十一号，頁18），故该类风格瓷器应出自有田。同时，陶瓷科技学者也进行了不少测试对此作了证实（河島達郎：『中性子放射化分析による古九谷の產地推定』，Radioisotopes，1990年，第39期：第569～572頁；山崎一雄、成瀬晃司：『東京大学医学部附属病院地点出土の江戸時代の陶磁器片の材質および産地』，『考古學雜誌』79卷4期）；佐佐木达夫、佐佐木花江：《日本17世纪九谷五彩的研究》，郭景坤主编：《’05古陶瓷科学技术6国际讨论会论文集》頁452～460，上海科学技术文献出版社，2005年）。因此，事实上有两个“九谷”，一个是从产地分类的角度看，指的是江户前期石川县九谷古窑生产的器物，另一个是指器物的风格，即在肥前有田生产的“古九谷”风格（村上伸之：『有田における古九谷の生產技術』，出光美術館：『古九谷』頁195，出光美術館，2004年）。不过，也有观点提出该风格器物存有在有田制胎、后在石川县上彩的可能性，但测试数据似乎不支持这一点，因为两者的胎釉成分有所差别（山崎一雄：『九谷ならびに有田古窯跡出土陶磁器破片の化学的判別』，『東洋陶磁』第十四号，頁41）。综上，本文探讨的“古九谷”风格器物为有田瓷器。

[9]“古九谷”风格也有青花装饰，被称为“蓝九谷”。

[10][日]九州陶磁文化館：『柴田コレクションⅥ』图280，九州陶磁文化館，1998年。

[11][日]島崎丞：『古九谷』，谷川徹三监修：『日本陶磁全集26』图61，中央公論社，1980年。

[12][日]小山富士夫：『東洋陶磁大観5·大英博物館』图74，講談社1974年。

[13][日]“南京赤绘”在日本是一个比较含糊的概念，广义上是指景德镇民窑明末清初销往日本的五彩瓷，也称为“赤绘南京”。狭义是指除去“天启赤绘”（天启彩瓷——笔者注）和“色绘祥瑞”（祥瑞彩瓷——笔者注）以外的清初景德镇彩瓷。（矢部良明等：『角川日本陶磁大辞典』頁1047～1048，角川書店，2002年）。主要特征是“青花不用于纹样，或仅绘于外壁和作分隔线用，充分利用白地，描绘花鸟、人物、山水等，留白较多，色调逐渐变得素净，大约有康熙五彩的感觉。”（西田宏子、出川哲朗：『明末清初の民窯』頁129，平凡社，1997年）。河原正彦将“南京赤绘”释义概括地归纳为“白胎上基本不施青花，仅仅施彩料的一类五彩瓷器——但圈足内可用青花写款或绘圈线”（京都国立博物馆：『色絵祥瑞·南京赤絵·康熙五彩：明末·清初の五彩磁器』頁42，京都国立博物馆，1993年）。

另有斋菊藤太郎先生在时间上存在不同的看法，他认为“‘狭义的南京赤绘’时间为从天启中期至崇祯中期，特征是白胎上彩绘，青花仅用于外壁的年号书写，色调有三到四色，口沿有剥釉现象；而‘南京赤绘’是崇祯中期到顺治中期，白胎上彩绘会有七色，口沿施酱釉。”（斎藤菊太郎：『呉須赤絵·南京赤絵』頁111及附表，平凡社，1976年）。不过前段说法目前更为通用。

[14] [日]出光美術館：『古九谷』图42，出光美術館，2004年。

[15] [日]九州陶磁文化館：『柴田コレクションⅦ』图78，九州陶磁文化館，2001年。

[16] [日]九州陶磁文化館：『柴田コレクションⅦ』图71，九州陶磁文化館，2001年。

[17] [日]小野正敏：『15～16世紀の染付碗、皿の分類と年代』；[日]上田秀夫：「15·16

世紀の染付碗、皿の分類とその年代」,『貿易陶磁研究』,1982 年,No.2 ;[日] 長谷部楽爾、今井敦 :『日本出土の中国陶磁』,平凡社,1995 年。

[18] 关于跃升的原因及日本 17 世纪上半叶瓷器发展的具体状况,详见拙文 :《中日瓷器比较研究——以 1610 ~ 1860 年代景德镇与肥前瓷器装饰为例》,《艺术史研究》第 14 辑。

[19]『酒井田柿右衛門家文書』,宮田幸太郎:『有田町史·陶業編 1』頁 553,有田町,1988 年。

[20] [日] 大橋康二、鈴田由紀夫等 :『古伊万里の見方シリーズ 3 : 装飾』頁 32。

[21] [日] 大橋康二 :《将軍と鍋島·柿右衛門》頁 118,雄山閣,2007 年。

[22] [日] 中島浩気 :『肥前陶磁史考』,青潮社,1985 年。

[23] 不过盐田力藏认为浊手的釉纯白不透明(小野賢一郎等 :『陶器大辭典』卷四,頁 339,五月書房,1941 年)。

[24] [日] 大橋康二、吉永陽三等 :『古伊万里の見方シリーズ 1: 種類』頁 6,九州陶磁文化館,2004 年。

[25] 这也是"浊手"多为小器的原因,因为小器物更容易烧好,有助于降低成本。

[26] T.Volker,*Porcelain and the Dutch East India Company*,Leiden : E.J.Brill,1954,p.157.

[27] T.Volker, *Porcelain and the Dutch East India Company*, p.158.

[28] T.Volker, *The Japanese Porcelain Trade of the Dutch East India Company After 1683*, Leiden: E.J.Brill, 1959,p.13.

[29] [日] 大橋康二 :『将軍と鍋島·柿右衛門』頁 114,雄山閣,1997 年。

[30] [日] 大橋康二 :『肥前の色絵磁器』,『東洋陶磁』第二十·二十一号,頁 24。

[31] 金彩之金为本金,即纯金,是用水溶解粉末状的金料,再加以研磨而成。日本瓷器往往会在需用金彩的纹样上先施红彩烧一次,而后再施金彩入炉烧成,以便增加金彩的粘附性。

[32] [日] 大橋康二、鈴田由紀夫等 :『古伊万里の見方シリーズ 3 : 装飾』,頁 34。

[33] [日] 九州陶磁文化館 :『柴田コレクションⅤ』图 273,九州陶磁文化館,1997 年。

[34] 需要说明的是,由于"金襕手"的关键特色是彩瓷描金装饰,所以在日本对中国嘉靖时外销到日本的一批矾红描金彩瓷也称为"金襕手",但本文仅指日本瓷器。

[35] 据记录,直至 1749 年才有 67 捆瓷器运到日本,但没有记录显示日本官方对这些进口瓷器采取任何措施(T.Volker,*Porcelain and the Dutch East India Company*,p.65),在《唐船货物改帐》中的记录也如此。不过由于这是孤例,所以还不能因此断定"俭约令"这时可能不再被执行或被取消了。因为也不能排除是走私行为,事实上在 1685 年的"正德新令"后,1686 年就出现了荷兰东印度公司的走私,9 个在出岛的职员,包括负责人克莱尔,因此被永久禁止进入日本(T.Volker, *Porcelain and the Dutch East India Company*, p.5)。

[36] [日] 大橋康二、鈴田由紀夫等 :『古伊万里の見方シリーズ 3 : 装飾』頁 29。

[37] [日] 九州陶磁文化館编 :『柴田コレクションⅡ』图 139,九州陶磁文化館,1990 年。

[38] [日] 大橋康二、鈴田由紀夫等 :『古伊万里の見方シリーズ 3 : 装飾』頁 31。

[39] [日] 九州陶磁文化館编 :『柴田コレクションⅡ』图 133,九州陶磁文化館,2001 年。

中国古代釉上彩佛教造像述论

南开大学　张婧文

内容提要：宋元时期，彩瓷佛教造像开始出现，而明清时期彩瓷品种极大丰富，五彩、粉彩等佛、菩萨造像也更加形象生动。从宋代到清代，瓷器装饰工艺的不断进步促进了佛教造像品种的多样化，但造像的具体形式和内容却呈现出两极分化的趋势，一方面是以宫廷为代表的高档造像对于佛教义理表现得越来越精准；另一方面则是民间对于佛教造像的世俗化表现。从表现题材上看，元以前的釉上彩佛教造像中，以释迦造像所占比例最大，观音相对较少。元以后观音、布袋僧、罗汉在釉上彩佛教造像中所占比重逐渐增加。清代宫廷造像以藏传佛教题材为主，以释迦牟尼和无量寿佛造像数量最多，品种相对单一。

关键词：釉上彩　佛造像　彩瓷

Abstract: The polychrome porcelain of Buddhism statue started to emerge in Song and Yuan dynasties, and reached its peak in Ming and Qing dynasties with vivid varieties such as polychrome, famille rose and so on. The development of decorative crafts promoted the diversification of Buddhism statue variety from Song to Qing dynasty, but the specific from and content presented the trend of polarization. On the one hand, the statue made by the imperial court showed the more accuracy on Buddhism argumentation. On the other hand, the folk society tends to be more secularization on expression on Buddhism statue. The Sakya statue holds the largest proportion on over-glaze Buddhism statue before Yuan dynasty, and the Avalokitesvara were relatively few in numbers. After Yuan dynasty, the statues of Avalokitesvara, hop-pocket Buddha and Arhat increased gradually. The Tibetan Buddhism was the major religion in the Qing imperial court, and statue of Sakyamuni and Buddha of infinite life was the largest part.

Keywords: over-glaze, Buddha statue, polychrome porcelain

中国的彩绘瓷器不晚于六朝早期已经出现，唐代长沙窑的彩瓷生产已成规模，宋元时期，彩瓷品种进一步丰富，也正是在此期间，彩瓷佛教造像开始出现，品种有红绿彩、黑褐彩等。明清时期彩瓷品种极大丰富，五彩、粉彩等佛、菩萨造像更加形象生动。

一 宋元釉上彩佛教造像

宋元釉上彩佛教造像常见的装饰形式主要是两种，一种是釉上黑褐彩，多见施于青白釉上；另一种是红绿彩，主要见于北方磁州窑系诸窑场。

1．宋元青白釉加彩造像

宋代以景德镇窑为代表的青白瓷造像名重一时，除影青釉和素胎外，褐彩装饰也很流行。

1922 年在广东潮州城西乃羊皮岗地下一小室中出土过四尊完整的释迦牟尼造像和一件莲瓣纹香炉，其中一尊造像通高 31.5 厘米，座宽 10.3 厘米（图一）。顶有肉髻、髻前有白珠，身着袈裟，右手（后配）抬于胸前，跏趺坐于须弥座上。通体施青白釉，髻与眉、眼珠、胡须等处施褐彩。须弥座束腰处有刻铭：“潮州水东中窑甲女弟子陈十五娘同男刘育发心塑造释迦牟尼佛，散施永充供养，奉为刘弟七郎早超生界，延愿合家男女乞保平安。熙宁二年己酉岁正月十八日题。匠人周明。”[1] 这件造像雕刻精细，法相庄严，外观还带有一些唐代佛像的特征，胎釉质地均佳，像座铭文有宋神宗熙宁二年（1069 年）纪年款，并有地名、窑名、供奉人和工匠姓名，历史、艺术价值均较高。潮州笔架山窑址曾发现过类似标本[2]。另外，1980 年在笔架山中部虎山山坡韩山师专工地出土释迦牟尼佛像座一件，1998 年在潮州南郊韩江厦寺河段出水佛像头部和底座

图一　北宋潮州窑青白釉释迦佛像
（广东省博物馆藏）

图二　南宋影青观音坐像（上海博物馆藏）

图三　南宋青白釉观音坐像（1964 年北京丰台瓦窑 1 号塔基出土）

各一件，造像风格和胎釉特点均与上述四尊造像相同[3]。从铭文看，应为同一家庭所供养。

宋代青白釉佛教造像有些是以素胎为主，仅在衣襟、袖口和璎珞等处施青白釉。如上海博物馆藏南宋影青观音坐像[4]（图二），高 25.6 厘米。观音束发戴冠，冠台上塑一佛以跏趺坐于莲花宝座上。面庞丰腴，双目微启下视。身着广袖通肩式外衣，胸配璎珞串珠。底部有墨书“大宋淳祐十一年辛亥”题记。1964 年北京丰台瓦窑 1 号塔基出土的南宋青白釉观音坐像[5]（图三），高 29.5 厘米。造像大部分素胎，仅于外衣边缘施青白釉，露胎处原有金彩装饰，已脱落。1966 年吉安北宋江仕澄塔第四、第五、第六级壁龛中出土的五尊瓷质佛像[6]，通身施黄绿色釉（大都已脱落）。1988 年江西德兴县香屯宋墓出土素烧瓷仰佛像[7]，高 6 厘米，长 9 厘米。着红彩星云大袍（红彩已脱落）。

元代青白瓷加彩佛教造像亦更显精致。上海博物馆藏景德镇窑青白釉佛像[8]（图四），高 41.3 厘米。正面凝视，结跏趺坐，头饰螺发，顶现高肉髻，身穿袒右肩袈裟，右肩搭袈裟边角，双手自然下垂，左手结定印，右手结与愿印。通体施青白釉，袈裟部分呈浅黄褐色。北京艺术博物馆藏景德镇窑青白釉加漆描金释迦牟尼佛坐像[9]（图五），通高 51.5 厘米，底径 31.6×21.4 厘米。佛像头饰螺发，顶竖高髻，双目微闭，结跏趺坐。右手置胸前，结说法印，左手下垂结触地印。身着酱黑色袒右肩袈裟，上描金彩花纹，衣褶流畅自然。

图四　元景德镇窑青白釉佛像（上海博物馆藏）

图五　元景德镇窑青白釉加漆描金释迦牟尼佛坐像（北京艺术博物馆藏）

2. 金代红绿彩佛教造像

宋金时期北方窑场的釉上彩有宋定窑釉上红彩和金代磁州窑系红绿彩两类，其中磁州窑系红绿彩佛教造像不乏精品。红绿彩瓷是用毛笔蘸红、绿等彩料，在已高温烧成的瓷器釉面上描绘花纹，然后置于 800℃左右的炉中再进行第二次低温烧彩而形成的釉上彩瓷，有红、绿、黄以及金、银彩等[10]。金代红绿彩装饰的发展与成熟，开创了在造像釉面上彩绘的新方法，可视为明清景德镇釉上彩造像的工艺源头。

从色彩上看，金代红绿彩佛教造像多以黑、红、绿等彩料分别描绘宝冠、发髻、五官和衣饰等处，装饰人物衣饰和面部时亦见添加金彩的，反映出具有民间乡土艺术的淳朴、粗放之风格。从形制上看，这一时期的红绿彩造像既有造像组合，亦有单体造像，涉及佛像、菩萨像、弟子像、罗汉像、供养人像等诸多题材。

1972 年河北省邯郸市峰峰矿区窖藏出土的一组白釉红绿彩佛教造像[11]，是由一佛、二弟子、二菩萨、二天王组成的一铺七身组合。包括释迦牟尼像、文殊菩萨像、普贤菩萨像、天王像和弟子像。塑像形体高大，胎色黄白，胎质细密，略显生烧。施乳白色满釉，半木光，以黄、红、绿、黑彩交替绘制，局部装饰金彩，色彩鲜艳，纹饰精美。其中释迦牟尼坐像（图六），通高 61.5 厘米，须弥座高 19 厘米，莲台高 13.5 厘米。由莲座坐佛与六边形须弥底座两部分组成。佛像螺髻，圆面。内着彩绘右袒宿衣（安陀会），以墨绿色为地，以黑彩勾画莲花，花瓣中留白；第二层为通肩外衣（郁多罗），

图六　金释迦牟尼坐像（1972 年河北省邯郸市峰峰矿区窖藏出土）

图七　金文殊菩萨像（1972 年河北省邯郸市峰峰矿区窖藏出土）

衣上以绿彩为地，以黑彩勾画牡丹；外层为通肩大衣（僧伽梨），背部遍施红彩，前身以红彩在白釉上勾画莲花；左肩斜披袈裟，以红、绿色绘制方框，内填红色海涛细纹。佛像手施说法印，结跏趺坐于三层仰莲瓣贴塑的圆形莲台上，莲台以红、绿、黄三色相间施彩。下有彩绘六边形须弥座。

文殊菩萨造像（图七），通高 42.6 厘米，狮子高 20.5 厘米，长 22.5 厘米。由莲座坐像及狮子坐骑两部分组成。头戴墨绿色花蔓冠，帽正处以红彩装饰，眉目细长，施黑彩。内着红、黄彩边盘颈白衫及黄彩裙，系黑边白色腰带；外披广袖通肩大衣，红彩绿边，挽绿色绶带。双手持一支莲花，结跏趺坐于一狮承托的莲花座上，部分莲瓣尚存红彩。狮子坐骑，双目圆瞪，嘴张开作吼叫状，眉眼、鼻子以黑彩描绘，嘴部施红彩，项部长鬃和卷尾施黄彩，狮身通体以墨绿彩为主。左侧站一昆仑奴，右手挽缰绳，左手叉腰，上身着彩色短衫，配以黄色披肩和红色抱肚，下身着白裤，足蹬靴。

普贤菩萨像（图八），残高 41 厘米，白象高 18 厘米，残长 23 厘米。由莲座坐像及白象坐骑两部分组成。头戴花蔓冠，下露黑色地发。上身著交领衣，披如意头形彩绘僧祇支，腰束黄色彩带，黑彩勾边，下着绿边红彩涅槃僧，外披广袖通肩大衣。双手持一如意，结跏趺坐于一象承托的莲花座上。白象坐骑，象头微低，牙残，象身通体以白釉为主，鞯褥和銮带施红彩。象右侧有一控象人，头戴黄色头盔，身着绿色披肩、

图八　金普贤菩萨像（1972 年河北省邯郸市峰峰矿区窖藏出土）

图九　金天王像（1972 年河北省邯郸市峰峰矿区窖藏出土）

黄彩抱肚，束黑边绿彩腰带，双手执黑色缰绳。

同时出土的天王像（图九），通高 34 厘米，宽 13.4 厘米。弟子像（图一〇），高 20 厘米，宽 6.6 厘米。均残。红绿彩脱落较严重，有的难以确认加彩颜色。其釉色、胎质、胎色均略同于释迦像。

中原地区自有三圣信仰开始即有一佛二菩萨造像[12]。释迦与文殊、普贤组成的释迦三尊造像组合，是随着我国大乘佛教的发展逐渐形成的。从唐代蓝谷沙门慧祥所撰《古清凉传》的记载来看，中原地区的释迦三尊像题材，最晚于初唐就已出现。

> 中台南三十余里，在山之麓有通衢，乃登台者，常游此路也。傍有石室三间，内有释迦、文殊、普贤等像，又有房宇厨帐器物存焉。近咸亨三年，俨禅师于此修立。

北朝后期，佛教雕塑组合出现了一佛，二弟子，二菩萨的五身组合，逐渐演以隋唐出现的一铺七身（一佛、二弟子、二菩萨和二天王）或九身（一佛、二弟子、二菩萨、二天王和二力士）的群像组合。类似峰峰矿区这种相对完整的陶瓷造像组合从宋至元都发现比较少，元代以后则更为罕见，这也从侧面表明宋代以后陶瓷质佛教塑像的制作以及家庭供养大都打破了固有宗教仪轨。

就单体造像而言，元以前的釉上彩佛教造像以释迦牟尼佛为主要题材，兼有菩萨、

图一〇　金弟子像（1972 年河北省邯郸市峰峰矿区窖藏出土）

图一一　金红绿彩释迦牟尼像（临水三工区窑址出土）

罗汉等。其中释迦牟尼造像以禅定相、说法相居多，如临水三工区窑址出土的红绿彩释迦牟尼像（图一一），这一题材的红绿彩造像在郑州大象陶瓷博物馆和望野博物馆等也有收藏。菩萨造像有观音、文殊、普贤、弥勒等，多为立姿或坐姿听法相。目前考古发现的金代红绿彩观音造像均以男相特征出现，如天津市武清区齐庄遗址出土的白釉红彩观音像[13]（图一二），高 32.2 厘米。头戴如意花冠，发式前分后髻，肩披长巾，胸佩璎珞。单体彩绘弥勒造像如安阳市西大街工地出土的两件红绿彩弥勒头像[14]。造像眉、眼处以黑釉彩绘，眉形较长，眉尾下撇。头顶剔发处和上下唇用淡绿彩涂抹显示须发绒茬的效果。与其造型及彩饰风格相近的弥勒造像在望野博物馆等处有多件收藏。

此外，考古发现及传世品中也常见文殊菩萨的狮子坐骑与普贤菩萨的白象坐骑。1958 年河北省文物工作队在磁县观台窑址第三层出土有素胎狮子莲花座（残长 10.5 厘米，残宽 8.4 厘米，残高 12 厘米），无控狮人，但其形态、制法均与峰峰矿区出土的狮子坐骑十分相似[15]。1987 年北京大学考古系与河北省文物研究所、邯郸市文物处在观台窑址第三期（金中后期，1148 ～ 1220 年）的地层中，亦出土素胎狮子莲花座（长 11.5 厘米，高 16.8 厘米）[16]。在第二期后段和第三期地层中，出土的黄绿釉狮子莲花座，不仅狮子的形态，而且狮侧的控狮人也相似[17]。同类瓷塑在一些私人博物馆也有收藏。

这些单体菩萨坐骑既有可能出自文殊、普贤单体造像或文殊普贤对称配置的组合，也有可能是释迦三尊或华严三圣，亦或是观音与文殊、普贤组合的一部分。

图一二　金白釉红彩观音像
（天津市武清区出土）

红绿彩瓷器在元代仍有烧造，但佛教造像尚未有实物发现。入明以后，随着磁州窑的衰落，红绿彩造像逐渐销声匿迹。

二　明清釉上彩佛教造像

明清景德镇的彩瓷工艺有了长足的发展，多种釉上彩品种相继应用于佛教造像的制作，实现了景德镇窑佛教瓷塑从单一釉色向多色釉的转变。素三彩、五彩、斗彩、粉彩等装饰方法都曾运用到佛教造像的创作，精品迭出。

素三彩是明清两代景德镇生产的低温釉彩瓷品种之一。它以黄、绿、紫、白等彩料为主，不用红彩，故称“素三彩”。其制法是在高温烧成的素瓷涩胎上以彩釉填绘早已刻划好的预定图案，再一次低温烧成。素三彩佛教瓷塑最早见于明成化时期，故宫博物院藏明成化狮吼观音像[18]（图一三），头戴化佛冠，胸饰璎珞，结跏趺坐，通体以黄、绿两色琉璃釉装饰，沉静庄严。与其彩饰风格相近的还有首都博物馆藏明三彩观音坐像（图一四），观音发髻高盘，发丝细密，面庞圆润，修眉细目；身著坦胸式宽袖大衣，胸饰璎珞。除面部和胸部外，通体施绿、黑、黄和茄皮紫色釉。大英博物藏明成化二十二年（1486年）素三彩弥勒像[19]（图一五），坐姿，宽鼻笑眼，大耳垂肩，袒胸露腹，腹部圆鼓。左手执念珠置左膝上，右手自然下垂，执一布袋。

香港艺术博物馆藏明万历三彩坐莲佛像，头上肉髻突起、螺髻，眉间有白毫，双

图一三　明成化狮吼观音像（故宫博物院藏）

图一四　明三彩观音坐像（首都博物馆藏）

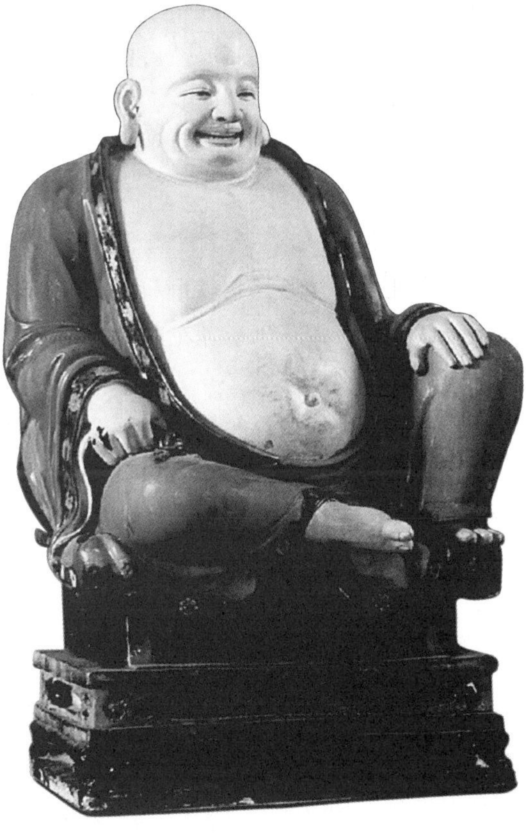

图一五　明成化二十二年素三彩弥勒像（大英博物馆藏）

图一六　明三彩坐佛（旧金山亚洲艺术博物馆藏）

图一七　清康熙素三彩观音像（故宫博物院藏）

耳垂肩，平静祥和，半跏趺坐于莲台上，通体以黄、蓝、黑三色琉璃釉装饰。莲台下方为六角形底座，上层底座左后方刻“万历四十五年四月初一日”款字。同时期类似的三彩坐莲佛像还见于旧金山亚洲艺术博物馆[20]（图一六，高 89 厘米）。

康熙素三彩较之明代有了更进一步的发展，色彩更加丰富、亮丽。故宫博物院藏素三彩观音像[21]（图一七），通体施黄、紫、绿三彩，发髻高盘，项戴佛珠，双手置于膝上，右手持一如意，结跏趺坐。康熙五彩所用色彩也比明代明显增多，且用色鲜艳，光泽透彻明亮。故宫博物院藏康熙五彩观音像[22]（图一八），通体以五彩装饰，观音双手施禅定印，跏趺坐于莲花座上。下承方台，座前有墨书“信士弟子刘桂生敬请观音大士壹尊，祈保合家清吉，福寿康宁，人财兴旺。康熙丙申年仲冬月吉旦。”

康熙晚期，在五彩的基础上，受西洋珐琅装饰艺术的影响，创烧了粉彩瓷。雍正时期，粉彩工艺空前发展，以其层次丰富、粉润柔和、秀丽雅致的特点独树一帜，成为釉上彩的主流。粉彩所用颜色种类多达十多种，每种颜色又可采用画、填、洗、扒、吹、点等技法派生出多种色调，有利于表现人物衣饰浓淡明暗之层次。由于粉彩颜色中掺入粉质，使得烧成后的色彩亮丽柔和，呈色晶莹，改变了五彩单线平涂的生硬色调，使瓷塑风格近于写实。

从大量清三代粉彩佛像传世品来看，此类造像以藏传佛教题材为主，与当时金铜造像的风格一致，在装饰上精工重彩，华美富丽。康熙三十六年（1697 年），清圣祖在宫中设立了专门管理宫廷藏传佛教事务的机构中正殿念经处，隶属内务府掌仪司，

图一八　清康熙五彩观音像（故宫博物院藏）

主管宫廷内喇嘛念经及办造佛像、宫廷佛事、佛教文物等事。此后，清高宗不仅在宫廷专门设立造办处负责收集、制作佛像、法器、佛龛等事宜，对于造像的图样设计、工艺程序乃至细节特征也都给予具体的指示。当时受到清高宗特别礼敬的三世章嘉国师、阿旺敏珠尔呼图克图和土观呼图克图等大活佛也都参与了宫廷造像的监造。《乾隆四十四年各作成做活计清档·油作》中记：

……于本日将章嘉胡土克图拟得释迦牟尼佛一尊中、阿弥陀佛一尊左次、药师佛一尊右次、燃灯佛一尊右、弥勒佛一尊左持进，交太监厄勒里呈览。奉旨："将佛五尊著喇嘛画样呈览，准时，发往江西照样烧造。送到时将现供三大（士）菩萨三尊换下。钦此。"

《记事录》又载：

十二月十七日，员外郎四德、五德、催长大达子，将九江关送到磁佛五尊，系宁寿宫养和精舍换供磁三大土菩萨。传旨：著喇嘛装脏。钦此。[23]

可见宫中的瓷质藏传佛造像不仅由喇嘛参与图样设计，而且要依仪轨装藏后供奉于宫中佛堂。正是由于乾隆帝对造像的高度重视，乾隆时期宫廷造像活动频繁，规模庞大，参与工匠众多，制作的佛像以千万计，其中有相当数量的粉彩造像。

首都博物馆藏清乾隆粉彩莲花手观音坐像（图一九），观音一面二臂，头戴单叶宝冠，葫芦形发髻。双手自然下垂，各持一莲花茎。袒胸跣足，宽胸细腰，结金刚跏趺坐于仰覆莲台上。肩披帛带，胸前斜披仁兽皮，下著红色僧裙。身体为藏传佛教仪轨中观音显寂静相之白色身。釉彩鲜艳明亮，与菩萨之庄严相映生辉。此像虽然是依照藏传佛教要求制作的，但明显融入了部分汉传佛教因素。

故宫博物院藏清乾隆粉彩佛坐像（图二〇），高 32 厘米，宽 21 厘米，厚 16 厘米。头戴五叶冠，长眉垂目，嘴带微笑，双手结禅定印，结跏趺坐于莲花宝座上。此类造像在承德避暑山庄博物馆及美国吉美国立亚洲艺术博物馆等处皆有收藏。亦有肤色涂金彩者如台北故宫博物院藏清乾隆描金彩释迦牟尼佛像两件，通高 33.6 厘米，像高 27.6 厘米，横宽 19.7 厘米。脸型宽圆，蓝发，躯体圆柔，斜披朱里红袈裟，金碧庄严。二者手印有所不同；一作禅定印、一作与愿印。

据清宫造办处档案记载，乾隆朝曾定烧相当数量的粉彩无量寿佛造像。无量寿佛是阿弥陀佛的圆满报身相。阿弥陀佛在过去久远劫时曾立伟大宏愿，在极乐净土实践教化、广度无边众生，成就无量庄严功德。为大乘佛教所广为崇敬和弘扬。鸠摩罗什译本《阿弥陀经》说，因为他寿命无量、光明无量，故名“阿弥陀”。

说谓修持无量寿佛，能增长寿命及福德智慧，消除一切罪业，避免非时而死及夭折或意外身亡，善业善缘增长，恶业恶缘缩短，令世间法之事业长寿。古往今来，追

图一九　清乾隆粉彩莲花手观音坐像（首都博物馆藏）

图二〇　清乾隆景德镇窑粉彩佛坐像（故宫博物院藏）

求世寿康宁、福祚绵长，正是历代帝王的意愿。弥陀净土信仰早在汉末和三国时期就已传入中土，至唐代已弥漫整个社会，为历代帝王所崇信。清代帝王亦不例外，清圣祖被认为是无量寿佛的转世轮王，高宗对无量寿佛的崇信远逾历代诸帝。他在《万寿山大报恩延寿寺碑记》中写道："圣寿本无量，更有无量加。无量复无边，万万千千岁。"宫中每逢皇帝及皇太后寿辰，都要大量制作无量寿佛造像。乾隆四十五年（1781年）高宗七旬万寿，由于皇太后三年丧未满，并未大事庆贺，亦不许有过多进贡方物，但据《万寿庆典成案》记载，内外王公、文武大臣及官员等报造无量寿佛达17963尊，后来内外满汉大臣又续报1971尊，总共达19934尊[24]。由此推测清宫旧藏中瓷质无量寿像的数量应该很可观。

目前所见的乾隆时期的粉彩无量寿佛造像，高度均在30厘米左右，宽20厘米左右。通常身着天衣，天冠，胸部饰璎珞，精致华美，庄严其身，双手捧甘露宝瓶，结跏趺坐于莲花宝座上。佛像或束发，或戴五叶冠，或戴毗卢帽，形象端庄清秀。依肤色可分两类，一类肤色粉白，着绿地粉彩串枝莲衣，双臂戴钏，于细节处各有不同。故宫中正殿（图二一）、承德避暑山庄、美国吉美国立亚洲艺术博物馆及英国大英博物馆中均有此类藏品。一类则于脸、身、手、足处施金彩。四川博物院（图二二）、洛阳博物馆、广东省博物馆、承德避暑山庄及南京博物院中均有收藏。其中有除肤色外形制与前述肤色粉白者类似者，如四川博物院、洛阳博物馆及广东省博物馆藏品；还有

图二一　清乾隆粉彩无量寿佛像（故宫博物院藏）

图二二　清乾隆粉彩无量寿佛像（四川博物院藏）

少部分造像通体仿金釉，头有肉髻，螺发，身披袈裟，手结禅定印，结迦趺坐于仰覆莲座上。如承德避暑山庄[25]与南京博物院藏品（图二三、图二四）。

清代汉地佛教严重世俗化，佛教教义进一步式微，民间神祇造像普遍呈现世俗化的发展趋势，催生了大量以观赏陈设为目的的小型赏玩造像。这类造像以当时生活中的真实世相为蓝本，运用时兴的色地轧道、锦上添花等工艺，描摹衣饰花纹，精工重彩，华美富贵。如英国维多利亚和阿尔伯特国立博物院藏清乾隆粉彩菩提达摩像和弥勒佛像[26]（图二五、图二六），弥勒身着“寿”字大袍，面部表情欢喜、慈祥，好似在讲述什么有趣见闻；菩提达摩则心领神会地在倾听。二人似佛非佛，似僧非僧，带有浓厚的尘世生活气息和世俗化的审美特征。该馆还藏有一件以蓝釉弥勒造像为底座的烛台。清代晚期，釉上彩绘在佛教瓷塑上渐趋泛滥，部分釉上彩瓷塑刻意追求工艺性，过于强调彩饰而忽略造型，强调装饰趣味而忽略宗教意义，工有余而神不足。

图二三　清乾隆粉彩无量寿佛像（承德避暑山庄藏）

图二四　清乾隆粉彩无量寿佛像（南京博物院藏）

图二五　清乾隆粉彩菩提达摩像（英国维多利亚和阿尔伯特国立博物院藏）

图二六　清乾隆粉彩弥勒佛像（英国维多利亚和阿尔伯特国立博物院藏）

三 小结

从宋代到清代，瓷器装饰工艺的不断进步促进了佛教造像品种的多样化，但造像的具体形式和内容却呈现出两极分化的趋势，一方面是以宫廷为代表的高档造像对于佛教义理表现得越来越精准，特别是清代藏传佛教造像，作为宗教皈依和佛堂供奉的对象，仍然恪守着藏传佛教造像严格的量度和仪轨；另一方面则是民间对于佛教造像的世俗化表现。民间釉上彩佛教造像自诞生之初就与印度佛教经典所规定之本来面目相去甚远，并且在积极依附、融合本土文化的同时，越来越多的融入了中国民众自己对佛和菩萨形象的想象。这一本土化、世俗化的过程，体现了佛教思想与中国传统文化、民俗文化的有机融合。

从表现题材上看，元以前的釉上彩佛教造像中，诸佛、菩萨、罗汉、天王等均占一定比重，以释迦造像所占比例最大，菩萨造像中文殊、普贤菩萨较多，观音相对较少。元以后观音、布袋僧、罗汉在釉上彩佛教造像中所占比重逐渐增加，尤其以观音造像在造像中数量最多，其烧造数量逐渐超过了释迦牟尼和其他菩萨。这表明元以后观音在民间佛教信仰中占有十分重要的地位。清代宫廷造像以藏传佛教题材为主，以释迦牟尼和无量寿佛造像数量最多，品种相对单一。在选择造像的态度上，民间百姓的心态是开放而务实的：尽管佛祖法力无边，但济世护民的具体职责应该由菩萨以下的神祇来执行。因此，出于对各种切实的利益的祈求，人们越来越倾向于选择具有现世祈福利益的神祇作为供奉对象，以圆满的精神寄托着对现实社会的无奈，实现了信仰与艺术的同步发展。釉上彩佛教造像的艺术面貌随着中国釉上彩瓷工艺的提高、创新而不断丰富、完善，既体现出鲜明的时代特征，又因窑场所处地域不同、烧造品种殊异而显示出地方特色。

注释：

[1] 曾广亿：《略论广东宋瓷工艺及其装饰》，《中国古陶瓷研究》第二辑，紫禁城出版社，1988 年；宋良璧主编：《广东省博物馆藏陶瓷选》页 169 ～ 170，图版 62，文物出版社，1992 年。

[2] 广东省博物馆编：《潮州笔架山宋代窑址发掘报告》页 34. 文物出版社，1981 年。

[3] 李炳炎：《宋代笔架山潮州窑》页 31 ～ 33，汕头大学出版社，2004。

[4] 李辉柄：《中国美术分类全集·中国陶瓷全集·宋（下)》，页 304，上海人民美术出版社，1999 年。

[5] 张柏主编：《中国出土瓷器全集·1》页 27，科学出版社，2008 年。

[6] 彭适凡、刘林：《吉安北宋江仕澄塔出土文物》，《江西历史文物》1982 年第 1 期。

[7] 孙以刚：《江西德兴县香屯宋墓》，《考古》年第 8 期。

[8] 汪庆正：《中国美术分类全集·中国陶瓷全集·元（下)》，上海人民美术出版社，2000 年。

[9] 北京文物精粹大系编委会、北京市文物局：《北京文物精粹大系·陶瓷卷·下》，北京出版社，2004 年。

[10] 冯先铭：《中国古陶瓷图典》页 219，文物出版社，1998 年。

[11] 秦大树、李喜仁、马忠理：《邯郸市峰峰矿区出土的两批红绿彩瓷器》，《文物》1997 年第 10 期。

[12] 在佛教经典中，三圣是一方净土或一个世界中的三位圣人，包含一位主尊佛与二位胁侍菩萨。例如阿弥陀佛、观音菩萨与大势至菩萨合称西方三圣；药师琉璃光如来、日光菩萨与月光菩萨合称东方三圣；释迦牟尼佛、观音菩萨与地藏菩萨合称娑婆三圣；释迦牟尼佛、文殊菩萨与普贤菩萨合称释迦三尊；毗卢遮那佛（密宗言大日如来)、文殊菩萨与普贤菩萨合称华严三圣等。

[13] 张柏主编：《中国出土瓷器全集·2》页 16，科学出版社，2008 年。

[14] 望野：《河南中部迤北发现的早期釉上多色彩绘陶瓷》，《文物》2006 年第 2 期。

[15] 刘来成、罗平、倪仲玉等：《观台窑址发掘报告》，《文物》1959 年第 6 期。

[16] 北京大学考古学系、河北省文物研究所、邯郸市文物处：《观台磁州窑址》，文物出版社，1997 年。

[17] 秦大树、李喜仁、马忠理：《邯郸市峰峰矿区出土的两批红绿彩瓷器》，《文物》1997 年第 10 期。

[18] 故宫博物院编 :《故宫观音图典》页 224，故宫出版社，2012 年。

[19] 张怀林、林瀚 :《海外珍藏中华瑰宝单彩瓷五彩瓷》，北京工艺美术出版社，2011 年

[20] 金申 :《海外及港台藏历代佛像——珍品纪年图鉴》页 616，山西人民出版社，2007 年。

[21] 故宫博物院编 :《故宫观音图典》页 257，故宫出版社，2012 年。

[22] 故宫博物院编 :《故宫观音图典》页 258，故宫出版社，2012 年。

[23] 冯先铭 :《中国古代陶瓷文献集释》，《清宫造办处活计清档》，台北艺术家出版社，2000 年。

[24] 万依、王树卿、刘潞 :《清代宫廷史》页 278，辽宁人民出版社，1990，

[25] 沈云伟、刘爱东、葛宏惠 :《承德避暑山庄藏乾隆佛教用瓷》，《收藏》2010 年第 1 期。根据造像经，此件造像手印和持物应为无量光佛（阿弥陀佛化身佛），但色身是无量寿佛 ；似未严格按佛教仪轨制作。

[26] [英] 柯玫瑰 :《英国维多利亚和阿尔伯特国立博物院藏中国清代瓷器》页 181，广西美术出版社，1995。

图书在版编目（CIP）数据

釉上彩瓷器研究 / 中国古陶瓷学会编. -- 北京 ：故宫出版社，2014.12
（中国古陶瓷研究辑丛）
ISBN 978-7-5134-0685-7

Ⅰ. ①釉… Ⅱ. ①中… Ⅲ. ①釉上彩－瓷器（考古）－中国－文集 Ⅳ. ①K876.34-53

中国版本图书馆CIP数据核字(2014)第271727号

鸿禧美术馆 赞助

主 编：王亚民 王莉英
副主编：冯小琦
编 委：王莉英 冯小琦 万 钧 郑 宏 赵聪月
顾 问：耿宝昌 叶文程

中国古陶瓷研究辑丛
釉上彩瓷器研究

中国古陶瓷学会 编
责任编辑：万 钧
装帧设计：王孔刚
出版发行：故宫出版社
地址：北京东城区景山前街4号 邮编：100009
电话：010-85007808 010-85007816 传真：010-65129479
网址：www.culturefc.cn 邮箱：ggcb@culturefc.cn
印 刷：北京方嘉彩色印刷有限责任公司
开 本：787×1092毫米 1/16
印 张：29.25
版 次：2014年12月第1版
2014年12月第1次印刷
印 数：1～3000册
书 号：978-7-5134-0685-7
定 价：96.00元